Die Grundrechtsbindung der Bundeswehr bei Auslandseinsätzen

Beiträge zum nationalen und internationalen öffentlichen Recht

Herausgegeben von Prof. Dr. Burkhard Schöbener

Band 2

PETER LANG
Frankfurt am Main · Berlin · Bern · Bruxelles · New York · Oxford · Wien

Angela Werner

Die Grundrechtsbindung der Bundeswehr bei Auslandseinsätzen

PETER LANG
Europäischer Verlag der Wissenschaften

Bibliografische Information Der Deutschen Bibliothek
Die Deutsche Bibliothek verzeichnet diese Publikation in der Deutschen Nationalbibliografie; detaillierte bibliografische Daten sind im Internet über <http://dnb.ddb.de> abrufbar.

Zugl.: Köln, Univ., Diss., 2005

Gedruckt auf alterungsbeständigem,
säurefreiem Papier.

D 38
ISSN 1613-8406
ISBN 3-631-55259-9

Printed in Germany 1 2 3 4 5 7

www.peterlang.de

Meinen Eltern

Vorwort

Die Arbeit hat der Rechtswissenschaftlichen Fakultät der Universität zu Köln im Wintersemester 2005/2006 als Dissertation vorgelegen. Für die Veröffentlichung sind Literatur und Rechtsprechung bis Januar 2006 berücksichtigt worden.

Mein besonderer Dank gilt an erster Stelle meinem Doktorvater, Herrn Professor Dr. Burkhard Schöbener, der die Arbeit durch die Anregung des Themas und zahlreiche wertvolle Hinweise maßgeblich gefördert hat. Die gemeinsamen Gespräche waren für mich nicht nur fachlich, sondern auch persönlich stets sehr beeindruckend und lehrreich. Darüberhinaus bin ich ihm auch für die Aufnahme dieser Arbeit in die Schriftenreihe sehr verbunden. Zu danken habe ich auch Herrn Professor Dr. Bernhard Kempen, für die Erstellung des Zweitgutachtens. Herzlich bedanken möchte ich mich zudem bei Herrn Rechtsanwalt Manfred Funk für die kritische Durchsicht des Manuskripts, bei Herrn Markus Marnett für die Hilfe bei der Formatierung sowie bei Herrn Uwe Göllner und dem Fachinformationszentrum der Bundeswehr für die Bereitstellung wertvoller Materialien zum Themenbereich der Auslandseinsätze der Bundeswehr.

Schließlich danke ich von Herzen meinen Eltern. In Worten nicht richtig zu erfassen ist, was sie alles für mich getan haben. Sie haben mir die Möglichkeit des Studiums eröffnet und mich zu jeder Zeit in jeder Hinsicht unaufdringlich unterstützt und gefördert. Ohne sie wäre die vorliegende Arbeit nicht möglich gewesen. Ihnen ist diese Arbeit gewidmet.

Hennef, im Februar 2006 *Angela Werner*

Inhaltsverzeichnis

Abkürzungsverzeichnis

Abs.	Absatz
a.F.	alte Fassung
Alt.	Alternative
Anm.	Anmerkung
AöR	Archiv des öffentlichen Rechts
Art.	Artikel
Aufl.	Auflage
AVR	Archiv des Völkerrechts
AWACS	Airborne Warning and Control System
Az.	Aktenzeichen
BayVBl.	Bayrische Verwaltungsblätter
Bd.	Band
BerDGVR	Berichte der Deutschen Gesellschaft für Völkerrecht
BGBl.	Bundesgesetzblatt
BGH	Bundesgerichtshof
BGS	Bundesgrenzschutz
BMVg	Bundesministerium der Verteidigung
BT-Drs.	Bundestags-Drucksache
BVerfG	Bundesverfassungsgericht
BVerfGE	Amtliche Sammlung der Entscheidungen des Bundesverfassungsgerichts
BVerfGG	Bundesverfassungsgerichtsgesetz
bzw.	beziehungsweise
CDU	Christlich Demokratische Union
DDR	Deutsche Demokratische Republik
ders.	derselbe
d.h.	Das heißt
DJZ	Deutsche Juristenzeitung
Doc.	Document
DÖV	Die öffentliche Verwaltung
DRZ	Deutsche Rechts-Zeitschrift

DVBl.	Deutsches Verwaltungsblatt
EA	Europa-Archiv
Ebda.	Ebenda
EFA-Rev.	European Foreign Affairs-Review
EG	Europäische Gemeinschaften
EGBGB	Einführungsgesetz zum Bürgerlichen Gesetzbuch
EJIL	European Journal of International Law
EPIL	Encyclopedia of Public International Law
EPZ	Europäische Politische Zusammenarbeit
ESVP	Europäische Sicherheits- und Verteidigungspolitik
EU	Europäische Union
EuGRZ	Europäische Grundrechte-Zeitschrift
EuR	Europarecht
EUV	Vertrag der Europäischen Union
EVG	Europäische Verteidigungsgemeinschaft
FAWEU	Forces Answerable to Western European Union
FAZ	Frankfurter Allgemeine Zeitung
FDP	Freie Demokratische Partei
ff.	folgenden
Fn.	Fußnote
FRUS	Foreign Relations of the United States
GASP	Gemeinsame Außen- und Sicherheitspolitik
gem.	gemäß
GLt.	Generalleutnant
GG	Grundgesetz für die Bundesrepublik Deutschland vom 23.05.1949
HLKO	Haager Landkriegsordnung
HStR	Handbuch des Staatsrechts
HuV-I	Humanitäres Völkerrecht-Informationsschriften
ICJ Rep.	International Court of Justice Report
IFOR	Implementation Force
ILC	International Law Commission
ISAF	International Security Assistance Force
i.S.d.	im Sinne des
i.S.v.	im Sinne von

JA	Juristische Arbeitsblätter
JöR	Jahrbuch des öffentlichen Rechts
JZ	Juristen Zeitung
Kap.	Kapitel
KFOR	Kosovo Force
KSZE	Konferenz über Sicherheit und Zusammenarbeit in Europa
LG	Landgericht
MC	Military Committee
MDR	Monatsschrift für Deutsches Recht
Mio.	Millionen
Mrd.	Milliarden
m. w. Nachw.	Mit weiteren Nachweisen
NAKR	Nordatlantischer Kooperationsrat
NATO	North Atlantic Treaty Organization
N.F.	Neue Fassung
NJW	Neue Juristische Wochenschrift
Nr.	Nummer
NZWehrr	Neue Zeitschrift für Wehrrecht
NZZ	Neue Züricher Zeitung
OLG	Oberlandesgericht
OPLAN	Operational Plan
OSZE	Organisation für Sicherheit und Zusammenarbeit in Europa
PCIJ	Permanent Court of International Justice
Pkt.	Punkt
PDS	Partei des Demokratischen Sozialismus
RabelsZ	Zeitschrift für ausländisches und internationals Privatrecht
Res.	Resolution
RG	Reichsgericht
RGBl.	Reichsgesetzblatt
RGZ	Entscheidungen des Reichsgerichts in Zivilsachen
RIW	Recht der Internationalen Wirtschaft
Rn.	Randnummer
ROE	Rules of Engagement

S.	Seite
SACEUR	Supreme Allied Commander Europe
SFOR	Stabilization Force
SHAEF	Supreme Headquarters Allied Expeditionary Forces
sog.	sogenannt
SPD	Sozialdemokratische Partei Deutschlands
SR-Res.	Resolutionen des Sicherheitsrates
Sten. Ber.	Stenographische Berichte
SWP	Stiftung Wissenschaft und Politik
u.a.	und anderem
UdSSR	Union der sozialistischen Sozialrepubliken
UN	United Nations
UNMEE	United Nations Mission in Eritrea and Ethiopia
UNO	United Nations Organization
UNOMIG	United Nations Observer Mission in Georgia
UNOSOM	United Nations Operation in Somalia
USA	United States of America
u.v.m.	und viele mehr
vgl.	vergleiche
VN	Vereinte Nationen
VNGA	Generalversammlung der Vereinten Nationen
Vorb.	Vorbemerkung
VPR	Verteidigungspolitische Richtlinien
VVDStRL	Veröffentlichungen der Vereinigung der Deutschen Staatsrechtslehrer
WEU	Westeuropäische Union
WP	Wahlperiode
WRV	Weimarer Reichsverfassung
WStG	Wehrstrafgesetz
YbILC	Yearbook of the International Law Commission
ZaöRV	Zeitschrift für ausländisches öffentliches Recht und Völkerrecht
z.B.	zum Beispiel
ZDV	Zentrale Dienstvorschrift
ZfP	Zeitschrift für Politik

Ziff.	Ziffer
ZÖR	Zeitschrift für öffentliches Recht
ZRP	Zeitschrift für Rechtspolitik

Einleitung

Weltweit gilt heute die Feststellung, dass Grundrechte gemeinhin zum unentbehrlichen Bestandteil jeder geschriebenen Staatsverfassung gehören. Der Verfassungsstaat der Gegenwart ist ein Staat mit Grundrechtsverfassung[1]. In der Bundesrepublik Deutschland ist das Grundgesetz Maßstab und Grundlage allen staatlichen Handelns. Es verkörpert die Werteordnung der Bundesrepublik nach innen wie nach außen und enthält als zentralen Regelungskomplex über die Grundprinzipien der Herrschafts- und Wertordnung im Staat Grundrechte, die das Zusammenleben in Staat und Gesellschaft in der Bundesrepublik rechtlich ordnen und somit grundlegend für das Verhältnis zwischen Staat und Individuum sind. Sie dienen als Leitbild[2] für die gesamte Staatlichkeit und beeinflussen so Gesetzgebung und Rechtsprechung, Theorie und Praxis auf allen Gebieten des Rechts[3].

Durch ihre Verflechtung mit allen Teilen der Rechtsordnung kommt den Grundrechten eine besonders hohe Bedeutung zu, der dadurch Rechnung getragen wird, dass der Staat, legitimiert als Friedens- und Freiheitsordnung, in seinen Kompetenzen und Strukturen rechtlich konstituiert und sein Handeln rechtlichen Bindungen unterworfen ist: Die "Grundrechte binden Gesetzgebung, vollziehende Gewalt und Rechtsprechung als unmittelbar geltendes Recht"[4].

"Grundrechte sind ein Herzstück des Verfassungsstaats der Deutschen geworden", so *Klaus Stern* in seinem Vorwort zum Staatsrecht der Bundesrepublik Deutschland. Das Bundesverfassungsgericht bezeichnet den Grundrechtsteil als "unaufgebbares, zur Verfassungsstruktur des Grundgesetzes gehörendes Essentiale der geltenden Verfassung"[5]. Damit zeigt sich, dass die Gegenwart durch eine besonders "grundrechtssensible Verfassungswirklichkeit"[6] gekennzeichnet ist, in der die grundsätzliche Verpflichtung aller staatlichen Gewalten zur Achtung der Grund- bzw. Menschenrechte als grundlegendes Merkmal freiheitlichen Staatsverständnisses gelten kann[7]. Angesichts dieser Attraktivität der Grundrechte ist

1 Stern, Staatsrecht, Bd. III/1, S. 176.
2 Isensee, in: Isensee/Kirchhof, HStR, Bd. V, § 108, Rn. 31.
3 Pieroth/Schlink, Staatsrecht II, § 2 V, Rn. 40.
4 So der Wortlaut des Art. 1 Abs. 3 GG.
5 BVerfGE 37, 271, 280.
6 Bethge, Der Staat 24 (1985), S. 351, 352.
7 Hofmann, Grundrechte und grenzüberschreitende Sachverhalte, S. 1.

auch nicht verwunderlich, dass das Grundgesetz zum Vorbild vieler ausländischer Verfassungen der letzten Jahrzehnte wurde[8].

Doch so wie die Grundrechte als Selbstverständlichkeit gelten, sind heute auch internationale Aktivitäten völlig selbstverständlich und sogar tagesaktuelle Realität. Der Begriff "Mondialisierung" kennzeichnet diesen Prozess und umfasst in diesem Sinne drei verschiedene, indes aufeinander bezogene Prozesse: Globalisierung, Transnationalisierung und Internationalisierung[9]. Die Globalisierung als Bestandteil der Mondialisierung erfasst Entwicklungen, die die Raum-Zeit-Ebene betreffen und Anzeichen dafür sind, dass der Staat und seine Rechtsordnung "an Boden" verlieren: die geopolitische Lage Deutschlands im Zentrum Europas als Land mit den meisten Nachbarn in Europa, als eine der stärksten Handels- und Industrienationen der Welt, die starke Verflechtung mit der Weltwirtschaft, die Beweglichkeit der Menschen rund um den Globus und nicht zuletzt das umfassende Netz völkerrechtlicher Verträge bereiten dem an sein Staatsgebiet gebundenen Staat erhebliche Schwierigkeiten. Der Terminus Transnationalisierung wiederum meint eine Entwicklung, in der die internationalen Beziehungen aus ihrer Phase der zwischenstaatlichen Beziehungen herauswachsen und in eine Phase übergehen, in der eine Vielzahl von nichtstaatlichen, transnationalen Akteuren grenzüberschreitend handeln[10]. Unter Internationalisierung wird schließlich ein Prozess verstanden, in dem staatliche Akteure Steuerungspotentiale auf überstaatlicher Ebene zu gewinnen versuchen. Internationale Organisationen sind hier an vorderster Stelle zu nennen[11]. Inländische Staatsgewalt kommt mithin in vielfacher Weise mit ausländischen Rechtssubjekten und deren Rechtskreis in Berührung.

Angesichts der sich fortsetzenden internationalen Verflechtung Deutschlands mit anderen Staaten und der Zunahme von Fällen mit Auslandsbezug durchziehen zwei Hauptlinien die Rechtsentwicklung der letzten Jahrzehnte: Internationalisierung und Konstitutionalisierung, Überschreitung der Grenzen und Prägung durch die Verfassung. Wo sich diese beiden Linien schneiden, entsteht die Frage nach der internationalen Geltung der Verfassung[12], denn sobald Tätigkeiten in eine internationale Dimension hineinragen, ist die Geltung der Grundrechte keine Selbstverständlichkeit mehr[13].

---

8 Merten/Papier, Handbuch der Grundrechte, Bd. I, S. VII.

9 So die Umschreibung bei von Bredow/Kümmel, Das Militär und die Herausforderung globaler Sicherheit, S. 4.

10 So auch Böckenförde, Staat Nation Europa, S. 104.

11 Siehe NATO-Ost-Erweiterung und EU-Beitrittsländer; vgl. auch von Bredow/Kümmel, Das Militär und die Herausforderung globaler Sicherheit, S. 4.

12 Puttfarken, RIW 1995, S. 617.

13 Vgl. auch Tomuschat, in: Isensee/Kirchhof, HStR, Bd. VII, § 172, Rn. 53.

Der Prozess der Mondialisierung ist spätestens seit Mitte der neunziger Jahre auch für die Aufgabenbeschreibung der Bundeswehr mehr und mehr in den Mittelpunkt gerückt, denn die grundlegenden weltpolitischen Veränderungen der letzten Jahre haben den Weg für eine offenere Staatlichkeit auch auf militärischem Gebiet gebahnt.

Deutsche Soldaten auf dem Balkan, in Afghanistan und am Horn von Afrika – was in den Jahrzehnten des Kalten Krieges undenkbar gewesen wäre, ist heute Realität. Seit 1992[14] sind jeden Tag Soldaten oder Truppenteile der Bundeswehr im Einsatz außerhalb Deutschlands. Diese Einsätze beinhalten Beobachtungs- und Vermittlungsmissionen, Minenräumen, humanitäre Missionen[15], Evakuierung deutscher Staatsbürger aus Notlagen und Transportunterstützungen. Gemeinsam mit Streitkräften anderer Nationen beteiligt sich die Bundeswehr an friedenserhaltenden, stabilisierenden und friedenserzwingenden Operationen. Hinzu kommen Einsätze im Kampf gegen den internationalen Terrorismus, gerade als Beitrag zur Unterstützung von Bündnispartnern. Darüber hinaus leistet die Bundeswehr breit gefächerte militärische Beiträge in den Einsatzgebieten, die von der Mithilfe bei der Gewährleistung von Sicherheit und Ordnung im jeweiligen Gebiet und der Unterstützung humanitärer Maßnahmen über Schutzmaßnahmen für eingesetzte militärische Kräfte bis hin zu Schutzvorkehrungen gegen Angriffe mit Massenvernichtungswaffen reichen. Immer häufiger übernimmt die Bundeswehr auch Führungsaufgaben bei multinationalen Operationen.

Obwohl die unmittelbare militärische Bedrohung Deutschlands selbst gering geworden ist[16] und infolgedessen die herkömmliche Landesverteidigung aus dem Pflichtenkatalog der Bundeswehr gestrichen worden ist[17], bestehen weiterhin Risiken, die die Sicherheit, auch über größere Entfernungen hinweg, gefährden. Mit den Anschlägen auf das World Trade Center in New York und das Pentagon in

14 1992 wurde ein Kontingent von Sanitätssoldaten nach Kambodscha geschickt, die die medizinische Versorgung für die UN-Truppe sicherzustellen hatten und im Rahmen ihrer Möglichkeiten der Bevölkerung Hilfe leisteten.

15 Während die Bundeswehr seit 1960 im Ausland bei über 120 Einsätzen Hilfe geleistet hat, worunter die technische Hilfe bei Erdbeben, die Versorgungsflüge in Hungergebiete, das Räumen von Minen, die medizinische Versorgung von Flüchtlingen und Ähnliches zu zählen ist, nahm sie erst danach an der ganzen Bandbreite der internationalen Einsätze teil. Diese Einsätze waren dadurch gekennzeichnet, dass sie auf bilateraler Basis waffenlos und nicht unter dem Mandat der Vereinten Nationen erfolgten.

16 Diese Situation wurde von Bundeskanzler Kohl sogar so beschrieben, dass "Deutschland nur von Freunden und Verbündeten umgeben sei", in: Die Welt vom 08. September 1991, S. 2; Verteidigungsminister Struck dagegen betont lediglich, dass "Deutschland nicht mehr durch fremde Streitkräfte bedroht sei", in: FAZ vom 12. März 2004, S. 4.

17 Verteidigungspolitische Richtlinien vom 21. Mai 2003: Die Landesverteidigung wird durch den umfassenderen Begriff des "Schutzes Deutschlands und seiner Bürger ersetzt", BMVg, Verteidigungspolitische Richtlinien, IX.

Washington am 11. September 2001 hat der internationale Terrorismus eine neue Qualität erreicht[18], die militärischen Angriffen gleichkommt. Spätestens seit dem Anschlag in Madrid am 11. März 2004 ist auch die Gefahr für Europa offenkundig. Durch diese zusätzliche elementare Bedrohung, deren Epizentren nah an den westlichen Staaten sind, ist die Bewahrung der äußeren wie der inneren Sicherheit nicht nur zu einer einheitlichen Staatsaufgabe geworden, sondern vielmehr zum zentralen Zweck des Staates.

Seit der UNOSOM-II-Mission hat sich beim Auslandseinsatz eine kontinuierliche Staatspraxis entwickelt. Derzeit beteiligt sich Deutschland an einer Reihe von Einsätzen im Ausland sowie einem internationalen Joint Forces Headquarter. Sie umfassen im Wesentlichen die deutsche Beteiligung auf dem Balkan im Rahmen der KFOR (Kosovo Force)[19] und der SFOR (Stabilization Force)[20] mit etwa 4.500 Soldaten, gefolgt von der Beteiligung an ISAF (International Security Assistance Force)[21] in Afghanistan mit ca. 1.900 Soldaten und an Enduring Freedom[22] (ca. 300 Soldaten). Des Weiteren engagiert sich die Bundeswehr an der UN-Mission UNOMIG (United Nations Mission in Georgia)[23] mit 11 Soldaten, seit Januar 2004 an der UN-Mission UNMEE in Äthiopien und Eritrea mit 2 Soldaten sowie an dem NATO Headquarter in Skopje mit 12 Soldaten. Bei all diesen Einsätzen handelt es sich um klassische Out-of-Area-Einsätze. Durch den

---

18 So auch Otto Schily, in: FAZ vom 15. März 2004, S. 1.

19 Die Bundeswehr beteiligt sich seit dem 12. Juni 1999 als Teil der internationalen Sicherheitstruppe KFOR an der Absicherung der Friedensregelungen. Der Auftrag umfasst insbesondere die Herstellung und Gewährleistung eines sicheren Umfeldes. Hierzu gehören vor allem der Schutz von Minderheiten und zurückkehrenden Flüchtlingen und Vertriebenen, die Sicherstellung der Bewegungsfreiheit, die Konfiszierung illegaler Waffen, die Unterbindung grenzüberschreitender Kriminalität sowie der Wiederaufbau der Infrastruktur.

20 Gestützt auf der Grundlage der UN-Resolution 1088 hat das deutsche SFOR-Kontingent den Auftrag, in seinem Verantwortungsbereich die militärische Absicherung des Friedensvertrages von Dayton sicher zu stellen, die Volksgruppen von Feindseligkeiten abzuhalten und die Bewegungsfreiheit eigener Kräfte und internationaler Organisationen zu gewährleisten. Neben den originär militärischen Aufgaben liegt ein Tätigkeitsschwerpunkt der deutschen Truppen ebenso auf der humanitären Hilfe.

21 Mit der UN-Resolution 1386 wurde der Einsatz der ISAF nach Kap. VII UN-Charta autorisiert. Seit dem 10. Januar 2002 beteiligt sich Deutschland an dieser Mission. Das deutsche Einsatzkontingent erfüllt seinen Auftrag, für die Sicherheit und Ordnung zu sorgen, vor allem durch regelmäßige Patrouillengänge und -fahrten sowie durch Beteiligung an der Wiederaufbauhilfe und Unterstützung der afghanischen Polizeikräfte.

22 Seit dem 23. November 2001 beteiligt sich die Bundeswehr an der Anti-Terror-Operation. Dazu gehören sowohl Einsätze der Marine und Fallschirmjäger am Horn von Afrika als auch Einsätze in Mombasa und Usbekistan.

23 Seit dem 22. März 1994 beteiligt sich die Bundesrepublik an der Beobachtermission der Vereinten Nationen. UNOMIG überwacht die Einhaltung des Moskauer Abkommens von 1994, in dem die Schaffung einer Sicherheitszone und einer Zone des Verbots schwerer Waffen innerhalb Georgiens vereinbart wurde.

Einsatz bewaffneter deutscher Streitkräfte bei der gemeinsamen Reaktion auf terroristische Angriffe gegen die USA am Horn von Afrika (Active Endeavour)[24] und in Afghanistan nimmt die Bundesrepublik ihre NATO-Bündnisverpflichtung gegenüber den USA auf der Grundlage des Art. 51 der UN-Charta und des Art. 5 des NATO-Vertrages wahr[25].

In einer steten Ausweitung von Aufgabenspektrum, Intensität, Umfang und Dauer der deutschen Beteiligung an internationalen Einsätzen im Laufe der letzten Jahre spiegelt sich die gewachsene Bedeutung der Auslandseinsätze der Bundeswehr wider[26]. Die Statistik beweist es: während die Bundeswehr 1998 noch mit rund 2.800 Soldaten lediglich in Bosnien-Herzegowina und in Georgien engagiert war, sind derzeit in Krisenregionen auf drei Kontinenten rund sieben Kontingente mit einem Personalumfang von ca. 7.300 Soldatinnen und Soldaten im Auslandseinsatz. Deutschland gehört somit zu den Nationen, die für internationale Einsätze die meisten Truppen stellen[27]. Insgesamt waren seit 1998 mehr als 100.000 Soldaten der Bundeswehr zusammen mit Streitkräften der Bündnispartner im Auslandseinsatz[28].

Diese Entwicklung wird politisch gerade auch durch die globale Verantwortung untermauert, die Deutschland von 2003 und 2004 als Inhaber eines nichtständigen Sitzes im UN-Sicherheitsrat zukam.

A. Problemstellung

Mit der veränderten Rolle Deutschlands in der Welt seit den letzten Jahren und einem raschen Wechsel von Bedrohungsszenarien ergaben und ergeben sich nicht nur für die deutschen Streitkräfte neue Einsatzoptionen und Herausforderungen, sondern auch damit verbundene, bisher nicht erschöpfend beantwortete oder aufgeworfene Rechtsfragen, die bislang allerdings eher ein Schattendasein fristeten, während die Bundeswehr selbst stets im Rampenlicht von Politik und Medien

24 Seit dem 26. Oktober 2001 beteiligt sich Deutschland mit ca. 250 Soldaten an der auf Ersuchen der USA vom NATO-Rat beschlossenen Unterstützungsoperation Active Endeavour, ein Maritimer Einsatzverband der NATO im östlichen Mittelmeer.

25 Mit Beschluss vom 19. September 2001 bekräftigte der Deutsche Bundestag die Verpflichtungen aus Art. 5 NATO-Vertrag.

26 So haben sich allein innerhalb von vier Jahren die Ausgaben für Auslandseinsätze fast verzehnfacht: während 1998 noch 178 Mio. Euro aufgewendet wurden, waren es 2002 bereits ca. 1,5 Mrd. Euro.

27 Struck, in: Europäische Sicherheit, 1/2003, S. 1, 2; nach seiner Aussage wird "Deutschland auch in Zukunft einer der größten Truppensteller bei internationalen Einsätzen sein", in: FAZ vom 12. März 2004, S. 4.

28 Bundesministerium der Verteidigung, Verteidigungspolitische Richtlinien, S. 1.

steht. Seit der Wiedervereinigung Deutschlands und den politisch-militärischen Ereignissen im Nahen Osten hat sich die Rechtsliteratur verstärkt mit der Frage beschäftigt, inwieweit Bundeswehrsoldaten vor dem Hintergrund der Kriege und Risiken in der Welt, aber auch vor dem Hintergrund der deutschen Geschichte, Aufgaben im Ausland in den Grenzen der Verfassung und des Völkerrechts erfüllen können und dürfen. Diese Problematik ist, auch nach den Out-of-Area-Urteilen des Bundesverfassungsgerichts, immer noch nicht abschließend gelöst, sondern hat vielmehr im Zuge des Terrorismus seit dem 11. September 2001 eine neue Dimension erreicht.

Durch die stärkere Einbindung Deutschlands in Maßnahmen der UNO und der NATO haben sich neue Anwendungsfelder eröffnet, die in Gestalt der Auslandseinsätze der Bundeswehr Gegenstand verfassungsgerichtlicher Entscheidungen waren. Dennoch bestand bisher wenig Interesse für die Frage nach den geltenden grundrechtlichen Beschränkungen des staatlichen Tätigwerdens, obwohl mit der Realität der gestiegenen Auslandseinsätze und der Teilnahme Deutschlands an internationalen Verbänden die Möglichkeit einer Beeinträchtigung individueller Rechtspositionen durch die Bundeswehr in greifbare Nähe gerückt ist. Dass sie nicht lediglich theoretische Bedeutung besitzt, belegten die Bilder aus den Gefängnissen im Irak sowie die "Leitlinien zu Verhörtechniken" des amerikanischen Militärs, die das Thema Folter mit Wucht auf die weltpolitische Agenda gesetzt haben[29]. Aus der Perspektive des Grundgesetzes stellt sich damit die Frage, ob und in welchem Maße die Bundeswehr im Rahmen ihrer Auslandseinsätze einer Grundrechtsbindung unterliegt. Darin eröffnet sich aber nicht nur ein neues und politisch überaus aktuelles Problemfeld, sondern es werden auch Grundfragen des Verfassungsrechts berührt, die mit den üblichen und tradierten Kategorien der Grundrechtsdogmatik nicht erklärt werden können. Dieser Problematik muss deshalb eine verstärkte Aufmerksamkeit gewidmet werden. Ohne deren Reflexion ist eine Legitimation des Aufgaben- und Einsatzspektrums undenkbar.

Die internationale Zusammenarbeit stellt nämlich für einen Verfassungs- und Rechtsstaat wie der Bundesrepublik, der zwar einerseits die grenzüberschreitende Kooperation im Sinne des Art. 24 GG ausdrücklich zulässt, andererseits aber eine umfassende inhaltliche und formelle Bindung der deutschen Staatsgewalt an das geltende Recht, insbesondere der Verfassungsnormen, vorsieht (Art. 1 Abs. 3 GG), ein verfassungsrechtliches Problem dar[30]. Durch die Verlagerung von Aufgaben auf überstaatliche Akteure entzieht sich die Wahrnehmung öffentlicher

---

29 Kurz nach bekannt werden der Folterungen im Irak gab es Gerüchte um angebliche Folter-Fotos von deutschen Soldaten der Kosovo-Schutztruppe. Eine Überprüfung seitens des Verteidigungsministeriums ergab jedoch keine Hinweise, vgl. FAZ vom 01. Juni 2004.

30 Waitz von Eschen, BayVBl. 1991, S. 321.

Aufgaben zunehmend der unmittelbaren verfassungsrechtlichen Bindung. Sicherheitspolitische Entscheidungen werden in internationalen Organisationen wie den Vereinten Nationen, der NATO und der WEU sowie im Rahmen der GASP getroffen. Die Frage, welche Bedeutung der Grundrechtsbindung im Bereich der Auslandseinsätze zukommt, stellt sich vor diesem Hintergrund dringender denn je.

Ziel dieser Arbeit ist es daher, herauszuarbeiten, ob und gegebenenfalls wie weit die deutschen Grundrechte für die Bundeswehr bei ihren Tätigkeiten im Rahmen der Auslandseinsätze gelten. Die grundsätzliche Bedeutung und die besondere Qualität der politischen und militärischen Herausforderung eines Auslandseinsatzes ist dabei nicht Gegenstand der Untersuchung. Vielmehr geht es um die konkrete Anwendung der Grundrechtsbindung, ihre Umsetzung sowie ihre Auswirkungen im Bereich des militärischen Handelns.

B. Gang der Untersuchung

Die Ausführungen zum Thema beginnen in einem ersten Teil mit einer allgemeinen Darstellung der Grundrechtsgeltung des Grundgesetzes. Vorangestellt wird im ersten Kapitel zunächst die historische Entwicklung der Sicherheitspolitik Deutschlands sowie eine Übersicht über die Teilnahmemöglichkeiten der Bundeswehr an Einsätzen im Ausland. Veranlassung hierzu bestand insbesondere vor dem geschichtlichen Hintergrund, denn man kann keinen Bereich der aktuellen deutschen Außen- und Sicherheitspolitik behandeln, ohne ihn zuvor historisch innerhalb der Entwicklungen der westdeutschen Sicherheitspolitik einschließlich des Wandels der weltpolitischen Globalkonstellation 1989-1991 verortet zu haben[31]. Erst durch diese Lokalisierung bildet sich der Hintergrund, vor dem das Verständnis und das Interesse der Arbeit sowie die Problematik präzisierbar sind, die dem im Folgenden zu untersuchenden Bereich deutscher Sicherheitspolitik entspringt. Eine Analyse der Veränderungen der sicherheitspolitischen Lage soll die komplexer gewordene Gefährdungssituation Deutschlands verdeutlichen, die sich durch Stichworte wie internationaler Terrorismus, regionale Krisen und Konflikte innerhalb und außerhalb Europas sowie durch Zunahme von Auslandseinsätzen charakterisieren lässt. Der Problemstruktur immanent ist insoweit auch eine Übersicht über die sich aus dem Grundgesetz ergebenden Teilnahmemöglichkeiten der Bundeswehr an Auslandseinsätzen sowie die darüber verfas-

---

31 Nach Hahnenfeld, Wehrverfassungsrecht, S. 4, wirkt eine verfassungsrechtliche Darstellung ganz ohne geschichtlichen Hintergrund sogar "farblos und wenig plastisch".

sungsrechtlich geführte Diskussion, die sich angesichts ihrer rechtlichen Bedeutung keiner Darstellung erübrigen darf.

Im zweiten Kapitel wird ganz allgemein die Grundrechtswirkung des Grundgesetzes im innerstaatlichen Bereich betrachtet, der insoweit eine geschichtliche Darstellung der Grundrechtsentwicklung in der Bundesrepublik Deutschland vorausgeht. Daran anschließend wird eine weitere allgemeine Problematik der Bindungswirkung der Grundrechte thematisiert. Im Ausgangspunkt geht es dabei um die generelle Frage, ob und gegebenenfalls inwieweit die Grundrechte des Grundgesetzes nicht nur innerhalb der Bundesrepublik Deutschland, sondern gerade auch im Ausland Anwendung finden, denn mit der Ausdehnung staatlicher Tätigkeit haben Berührungspunkte zwischen Staat und Grundrechtsträger deutlich zugenommen. Zunächst ist dabei zu untersuchen, ob und mit welcher Verfassungsbestimmung eine Anwendbarkeit der Grundrechtsverbürgungen des Grundgesetzes auf Sachverhalte, die sich im Ausland ereignen, zu begründen ist. Kann der Anwendungsbereich der Grundrechte in Ermangelung einer speziellen Vorschrift nicht eindeutig bestimmt werden, wird sodann der Versuch unternommen, auf der Grundlage bereits gesicherter Erkenntnisse sowie der der Verfassung zugrunde liegenden Vorgaben die Anwendbarkeit der Grundrechte im Ausland zu begründen. Darzustellen sind insoweit auch die einschlägige Rechtsprechung des Bundesverfassungsgerichts sowie die im Schrifttum vertretenen Auffassungen.

Im vierten Kapitel ist sodann näher zu prüfen, wie weit der von den Grundrechten gewährte Schutz reicht, d.h., ob gegebenenfalls diese Grundrechtsverbürgungen im Ausland in genau dem gleichen Umfang Bindungswirkung entfalten wie dies, aufgrund der Rechtsprechung des Bundesverfassungsgerichts, bei rein innerstaatlichen Sachverhalten der Fall ist.

Nach den eher grundsätzlichen Ausführungen im ersten Teil wird im zweiten Teil der Arbeit untersucht, ob und inwieweit die im vorangehenden Teil entwickelten Thesen zur grundsätzlichen Anwendbarkeit der Grundrechte bei Ausübung eines Hoheitsaktes auf fremdem Territorium auch auf den Bereich der Auslandseinsätze der Bundeswehr übertragbar sind. Einwände gegen die Annahme, dass es sich bei Auslandseinsätzen um die Ausübung grundrechtsgebundener Staatsgewalt handelt, können sich aus verfassungsrechtlicher und völkerrechtlicher Sicht ergeben. Problematisch ist dabei insbesondere die Mitwirkung in internationalen Organisationen.

Die Ausführungen beginnen im fünften Kapitel zunächst mit der Feststellung der grundsätzlichen Bindungsunterworfenheit der Bundeswehr. Zugleich werden bereits Überlegungen hinsichtlich einer möglichen Grundrechtsbindung im Rahmen der Auslandseinsätze angestellt. Wesentliche Bedeutung gewinnt in diesem Zusammenhang das "Varvarin-Urteil" des Oberlandesgericht Köln.

In den folgenden Kapiteln ist dann der Frage nach der grundsätzlichen Bindungswirkung der Grundrechtsordnung des Grundgesetzes im Auslandstätigkeitsbereich der Bundeswehr nachzugehen. Dabei sind verschiedene Konstellationen denkbar:

Zunächst ist die Grundrechtsbindung bei der Ausübung von Besatzungsbefugnissen zu untersuchen (6. Kapitel). Auch wenn dieser Materie überwiegend historische Relevanz zukommt, scheint eine genauere Betrachtung des Besatzungsrechts jedoch nicht überflüssig zu sein.

Besondere Bedeutung erlangt im Rahmen der vorliegenden Untersuchung der Fall, in welchem sich nationale Streitkräfte als Teil einer multinationalen Truppe in fremdem Staatsgebiet aufhalten. Deren Handlungen könnten entweder den jeweiligen Organisationen oder den Staaten, deren Streitkräfte an der Operation teilnehmen, zugerechnet werden. Angesichts der verstärkten Teilnahme der Bundeswehr an Einsätzen im Rahmen der NATO, der EU/WEU, der Vereinten Nationen und der OSZE scheint eine umfassende Behandlung der Grundrechtsbindung in diesem Bereich notwendig. In Anbetracht dieser verschiedenen Zurechnungsmöglichkeiten ist daher der Frage nachzugehen, vermittels welchen Kriteriums eine Zurechung stattfindet. In einem ersten Schritt werden dabei zunächst die einzelnen internationalen Organisationen in ihrer Gesamtheit kurz dargestellt. In einem zweiten Schritt ist sodann der Frage nachzugehen, ob das Grundgesetz für die eingesetzten deutschen Truppen überhaupt noch anwendbar ist. Ausgangspunkt der Diskussion ist dabei zunächst die Frage, welcher Anknüpfungspunkt für eine Grundrechtsbindung der Bundeswehr im Ausland zu wählen ist, damit eine Grundrechtsbindung angenommen werden kann. In diesem Zusammenhang ist von Bedeutung, als wessen Organ die Bundeswehr bei ihrer Verwendung im Rahmen der Auslandseinsätze gehandelt hat.

Daran anschließend erfolgt eine vergleichsweise kurze Darstellung der übrigen militärischen Auslandseinsätze der Bundeswehr.

Schließlich ist in einem letzten Kapitel der Frage nachzugehen, ob die Grundrechtsverbürgungen des Grundgesetzes bei den zuvor untersuchten Sachverhalten mit genau der gleichen Intensität Wirkung entfalten wie dies bei rein innerstaatlichen Sachverhalten der Fall ist. Einschränkungen können sich hier insbesondere aufgrund der Besonderheit des militärischen Handelns im Auslandseinsatz im Zusammenwirken mit Streitkräften anderer Nationen ergeben.

1. Teil:

Die Rechtslage nach dem Grundgesetz und die Rolle der Bundeswehr in der Praxis

1. Kapitel: Entstehung und Entwicklung der Bundeswehr und ihre Rechtsgrundlagen

Bevor auf die eigentliche Problematik dieser Arbeit eingegangen wird, soll die nachfolgende Darstellung zunächst einen einführenden Überblick über die Entwicklung der sicherheitspolitischen Lage Deutschlands nach dem Zweiten Weltkrieg geben. In diesem Zusammenhang wird der Begriff "Streitkräfte zur Landesverteidigung" erläutert, in dessen Rahmen ebenso eine vergleichsweise kurze Analyse der entsprechenden Grundgesetzartikel und der Urteile des Bundesverfassungsgerichts gehört sowie eine Betrachtung der völkerrechtlichen Vorgaben.

A. Deutsche Außen- und Sicherheitspolitik in historischer Perspektive

I. Deutsche Sicherheitspolitik im Rahmen der Blockkonfrontation

Mit der bedingungslosen Kapitulation der Deutschen Wehrmacht im Mai 1945 endete zunächst die Existenz deutscher Streitkräfte[32]. Auch bei der Gründung der zwei deutschen Staaten 1949 war eine Wiederbewaffnung grundsätzlich nicht vorgesehen. Erst mit der Veränderung der weltpolitischen Lage und einer eskalierenden Ost-West-Konfrontation erschien den Westalliierten unter Führung der USA Mitte der fünfziger Jahre des letzten Jahrhunderts eine Wiederbewaffnung der Bundesrepublik Deutschland als sinnvoll und nützlich, denn die Niederlage der beiden großen Militär- und Industriemächte Deutschland und Japan hatte ostwärts und westlich der Sowjetunion ein Machtvakuum entstehen lassen, das die Sowjetunion veranlasste, unter Ausnutzung dieser günstigen Umstände und gestützt auf die unverminderte Stärke der Roten Armee, ihre bereits im Krieg begonnene expansive Politik weiter fortzusetzen. Angesichts der sowjetischen Expansion empfanden die freien Länder Europas, die sich einer ernsten Bedrohung

---

32 Im "Act of Military Surrender", der zunächst am 7. Mai 1945 durch Generaloberst Jodl im SHAEF-Hauptquartier in Reims unterzeichnet wurde und dann am 8. Mai durch Admiral von Friedeburg, Generalfeldmarschall Keitel und Generaloberst Stumpf im sowjetischen Hauptquartier in Berlin, erklärten die Unterzeichner im Auftrag des Oberkommandos der Deutschen Wehrmacht, dass sie alle unter deutschem Befehl stehenden Streitkräfte "bedingungslos" dem Obersten Befehlshaber der Alliierten Expeditionsstreitkräfte und dem Oberkommando der Roten Armee übergeben, vgl. Schöbener, in: Der Staat 34 (1995), S. 163, 170, 171.

ausgesetzt sahen[33], die Notwendigkeit, nach Mittel und Wegen zur Gewährleistung ihrer Freiheit und Sicherheit zu suchen. Unter dem Eindruck des Korea-Krieges[34] und vor allen Dingen aus der Erkenntnis der Gefahren, die sich in immer größerem Maße aus der Eskalation in der Ost-West-Konfrontation entwickelten, wurden Anfang der fünfziger Jahre Pläne proklamiert, die Bundesrepublik in ein westliches Verteidigungsbündnis zu integrieren.

Mit Beginn des Korea-Krieges nutzte Adenauer dann auch in Anlehnung an Churchills Idee einer "Europa-Armee" die Chance, über eine Beteiligung der Bundesrepublik an der westeuropäischen Verteidigung hinaus entweder zu einem gleichberechtigten Partner in einem integrierten Westeuropa zu werden oder – sollte sich dies hinauszögern – zunächst einmal unter Abschüttelung des Besatzungsstatuts Schritt für Schritt die Souveränität zu erreichen[35].

Die Frage der Ausklammerung oder Einbeziehung der Bundesrepublik Deutschland in die Verteidigung Europas löste angesichts einer möglichen Wiederbewaffnung allerorts heftige Diskussionen aus. Besonders Frankreich war, fünf Jahre nach Kriegsende, durch die einsetzende Diskussion um eine deutsche Wiederbewaffnung beunruhigt[36]. Nachdem Churchill aber im August 1950 die sofortige Aufstellung einer Europaarmee unter Beteiligung Westdeutschlands vorgeschlagen hatte, einen Monat später der Nordatlantik-Rat ebenfalls für die Schaffung einer gemeinsamen NATO-Armee mit westdeutschen Soldaten plädierte[37], kam es im Oktober zur Vorlage einer französischen Alternative durch den Ministerpräsidenten *Pleven*. Da die Aufstellung nationaler deutscher Truppenverbände in Frankreich nicht durchsetzbar war, sah dieser Plan die Einbindung deutscher Soldaten in eine integrierte "Europa-Armee" vor, um ihre Kon-

---

33 Zwischen 1947 und 1949 führten die Bedrohung der Souveränität Norwegens, der Türkei und Griechenlands, der Staatsstreich der Kommunisten in der Tschechoslowakei und schließlich die Blockade der Westsektoren Berlins durch sowjetische Truppen zu einer gefährlichen Zuspitzung der Lage; vgl. Bundesregierung, Die neue NATO, S. 5.

34 Am 25. Juni 1950 griffen Truppen des kommunistischen Nordkorea mit Unterstützung Chinas und der UdSSR Südkorea an. Man vermutete, dass der Angriff auf Südkorea ein Täuschungsmanöver sei, mit dem die amerikanischen Truppen aus Europa fortgelockt und auf einen asiatischen Nebenschauplatz geführt werden sollten. Die amerikanische Regierung fürchtete, dass der Vorstoß ein weltweites militärisches Vorgehen des Sowjetblocks gegen die Westmächte nach sich ziehen könnte, denn eine ähnliche Aggression im geteilten Deutschland wäre damit in den Bereich des Möglichen gerückt.

35 Vgl. Ottmer, Die Entwicklung Deutscher Sicherheitspolitik; Baring, Außenpolitik in Adenauers Kanzlerdemokratie, S. 81 ff; von Gersdorff, Adenauers Außenpolitik, S. 312.

36 Rautenberg/Wiggershaus, Die "Himmeroder Denkschrift" vom Oktober 1950, S. 138.

37 Kommuniqué des NATO-Rates vom 26. September 1950: "Der Rat war sich darüber einig, dass Deutschland in die Lage versetzt werden soll, einen Beitrag zum Aufbau der Verteidigung Westeuropas zu leisten. Er fordert den Verteidigungsausschuss auf, sobald wie möglich Methoden zu empfehlen, nach denen Deutschland einen Beitrag auf die zweckdienlichste Weise leisten kann."

trolle zu vereinfachen[38]. Nach intensiven und langwierigen Verhandlungen entstand aus dem Pleven-Plan der "Vertrag der Europäischen Verteidigungsgemeinschaft"[39], der vorsah, dass alle nationalen Armeen in einer integrierten Streitmacht unter einem gemeinsamen Oberbefehl aufgehen sollten. Der Vertrag wurde im Mai 1952 paraphiert, scheiterte jedoch im August 1954 im französischen Parlament[40], ohne dass damit aber die deutschen Bemühungen um eine Wiederbewaffnung ins Stocken gerieten.

Als "Ersatzlösung" wurde noch im gleichen Jahr, auf britische Initiative hin, die "Westeuropäische Union" (WEU) unter Einschluss Westdeutschlands geschaffen. Dabei griff man auf die zwischen Frankreich, Großbritannien und den Benelux-Staaten 1948 gegründete Westunion zurück, die ursprünglich als Schutzvertrag gegen eine erneute deutsche Angriffspolitik entworfen worden war, angesichts der sich stürmisch entwickelnden Ost-West-Konfrontationen aber einen neuen Sinn bekam und aus dem bereits 1949 die NATO[41], als gemeinsame Antwort auf die Bedrohung durch die Sowjetunion, hervorgegangen war. Im Gegensatz zu einer "Europa-Armee" entsprechend dem geplanten EVG-Muster sah dieser Zusammenschluss das unabhängige Fortbestehen der nationalen Armeen vor. Die Pariser Verträge von 1955 hoben schließlich das Besatzungsstatut auf und die Bundesrepublik wurde zu einem souveränen Staat[42].

Die Aufnahme der Bundesrepublik als Mitglied der WEU in die Nordatlantische Allianz am 9. Mai 1955[43] war eine logische Konsequenz und für den jungen Staat von existentieller Bedeutung. Die NATO bot ihren Mitgliedern im Zeitalter des Kalten Krieges Schutz ihrer Territorien durch die Solidarität von Amerikanern und Europäern und brachte damit Deutschland das Maß an äußerer Sicher-

---

38 Der Kernsatz aus Plevens Vorschlag lautete: "Die Aufstellung einer europäischen Armee soll nicht aus dem einfachen Zusammenwerfen nationaler militärischer Einheiten bestehen. Dies würde in Wirklichkeit nur eine Koalition alten Typs sein. Eine Armee des Vereinigten Europas, die sich aus Soldaten verschiedener europäischer Nationen zusammensetzt, muss im Maß des Möglichen eine vollständige Verschmelzung der personellen und materiellen Elemente darstellen, und zwar unter einer einzigen politischen und militärischen europäischen Führung", in: Europa-Archiv, Folge 22/1950, S. 3537.

39 BGBl. 1954 II, S. 342.

40 Für General de Gaulle wäre eine Zustimmung zur EVG einer "Auslöschung Frankreichs als Nation" gleichgekommen, vgl. Blasius, in: FAZ vom 27. August 2004, S. 10.

41 Am 4. April 1949 schlossen Belgien, Dänemark, Frankreich, Großbritannien, Island, Italien, Kanada, Luxemburg, die Niederlande, Norwegen, Portugal und die Vereinigten Staaten in Washington den Nordatlantikvertrag. Dieser Zusammenschluss war auf der Grundlage der "Vandenberg-Resolution" vom 19. Mai 1948 möglich. Mit ihrer Billigung wurde es dem Präsidenten erst erlaubt, von der traditionellen Nichteinmischungspolitik im Sinne der "Monroe-Doktrin" von 1823 ("Amerika den Amerikanern") abzuweichen und kollektiven Sicherheitspakten außerhalb der amerikanischen Hemisphäre bereits im Frieden beizutreten.

42 Siehe Diefenbach, Grundzüge der deutschen Militärgeschichte, Bd. 1, S. 428 ff.

43 BGBl. 1955 II, S. 630 vom 9. Mai 1955.

heit und Stabilität, in dem es sich friedlich entwickeln konnte[44]. Erstmals in der deutschen Militärgeschichte wurden mit der Gründung der Bundeswehr am 1. Januar 1956 Streitkräfte geschaffen, die nach Organisation und Verteidigungsauftrag nicht mehr national, sondern international auf ein Bündnis ausgerichtet sind und damit integrierter Bestandteil einer multinationalen Bündnisarmee unter einem gemeinsamen Oberbefehl wurden[45]. In der Zeit des Ost-West-Gegensatzes war sie fast ausschließlich auf Abschreckung und Verteidigung gegen eine potentielle groß angelegte militärische Aggression aus dem Osten ausgerichtet. Der Auftrag der Bundeswehr bestand in der Verteidigung des Territoriums an der Ostgrenze der alten Bundesrepublik Deutschland gegen eine unmittelbare militärische Bedrohung. Die Bundeswehr wurde daher zu einer auf Deutschland und Mitteleuropa konzentrierten, panzerabwehrstarken Kontinentalarmee und zum Herzstück der konventionellen Verteidigung der NATO. Dieser nationale und internationale Konsens sah grundsätzlich nicht vor, dass die Bundeswehr mit Bodentruppen außerhalb Deutschlands eingesetzt würde[46].

II. Sicherheitspolitische Wende als Folge der Auflösung des Ost-West-Konfliktes

Nach dem Zusammenbruch des kommunistischen Machtbereiches und den Abschlüssen zahlreicher Abrüstungsabkommen veränderten sich die sicherheitspolitischen Rahmenbedingungen Anfang der neunziger Jahre jedoch grundlegend.

War bis dahin noch der Ost-West-Antagonismus, d.h., die Bedrohung durch den Warschauer Pakt beherrschender Aspekt aller sicherheitspolitischen Überlegungen und Handlungen der Bundesregierung, wurde nun unter den wesentlich veränderten Rahmenbedingungen eine Neubewertung des sicherheitspolitischen Umfeldes der Bundesrepublik notwendig. Dabei rückten anstelle der Gefahr eines großen Krieges, der in der Vergangenheit das westliche Sicherheitsdenken bestimmte, in Europa neue Risikofelder ins Blickfeld, die vorher entweder im Vergleich zu der Bedrohung durch den hegemonialen Anspruch des Kommunismus von geringerer Bedeutung waren oder aber erst durch den Zerfall des sowjetischen Imperiums eine neue Qualität gewonnen hatten. So führte die Beendigung der Blockkonfrontation[47] in anderen Teilen Europas und in angrenzenden Regio-

---

44 Als Reaktion auf die Festigung des westlichen Lagers und die Aufnahme der Bundesrepublik in die NATO gründete die UdSSR 1955 den Warschauer Pakt.

45 Diefenbach, Grundzüge der deutschen Militärgeschichte, Bd. 1, S. 431.

46 Goebel, Von Kambodscha bis Kosovo, S. 13.

47 Die überwiegende Meinung in der deutschen Diskussion, der ich mich im Folgenden anschließe, sieht in der Beendigung des Kalten Krieges zugleich auch die Beendigung des Ost-West-Konfliktes, so von Bredow/Jäger, Neue deutsche Außenpolitik, S.11-17; Czempiel, Weltpolitik

nen zum Ausbruch von zahlreichen und bedrohlichen Instabilitäten, die im Kaukasus, in Afrika und im Nahen Osten, besonders aber auf dem Balkan sichtbar wurden. Die bis zu diesem Zeitpunkt polarisierte weltpolitische Globalkonstellation hatte sich zwar aufgelöst, aber nun stand die gewaltsame Austragung von Streitigkeiten zur Disposition der einzelnen Staaten.

Angesichts dieser Risiken wurden Forderungen nach einem Handeln der internationalen Staatengemeinschaft laut und mit ihnen der Gedanke an die Verwirklichung des Prinzips der kollektiven Sicherheit, welches unter der "Herrschaft" des Kalten Krieges nicht zur Anwendung gekommen war. Als Friedensstifter sollte besonders den Vereinten Nationen eine erweiterte Rolle zukommen. Das Aufgabenspektrum, das dabei übernommen wurde, reicht von humanitärer Hilfeleistung, Demilitarisierung, Wiederaufbau, Minenräumung, Wahrung der Menschenrechte bis zum Aufbau staatlicher Strukturen. Die Zahl der unter ihrem Schirm und ihrer Verantwortung durchgeführten Friedenseinsätze stieg dementsprechend ab 1989 sprunghaft.

Das wiedervereinigte Deutschland geriet von Seiten der Verbündeten immer stärker unter Druck, an Aktionen im Rahmen der Staatengemeinschaft nicht nur mit Material und finanzieller Unterstützung, sondern auch mit Truppenkontingenten teilzunehmen; zugleich geriet die Bundeswehr, die ausdrücklich und ausschließlich als deutscher Beitrag zur Bündnisverteidigung gegen die militärische Bedrohung der westlichen Staatengemeinschaft durch den Warschauer Pakt geschaffen worden war, in massive Legitimationsprobleme, denn sie hatte mit dem Zusammenbruch des Warschauer Vertragssystems ihren potentiellen Gegner verloren. Unter diesen Bedingungen sah sich die Bundeswehr mit neuen Aufgaben hinsichtlich der Wahrung und Wiederherstellung des Friedens konfrontiert, die ein weltweites Einsatzgebiet umschlossen und weder der Verteidigung ihres eigenen Territoriums noch dem ihrer Bündnispartner diente. Zur klassischen Aufgabe der Abwehr eines direkten Angriffs sind neue Aufgaben getreten wie beispielsweise friedensschaffende Missionen, friedenserhaltende Missionen, Beobachtungsmissionen sowie humanitäre Hilfseinsätze. Der damalige Bundeskanzler *Kohl* unterstrich diesen Wandel im Rahmen einer Sitzung des Bundestages zur Wiedervereinigung: "Dem vereinten Deutschland wächst eine größere Verantwortung in der Völkergemeinschaft zu, nicht zuletzt für die Wahrung des Weltfriedens."[48]

---

im Umbruch, S. 23-29. Anders dagegen Siedschlag, Die aktive Beteiligung Deutschlands an militärischen Aktionen, S. 15; Holmes, Journal of International Affairs 46, S. 323, 324.

48 Helmut Kohl am 4. Oktober 1990 vor dem Deutschen Bundestag, Quelle: Bundesregierung: Verantwortung für Frieden und Freiheit, Sicherheitspolitik der Bundesrepublik von 1949-2002.

III. Gegenwärtige sicherheitspolitische Situation

Seit Beginn der neunziger Jahre werden jährlich weltweit über 50 Kriege bzw. bewaffnete Konflikte gezählt. Völkermord, Flüchtlingselend, Ressourcenknappheit und Umweltzerstörung sind gefährliche Nährböden für Konflikte geworden. Regionale Konflikte und "low intensity conflicts" rund um den Globus haben sich zur dominierenden Konfliktform entwickelt; internationaler Terrorismus, das beunruhigende Potenzial der Entwicklung und Verbreitung biologischer, chemischer, radiologischer und nuklearer Kampfstoffe sowie weit reichender ballistischer Trägermittel haben nach der Überwindung des Ost-West-Konfliktes erheblich an Bedeutung gewonnen[49]. Dass derartige Faktoren ein hohes Gewaltpotenzial bergen und dazu angetan sind, regionale Krisen oder Konflikte auszulösen, deren Folgen auch auf das Bündnisgebiet ausstrahlen können, zeigt die weltweite und vor allem nicht endende Welle von Terroranschlägen. Der Satz von Bundesverteidigungsminister *Peter Struck*, "Sicherheit und Freiheit der Bundesrepublik Deutschland werden auch am Hindukusch verteidigt"[50], ist fast zu einer verfassungspolitischen Doktrin geworden. Diesem Satz, der anlässlich des ISAF-Einsatzes der Bundeswehr geprägt worden war, ist eine theoretische Nachrüstung gefolgt: Die Verteidigungspolitischen Richtlinien (VPR)[51] vom 21. Mai 2003. Dort heißt es, "Verteidigung heute" schließe "die Verhütung von Konflikten und Krisen, die gemeinsame Bewältigung von Krisen und die Krisennachsorge ein. Dementsprechend lässt sich Verteidigung geographisch nicht mehr eingrenzen." Damit hat die deutsche Sicherheits- und Verteidigungspolitik endgültig Abschied genommen von Szenarien, die das Denken zu Zeiten des Kalten Krieges beherrscht hatten: die Verhinderung eines Krieges im Zentrum Europas und die Verteidigung der Landesgrenzen als überragende nationale Interessen.

Das Ministerwort spiegelt insofern einen Prozess wider, der spätestens seit dem 11. September 2001 deutlich wurde. Längst ist der internationale Terrorismus zur größten Bedrohung des Weltfriedens geworden, so dass die Sicherheit Deutschlands nicht nur im eigenen Land und Europa verteidigt wird bzw. werden

---

49 Rede Scharpings auf der XXXVIII. Münchner Konferenz für Sicherheitspolitik am 3. Februar 2002, Quelle: Bundesregierung: Verantwortung für Friede und Freiheit, Sicherheitspolitik der Bundesrepublik von 1949-2002.

50 So Struck in seiner Rede am 5. Dezember 2002 vor dem Deutschen Bundestag zur Projektplanung der Bundeswehr.

51 Die VPR sind ein Grundsatzdokument, das der Bundesminister der Verteidigung als verbindliche konzeptionelle Grundlage für die deutsche Verteidigungspolitik und die Arbeiten in seinem Geschäftsbereich erlässt. Sie legen Grundsätze für die Gestaltung der Verteidigungspolitik fest, bestimmen den Auftrag der Bundeswehr, gewichten deren Aufgaben und machen Vorgaben für die Fähigkeiten der Streitkräfte der Zukunft; vgl. Bundesministerium der Verteidigung, Verteidigungspolitische Richtlinien, S. 6.

muss, sondern immer mehr an anderen Stellen der Welt[52]. An der zentralen Aussage der Richtlinien, dass "eine Gefährdung deutschen Staatsgebietes durch konventionelle Streitkräfte derzeit und auf absehbare Zeit nicht zu erkennen ist", lässt sich nicht zweifeln, aber Terrornetzwerke schlagen ohne Warnung zu. Ort und Zeit wählen sie nach Belieben. So zeigen auch die Anschläge auf die Synagoge in Djerba am 11. April 2002, auf eine Diskothek auf der Insel Bali am 12. Oktober 2002, in Madrid am 11. März 2004 und jüngst in London am 07.07.2005, dass längst auch Deutsche Opfer terroristischer Anschläge sind und dass sich ein Staat wie die Bundesrepublik allein mit konventionellen Mitteln und nur im eigenen Land nicht wirkungsvoll verteidigen lässt, so dass für die Bundeswehr die Bekämpfung des internationalen Terrorismus als neues Aufgabenfeld hinzu gekommen ist.

Die Zahl der Auslandseinsätze wird sich in Zukunft sogar noch erhöhen: Nach den Plänen *Strucks* sollen künftig 35.000 Soldaten für schnelle und wirksame Einsätze "hoher Intensität" zur Verfügung stehen, die im Rahmen von NATO-Operationen und Operationen der EU zum Einsatz kommen könnten. Weitere 70.000 Soldaten sollen für internationale Einsätze der Friedenssicherung bereitstehen[53]. Die Notwendigkeit einer Teilnahme der Bundeswehr an multinationalen Operationen kann sich heute weltweit und mit geringem zeitlichem Vorlauf ergeben und das gesamte Einsatzspektrum bis hin zu Operationen mit hoher Intensität umfassen[54].

Kein Staat kann unter den genannten heutigen Bedingungen für sich allein Frieden und Sicherheit gewährleisten. Integration und Kooperation mit Partnern und Verbündeten sowie das Zusammenwirken in internationalen Organisationen sind mehr denn je unerlässlich für eine umfassende Sicherheitsvorsorge. Angesichts dessen sieht die Bundesrepublik die Wahrung deutscher Sicherheitsinteressen nur im Rahmen der übergreifenden Sicherheitsarchitektur[55] für Europa gewährleistet. Eckpfeiler dieser Architektur sind die NATO, die Vereinten Nationen, die Organisation für Sicherheit und Zusammenarbeit in Europa und die Europäische Union.

---

52 In diesem Sinne auch Schöbener, in: Dreier/Forkel/Laubenthal, Raum und Recht, S. 407, 409: "Der Staat kann seiner Schutzpflicht im Innern nur noch durch Gewaltanwendung außerhalb des eigenen Territoriums gerecht werden".

53 Übersicht in: FAZ vom 12. März 2004, S. 4.

54 Der Einsatz der Luftwaffe im Rahmen der dreimonatigen EU-Operation Artemis im Kongo im Sommer 2003 hat deutlich gemacht, wie kurz die Vorwarnzeiten für einen Kriseneinsatz der Bundeswehr in Zukunft sein können.

55 IAP Sonderheft 10/02, Sicherheitspolitik, Auslandseinsätze der Bundeswehr, S. 2.

B. Die verfassungs- und völkerrechtlichen Rahmenbedingungen

I. Teilnahmemöglichkeiten der Bundeswehr an Einsätzen im Ausland

Seit der Wiedervereinigung beider deutscher Staaten steht die Bundeswehr verstärkt im öffentlichen Interesse. Diskutiert wurden insbesondere Aspekte, die eine Erweiterung ihres bisherigen Einsatzspektrums betrafen, denn in einem radikal veränderten globalen Rahmen wollte Deutschland endgültige "Normalität" erreichen, als deren Attribute zum Beispiel ein ständiger Sitz im UN-Sicherheitsrat, die uneingeschränkte Beteiligung an Blauhelmmissionen und darüber hinaus an militärischen Aktionen zur Verwirklichung kollektiver Sicherheit galten[56]. Die insbesondere im Staatsrecht geführte Diskussion rankte sich dabei um die Frage, welche Einsätze das Grundgesetz erlaube, denn es finden sich dort keinerlei Bestimmungen, die ausdrücklich einen Einsatz der Bundeswehr im Ausland betreffen. Damit ist zunächst die Frage zu stellen, auf welche rechtlichen Vorgaben der Verfassung sich die Teilnahme der Bundeswehr an solchen Auslandseinsätzen stützt.

1. Vorgaben der Wehrverfassung

Das Grundgesetz enthielt ursprünglich in seiner Fassung vom 24. Mai 1949[57] keine Regelung über die Aufgabenstellung von Streitkräften, denn mit der bedingungslosen Kapitulation der Deutschen Wehrmacht im Mai 1945 und der sich anschließenden alliierten Besatzungsherrschaft waren alle militärischen Aktivitäten Deutschlands untersagt[58]. Es gab lediglich einige Vorschriften, die dem Wehrrecht im weiteren Sinne zuzurechnen waren. Hierzu gehörten insbesondere Art. 4 Abs. 3, Art. 24, Art. 26 und Art. 140 GG i. V. m. Art. 141 WRV. Aber alle drei Erwähnungen waren gegenüber dem Krieg "negativ-abwehrend"[59]. Es konnte weder ein positives Bekenntnis zur Verteidigung herausgelesen werden, noch welches Wehrsystem bestehen sollte[60]. An den Artikeln 24 und 26 GG zeigt sich jedoch, dass man jedenfalls eine Lösung der sicherheitspolitischen Probleme nicht aus eigener Kraft anstrebte[61].

---

56 Siedschlag, Die aktive Beteiligung Deutschlands an militärischen Aktionen, S. 16 ff.

57 BGBl. 1949 I, S. 1.

58 Proklamation Nr. 2 des Kontrollrats vom 20. September 1945, Sec. I, Ziff. 2: "All forms of ... military activities of whatever nature on the part of the German people are prohibited", in: Amtsblatt des Kontrollrats in Deutschland, Nr. 1 vom 20. Oktober 1945, S. 8 ff.

59 Barth, Der Soldat im Rechtsstaat, S. 21.

60 Vgl. auch Schopohl, Der Außeneinsatz der Streitkräfte, S. 56; Barth, Der Soldat im Rechtsstaat, S. 21.

61 Rupieper, in: Wiggershaus/Heinemann, Nationale Außen- und Bündnispolitik, S. 195, 198.

Die Grundzüge der eigentlichen Wehrverfassung wurden erst in den beiden Wehrnovellen vom 26. März 1954[62] und vom 19. März 1956[63] geschaffen. Ihr gingen die sog. Pariser Verträge voraus, der Vertrag vom 26. Mai 1952 über die Beziehungen zwischen der Bundesrepublik Deutschland und den drei Mächten und der Vertrag über die Gründung der (später gescheiterten) Europäischen Verteidigungsgemeinschaft[64].

Die Billigung der Pariser Verträge durch den Bundestag am 19. März 1953 führte erstmals die Notwendigkeit einer verfassungsrechtlichen Grundlage für die Aufstellung von Streitkräften vor Augen. Die wehrrechtliche Grundgesetznovelle 1954 stellte sodann die Wehrhoheit des Bundes staatsrechtlich außer Zweifel. Die Wiedergewinnung der Verteidigungsfähigkeit des deutschen Staates erschien als folgerichtiger Inhalt einer freiheitlichen Demokratie[65]. Mit dem Beitritt zur WEU und der Unterzeichnung des "Protokolls zur Änderung und Ergänzung des Brüsseler Vertrages"[66] wurde der Bundesrepublik die Möglichkeit gegeben, Streitkräfte zur Verteidigung ihres Territoriums aufzustellen.

Ab diesem Zeitpunkt war der Weg eröffnet, den deutschen Wehrbeitrag auch im innerstaatlichen Recht zu verankern und die hierzu notwendigen gesetzgeberischen Maßnahmen zu ergreifen. Dabei war zunächst umstritten, ob es einer förmlichen Änderung des Grundgesetzes bedurfte, um den deutschen Wehrbeitrag in die Tat umzusetzen. Weitgehend durchgesetzt hatte sich die Auffassung, dass das Grundgesetz jedenfalls nicht für alle Zeiten auf eigene Streitkräfte habe verzichten wollen. Entgegen der ursprünglichen Haltung der Bundesregierung, die grundsätzlich keine Grundgesetzänderungen für erforderlich hielt, waren es vor allem die Gutachten *Smends*, die überzeugend die Notwendigkeit einer Grundgesetzänderung darlegten[67].

Im Zuge der zweiten Wehrverfassungsnovelle 1956 gelangte mit der Einfügung des Art. 87a GG[68] die verfassungsrechtliche Grundlage für Aufstellung und

---

62 BGBl. 1954 I, S.45; die erste Wehrnovelle enthielt als wesentliche erste Maßnahme die Schaffung der Gesetzgebungskompetenz des Bundes in Art. 73 Nr. 1 GG.

63 BGBl. 1956 I, S. 111.

64 Vertrag über die Europäische Verteidigungsgemeinschaft vom 27. Mai 1952, in: BGBl. 1954 II, S. 342.

65 Kirchhof, in: Beyerlin/Bothe/Hofmann/Petersmann, Recht zwischen Umbruch und Bewahrung, Festschrift für Bernhardt, S. 797, 800.

66 Vgl. BGBl. 1955 II, S. 256.

67 Smend, in: "Kampf um den Wehrbeitrag", Bd. 2, S. 559 ff, 575 ff. Er wandte sich dabei gegen die Auffassung, dass das Wehrwesen im Grundgesetz ja schon vorausgesetzt sei. Ganz im Gegenteil gehöre insbesondere Art. 4 Abs. 3 "zu den wichtigsten, den freiheitlich demokratischen Charakter und damit die Legitimität der Bundesrepublik und ihres Rechts tragenden Grundlagen des Grundgesetzes".

68 Die damalige Fassung lautete: "Die zahlenmäßige Stärke der vom Bunde zur Verteidigung aufgestellten Streitkräfte und die Grundzüge ihrer Organisation müssen sich aus dem Haushalts-

Einsatz der Streitkräfte in das Grundgesetz. Der Staat erhielt mit Einfügung der Vorschrift nicht nur das Recht sich zu verteidigen, sondern vor allem die verfassungsrechtliche Pflicht, eine funktionsfähige militärische Landesverteidigung aufzubauen und zu unterhalten, um die Sicherheit seiner Bürger gewährleisten zu können.

Die heute geltende Fassung erhielt Art. 87a GG allerdings erst im Zuge der "Notstandsverfassung" im Jahre 1968[69]. Die Vorschrift bestimmt in Abs. 1, dass Streitkräfte zur Verteidigung aufzustellen sind. Die Staatsaufgabe der Verteidigung in Abs. 1 wird in Abs. 2 für die Einsätze ergänzt, die keine Verteidigung darstellen. Sie unterliegen einem enumerativen Verfassungsvorbehalt[70]. Die ausdrückliche Beschränkung deutscher Streitkräfte auf "Verteidigung", die der Gesetzgeber unter dem Eindruck der realen Bedrohung durch den sowjetischen Expansionismus formuliert hatte, ist zugleich die Umsetzung des Friedensgebots der Präambel und des Verbots eines Angriffskrieges gem. Art. 26 Abs. 1 GG, das bereits die Vorbereitungshandlungen für verfassungswidrig erklärt und mit Strafe bedroht[71]. Vor dem Hintergrund der aufgezeigten Entwicklung der sicherheitspolitischen Lage in Deutschland war ein auf die Wahrung territorialer Unversehrtheit ausgerichteter Verteidigungsbegriff sowohl sicherheitspolitisch lagegerecht als auch historisch angemessen. Insofern wurde, wenn man in Art. 87a GG von den "zur Verteidigung" aufgestellten Streitkräften sprach, zunächst der grundsätzlich defensive Charakter der neu aufgestellten deutschen Streitkräfte unterstrichen.

Ihnen sollte nicht wieder die offensiv-aggressive Rolle eines Angreifers wie im Zweiten Weltkrieg zukommen[72], sondern sie sollten nur im Rahmen dessen handeln können, was die UN-Charta in Art. 51 ausdrücklich als rechtmäßige Handlung anerkennt.

Mit der Aufnahme der Bundesrepublik in die NATO erweiterte sich jedoch die territoriale Dimension und damit die Möglichkeit eines bewaffneten Einsatzes über die Landesgrenzen hinaus. Während die Ost-West-Konfrontationen und die fortdauernden Vorbehaltsrechte der Alliierten in Bezug auf Deutschland noch zur Folge hatten, dass die Bundesrepublik im Einverständnis mit den drei Westmächten und der internationalen Staatengemeinschaft insbesondere im Hinblick auf

---

plan ergeben", 7. Gesetz zur Änderung des Grundgesetzes vom 19. März 1956 (BGBl. 1956 I, S. 111).

69 17. Gesetz zur Änderung des Grundgesetzes vom 24. Juni 1968 (BGBl. 1968 I, S. 709). Der Vorbehalt des Art. 87a Abs. 2 GG ersetzte die durch die Wehrnovelle eingefügte und durch die Notstandsnovelle wieder aufgehobene Sperrvorschrift des Art. 143 GG.

70 Art. 87a Abs. 2 GG: "Außer zur Verteidigung dürfen die Streitkräfte nur eingesetzt werden, soweit dieses Grundgesetz es ausdrücklich zulässt."

71 Vgl. auch Fuchs, Bundeswehr und Grundgesetz, in: Politische Bildung, Heft 2/1995, S. 82, 83.

72 Ähnlich Brunner, Deutsche Soldaten im Ausland, S. 32.

den Einsatz von Streitkräften im Rahmen internationaler Friedensmissionen im Auftrag der Vereinten Nationen eine außerordentlich zurückhaltende Politik betrieb, kam mit dem Beitritt der damals beiden deutschen Staaten zu den Vereinten Nationen im Jahre 1973 von Seiten der Verbündeten die Frage auf, ob nicht mit einer Beteiligung deutscher Streitkräfte an Friedensoperationen der Vereinten Nationen zu rechnen sei[73]. Wurde ein derartiger Einsatz zunächst noch unter Berufung auf die historische Ausgangslage, die Problematik der Mitgliedschaft zweier deutscher Staaten in den Vereinten Nationen und die eingeschränkte Souveränität der Bundesrepublik aufgrund bestehender alliierter Vorbehaltsrechte von Seiten der jeweiligen Bundesregierung abgelehnt[74], so gewann mit zunehmendem Unverständnis der Verbündeten das Argument an Bedeutung, dass das Grundgesetz einen internationalen militärischen Einsatz der Bundeswehr und damit insbesondere eine Beteiligung an Friedensmissionen der Vereinten Nationen nicht erlaube[75]. Dem lag, wie aus einer Aussage des damaligen Bundesministers der Verteidigung *Hans Apel* hervorgeht, eine sehr zurückhaltende Auslegung des Einsatz- und Verteidigungsbegriffes zugrunde. In einem Interview sagte er: "Wir könnten jeder UNO-Truppe Soldaten ohne Waffen zur Verfügung stellen, für Nachschubaufgaben, für fliegerische Aufgaben, aber wir sind aufgrund der Verfassung nicht in der Lage, die Bundeswehr außer zur Verteidigung unseres eigenen Landes einzusetzen."[76] Der Bundessicherheitsrat präzisierte diese Auffassung in einem Beschluss über die verfassungsrechtliche Zulässigkeit eines Auslandseinsatzes der Bundeswehr folgendermaßen: "Der Einsatz der Bundeswehr, und zwar auch im Ausland, ist verfassungsrechtlich immer dann zulässig, wenn die Bundesrepublik Deutschland selbst angegriffen wird und sich mithin im Zustand der Ausübung des individuellen Selbstverteidigungsrechts befindet, sei es allein oder sei es gemeinsam mit anderen gleichzeitig angegriffenen Staaten."[77] Das führte zu dem Schluss, dass "militärische Einsätze der Bundeswehr

73 Anlass war der Ausbruch des Jom-Kippur-Krieges im Oktober 1973, anlässlich dessen der UN-Sicherheitsrat mit seiner Resolution 340 alle Mitgliedstaaten aufgefordert hatte, bei dem Bemühen um die Beilegung des Nahost-Konfliktes in vollem Umfang, d.h., auch auf militärischer Ebene mit den Vereinten Nationen zu kooperieren. Die Bundesrepublik beteiligte sich indessen nur mit der Bereitstellung von Transportleistungen; vgl. auch Limpert, Auslandseinsatz der Bundeswehr, S. 15.

74 Vgl. Eckart Busch, Zur sicherheitspolitischen Orientierung der Verfassung, in: Aus Politik und Zeitgeschichte B 52-53/1993, S. 27, 30.

75 Nicht davon betroffen war dabei ein Einsatz der Bundeswehr im Ausland, sofern die Bundesrepublik etwa mit strategischen Waffen von anderen Kontinenten oder von entfernten Meeresgebieten beschossen würde. Zur militärischen Vernichtung dieser Abschussanlagen wurde ein solcher Einsatz als verfassungsrechtlich zulässig erachtet.

76 Interview des Hessischen Rundfunks, in: Informationen für die Truppe, 9/1978, S. 81.

77 Bundesministerium der Verteidigung, Rechtliche Bewertung der Einsatzmöglichkeiten der Streitkräfte, S. 72.

außerhalb des NATO-Bereiches grundsätzlich nicht in Frage kommen, es sei denn es läge ein Konflikt zugrunde, der sich gleichzeitig als ein völkerrechtswidriger Angriff auf die Bundesrepublik darstellt"[78]. Deutschland überließ es anderen Nationen, für seine Interessen militärisch einzustehen und begnügte sich vielmehr mit aktiver "Scheckbuchdiplomatie". Ihren internationalen Verpflichtungen kam die Bundesrepublik auf andere Weise nach: Sie unterstützte ihre Verbündeten sowie die Vereinten Nationen bei ihren Missionen durch erhebliche finanzielle und logistische Leistungen sowie durch militärisches Personal und Gerät für humanitäre Hilfeleistungen[79]. Hilfsflüge wie die der Luftwaffe nach Äthiopien oder Sarajewo sowie die Entsendung von Sanitätssoldaten nach Kambodscha wurden verfassungsrechtlich nicht diskutiert, da diese Hilfen keine militärischen Einsätze im Sinne des Art. 87a GG darstellten.

Die restriktive Auslegung des Art. 87a Abs. 2 GG, demzufolge die Streitkräfte außer zur Verteidigung nur eingesetzt werden dürfen, soweit das Grundgesetz es "ausdrücklich" zulässt, war bis 1990 weitgehend unumstritten und wurde so auch politisch parteiübergreifend vertreten, so dass für die Bundesrepublik nur eine eingeschränkte Wahrnehmung der mit dem Beitritt zu den Vereinten Nationen im Jahre 1973 übernommenen Verpflichtungen in Frage kam.

2. *Die verfassungsrechtliche Diskussion um die Erweiterung des Streitkräfteeinsatzes*

Im Zuge der mit der weltpolitischen Wende und der deutschen Wiedervereinigung gewandelten außenpolitischen Stellung der Bundesrepublik und der damit verbundenen Frage eines Auslandseinsatzes der Bundeswehr wurde zunehmend an der militärischen Selbstbeschränkung des Grundgesetzes gerüttelt, denn es setzte sich die Auffassung durch, dass die Frage einer Beteiligung an internationalen Militäraktionen weiterhin nicht mehr durch ausweichendes Handeln, wie die Entsendung des Bundesgrenzschutzes, zu lösen sei. Immer nachdrücklicher wurden aus dem Ausland Forderungen gestellt, an koordinierten Aktionen nicht nur mit Material und finanzieller Hilfe, sondern auch mit Truppenkontingenten teilzunehmen.

Im Zuge des Krieges um die Befreiung Kuwaits bekam die Norm des Art. 87a Abs. 2 GG plötzlich eine aktuelle Bedeutung. Da große Teile der Bevölkerung, aber auch des Parteienspektrums, dadurch eine Restaurierung deutscher Macht- und Militärpolitik befürchteten, kam es nach den Erfahrungen des Golfkrieges,

---

78 Bundesministerium der Verteidigung, Rechtliche Bewertung der Einsatzmöglichkeiten der Streitkräfte, S. 73.

79 Einsätze der Bundeswehr im Ausland, Bundesministerium der Verteidigung, Stichworte zur Öffentlichkeitsarbeit und Truppeninformation, S. 5.

als Deutschland wegen seiner Verweigerung im Ausland vehement kritisiert worden war, zu einer politisch und juristisch überaus heftigen Debatte um eine deutsche Beteiligung an multinationalen Militäroperationen im Rahmen der UN-Charta[80]. Während die einen mangels ausdrücklicher Zulassung im Grundgesetz an dem strikten Verbot der Verfassung festhielten und eine Beteiligung an Friedensmissionen nur aufgrund einer Grundgesetzänderung[81] für möglich hielten, verwiesen andere auf die Entstehungsgeschichte der Änderung des Art. 87a GG im Jahre 1968[82], nach der die Vorschrift des Art. 87a Abs. 2 GG Auslandsentsendungen nicht entgegensteht, da davon nur Inlandseinsätze betroffen sein sollen[83]. Eine weitere Auffassung sah in Art. 87a Abs. 2 GG eine allumfassende Einsatznorm, die gleichermaßen den Inlands- und Auslandseinsatz regelt[84]. Insbesondere die Regierungskoalition hielt die Möglichkeit einer Teilnahme der Bundeswehr an Einsätzen außerhalb der Landes- und Bündnisverteidigung spätestens seit 1991 als Ausdruck der deutschen "Bündnis-, Europa- und Handlungs-

80 Riedel, DÖV 1989, S. 890, 896.

81 Alle damals im Parlament vertretenen Parteien hatten sich an der Diskussion beteiligt und brachten entsprechende Vorschläge zur Änderung des Grundgesetzes im Bundestag ein. CDU/CSU und FDP schlugen in einem gemeinsamen Gesetzesentwurf die Einfügung eines Absatzes 2a in Art. 24 GG vor: "Unbeschadet des Art. 87a" sollten Streitkräfte des Bundes eingesetzt werden können bei friedenserhaltenden und friedensschaffenden Maßnahmen auf Grund der Kapitel VII und VIII UN-Charta oder in Ausübung des Rechts zur kollektiven Selbstverteidigung gem. Art. 51 UN-Charta. Damit wären Kampfeinsätze auch außerhalb des NATO-Gebietes zulässig. Die SPD-Fraktion wollte durch Einfügung eines neuen Abs. 3 in Art. 24 GG nur den Einsatz deutscher Streitkräfte für friedenserhaltende Maßnahmen der Vereinten Nationen ohne Kampfauftrag zulassen. Bündnis 90/Die Grünen und die PDS stützen sich auf Art. 87a Abs. 2 GG, die den Bundeswehreinsatz auf Deutschland beschränken wollten. Der vorgeschlagene Abs. 3 des Art. 24 ignorierte nicht nur die bestehenden Bündnisverpflichtungen, sondern rief auch zur Aufkündigung und Austritt aus den Bündnissen auf. Eine Einigung über die verschiedenen Gesetzesentwürfe kam letztlich nicht zustande; vgl. dazu Torsten Stein, in: Frowein/Stein, Rechtliche Aspekte einer Beteiligung der Bundesrepublik Deutschland an Friedenstruppen der Vereinten Nationen, S. 17 ff.

82 Die Änderung des Art. 87a GG im Jahre 1968 stand im Zusammenhang mit der Ablösung noch bestehender Notstandsrechte der alliierten Siegermächte und der Einführung eigener deutscher Notstandsbefugnisse in das Grundgesetz. Die gesamte Zielrichtung bestand darin, "den Einsatz der Streitkräfte im Innern des Landes zu regeln. Darüber hinaus sollte die Notstandsverfassung weder neue Einsatzmöglichkeiten der Streitkräfte schaffen noch im Grundgesetz bereits zugelassene beschränken", so BVerfGE 90, 286, 356.

83 Stein, in: Frowein/Stein, Rechtliche Aspekte einer Beteiligung der Bundesrepublik Deutschland an Friedenstruppen der Vereinten Nationen, S. 17, 22 ff; Randelzhofer, in: Maunz/Dürig, Grundgesetz-Kommentar, Art. 24 Abs. 2, Rn. 63 ff; Doehring, in: Isensee/Kirchhof, HStR, Bd. VII, § 177, Rn. 25.

84 März, Bundeswehr in Somalia, S. 22, 23; Riedel, Der Einsatz deutscher Streitkräfte im Ausland, S. 61; Zimmer, Einsätze der Bundeswehr im Rahmen kollektiver Sicherheit, S. 49.

fähigkeit" für unerlässlich[85]. Sie interpretierte den Verteidigungsbegriff weit und versuchte damit die Zulässigkeit von Einsätzen im Rahmen der Vereinten Nationen zu begründen. Weite Teile der Opposition befürchteten hingegen eine "Militarisierung der deutschen Außenpolitik"[86] und vertraten die enge Interpretation des Art. 87a GG. Zudem beharrten sie darauf, dass die bis 1990 auch von den unionsgeführten Bundesregierungen als gültig angesehene Interpretation des Grundgesetzes, wonach ein Einsatz der Bundeswehr außerhalb des Territoriums der NATO-Mitgliedstaaten ("out of area) durch das Grundgesetz nicht gedeckt sei, weiterhin Bestand haben müsse[87].

Die Verfassungsbestimmung des Art. 24 Abs. 2 GG, die es der Bundesrepublik ermöglicht, sich "Systemen kollektiver Sicherheit" anzuschließen und dabei in "Beschränkungen ihrer Hoheitsrechte" einzuwilligen, geriet ebenfalls in die Diskussion. Da es sich bei den Vereinten Nationen aber zweifelsfrei um ein System kollektiver Sicherheit handelte, lag es nahe, durch die Verknüpfung beider Artikel die Rechtmäßigkeit eines Bundeswehreinsatzes unter einem weitgefassten Begriff der Verteidigung des Weltfriedens im Rahmen der Vereinten Nationen zu begründen[88].

Die politische und rechtswissenschaftliche Diskussion um den Auslandseinsatz der Bundeswehr führte in den Jahren 1992 und 1993 zu insgesamt vier Klagen vor dem Bundesverfassungsgericht. Unter dem Druck der Ereignisse beschloss die damalige Bundesregierung Anfang der neunziger Jahre in drei Fällen, die Bundeswehr außerhalb des NATO-Gebietes ("out of area") einzusetzen:

1.) Beteiligung der Marine an dem von NATO und WEU geführten Waffen- und Handelsembargo, das die Vereinten Nationen gegen Jugoslawien auf der Grundlage von Kapitel VII und VIII ihrer Charta verhängt hatten (SHARP GUARD/1992)[89],
2.) Belassen deutscher Soldaten in den multinationalen Besatzungen des luftgestützten Frühwarn- und Kontrollsystems (AWACS) zur Überwachung und

---

85 Vgl. Lamers, Deutsche Beteiligung an friedenserhaltenden und friedensschaffenden Maßnahmen, in: Pressedienst der CDU/CSU-Fraktion, 11. Januar 1993.

86 So Verheugen in der Bundestagsdebatte am 15. Januar 1993, vgl. FAZ vom 16. Januar 1993.

87 Vgl. die Aussagen von G. Verheugen, wiedergegeben in: Sten Martenson: "Out of area" als großes Reizthema, in: Das Parlament Nr. 2 vom 14. Januar 1994, S. 12.

88 Bundesministerium der Verteidigung, Einsätze der Bundeswehr im Ausland, S. 5.

89 Zur Durchsetzung des durch die Vereinten Nationen verhängten Waffenembargos (UN-Resolution 713 vom 25. September 1991) und Handelsembargos (UN-Resolution 757 vom 30. Mai 1992) waren vom 18. Juli 1992 bis zum 19. Juni 1996 deutsche Marineeinheiten und Seefernaufklärer zur Kontrolle des Embargos eingesetzt. Bei diesem Einsatz handelte es sich um den längsten deutschen Marineeinsatz seit dem Bestehen der Bundeswehr.

Durchsetzung des Flugverbots über Bosnien-Herzegowina (DENY FLIGHT/ 1993)[90] und

3.) Beteiligung eines verstärkten Nachschub- und Transportbataillons an der UN-Mission in Somalia (UNSOM II/1993)[91].

Den Entscheidungen der Regierung lag, neben der Annahme der verfassungsrechtlichen Konformität ihrer Beschlüsse, die grundsätzliche Einschätzung zugrunde, die überkommene, geographisch begrenzte Interpretation des Verteidigungsbegriffs und die aus ihm abgeleiteten Handlungsoptionen seien aufgrund der veränderten Sicherheitslage nicht mehr angemessen. Damit wurde eine grundlegende verfassungsrechtliche Klärung des Einsatzes deutscher Soldaten im Ausland außerhalb rein humanitärer Zwecke unumgänglich.

3. Die Grundaussagen des Bundesverfassungsgerichts

a) Out-of-Area-Urteil 1994

Die Klärung der Vereinbarkeit von Bundeswehr-Auslandseinsätzen mit dem Grundgesetz erfolgte mit dem "Out-of-Area"-Urteil des Bundesverfassungsgerichts vom 12. Juli 1994[92], das alle drei streitgegenständlichen Einsätze der Bundeswehr für verfassungsmäßig erklärte[93]. Die Verfassungsmäßigkeit eines solchen Einsatzes wurde durch das Bundesverfassungsgericht unter Verweis auf Art. 24 Abs. 2 GG festgestellt, in dem es eine ausreichend verfassungsrechtliche Grundlage für die Beteiligung deutscher Streitkräfte an militärischen Operationen, die von den Vereinten Nationen geführt werden, sah. So stellte der Zweite Senat fest: "Die Ermächtigung des Art. 24 Abs. 2 GG berechtigt den Bund nicht nur zum Eintritt in ein solches System und zur Einwilligung in damit verbundene Beschränkungen seiner Hoheitsrechte. Sie bietet vielmehr auch die verfassungsrechtliche Grundlage für die Übernahme der mit der Zugehörigkeit zu einem solchen System typischerweise verbundenen Aufgaben und damit auch für die Verwendung der Bundeswehr zu Einsätzen, die im Rahmen und nach den Regeln

---

90 UN-Resolution 781 vom 09. Oktober 1992 und 816 vom 31. März 1993.

91 UN-Resolution 814 vom 26. März 1993.

92 BVerfGE 90, 286 ff.

93 In den Verfahren stand die Frage nach der Zulässigkeit von Bundeswehr-Auslandseinsätzen allerdings nicht im Mittelpunkt, sondern vielmehr die Frage nach der Organkompetenz. Da Grundgesetz und Bundesverfassungsgerichtsgesetz keinen Antrag auf Erstattung eines Rechtsgutachtens vorsehen, sondern nur die Geltendmachung eigener Rechte eines obersten Bundesorgans, mussten die SPD und die FDP-Fraktion als Antragsteller ein Organstreitverfahren nach Art. 93 Abs. 1 Nr. 1 GG, § 13 Nr. 5 BVerfGG anstreben und die Verletzung ihrer Mitwirkungsrechte rügen. So ergab sich mittelbar auch eine Prüfung der Vereinbarkeit von Auslandseinsätzen der Bundeswehr mit dem Grundgesetz.

dieses Systems stattfinden."[94]. Art. 87a GG steht einem Streitkräfteeinsatz im Rahmen kollektiver Sicherheit nicht entgegen[95].

Abweichend von den überkommenen Definitionen[96] und entscheidend für die Bündnisfähigkeit Deutschlands wurde die NATO als System gegenseitiger kollektiver Sicherheit qualifiziert, was das Bundesverfassungsgericht in seinen Leitsätzen an der Verpflichtung der Allianz zur Friedenssicherung und dem Vorhandensein eines entsprechenden Organisations- und Entscheidungsrahmens festmachte: "Ein System gegenseitiger kollektiver Sicherheit im Sinne des Art. 24 Abs. 2 GG ist dadurch gekennzeichnet, dass es durch ein friedenssicherndes Regelwerk und den Aufbau einer eigenen Organisation für jedes Mitglied einen Status völkerrechtlicher Gebundenheit begründet, der wechselseitig zur Wahrung des Friedens verpflichtet und Sicherheit gewährt. Ob das System dabei ausschließlich oder vornehmlich unter den Mitgliedstaaten Frieden garantieren soll oder bei Angriffen von außen zum kollektiven Beistand verpflichtet, ist unerheblich. Auch Bündnisse kollektiver Selbstverteidigung können Systeme gemeinsamer kollektiver Sicherheit i. S. v. Art. 24 Abs. 2 GG sein, wenn und soweit sie strikt auf die Friedenswahrung verpflichtet sind"[97].

Da es sich bei den Vereinten Nationen um ein System gegenseitiger kollektiver Sicherheit handelt[98], legitimiert Art. 24 Abs. 2 GG auch die Teilnahme deut-

94 BVerfGE 90, 286, 355, 356.

95 Dies ergibt sich nach Ansicht des Bundesverfassungsgerichts daraus, dass Art. 24 Abs. 2 von Beginn an Bestandteil des Grundgesetzes war und der verfassungsändernde Gesetzgeber durch Einfügung der Notstandsverfassung die "Mitwirkungsmöglichkeiten Deutschlands im Rahmen der Staatengemeinschaft nicht schmälern und bereits im Grundgesetz zugelassene Einsatzmöglichkeiten der Bundeswehr nicht einschränken wollte." Mit der Vorschrift des Art. 87a Abs. 2 GG wollte man lediglich "die Voraussetzungen regeln, unter denen die Streitkräfte im Falle eines inneren Notstandes eingesetzt werden dürfen", BVerfGE 90, 286, 356.

96 Unter einem System gegenseitiger kollektiver Sicherheit versteht man traditionell einen Zusammenschluss von Staaten, mit dem ihre Mitglieder die Hauptverantwortung zur Wahrung ihrer Sicherheit einem gemeinsamen Organ einschließlich der Befugnis übertragen, zwangsweise gegen einen Friedensstörer aus den eigenen Reihen vorzugehen. Systeme kollektiver Selbstverteidigung dagegen organisieren eine gemeinsame Verteidigung gegen Angriffe von Drittstaaten. Die von ihnen durchgeführten Militäroperationen können gegenüber dem Aggressor nicht durch ihre Satzung gerechtfertigt werden, da der Aggressor nicht Mitglied des Bündnisses ist. Die Folge dieser Unterscheidung war, dass Organisationen wie die NATO und die WEU niemals zweifelsfrei in ein System gegenseitiger kollektiver Sicherheit eingeordnet werden konnten, da sie sich nach außen als ein "System kollektiver Selbstverteidigung" oder als Beistandspakt verstanden, was insbesondere durch die Beistandsklauseln des Art. 5 des NATO-Vertrages bzw. Art. V WEU-Vertrag definiert ist.

97 BVerfGE 90, 286, 349. Zur WEU hat sich das Bundesverfassungsgericht nicht geäußert. Da aber die vorgenannten Kriterien eines Systems gegenseitiger kollektiver Sicherheit ohne weiteres auch auf die WEU zutreffen, bestehen keine Zweifel, dieses Bündnis als ein solches System anzuerkennen; vgl. auch Raap, Deutsches Wehrrecht, S. 17, 18.

98 BVerfGE 90, 286, 349.

scher Streitkräfte an Friedensmissionen dieser Organisation: "Nehmen die zuständigen Organe der Vereinten Nationen Aufgaben und Befugnisse wahr, die in der Satzung angelegt sind, so bildet Art. 24 Abs. 2 des Grundgesetzes die Grundlage auch für eine Beteiligung deutscher Streitkräfte an den durch die Beschlüsse des Sicherheitsrates autorisierten friedenssichernden Operationen der Vereinten Nationen."[99]

Art. 24 Abs. 2 GG gestattet deshalb nicht nur Streitkräfteeinsätze, die von den Organen der Vereinten Nationen geleitet werden. Es genügt vielmehr auch, dass die Vereinten Nationen ihre Mitgliedstaaten oder bestimmte Organisationen ermächtigen, selbständig zu handeln[100]. Für jeden bewaffneten Einsatz der Bundeswehr, ob inner- oder außerhalb der Staatsgrenzen, ist die Zustimmung des Bundestages in einfacher Mehrheit allerdings unabdingbare Legitimationsvoraussetzung[101]. Dieser Parlamentsvorbehalt ist nicht ausdrücklich im Grundgesetz formuliert, sondern aus der deutschen Verfassungstradition, dem Prinzip der parlamentarischen Kontrolle über die Streitkräfte und der Bedeutung derartiger Einsätze für das gesamte Staatswesen abgeleitet worden. Humanitäre Hilfeleistungen[102] fallen dagegen nicht unter diesen Vorbehalt, denn in derartigen Fällen setzt die Exekutive keine bewaffneten Streitkräfte ein.

Das Bundesverfassungsgericht hatte mit seiner Entscheidung, insbesondere den Gegnern der Friedensoperationen, mehr als deutlich gemacht, dass die Mitgliedschaft des Staates in internationalen Organisationen auch die grundsätzliche Pflicht einer Beteiligung einschließt, unter der Bedingung, dass der Bundestag zuvor jedem einzelnen Einsatz mit einfacher Mehrheit zugestimmt hat[103]. Das Urteil markierte insoweit eine historische Zäsur der deutschen Außen- und Sicherheitspolitik.

---

99 BVerfGE 90, 286, 352.

100 Mangels eines förmlichen völkerrechtlichen Gründungsvertrages ist die OSZE, bei der es sich um eine gesamteuropäische Sicherheitsorganisation handelt, zwar kein System gegenseitiger kollektiver Sicherheit im Sinne von Art. 24 Abs. 2 GG. Gleichwohl dürfen sich auch bewaffnete Streitkräfte an einer Friedensmission der OSZE beteiligen, wenn die Vereinten Nationen die Maßnahme mandatiert haben; vgl. Raap, Deutsches Wehrrecht, S. 19.

101 BVerfGE 90, 286, 387.

102 BVerfGE 90, 286, 388; Art. 32 Abs. 1 GG bildet insofern die verfassungsrechtliche Grundlage für Hilfeleistungen der Streitkräfte im Ausland.

103 Soweit die vorherige Zustimmung des Parlaments nicht möglich erscheint, ist die Bundesregierung bei Gefahr im Verzug berechtigt, vorläufig den Einsatz der Streitkräfte zu beschließen, aber dann auch verpflichtet, das Parlament umgehend mit dem Einsatz zu befassen.

b) Out-of-Area-Urteil 2001

Die Leitentscheidung von 1994 wurde durch das Urteil des Zweiten Senats des Bundesverfassungsgerichts vom 22. November 2001 auf der ganzen Linie bestätigt[104]. Dieses Urteil hatte die Zustimmung der Bundesregierung zu den Beschlüssen der Bundesregierung über das neue Strategische Konzept der NATO auf der Gipfelkonferenz der Staats- und Regierungschefs in Washington am 23. und 24. April 1999 zum Gegenstand. Die in diesem Organstreitverfahren als Antragstellerin auftretende PDS-Fraktion machte im Wege der Prozessstandschaft geltend, die Bundesregierung habe durch ihre Zustimmung Rechte des Bundestages aus Art. 59 Abs. 2 GG verletzt, weil sie das verfassungsmäßig vorgeschriebene Zustimmungsverfahren nicht eingeleitet habe. Das vorliegende Verfahren unterschied sich allerdings von denen, über die das Bundesverfassungsgericht mit dem Urteil von 1994 entschieden hatte, durch den Streitgegenstand. Nicht der Einsatz der Bundeswehr, sondern "die Zustimmung der Bundesregierung zu dem neuen Strategischen Konzept der NATO" sowie die diesbezüglichen "Beteiligungsrechte des Bundestages" waren Gegenstand des Verfahrens[105].

Das Urteil sowie die Leitlinien des Bundesverfassungsgerichts vom Juni 1994, bestätigt durch das Out-of-area-Urteil 2001, haben den außen- und sicherheitspolitischen Handlungsrahmen Deutschlands signifikant erweitert. Vorbehaltlich der Zustimmung des Bundestages ist die Bundeswehr zu einem uneingeschränkt einsetzbaren Instrument der Außenpolitik im Rahmen der internationalen Friedenswahrung geworden. Aufgrund dieser Entscheidungen konnte der Bundestag bereits mehrfach Mandate für teilweise sehr weit entfernte Einsätze der Bundeswehr in Afghanistan, in Südosteuropa oder am Horn von Afrika billigen.

II. Völkerrechtliche Vorgaben für die Herrschaftsausübung auf ausländischem Territorium

Für jede Entscheidung, die Bundeswehr außerhalb der Bundesrepublik militärisch einzusetzen, ergibt sich als ein Problem von zentraler Bedeutung die Frage, ob und unter welchen Voraussetzungen ein Einsatz der Bundeswehr und damit implizit eine Gewaltanwendung völkerrechtlich zulässig ist. Art. 25 GG garantiert insoweit, dass deutsche Waffen und Streitkräfte nur eingesetzt werden können, wenn dies völkerrechtskonform ist, also in Einklang mit dem Gewaltanwen-

---

104 BVerfGE 104, 151 ff; ebenso BVerfG, EuGRZ 2001, S. 643 ff.
105 BVerfGE 104, 151 ff; BVerfG, EuGRZ 2001, S. 643 ff.

dungsverbot (Art. 2 Nr. 4 UN-Charta) und der statthaften individuellen und kollektiven Selbstverteidigung (Art. 51 UN-Charta) sowie der kollektiven Sicherheit (Art. 39 ff UN-Charta) steht[106].

In der Beurteilung dieser Maßnahmen spiegeln sich jedoch Anschauungen über die Zulässigkeit von Gewaltanwendung wieder, die angesichts der verstärkten Globalisierung internationaler Beziehungen die Rahmendaten für die Legitimität und Rationalität militärischer Gewalt verändert haben. Die Regelungen des Grundgesetzes zum Einsatz der Streitkräfte stammen noch aus einer Zeit als sich "Krieg" und "Frieden" als völkerrechtlich klar definierte Begriffe auf den militärischen Konflikt zwischen Staaten im Sinne der Verteidigung auf einen bewaffneten Angriff auf die Bundesrepublik bzw. des NATO-Bündnisses bezogen[107]. Längst ist jedoch festzustellen, dass die Variabilität der Formen kriegerischer Gewaltanwendung gegenüber früheren Epochen zugenommen hat. Das heutige Konfliktspektrum reicht von subtilen Formen des Terrors bis zu absoluter Zerstörung, von Einzelkämpferaktionen über klassische Formen militärischer Operationen bis zu Angriffen aus interkontinentaler Distanz[108]. Die Grenzen zwischen staatlich, innerstaatlich und nichtstaatlich verwischen, ebenso die Ränder zwischen militärischer und polizeilicher Gefahrenabwehr. Konstant geblieben ist dagegen die Aufgabe des Staates, sich selbst und die in ihm verfasste Gesellschaft davor zu schützen. Im Rahmen der militärischen Auslandseinsätze kommt dabei insbesondere dem Grundsatz der Achtung der territorialen Integrität Bedeutung zu, der allgemein anerkannt ist und durch Art. 2 Ziff. 4 UN-Charta gesichert wird[109]. Das Gebot zur Achtung der territorialen Integrität verbietet allgemein alle Staatshandlungen im Ausland, durch die in die Gebietshoheit des Territorialstaates ohne dessen Einwilligung und ohne Vorliegen eines entsprechenden völkerrechtlichen Rechtstitels eingegriffen wird[110]. Begründet werden damit insbesondere das Verbot der Intervention und das Gewaltverbot, die darauf abzielen, die Existenz der Staatengemeinschaft zu sichern.

1. Grundsatz des Gewaltverbots

Das gegenwärtige Völkerrecht erhält seine gesamte grundlegende Prägung durch das allgemeine und umfassende Gewaltverbot, welches in der Charta der Verein-

106 Vgl. Blumenwitz, in: Ipsen/Raap/Steinkamm, Wehrrecht und Friedenssicherung, Festschrift für Dau, S. 1, 7.
107 van Ooyen, in: Internationale Politik und Gesellschaft 2002, S. 90, 108.
108 Mey, Deutsche Sicherheitspolitik 2030, S. 87.
109 Dahm/Delbrück/Wolfrum, Völkerrecht, Bd. I/3, S. 791.
110 Dahm/Delbrück/Wolfrum, Völkerrecht, Bd. I/3, S. 792.

ten Nationen in Art. 2 Ziff. 4 formuliert wird[111]. Es betrifft dabei nicht nur die auf die Abtrennung eines Gebietsteils gerichtete Gewaltanwendung, sondern umfasst auch jede gegen die territoriale Unversehrtheit und politische Unabhängigkeit eines Staates gerichtete Gewalt sowie jede Gewaltanwendung, die mit den Zielen der Vereinten Nationen unvereinbar ist[112]. An der Beschränkung des Gewaltverbots auf die "internationalen Beziehungen" wird deutlich, dass Art. 2 Ziff. 4 UN-Charta die Gewaltanwendung innerhalb eines Staates nicht erfasst, so dass das Gewaltverbot in diesem Sinne die staatliche Souveränität schützt[113]. Wie auch der Internationale Gerichtshof bestätigt hat[114], stellt dieses Verbot einen Bestandteil des völkerrechtlichen Gewohnheitsrechts dar. Seine Rolle als bedeutender Pfeiler der modernen Völkerrechtsordnung wird darüber hinaus noch dadurch unterstrichen, dass diese Verbotsnorm allseits ohne Widerspruch dem ius cogens zugerechnet wird, eine Rechtsmasse, von der die Staaten auch nicht durch einen anderweitig erzielten Konsens abweichen dürfen[115].

Über Art. 25 Satz 1 GG erlangt das Gewaltverbot als allgemeine Regel des Völkerrechts kraft unmittelbarer verfassungsrechtlicher Transformation die Qualität von Bundesrecht, in der Normenhierarchie angesiedelt zwischen Verfassungsrecht und einfachem Gesetzesrecht.

Der Einsatz militärischer Gewalt[116] in den internationalen Beziehungen ist demnach nur dann zulässig, wenn er sich auf eine Ausnahme von diesem Gewaltverbot stützen kann, sei es dass eine bestimmte Form der Gewaltausübung gar nicht vom Gewaltverbot erfasst wird, sei es dass ein besonderer Rechtfertigungsgrund eingreift[117]. Unbestritten anerkannt ist, dass das Selbstverteidigungsrecht des Art. 51 UN-Charta immer eine "naturrechtlich" grundgelegte Ausnahme zum

---

111 "All Members shall refrain in their international relations from the threat or use of force against territorial integrity or political independence of any state, or in any other manner inconsistant with the purposes of the United Nations."

112 Wodarz, Gewaltverbot, S. 70; Schöbener, ZfP 2000, S. 293, 297.

113 Vgl. Randelzhofer, in: Simma, The Charter of the United Nations, Vol. I, Art. 2 Ziff. 4, Rn. 29.

114 So der Internationale Gerichtshof in seiner "Nicaragua"-Entscheidung, ICJ Rep. 1986, S. 14, insbesondere S. 98 ff.

115 Vgl. zum ius cogens-Charakter des Gewaltverbots: Kadelbach, Zwingendes Völkerrecht, S. 928 ff; Fischer, in: Ipsen, Völkerrecht, § 59, Rn. 27; Walter, in: Fleck, Rechtsfragen der Terrorismusbekämpfung durch Streitkräfte, S. 23.

116 Umstritten ist die Auslegung des Begriffs "Gewalt". Fest steht, dass darunter jede Form der militärischen, d.h., physischen Gewalt fällt. Zu den verschiedenen Formen der Gewaltanwendung im Rahmen des Art. 2 Ziff. 4 UN-Charta siehe: Fischer, in: Ipsen, Völkerrecht, § 59, Rn. 9 ff; Randelzhofer, in: Simma, The Charter of the United Nations, zu Art. 2 Ziff. 4, Rn. 13 ff. Die Gewalt Privater wird dagegen nicht vom Gewaltverbot erfasst, vgl. Dahm/Delbrück/Wolfrum, Völkerrecht, Bd. I/3, S. 824 m. w. Nachw.

117 Vgl. Bothe, in: Ipsen/Raap/Steinkamm, Wehrrecht und Friedenssicherung, Festschrift für Dau, S. 13, 14.

Gewaltverbot bildete[118]. Fraglich ist allerdings, ob neben dem Selbstverteidigungsrecht noch ein weiterer Rechtfertigungsgrund für den Einsatz militärischer Gewalt besteht außerhalb des Anwendungsbereichs des Gewaltverbots und in welcher Form dieser ausgeübt werden darf[119].

2. Humanitäre Intervention

Die Gründung der Vereinten Nationen antwortete auf die kriegerischen Auseinandersetzungen der Nationalstaaten, vor allem des europäischen Kontinents, die in der Katastrophe zweier Weltkriege endeten. Eine Bedrohung des Friedens sah man vor allem im Krieg zwischen den Nationalstaaten. Bürgerkriege oder gewaltsame Konflikte im Innern eines Staates stellten aus damaliger Sicht keine völkerrechtlichen Fragen, sondern gehörten zur Innenpolitik. Es war später die universelle Geltung der Menschenrechte, die dazu führte, dass die Souveränität der Nationalstaaten nicht mehr als sakrosankt angesehen wird. Heute spielt das Recht auf Selbstverteidigung gegen den äußeren Angriff eines fremden Staates eine untergeordnete Rolle gegenüber der Gewaltanwendung, die sich in Staaten hinein verlagert hat und in ethnischen Vertreibungen und der Unterdrückung von ethnischen Minderheiten ihren Ausdruck findet[120]. Seit der Auflösung des Ost-West-Konfliktes begann daher die humanitäre Intervention integraler Bestandteil westlicher und auch deutscher Sicherheitspolitik zu werden[121]. Menschliche Gräuel, wie die blutige Niederschlagung kurdischer Aufstände im Irak 1991 und der Massenmord von 800.000 Hutus und Tutsis in Ruanda 1994 stellen die internationale Staatengemeinschaft vor das Dilemma, entweder unter Missachtung des Prinzips der Nichteinmischung in die inneren Angelegenheiten eines Staates zu intervenieren, oder massiven Menschenrechtsverletzungen bis hin zum Völkermord tatenlos zuzusehen[122]. Insbesondere die Kosovo-Krise der Jahre 1998/1999 verwies auf die Grauzone zwischen Gewaltverbot und der humanitären Intervention[123]. Das alleinige Abstellen auf das Gewaltverbot der UN-Charta wird dem Schutz der Menschenrechte, ein fundamentales Ziel der Charta, daher nicht gerecht, denn unter der Geltung der Charta der Vereinten Nationen steht das Gewaltverbot einer humanitären Intervention grundsätzlich entgegen, bei der es im

---

118 Vgl. Simma, EJIL 10 (1999), S. 1, 3, 4; Bothe, Friedenssicherung und Kriegsrecht, in: Graf Vitzthum, Völkerrecht, 8. Abschnitt, Rn. 15 ff; Jorasch, NZWehrr 1981, S. 201.

119 Vgl. zur Darstellung des Meinungsstandes: Randelzhofer, in: Simma, The Charter of the United Nations, Vol. I, Art. 51, Rn. 14.

120 Nach Zuck lässt sich ein ganzer Kontinent entdecken, auf dem sich große Volksstämme gegenseitig ausrotten, ZRP 1999, S. 225, 226.

121 Beck/Mathes/Schuh, Sicherheitspolitik im Wandel, S. 84.

122 Philippi, Bundeswehr-Auslandseinsätze, S. 1.

123 Varwick/Woyke, Die Zukunft der NATO, S. 150-167; so auch Wodarz, Gewaltverbot, S. 63.

Kern darum geht, ob und gegebenenfalls unter welchen Bedingungen ein staatliches Eingreifen mit Waffengewalt in den Hoheitsbereich eines anderen Staates zulässig ist, das mit dem Ziel erfolgt, Menschenrechtsverletzungen, die in diesem Staat begangen werden, zu unterbinden[124]. Dieses Spannungsverhältnis konnte zum Teil dadurch entschärft werden, dass die innerstaatliche Verwirklichung von internationalen Menschenrechtsstandards nicht mehr allein zu dem den Staaten vorbehaltenen Bereich gehört und daher Maßnahmen von Staatengemeinschaftsorganen oder Einzelstaaten zu ihrer Verwirklichung keine völkerrechtswidrigen Interventionen mehr darstellen, sofern ein entsprechendes Mandat des Sicherheitsrates nach Kapitel VII UN-Charta besteht[125], wie die Beispiele des Schutzes der Kurden nach dem Kuwait-Krieg[126] und der Interventionen in Somalia und Haiti[127] zeigen. Inzwischen existiert eine umfangreiche Staatenpraxis zur Frage der humanitären Intervention. Beispiele für humanitäre Interventionen mit Mandat des UN-Sicherheitsrates seit dem Zweiten Weltkrieg liefern Jugoslawien, Haiti, Somalia und Ruanda. Humanitäre Interventionen ohne Mandat des Sicherheitsrates erfolgten in der Dominikanischen Republik und im Kosovo.

Das Institut der humanitären Intervention hat aber bis heute weder in der Politik noch in der Rechtswissenschaft einhellige Zustimmung erfahren[128], da es ebenso hinreichend Fälle gibt, bei denen Interventionen zum Schutz der Men-

---

124 Vgl. Simma, The Charter of the United Nations, Vol. I, Art. 2 Ziff. 4, Rn. 49; Doehring, Völkerrecht, Rn. 1008; Bringmann, in: Sicherung des Friedens 11/99, S. 5; Schöbener, ZfP 2000, S. 293, 294.

125 Dies entspricht zwar nicht unmittelbar dem Wortlaut von Kapitel VII UN-Charta. Die Tendenz, in den Friedensbegriff des Art. 39 UN-Charta auch die internen Verhältnisse eines Staates, namentlich zum Schutz der Menschenrechte als matter of international concern einzubeziehen, stellt einen vorverfassungsrechtlichen Interpretationsansatz dar, mit dem sich die Staatengemeinschaft abgefunden hat, so Doehring, Völkerrecht, Rn. 1010; Dahm/Delbrück/Wolfrum, Völkerrecht, Bd. I/3, § 168; vgl. auch SR-Res. 794 (1992).

126 Auf die Unterdrückung und Vertreibung der kurdischen und schiitischen Bevölkerung reagierte der Sicherheitsrat mit der Resolution 688 vom 5. April 1991 und verurteilte "die in vielen Teilen Iraks, insbesondere auch … in den kurdischen Siedlungsgebieten stattfindende Unterdrückung der Zivilbevölkerung, deren Folgen den Weltfrieden und die internationale Sicherheit in der Region bedrohen,…". Ein Mandat, um die in der Resolution geforderten Maßnahmen durchzusetzen enthielt die Resolution nicht.

127 In den Fällen Somalia und Haiti war keine Friedensbedrohung im ursprünglichen Sinne der Charta vorhanden. Die SR-Resolution 767 (1992) beruft sich zwar auf das Gebot der Friedenssicherung, aber die Friedensbedrohung wird nicht näher erläutert, sondern nur der Zweck der humanitären Hilfe. Die SR-Resolution 940 (1994) bezieht sich auf Kapitel VII der Charta, aber erläutert ebenfalls keine Friedensbedrohung. Der Sicherheitsrat billigte jedoch eine militärische Intervention "in order to assist the legitimate government of Haiti in the maintenance of the public order"; vgl. Doehring, Völkerrecht, Rn. 1010.

128 Zu der gleichen Bewertung kommen Tomuschat, EuGRZ 2001, S. 535, 538; Bothe, Friedenssicherung und Kriegsrecht, in: Graf Vitzthum, Völkerrecht, 8. Abschnitt, Rn. 22.

schenrechte unterblieben oder sogar als rechtswidrig angesehen wurden[129]. Bereits die Praxis des Sicherheitsrates selbst deutet darauf hin, dass der Fall schwerer Menschenrechtsverletzungen nicht abschließend zu verstehen ist, sondern nur im Einzelfall ein Beispiel für die Annahme einer Friedensbedrohung darstellt.

Eine allgemeine Rechtsüberzeugung hinsichtlich humanitärer Interventionen mit Ermächtigung des Sicherheitsrates lässt sich allerdings in zwei Fällen feststellen: Eine entsprechende Ermächtigung wurde erteilt, wenn ein Einverständnis der legitimen Regierung gegeben war oder die Staatsgewalt im Sinne eines "failed state" zusammengebrochen war. Zweifel an der Zulässigkeit der humanitären Intervention mit Mandat der Vereinten Nationen werden damit immer leiser[130]. Bleibt der Sicherheitsrat dagegen untätig, weil er – aus welchen Gründen auch immer – gehindert ist, seine Schutzfunktion wahrzunehmen, stellt sich die Frage, ob den Staaten die Option zu einseitiger Gewaltanwendung bleibt[131].

Im Zusammenhang mit der Bewertung des NATO-Einsatzes im Kosovo sind in der Literatur verschiedene Ansätze entwickelt worden, um das Gewaltverbot und den Schutz gegen gravierende Menschenrechtsverletzungen in Einklang zu bringen[132]. Fest steht allerdings, dass auf Art. 51 UN-Charta in direkter Anwendung nicht zurückgegriffen werden kann, da "das naturgegebene Recht zur individuellen und kollektiven Selbstverteidigung" nur unter der Voraussetzung eines bewaffneten Angriffs auf das Territorium des sich verteidigenden Staates besteht. Daran fehlt es jedoch gerade bei Menschenrechtsverletzungen[133]. Nach gegenwärtigem Völker(gewohnheits)recht ist ein militärisches unilaterales Eingreifen ohne Mandat des Sicherheitsrates der Vereinten Nationen demnach auch bei schwerwiegenden Menschenrechtsverletzungen grundsätzlich nicht zulässig, da von der durch die UN-Charta dokumentierten Völkerrechtslage auszugehen ist, soweit sie die Souveränität der Staaten respektiert und ein Gewaltanwendungs-

---

129 Ein Beispiel ist die Behandlung des Pol Pot-Regimes in Kambodscha durch die Vereinten Nationen. Die Intervention Vietnams wurde als rechtswidrig angesehen. Weitere Nachweise bei Beyerlin, Humanitarian Intervention, in: Bernhardt, EPIL II, S. 926 ff.

130 Kreß, NJW 1999, S. 3077, 3081.

131 Teilweise wird argumentiert, dass Art. 2 Ziff. 4 UN-Charta die humanitäre Intervention gar nicht erfasse, weil diese nicht gegen die territoriale Unversehrtheit und politische Unabhängigkeit des Zielstaates gerichtet sei, sondern nur auf den von der Charta geforderten Schutz der Menschenrechte abziele, so Doehring, Völkerrecht, Rn. 1008 ff. Andere verweisen auf das Versagen des Friedenssicherungsmechanismus nach Kapitel VI und VII der UN-Charta, vgl. Walter, Vereinte Nationen, S. 245, oder auf eine gewohnheitsrechtliche Anerkennung.

132 Verschiedentlich ist zur Rechtfertigung der militärischen Gewalt aus humanitären Gründen der Gesichtspunkt der Nothilfe angeführt worden, so z.B. Doehring, Völkerrecht, Rn. 1015. Ebenso wurde auf eine analoge Anwendung des Prinzips der kollektiven Selbstverteidigung verwiesen, so Randelzhofer, in: Simma, Charter of the United Nations, Vol. I, Art. 2 Ziff. 4, Rn. 49.

133 Vgl. Schöbener, ZfP 2000, S. 293, 305.

verbot statuiert[134]. Das Phänomen der humanitären Intervention ist dennoch Beleg für bedeutsame Veränderungen in der internationalen Normenordnung und für die Verschiebung der Gewichte der einzelnen Normen[135].

3. Internationaler Terrorismus

Die Terroranschläge des 11. September 2001 haben die Diskussion über den völkerrechtlichen Gewaltbegriff in eine neue Phase eintreten lassen. Seit diesem Zeitpunkt ist es "keine akademische Frage mehr, ob und unter welchen Umständen von privaten Gruppen getragene Terroranschläge als verbotene Gewalt im Sinne von Art. 2 Ziff. 4 UN-Charta angesehen werden können"[136]. Terrorismus hat sich zu einem transnationalen Phänomen entwickelt, dem mit der herkömmlichen Dogmatik nur unzureichend beizukommen ist, weil sie in den Zurechenbarkeitskategorien des staatlich initiierten, geförderten oder geduldeten Terrorismus denkt[137]. Private oder nichtstaatliche Terrorgruppen gelten nach bisheriger Auffassung nicht als ein Völkerrechtssubjekt und unterliegen infolgedessen auch nicht dem Gewaltverbot. Um dieser Gefahr, gerade angesichts der weltweiten Welle von Terroranschlägen, wirksam begegnen zu können, ist eine völkerrechtlich verbindliche Konvention gegen den Terrorismus unabdingbare Voraussetzung. Diese müsste dabei unter anderem sicherstellen, dass beim Scheitern nationaler Bemühungen zur Bekämpfung des Terrorismus die internationale Staatengemeinschaft einschreiten darf, um dieser Form der militärischen Aggression Einhalt zu gebieten. Ungeachtet dessen sah die NATO ihre Reaktion auf die Anschläge vom 11. September und damit auch die Bundeswehr ihre Teilnahme durch Wahrnehmung des kollektiven Selbstverteidigungsrechts gem. Art. 51 UN-Charta völkerrechtlich gedeckt[138]. Sie sahen Afghanistan als verantwortlichen Urheber der in den USA verübten Anschläge an[139]. Ferner stützten sie sich auf eine Ermächtigung des Sicherheitsrates, die sie in den Resolutionen 1368

134 So auch Dahm/Delbrück/Wolfrum, Völkerrecht, Bd. I/3, S. 830; Zuck, ZRP 1999, S. 225, 226; Wodarz, Gewaltverbot, S. 150; Schöbener, ZfP 2000, S. 293, 317.

135 Humanitäre Interventionen "artikulieren eine größere Sorge der internationalen Gemeinschaft um die Verhältnisses in den Staaten", vgl. dazu Kümmel, Die Teilbarkeit der Menschenrechte, SOWI-Arbeitspapier, Nr. 116.

136 So Dahm/Delbrück/Wolfrum, Völkerrecht, Bd. I/3, S. 824, 825.

137 Limpert, Auslandseinsatz der Bundeswehr. S. 43.

138 Antrag der Bundesregierung vom 7. November 2001, BT-Drs. 14/7296.

139 Die Bundesregierung sah es als erwiesen an, dass das Taliban-Regime dem Terrornetz bin Ladens und der Organisation Al Qaida Unterstützung gewährt, Erklärung der Bundesregierung vom 21. Dezember 2001, in: Regierungonline.

(2001)[140] sowie 1373 (2001)[141] erblickten. Obwohl die Bedingungen im Einzelnen noch höchst umstritten sind, wird vom Sicherheitsrat der Vereinten Nationen angenommen, dass gegen Anschläge solchen Ausmaßes, die von außen durch – privaten – Terrorismus in einen Staat hinein getragen werden, das Recht auf Selbstverteidigung i.S.d. Art. 51 UN-Charta anzuerkennen ist[142].

C. Zusammenfassung

Ein Rückblick auf die Geschichte hat gezeigt, dass aus dem internationalen Umfeld für Deutschland und die Bundeswehr in den vergangenen Jahren neue Anforderungen erwachsen und gravierende Auswirkungen hinsichtlich sicherheitspolitischer Fragestellungen entstanden sind. Kriegerische Handlungen zwischen den Mitgliedern der Europäischen Union sind einerseits heute unvorstellbar geworden, andererseits sind aber gerade in jüngster Zeit zunehmend neuartige und überwiegend innerstaatliche Konfliktformen wie Bürgerkriege, ethnische, religiöse oder auch soziale Konflikte entstanden[143]. Doch nicht nur die Bedrohungslage hat sich grundsätzlich verändert, sondern auch die Bereitschaft und der Anspruch Deutschlands, sich weltweit militärisch zu engagieren. Seit der Wiedervereinigung Deutschlands und den politisch-militärischen Ereignissen im Nahen Osten hat sich die Rechtsliteratur verstärkt mit der Frage beschäftigt, inwieweit Bundeswehrsoldaten vor dem Hintergrund der Kriege und Risiken in der Welt, aber auch vor dem Hintergrund der deutschen Geschichte, Aufgaben im Ausland in den Grenzen der Verfassung und des Völkerrechts erfüllen können und dürfen.

---

140 Bereits einen Tag nach dem Terroranschlag verabschiedete der Sicherheitsrat seine Resolution 1368 (2001), in der er die "entsetzlichen Anschläge in strengster Weise" verurteilte und den Anschlag "wie jeden anderen Akt internationalen Terrorismus, als eine Gefährdung des Weltfriedens und der internationalen Sicherheit" betrachtet. Der Sicherheitsrat beruft sich indes nicht auf das Kapitel VII UN-Charta, welches militärische Sanktionen eröffnet, sondern ruft lediglich "alle Staaten dringend zur Zusammenarbeit auf, um die Täter, die Organisation und Unterstützer dieser terroristischen Anschläge vor Gericht zu bringen" und betont, "dass jene, die den Tätern geholfen, sie unterstützt oder ihnen Unterschlupf gewährt haben, zur Verantwortung gezogen werden." Die Bundesregierung sah darin eine Ermächtigung für militärische Reaktionen auf den Terroranschlag; vgl. BT-Drs. 14/7296, Antrag Punkt 3.

141 Die am 28. September 2001 verabschiedete Resolution 1373 bezieht sich ausdrücklich auf Kapitel VII der UN-Charta. Mit ihr leitete der Sicherheitsrat konkrete Maßnahmen gegen die finanzielle Basis und logistische Unterstützung von Terroristen ein. Ferner richtete er ein Komitee ein, das er mit der Überwachung der Maßnahmen beauftragte.

142 Vgl. auch Doehring, Völkerrecht, Rn. 759; SR-Res. 1368 (2001) vom 12. September 2001.

143 Angefangen mit dem Bürgerkrieg in Somalia und den Vertreibungen und Morde in Ruanda und Ost-Timor bis hin zu den Gewalttaten im ehemaligen Jugoslawien, die nur stellvertretend für eine Vielzahl weltweiter Krisenherde stehen.

Diese Problematik ist, auch nach den Out-of-Area-Urteilen des Bundesverfassungsgerichts, immer noch nicht abschließend gelöst, sondern hat vielmehr im Zuge des Terrorismus seit dem 11. September 2001 eine neue Dimension erreicht[144]. Im Zeichen dieses erweiterten Sicherheitsbegriffs sind der Bundeswehr folgende politische Zielrichtungen vorgegeben: "Die Bundeswehr schützt Deutschland und seine Staatsbürger gegen politische Erpressung und äußere Gefahr; fördert die militärische Stabilität und Integration Europas; verteidigt Deutschland und seine Verbündeten; dient dem Weltfrieden und der internationalen Sicherheit im Einklang mit der Charta der Vereinten Nationen, hilft bei Katastrophen, rettet aus Notlagen und unterstützt humanitäre Aktionen."[145]

Waren die Auslandseinsätze zunächst nur eine Zusatzaufgabe zum Verteidigungsauftrag, den das Grundgesetz zum Daseinszweck der Bundeswehr bestimmt hat (Art. 87a GG), so sind sie nun an dessen Stelle zur Hauptaufgabe geworden. Die Bundeswehr ist zu einer "Armee im Einsatz" im Rahmen internationaler Krisenbewältigung geworden. Eine Entspannung bei den internationalen Einsätzen der Bundeswehr ist zunächst nicht zu erwarten. Im Gegenteil, "weitere Auslandseinsätze der Bundeswehr, sogar in Afrika, sind nicht unmöglich"[146]. So stellen auch die neuen Verteidigungspolitischen Richtlinien vom 21. Mai 2003 fest, dass sich Bundeswehreinsätze künftig "weder hinsichtlich ihrer Intensität noch geographisch eingrenzen lassen".

In dem Maße, wie sich menschenrechtliche und sicherheitspolitische Handlungsspielräume auf militärischem Gebiet über die nationalen Grenzen ausdehnen, verliert der Nationalstaat seine privilegierte Stellung als Instanz der militärischen Steuerung. Ob trotz dieser Tendenz zum Aufbau transnationaler Staatlichkeit gerade im militärischen Bereich der Nationalstaat und damit die Bundesrepublik weiterhin die zentrale Instanz der Legitimation von Herrschaft und damit zugleich der wichtigste Adressat für Forderungen von Seiten der Bevölkerung auch im Auslandseinsatz bleibt, ist fraglich und bedarf einer genaueren Untersuchung.

---

144 Zu diesem Ergebnis gelangt auch Limpert, Auslandseinsätze der Bundeswehr, S. 10.

145 Bundesministerium der Verteidigung, Weißbuch 1994, Rn. 515.

146 So Struck, FAZ vom 27. August 2004, S. 10.

2. Kapitel: Die Grundrechtswirkung des Grundgesetzes

Um die Grundrechtsbindung der Bundeswehr ermitteln zu können, ist zunächst zu fragen, anhand welcher Kriterien diese überhaupt zu bestimmen ist. Neben der allgemeinen Wirkungsweise von Grundrechten des Grundgesetzes folgen auch einige kurze geschichtliche Anmerkungen zur Entwicklung der Grundrechte.

A. Verfassungsrechtlicher Ausgangspunkt: Art. 1 Abs. 3 GG

Zentraler Ausgangspunkt für die Frage der Grundrechtswirkung des Grundgesetzes ist Art. 1 Abs. 3 GG, wonach die Grundrechte alle drei Gewalten, Gesetzgebung, vollziehende Gewalt und Rechtsprechung als "unmittelbar geltendes Recht" binden. Die in Art. 1 Abs. 3 GG enthaltene Verpflichtung der Staatsgewalt lässt sich dogmatisch als besondere Ausprägung des in Art. 20 Abs. 3 GG niedergelegten Rechtsstaatsprinzips einordnen, welches gleichfalls die Bindung der Staatsgewalt an die verfassungsmäßige Ordnung vorschreibt, geht aber in seiner Bedeutung über das Rechtsstaatsprinzip hinaus[147].

Der besondere Rang dieser Vorschrift ergibt sich indes nicht erst durch seinen Inhalt, sondern bereits aus der systematischen Stellung am Anfang der Verfassung sowie am Anfang des Grundrechtsabschnitts. Er wird zusätzlich belegt durch die Staatsfundamentalnorm des Art. 79 Abs. 3 GG, wonach eine Änderung des Grundgesetzes, durch welche die in Art. 1 GG niedergelegten Grundsätze berührt werden, unzulässig ist[148]. Zu den geschützten Grundsätzen des Art. 1 GG gehört auch die in Abs. 3 festgelegte Bindung aller staatlichen Gewalt an die Grundrechte und deren Qualität als unmittelbar geltendes Recht[149]. Daraus folgt, dass der Verfassungsändernde Gesetzgeber nicht befugt ist, den Grundrechten des Grundrechtskataloges die Eigenschaft unmittelbar rechtlicher Verbindlichkeit zu entziehen. Will er dagegen neue Grundrechte einführen, so muss diesen die von Art. 1 Abs. 3 GG verliehene Geltungskraft zukommen[150].

---

147 Ähnlich Höfling, JA 1995, S. 431, 432.

148 Klein, in: Merten/Papier, Handbuch der Grundrechte, § 6, Rn. 52.

149 Stern, in: Isensee/Kirchhof, HStR, Bd. V, § 109, Rn. 88; Leibholz/Rinck/Hesselberger, Kommentar zum Grundgesetz, Art. 1, Rn. 73.

150 Vgl. Stern, in: Isensee/Kirchhof, HStR, Bd. V, § 109, Rn. 88.

Trotz seines fundamentalen Aussagegehaltes, der durch eine "verfassungsrevisionsfeste Grundrechtssubstanz"[151] besonders geschützt ist, wird die enorme Bedeutung der Vorschrift heute überwiegend nicht mehr erkannt, da sein Gehalt als Selbstverständlichkeit gilt und die Bindungskraft weitgehend nur noch im Rahmen des einzelnen Grundrechts behandelt wird. Dennoch spricht man von der Vorschrift als einer "Schlüsselnorm" für die Bewertung der Grundrechte[152]. Ob ihr diese Funktion tatsächlich zukommt, soll Gegenstand der folgenden Ausführungen sein.

Betrachtet man die der vorliegenden Problematik allgemein zugrunde liegende Frage der Geltung der Grundrechte, fällt auf, dass diese grundsätzlich erst seit dem Inkrafttreten des Grundgesetzes erörtert wird, obwohl Grundrechte im Sinne von subjektiven Abwehrrechten bereits früher in deutschen Verfassungen normiert waren[153]. Daraus lässt sich entnehmen, dass die Geltung der Grundrechte durch das Grundgesetz eine andere Qualität gegenüber früheren Verfassungen erfahren haben muss.

B. Bedeutung des Art. 1 Abs. 3 GG im Rahmen der Wirkungsweise der Grundrechte aus geschichtlicher Sicht

"Grundrechte sind wertentscheidende Grundsatznormen höchsten verfassungsrechtlichen Ranges"[154]. "Der Grundrechtsteil des Grundgesetzes ist ein unaufgebbares Essentiale der geltenden Verfassung der Bundesrepublik Deutschland"[155]. Die Grundrechte "sind der eigentliche Kern der freiheitlich-demokratischen Ordnung des staatlichen Lebens im Grundgesetz"[156]. Diese und ähnliche Bewertungen des Bundesverfassungsgerichts sind Beispiel dafür, dass man heute von einem gesicherten Verständnis der Grundrechte ausgeht; man bezeichnet sie insofern als "gängige Ware"[157].

Im Staat der Gegenwart gilt es als unbestritten, dass für den Menschen ein Leben in Würde, Sicherheit sowie politischer und persönlicher Selbstbestimmung möglich ist. In diesem Sinne haben die Grundrechte des Grundgesetzes die individuelle und gesellschaftliche Freiheit vor den Bedrohungen der staatlichen Ge-

151 Vgl. Randbemerkung bei Stern, in: Isensee/Kirchhof, HStR, Bd. V, § 109, Rn. 88.
152 Stern, Staatsrecht, Bd. III/1, S. 1178.
153 Vgl. auch Stern, Staatsrecht, Bd. III/1, S. 189, 1179.
154 BVerfGE 21, 362, 371, 372; 23, 127, 134.
155 BVerfGE 37, 271, 280.
156 BVerfGE 31, 58, 73; 43, 154, 167.
157 So von Münch, in: von Münch/Kunig, Grundgesetz-Kommentar, Bd. 1, Vorb. Art. 1-19, Rn. 2.

walt weitgehend abgeschirmt. Damit ist jedoch keine Selbstverständlichkeit angesprochen, denn dies ist weder in der deutschen Verfassungsgeschichte noch heute in allen anderen Staaten verfassungsrechtliches Allgemeingut[158]. Selbst bei den Beratungen im Ausschuss für Grundsatzfragen sah der Parlamentarische Rat bewusst die Möglichkeit einer Verfassung ohne ausdrückliche Grundrechtsbestimmungen[159].

Das Verständnis von Freiheit wurde in Deutschland weniger an einem Staat festgemacht, dessen Zweck und Rechtfertigung der Erhalt von Freiheit und Eigentum ist, sondern die natürliche Freiheit musste hinter den bürgerlichen Gesetzen zurücktreten. Den Freiheitsrechten blieb nur der Raum, den der Staatszweck vorgab, als dass sie ihrerseits, im Gegensatz zum heutigen Verständnis, den Staatszweck definierten.

I. Grundrechte im deutschen Konstitutionalismus des 19. Jahrhunderts

Obwohl *Christian Wolff* und *Immanuel Kant* nicht unerheblich an der Begründung individueller Rechte des Menschen aufgrund seiner Vernunft mitgewirkt hatten[160], blieben diese Rechte bis zur Mitte des 19. Jahrhunderts in der politischen Praxis nur der Ausfluss der Souveränität des Staatsoberhauptes, welches seinen Untertanen aus freiem Willen gewisse Freiheiten einräumte[161]. Deutlich wurde dies in den Freiheitsrechten, als sie erstmalig 1815 nach dem Wiener Kongress in die Verfassungen süddeutscher Staaten[162] Aufnahme fanden.

Dem Monarch wurde zur Aufgabe gemacht, gewisse Freiheiten zu achten, seinem Zugriff entzogen waren sie jedoch nicht. Dementsprechend hatten sie auch stärker den Charakter gesetzlicher Gewährleistungen, anstatt staatsgestal-

---

158 So auch Kunig, in: von Münch/Kunig, Grundgesetz-Kommentar, Bd. 1, Art. 1, Rn. 73; nach Schneider sind die "Grundrechte kein Geschenk der Obrigkeit, sondern Werk und Ergebnis konkreter politischer Auseinandersetzungen", in: Perels, Grundrechte als Fundament der Demokratie, S. 11.

159 Starck, in: von Mangoldt/Klein/Starck, Das Bonner Grundgesetz, Bd. 1, Art. 1, Rn. 129.

160 Kant, Die Metaphysik der Sitten in zwei Teilen, Teil 1: Metaphysische Anfangsgründe der Rechtslehre, 1797, Bd. 7: Der Mensch wurde als ein in seiner sittlichen Autonomie unabhängiges Individuum betrachtet, das sich nach eigenem Willen selbst verwirklicht. Durch den Gebrauch seiner Vernunft kann der Mensch eine Rechtsgemeinschaft schaffen, "in welcher Freiheit unter äußeren Gesetzen im größtmöglichen Grade, mit unwiderstehlicher Gewalt verbunden, angetroffen wird"; wiedergegeben bei Würtenberger, in: Merten/Papier, Handbuch der Grundrechte, Bd. I, § 2, Rn. 41.

161 Ähnlich Würtenberger, in: Merten/Papier, Handbuch der Grundrechte, Bd. I, § 2, Rn. 76.

162 Aufnahme fanden die Grundrechte in die Verfassungen von Bayern, Württemberg und Baden.

tender Kräfte[163]. Umfangreicher kodifiziert wurden die Grundrechte dann in der Paulskirchenverfassung von 1848, in der der Wille erkennbar war, mit den Grundrechten eine für die deutsche Einheit wie für die Einzelstaaten verbindliche Rechtsgrundlage zu schaffen. Mangels politischer Durchsetzungskraft der Paulskirchenversammlungsbeschlüsse traten die Grundrechte allerdings nur in wenigen Staaten in Kraft und blieben dort in ihrer rechtlichen Tragweite auch beschränkt, da ihnen kein höherer Rang in der Verfassung zukam, sondern sie wie ein Programm das positive Recht ergänzen sollten[164]. Freiheitsrechte wurden in dieser Zeit lediglich "gewährt", eine Rücknahme war somit jederzeit möglich[165].

Der starke Impuls, der von den Grundrechtsdiskussionen in der Paulskirche ausging, fand zunächst auch keinen Niederschlag auf der Ebene des Reichsverfassungsrechts[166]. In der Verfassung des Norddeutschen Bundes von 1867 und der Verfassung des Deutschen Reiches von 1871 waren verfassungsrechtliche Grundrechte vielmehr gar nicht vorhanden, da man Eingriffe in die Verfassungen der Einzelstaaten befürchtete. Freiheitsrechte sollten vielmehr durch einfache Gesetze gewährleistet werden[167]. Die Grundrechte des 19. Jahrhunderts waren demnach in erster Linie Programm zum Abbau ständischer Privilegien und zur Sozialreform[168].

Während Freiheit und Eigentum mit der Lehre vom Gesetzesvorbehalt gegen die Exekutive gesichert wurden, blieben die Grundrechte, soweit es sie überhaupt gab, dem Gesetzgeber gegenüber Programmsätze[169].

---

163 Die deutsche Lehre interpretierte die Grundrechtsgarantien insoweit als "bloße spezielle Gewährleistungen der Freiheit von gesetzeswidrigem Zwange", Jellinek, Verwaltungsrecht, S. 103; ausführlich: von Rimscha, Die Grundrechte im süddeutschen Konstitutionalismus, 1973; Schulze, in: Dilcher, Grundrechte im 19. Jahrhundert, S. 85-120.

164 So Mühleisen, Zur Geschichte der Grundrechte, in: Informationen zur politischen Bildung, Heft 239, S. 9.

165 Paulskirchenverfassung vom 28. März 1849, Abschnitt VI, § 130: "Dem deutschen Volke sollen die nachstehenden Grundrechte gewährleistet sein. Sie sollen den Verfassungen der deutschen Einzelstaaten zur Norm dienen....".; zu der Frankfurter Reichsverfassung vgl. Kühne, in: Merten/Papier, Handbuch der Grundrechte, Bd. I, § 3, Rn. 3 ff; Scholler, Die Grundrechtsdiskussion in der Paulskirche; Mommsen, Die Grundrechte des deutschen Volkes mit Belehrungen und Erläuterungen, 1849, Neudruck 1969.

166 Stern, Staatsrecht, Bd., III/1, S. 116; ders. in: Isensee/Kirchhof, HStR, Bd. V, § 108, Rn. 26.

167 Stern, in: Isensee/Kirchhof, HStR, Bd. V, § 108, Rn. 26; Scheuner, in: Forsthoff/Weber/Wieacker, Festschrift für Huber, S. 139.

168 Wahl, in: Der Staat 18 (1979), S. 321, 328.

169 Bryde, in: Merten/Papier, Handbuch der Grundrechte, Bd. I, § 17, Rn. 6.

II. Grundrechte in den deutschen Verfassungen des 20. Jahrhunderts

Eine neue und umfassende Dimension bekam die Grundrechtsentwicklung in Deutschland mit der Weimarer Reichsverfassung von 1919[170]. Der zweite Hauptteil dieser Verfassung enthielt in fünf Abschnitten "Grundrechte und Grundpflichten der Deutschen".

In der staatsrechtlichen Literatur der Bundesrepublik ist seit jeher die Auffassung verbreitet, dass im Unterschied zur Geltung der Grundrechte des Grundgesetzes als "unmittelbar geltendes Recht" die Grundrechtsbestimmungen der Weimarer Reichsverfassung nur als Programmsätze und Gesetzgebungsaufträge gegolten hätten[171]. Dieser Eindruck scheint jedoch vorschnell[172], denn die Grundrechte fanden durchaus Eingang in die Rechtspraxis und wurden dort als verbindliches Recht angewandt. So wurden die Grundrechte in der Rechtsprechung etwa als Auslegungsrichtlinie bei der Anwendung von Gesetzen durch die Gerichte und die Verwaltung herangezogen, auch erklärte sich das Reichsgericht für berechtigt, Reichsgesetze am Maßstab der Grundrechte zu überprüfen[173]. Es erklärte die Grundrechte sogar zum "Heiligtum des deutschen Volkes"[174], so dass erkennbar ist, dass bereits in der Weimarer Zeit die Auffassung vorherrschte, die in den Grundrechten den eigentlichen Sinn und Wertgehalt der geschriebenen Verfassung erblickte[175].

Mit der Entscheidung des Reichsgerichts zur Grundrechtsbindung des Gesetzgebers setzte dann eine intensivere Diskussion um die inhaltliche Bedeutung einzelner Grundrechte ein. Dabei ging es um die Frage, was einzelne Grundrechte konkret vom Staat und vom Gesetzgeber verlangten[176]. Im Ergebnis wurden

---

170 Vorbereitet wurden die Beratungen der Nationalversammlung zur Verfassung durch den Staatsrechtler *Hugo Preuß*. Nach seinem Willen sollte die neue Verfassung keinen Grundrechtsteil erhalten, um die Beratungen zu beschleunigen. Doch Vertreter aller Parteien bestanden auf der Aufnahme von Grundrechten, so Poscher, in: Die Grundrechte im Spiegel des Plakats von 1919-1999, S. 23 ff; auch Kübler, Über Wesen und Begriff der Grundrechte, S. 35.

171 So Katz, Staatsrecht, Rn. 91, 551; Schmalz, Grundrechte, Rn. 4.

172 Vgl. auch Dreier, in: Merten/Papier, Handbuch der Grundrechte, Bd. 1, § 4, Rn. 12.

173 "Die Grundrechte der Reichsverfassung .... bleiben .... gegenüber abweichenden Bestimmungen eines .... Reichsgesetzes für den Richter verbindlich und nötigen ihn, die widersprechenden Bestimmungen des späteren Gesetzes außer Anwendung zu lassen", Entscheidungen des Reichsgerichts in Zivilsachen, RGZ Bd. 111, S. 320-323.

174 RGZ Bd. 102, S. 161, 165.

175 So auch Bethge, Der Staat 24 (1985), S. 351.

176 So schon Anschütz, in: Die Verfassung des Deutschen Reiches, S. 514: "Es handelt sich, wie bemerkt, darum, diejenigen Sätze, die unmittelbar anwendbares Recht darstellen, die jetzt schon für Behörden und Bürger rechtsverbindlich sind, als solche zu erkennen und sie zu unterscheiden von denen, welche ihren Inhalt im einzelnen und damit ihre verbindliche Kraft einschließlich der derogatorischen Wirkung gegenüber dem alten Recht erst noch durch besondere Gesetze empfangen sollen. Es gilt anders ausgedrückt, die Bestimmungen, welche bereits

soziale Grundrechte als Programmsätze oder Staatszielbestimmungen verstanden, die vom Gesetzgeber lediglich verlangten, sich im Rahmen seiner Möglichkeiten um eine Verwirklichung der Programme und Ziele zu bemühen. Die Vorgaben der Freiheitsrechte dagegen setzten der Staatsgewalt keine Grenzen, sie durften durch ein Gesetz eingeschränkt werden[177]. So betrachtet erlangten die Grundrechte der Weimarer Reichsverfassung nur eine geringe Bedeutung, da es für die Freiheit der Bürger nicht auf die Grundrechte selbst, sondern letztlich nur auf die Gesetze ankam, die diese Freiheit im Einzelnen bestimmten[178]. Besonders fatal war die dem Reichspräsidenten eingeräumte Möglichkeit, wichtige Grundrechte über den Notstandsartikel 48 außer Kraft zu setzen[179]. Diese schwache Stellung der Grundrechte ermöglichte es den Nationalsozialisten durch das Ermächtigungsgesetz vom 24. März 1933[180] den permanenten Ausnahmezustand zu erklären und Reichsverfassung und Grundrechte zu ignorieren. Der beispiellosen Missachtung der Menschen- und Bürgerrechte und der Beseitigung der demokratischen und rechtsstaatlichen Verfassungsordnung in der Zeit der nationalsozialistischen Herrschaft konnten die "Grundrechte" nicht entgegenwirken. Die Erfahrungen der Negation der Grundrechte während der Zeit des Nationalsozialismus sowie ihrer Schwäche in der Weimarer Republik spielten bei der Ausformulierung des Grundgesetzes eine wichtige Rolle, denn sie hatten gezeigt, dass es zur Garantierung und Durchsetzung der Grundrechte einer rechtlichen Veränderung bedurfte, denn selbst die strikte Beachtung formalen Rechts war keine ausreichende Garantie dafür, dass nicht in materiell-rechtlicher Hinsicht "Unrecht" herrschte[181]. Obgleich man die Grundrechte als "vorstaatlich" begriff, die vom Staat daher nicht zu gewähren, sondern zu gewährleisten waren[182], musste ihnen eine zeitgemäße und so konkrete Gestalt gegeben werden, dass ihnen sowohl unmittelbare Bindungskraft gegenüber aller staatlichen Gewalt als auch Einklag-

gegebene Gesetze sind, zu sondern von denen, welche nur Richtlinien für künftig zu gebende Gesetze enthalten und daher der aktuellen Geltung und Anwendbarkeit entbehren"; Thoma spricht von der "Prinzipienfrage" der Weimarer Zeit, in: Nipperdey, Die Grundrechte und Grundpflichten der Reichsverfassung, Bd. 1, S. 1, 5.

177 Vgl. Dreier, in: Merten/Papier, Handbuch der Grundrechte, Bd. 1, § 4, Rn. 13, 20.

178 Poscher, in: Die Grundrechte im Spiegel des Plakats, S. 23 ff.

179 Vgl. zur Geschichte der Grundrechte: Stern, Staatsrecht, Bd. III/1, §§ 59, 60; Pieroth, Jura 1984, S. 568 ff; Mühleisen, Zur Geschichte der Grundrechte, in: Informationen zur politischen Bildung, Heft 239.

180 "Gesetz zur Behebung der Not von Volk und Reich" vom 24. März 1933; RGBl. I 1933, 141.

181 Vgl. Hofmann, in: Hofmann/Marko/Merli/Wiederin, Rechtsstaatlichkeit in Europa, S. 3, 4; Hartung, Die Entwicklung der Menschen- und Bürgerrechte, S. 374; "Die deutsche Tragödie hat ... das Verhältnis des Einzelnen zum Staat aufs neue zur Diskussion gestellt", so Frank, in: Schriftenreihe der Überparteilichen Demokratischen Arbeitsgemeinschaft, Bd. 2, S. 93, 101.

182 von Mangoldt, DÖV 1949, S. 261; vgl. auch Starck, in: von Mangoldt/Klein/Starck, Das Bonner Grundgesetz, Bd. 1, Art. 1 Abs. 3; Rn, 129, 130; ders., JZ 1999, S. 473, 474.

barkeit zukommen konnte[183]. Diese verfassungsrechtliche Aussage könnte im Grunde genommen als selbstverständlich erachtet werden, weil sie notwendige Folgerung aus der Positivierung der Grundrechte sowie Konsequenz der Inkorporierung in das Verfassungsrecht ist[184]. Der Verfassungsgeber hielt sie jedoch auf Grund der Normativitäts- und Aktualitätszweifel an den Grundrechten in der Weimarer Reichsverfassung für angebracht. Es sollte außer Diskussion sein, dass Grundrechte nicht bloß Programmsätze, welche der Umsetzung durch den Gesetzgeber bedürfen, um für alle staatlichen Gewalten verbindlich und für den einzelnen berechtigend zu wirken, sondern aktuell geltendes Verfassungsrecht sind[185].

Verfassungssystematisch kam dies zunächst dadurch zum Ausdruck, dass die Grundrechte als Abschnitt I an die Spitze des Verfassungstextes gestellt wurden. *C. Schmid* begründete diesen Schritt vor dem Plenum des Parlamentarischen Rates so: "Das Grundgesetz selbst beginnt mit dem Abschnitt über die Grundrechte. Diese Grundrechte wurden im Gegensatz zur Weimarer Reichsverfassung an den Anfang des Ganzen gestellt, weil klar zum Ausdruck kommen sollte, dass die Rechte, deren der Einzelmensch bedarf, wenn anders er in Würde und Selbstachtung soll leben können, die Verfassungswirklichkeit bestimmen müssen. Letztlich ist der Staat dazu da, die äußere Ordnung zu schaffen, deren die Menschen zu einem auf der Freiheit des Einzelnen beruhenden Zusammenleben bedürfen. Aus diesem Auftrag allein stammt letztlich die Legitimität seiner Machtausübung."[186] Die Grundrechte sollten "das Grundgesetz regieren", nicht bloß ein "Anhängsel des Grundgesetzes" sein[187].

Dieser Gedanke ist in Art. 1 Abs. 3 GG positiviert worden und brachte damit den großen Durchbruch der Menschenrechtsidee: die Verankerung der Grund-

---

183 So Schmid vor dem Parlamentarischen Rat: "Diese Grundrechte sollen nicht bloß Deklamationen, Deklarationen oder Direktiven sein, nicht nur Anforderungen an die Länderverfassungen, nicht nur eine Garantie der Ländergrundrechte, sondern unmittelbar geltendes Bundesrecht, auf Grund dessen jeder einzelne Deutsche, jeder einzelne Bewohner unseres Landes vor den Gerichten soll Klage erheben können"; in: von Doemming/Füßlein/Matz, JöR 1 (1951), S. 1, 43. Vgl. auch Denninger, Alternativkommentar zum Grundgesetz, Bd. 1, vor Art. 1, Rn. 4.

184 So sah man es auch im Herrenchiemseer-Konvent: Art. 21 Abs. 2 des Herrenchiemseer Entwurfes lautete: "Die Grundrechte binden den Gesetzgeber, den Richter und die Verwaltung unmittelbar." Eine Regelung mit dem Inhalt, dass die Grundrechte geltendes Recht sind, hielt man angesichts ihrer Positivierung in den Verfassungen für überflüssig. Der Grundsatzausschuß des Parlamentarischen Rates demgegenüber betonte ausdrücklich die unmittelbare Geltung der Grundrechte; vgl. von Doemming/Füßlein/Matz, JöR 1 (1951), S. 48, 50.

185 Stern, in: Isensee/Kirchhof, HStR, Bd. V, § 109, Rn. 36; ders., Staatsrecht, Bd. III/1, S. 167.

186 Schmid in seinem Generalbericht vom 6. Mai 1949, in: von Doemming/Füßlein/Matz, JöR 1 (1951), S. 1, 47.

187 So Schmid vor dem Parlamentarischen Rat; in: von Doemming/Füßlein/Matz, JöR 1 (1951), S. 1, 14.

rechte als subjektive verfassungsmäßige Rechte in den höchstrangigen Normen der staatlichen Rechtsordnung[188]. Die Grundrechte werden explizit als unmittelbar geltendes Recht qualifiziert, die von allen durch das Gesetz konstituierten Staatsgewalten beachtet werden müssen[189]. Die Wandlung von vorstaatlichen Menschenrechten zu positivierten verfassungsmäßigen Rechten – Grundrechten – prägt seitdem den Verfassungsstaat der Gegenwart. Ihre Respektierung und Verwirklichung ist Maßstab und gleichzeitig Schranke für die Ausübung der gesamten Staatsgewalt.

C. Bindungswirkung der Grundrechte

I. Die Grundrechte als unmittelbar geltendes Recht

Das Grundgesetz verleiht mit Art. 1 Abs. 3 GG den Grundrechten ausdrücklich die Fähigkeit "Gesetzgebung, vollziehende Gewalt und Rechtsprechung als unmittelbar geltendes Recht" zu binden. Der Begriff der Grundrechtsbindung steht insofern für eine grundrechtsbezogene Beschränkung staatlicher Tätigkeit und legt das "Ob" der Bindung fest. Wann aber die Tätigkeit des Staates tatsächlich in Widerspruch zum grundrechtlichen Schutz steht, ist der Vorschrift des Art. 1 Abs. 3 GG im Einzelnen nicht zu entnehmen. Sie enthält über Inhalt und Umfang der aus Art. 1 Abs. 3 GG resultierenden Beschränkung keinen selbständigen Prüfungsmaßstab[190]. Aufgrund des Absolutheitsanspruches, den die Grundrechte in Art. 1 Abs. 3 GG für sich erheben, muss jedoch das "Wie" der Grundrechtsbindung ebenfalls an bestimmten Kriterien feststellbar sein.

1. Begriff der "nachfolgenden" Grundrechte

Der umfassende und strikte Geltungsanspruch, den Art. 1 Abs. 3 GG aufstellt[191], bezieht sich ausdrücklich auf die "nachfolgenden Grundrechte". In erster Linie umfasst der Begriff der "nachfolgenden" Grundrechte zunächst die im ersten Abschnitt des Grundgesetzes in Art. 2 bis Art. 19 GG genannten Bestimmungen[192]. Dort finden sich die wichtigsten Materien des überlieferten Grundrechtsbestandes. Dieser Katalog ist aber nicht abschließend, auch in weiteren Abschnitten des

188 Stern, in: Isensee/Kirchhof, HStR, Bd. V, § 108, Rn. 52.
189 So der schriftliche Bericht des Abgeordneten von Mangoldt, Grundrechte, in: Schriftlicher Bericht des Parlamentarischen Rates, S.5; ders., DÖV 1949, S. 261, 262.
190 So auch BVerfGE 61, 126, 137; Stern, Staatsrecht, Bd. III/1, S. 1202.
191 Näher dazu bei I 3.
192 von Münch, in: von Münch/Kunig, Grundgesetz-Kommentar, Bd. 1, Art. 1, Rn. 45.

Grundgesetzes sind Rechte gewährleistet, die sich von den ausdrücklich als Grundrechte bezeichneten Rechten im ersten Abschnitt unterscheiden. Dabei handelt es sich um die in Art. 93 Abs. 1 Nr. 4a GG aufgeführten "in Artikel 20 Abs. 4, 33, 38, 101, 103 und 104 enthaltenen Rechte". Diese Rechte, die wie die Grundrechtsbestimmungen von grundlegender Bedeutung für das Verhältnis des einzelnen zur staatlichen Gemeinschaft sind, werden als "grundrechtsgleiche Rechte" bezeichnet, da Art. 93 Abs. 1 Nr. 4a GG die aufgeführten Bestimmungen ausdrücklich den "Grundrechten" gegenüberstellt. Inhaltlich handelt es sich bei diesen Rechten um "Grundrechte", so dass es dem Verfassungsziel eines möglichst umfassenden und wirksamen Grundrechtsschutzes entspricht, auch diese Normen mit Bindungswirkung auszustatten[193]. Zweifel ergeben sich aber hinsichtlich der Zugehörigkeit des Art. 1 Abs. 1 und 2 GG, da in Abs. 3 des Artikels von den "nachfolgenden Grundrechten" die Rede ist. Vom Wortlaut her lassen sich die vorausstehenden Inhalte des Art. 1 GG damit zunächst als nicht zu den bindenden Grundrechten gehörig charakterisieren[194]. Betrachtet man dagegen die Vorschrift genauer, zeigt sich, dass die Bindungswirkung als "unmittelbar geltendes Recht" nicht ausschließlich für die "nachfolgenden" Artikel vorgeschrieben ist. Dass der Verfassungsgeber eine Beschränkung der von ihm vorgeschriebenen Rechtsfolgen auf die in Art. 1 Abs. 3 GG bezeichneten Grundrechte nicht gewollt hat, ergibt sich auch aus Art. 1 Abs. 1 Satz 2 GG, der im Hinblick auf die "Würde des Menschen" die unmittelbare Geltung dieses Verfassungsrechtssatzes statuiert[195]. Für die verfassungsrechtliche Funktion von Einzelgrundrechten aus Art. 1 Abs. 3 GG kommt es somit nicht darauf an, ob sie sich in dem den ersten Abschnitt des Grundgesetzes bildenden Grundrechtskatalog oder über die sonstigen grundgesetzlichen Abschnitte verstreut finden[196].

2. Begriff der "unmittelbaren Geltung"

Die besondere Bedeutung der Grundrechte im politischen System der Bundesrepublik liegt vor allem darin, dass die Grundrechte nicht nur im Sinne einer Maß gebenden Deklaration an den Beginn der Verfassung gestellt sind, sondern sie werden zu "unmittelbar geltendem Recht" erklärt, an welches Gesetzgebung, vollziehende Gewalt und Rechtsprechung gebunden sind. Die Anordnung "unmit-

---

193 Denninger, in: Alternativkommentar, Art. 1 Abs. 2, 3, Rn. 16.

194 Starck, in: von Mangoldt/Klein/Starck, Das Bonner Grundgesetz, Bd. 1, Art. 1 Abs. 1, Rn. 23.

195 Vgl. Stern, Staatsrecht, Bd. III/1, S. 351, 352; Starck, in: von Mangoldt/Klein/Starck, Das Bonner Grundgesetz, Bd. 1, Art. 1 Abs. 1, Rn. 23.; von Münch, in: von Münch/Kunig, Grundgesetz-Kommentar, Bd. 1, Art. 1, Rn. 46.

196 Starck, in: von Mangoldt/Klein/Starck, Das Bonner Grundgesetz, Bd. 1, Art. 1 Abs. 3, Rn. 131.

telbarer" Geltung zielt vor allem darauf ab, die Verpflichtung der Rechtsanwendungsorgane sicherzustellen, die Grundrechte anzuwenden, ohne dass es noch einer einfach-gesetzlichen Umsetzung durch den Gesetzgeber bedurfte[197].

Zugleich sollte ausgeschlossen werden, dass sich die Grundrechtsverpflichteten der Aufgabe entziehen, die oft nur in knappster Weise angesprochenen Inhalte der Grundrechtsbestimmungen als verbindliche Rechtsnormen zur Anwendung zu bringen[198]. Mit der Bindungseigenschaft ist demnach nicht gemeint, dass der Inhalt der Grundrechte auch tatsächlich befolgt wird, sondern nur, dass seine Befolgung gefordert wird, insofern also Geltung beansprucht.

Die durch diese Vorschrift vorgenommene Aufwertung sollte aber nicht nur ein abermaliges "Leerlaufen" der Grundrechte verhindern, sondern sie sollte vielmehr die Grundlage für den Auf- und Ausbau der einzelnen Grundrechte zu einem umfassenden individuellen Schutzsystem des Menschen und Bürgers gegenüber der öffentlichen Gewalt schaffen[199].

Dieser verfassungsrechtliche Grundrechtsschutz besteht darin, dass die Verfassung die Erscheinungsformen menschlichen Daseins und Verhaltens als körperliche, seelische, räumliche Integrität, als Handlungs- und Unterlassungsfreiheiten als gegeben gewährleistet. Dem einzelnen wird von Verfassungs wegen und im Range des Verfassungsrechts die Rechtsmacht eingeräumt, von den staatlichen Gewalten, als den durch die Grundrechtsnorm Verpflichteten, Beachtung der Norm zu fordern und die Forderung notfalls auch durchzusetzen. Diese Rechtsmacht erwächst dem einzelnen gerade aus der Bindungswirkung der Grundrechte als unmittelbar geltendes Recht.

II. Lückenlosigkeit der staatlichen Grundrechtsbindung

Art. 1 Abs. 3 GG bestätigt nicht nur die Grundrechte als unmittelbar geltendes Recht, sondern zählt in einer Trias auch die grundrechtsverpflichteten Staatsgewalten Gesetzgebung, vollziehende Gewalt und Rechtsprechung auf und knüpft damit an das überkommene Gewaltenteilungsschema an. Die Formel gliedert also

197 Starck, in: von Mangoldt/Klein/Starck, Das Bonner Grundgesetz, Bd. 1, Art. 1 Abs. 3, Rn. 132; Stern, Staatsrecht, Bd. III/1, S. 1195; Kunig, in: von Münch/Kunig, Grundgesetz-Kommentar, Bd. 1, Art. 1, Rn. 50 ff.

198 Stern, Staatsrecht, Bd. III/1, S. 486.

199 Art. 1 Abs. 3 GG "kennzeichnet nicht nur grundsätzlich die Bestimmungen des Grundrechtsteils als unmittelbar geltendes Recht, sondern bringt zugleich den Willen des Verfassungsgebers zum Ausdruck, dass der einzelne sich der öffentlichen Gewalt gegenüber auf diese Normen als auf Grundrechte im Zweifel soll berufen können", BVerfGE 6, 386, 387; vgl. auch Stern, Staatsrecht, Bd. III/1, S. 1200; Klein, in: Merten/Papier, Handbuch der Grundrechte, § 6, Rn. 46.

nur noch einmal auf, was Art. 1 Abs. 1 Satz 2 GG für die Menschenwürde im Begriff "alle staatliche Gewalt" zusammenfasst[200]. Im gleichbedeutenden Sinne spricht Art. 93 Abs. 1 Nr. 4a GG von der "öffentlichen Gewalt"[201]. Über die ohnehin selbstverständliche Teilnahme der Grundrechte an der allgemeinen Geltungskraft der Verfassung nach Art. 20 Abs. 3 GG hielt es der Verfassungsgeber für notwendig, ausdrücklich eine umfassende Bindung aller Staatsgewalt an die Grundrechte anzuordnen, denn im Bereich der Staatsgewalt sollte es nach dem Willen des Parlamentarischen Rates keine grundrechtsfreien Räume geben[202].

Da jedes staatliche Handeln sowohl formell als auch materiell einer Staatsfunktion zugeordnet werden kann, erfasst die Grundrechtsbindung die staatliche Gewalt in allen ihren Erscheinungsformen, mithin nicht nur die staatlichen Organe, sondern alle, die staatliche Funktionen ausüben, gleich ob die Vorschrift einen formellen oder materiellen Gewaltenbegriff verwendet[203]. Die "Unbedingtheit der Formulierung"[204] des Art. 1 Abs. 3 GG lässt keinen Zweifel daran, dass jedes Organ der öffentlichen Gewalt bei allen von ihm ausgehenden hoheitlichen Handlungen der strikten Grundrechtsbindung unterliegt[205].

Damit sind neben Bund, Ländern, Gemeinden und sonstigen Gebietskörperschaften alle juristischen Personen des öffentlichen Rechts, die Träger vom Staat abgeleiteter öffentlicher Gewalt sind, Grundrechtsverpflichtete im Sinne von Art. 1 Abs. 3 GG[206]. In welcher Weise sich damit auch immer Staatsgewalt äußert, sie muss in jedem Falle grundrechtsgebunden ausgeübt werden, unabhängig davon, wie das handelnde Rechtssubjekt verfasst ist.

Entscheidende Neuerung der Bindungsnorm des Art. 1 Abs. 3 GG war die Einbeziehung der Gesetzgebung, die den "großen Bedeutungswandel in der Tradition der rechtsstaatlichen deutschen Verfassungen" aufzeigt[207]. Die Bindung

200 Stern, Staatsrecht, Bd. III/1, S. 1202.

201 Starck, in: von Mangoldt/Klein/Starck, Das Bonner Grundgesetz, Bd. 1, Art. 1 Abs. 3, Rn. 189; Pieroth/Schlink, Staatsrecht II, §5 II, Rn. 164; Höfling, JA 1995, S. 431, 432.

202 In Art. 1 Abs. 2 des Herrenchiemseer Entwurfes heißt es: "Der Staat ist in allen seinen Erscheinungsformen verpflichtet, die Würde des Menschen zu achten und zu schützen." Danach sollen alle Träger öffentlicher Gewalt ohne qualitative Unterscheidung der jeweiligen Staatstätigkeit, also Gesetzgebung, Rechtsprechung und öffentliche Verwaltung in allen ihren Erscheinungsformen, an die Grundrechte gebunden sein; vgl. von Doemming/Füßlein/Matz, JöR 1 (1951), S. 1, 48; siehe auch Stern, Staatsrecht, Bd. III/1, S. 1201.

203 Klein, in: Merten/Papier, Handbuch der Grundrechte, § 6, Rn. 47; Stern, Staatsrecht, Bd. III/1, S. 1204, 1205.

204 Pieroth/Schlink, Staatsrecht II, § 5 II, Rn. 167.

205 Vgl. Friauf, in: Friauf/Scholz, Europarecht und Grundgesetz, S. 34.

206 Stern, Staatsrecht, Bd. III/1, S. 1203.

207 Vgl. Herdegen, in: Maunz/Dürig, Grundgesetz-Kommentar, Art. 1 Abs. 3, Rn. 8; von Münch, in: von Münch/Kunig, Grundgesetz-Kommentar, Bd. 1, Art. 1, Rn. 51; auch Stern, Staatsrecht, Bd. III/1, S. 1201.

der Rechtsprechung und der vollziehenden Gewalt an die Grundrechte stand dagegen schon früher nicht in Zweifel, denn die Grundrechte waren jedenfalls objektives Recht, das "für Behörden und Bürger rechtsverbindlich" war[208]. Sie galt angesichts der Rechtssatzqualität der Grundrechtsbestimmungen. Bei der Entstehung des Art. 1 Abs. 3 GG war sie unstreitig und führte erst bei der Einführung der Wehrverfassung in das Grundgesetz zu Diskussionen[209]. Für die Gesetzgebung stellte die unmittelbare Verfassungsbindung dann klar, dass Grundrechte keine bloßen Programmsätze sind, sondern dass vielmehr ihre inhaltlichen Aussagen nach Maßgabe der jeweiligen Bindungsintensität auch von ihr umfassend beachtet werden müssen. Zur Weimarer Zeit war der Gesetzgeber nur in dem Sinne gebunden, als die Grundrechte für ihn als bloße Direktiven galten, oder wie *Krüger* zutreffend formulierte: "Grundrechte nur im Rahmen der Gesetze"[210].

Die Bindung aller staatlichen Gewalten an die Grundrechte als unmittelbar geltendes Recht bedeutet nicht nur die selbständige grundrechtliche Verantwortlichkeit jeder einzelnen Staatsgewalt, sondern auch die Lückenlosigkeit der Grundrechtsbindung. Vollziehende Gewalt und Rechtsprechung sind unmittelbar, d.h., nicht nur durch die Grundrechtsbindung des Gesetzgebers vermittelt, an die Grundrechte gebunden[211]. Die umfassende Grundrechtsbindung jeder Äußerungsform der Staatsgewalt ist insoweit "mehr als nur eine unscheinbare dogmatische Geltungsverstärkung der Grundrechte"[212].

III. Intensitätsgrad der Bindung

Die Anordnung unmittelbarer Rechtsverbindlichkeit für die Grundrechte in Art. 1 Abs. 3 GG verstand man als Voraussetzung, die Grundrechte so zu formulieren, dass ihnen ein rechtsverbindlicher Gehalt entnommen werden kann[213]. Die Grundrechtsnorm sollte einen klaren positiven Regelungsgehalt aufweisen, so dass sie geltungs- und bindungsfähig ist[214]. Bestanden anfangs noch Bedenken hinsichtlich einzelner Grundrechte, hat sich seit dem Inkrafttreten des Grundge-

208 Vgl. Anschütz, Die Verfassung des Deutschen Reiches vom 11. August 1919, Vorb. 6 vor Art. 109.

209 Diese Problematik wird im 2. Teil unter Kapitel 5 C ausführlich behandelt.

210 Krüger, Grundgesetz und Kartellgesetzgebung, S. 12; ders., DVBl. 1950, S. 625, 626.

211 Poscher, Grundrechte als Abwehrrechte, S. 161; in etwa auch: Sachs, in: Sachs, Grundgesetz, Art. 1, Rn. 77.

212 Denninger, in: Alternativkommentar, Art. 1 Abs. 2, 3, Rn. 17; ähnlich Stern, Staatsrecht, Bd. III/1, S. 1199.

213 Starck, in: von Mangoldt/Klein/Starck, Das Bonner Grundgesetz, Bd. 1, Art. 1 Abs. 3, Rn. 227.

214 So BVerfGE 25, 167, 182.

setzes die rechtliche Wirkung und Bedeutung der Grundrechte außerordentlich reich entfaltet und das Staatsbild der Bundesrepublik von Grund auf geprägt. Entscheidenden Anteil hatte hieran das Bundesverfassungsgericht. Wesentlich durch seine Rechtsprechung angestoßen, ist eine breite, facettenreiche Grundrechtsliteratur entstanden.

Eine eher veraltete Auffassung sah die Grundrechte als sehr unbestimmt und "generalklauselartig" an und ließ somit ihrer Interpretation einen weiten Spielraum. Damit ergebe sich ein relativ geringes Maß der Bindung bedingt durch die Offenheit der Grundrechtsbestimmungen[215]. Die Materialien zu den einzelnen Grundrechten zeigen indes, dass der Gebrauch weiter Formulierungen sich als eine notwendige Folge des Gebots des umfassenden und lückenlosen Grundrechtsschutzes darstellt[216]. Auf der einen Seite sind die Grundrechte "Richtlinie und Rahmen der Staatstätigkeit", auf der anderen Seite "erlebt" der Bürger gerade in den Grundrechten das Grundgesetz. Das Grundgesetz dient insofern lediglich als Rahmenordnung für die Tätigkeit der Staatsorgane[217]. Nicht die Vorschrift des Art. 1 Abs. 3 GG, sondern die Grundrechte selbst sind bestimmender Faktor. Nach deren Regelungsgehalt und Beschränkbarkeit bemisst sich der Intensitätsgrad der Bindung.

D. Ergebnis

Art. 1 Abs. 3 GG beendete die Diskussion um die Verbindlichkeit der grundrechtlichen Garantien, indem er allen vormaligen Lehren von der bloß programmatischen Funktion der Grundrechte definitiv eine Absage erteilte. Als eine betonte Begrenzung der Staatsgewalt auf historisch immer wieder auftretende Gefährdungssituationen, stellt die Vorschrift für das Grundgesetz fest, dass die Grundrechte unmittelbar geltendes Recht sind und nicht zusätzlich der Umsetzung durch den Gesetzgeber bedürfen. Der grundsätzliche Aussagegehalt des Art. 1 Abs. 3 GG lässt sich dementsprechend als Kompetenzbegrenzung staatlicher Tätigkeit begreifen, die verbietet, sich in Widerspruch zu grundrechtlichen Gewährleistungen zu setzen. Von seinen Gesetzgebungs-, Verwaltungs- und Rechtsprechungskompetenzen kann der Staat keinen beliebigen, sondern nur den Gebrauch machen, den die Grundrechte zulassen.

---

215 Nachweis bei Bethge, Der Staat 24 (1985), S. 351, 355.

216 Entsprechend dem Postulat eines lückenlosen Grundrechtsschutzes steht Art. 2 Abs. 1 GG als "Auffanggrundrecht" in Gestalt der allgemeinen Handlungsfreiheit zur Verfügung, das sich subsidiär aller nicht besonders geschützten Freiheitsbereiche annimmt, so Bethge, Der Staat 24 (1985), S. 351, 361.

217 Ähnlich Ossenbühl, in: Merten/Papier, Handbuch der Grundrechte, Bd. I, § 15, Rn. 4.

Die verfassungs- und besonders grundrechtsgemäße Funktionsausübung der Staatsorgane ist das Herzstück des grundgesetzlichen Verfassungswerks. Die Grundrechte sind Teil der grundlegenden Ordnung des Staates geworden und damit Leitbild für die Staatlichkeit insgesamt. Erst dadurch ist der Staat ein Verfassungsstaat geworden, der nur nach Maßgabe und in den Grenzen der Verfassung Staatsgewalt ausüben darf[218]. In diesem Akt ist der große Einschnitt in der Wandlung des Staates zu sehen, so dass die Vorschrift des Art. 1 Abs. 3 GG zu Recht als "Schlüsselnorm" für die Bewertung der Grundrechte anzusehen ist.

218 Zu diesem Ergebnis gelangt auch Stern, Staatsrecht, Bd. III/1, S. 182.

3. Kapitel: Verfassungsrechtliche Auswirkung des Grundgesetzes

A. Verfassungsrechtliche Begründung einer extraterritorialen Grundrechtsbindung

Die bisher angestellten Überlegungen zur Wirkungsweise der Grundrechte enthalten weitgehend Selbstverständlichkeiten und liefern keine verfassungsrechtlich neuen Erkenntnisse: Wo Sachverhalte in räumlicher oder rechtlicher Beziehung nur zu der Rechtsordnung des Grundgesetzes stehen, steht die Anwendbarkeit der Grundrechte im betreffenden Fall außer Zweifel.

Ein entscheidendes Element der Grundrechtsentwicklung der Bundesrepublik in den letzten fünfzig Jahren ist ihre internationale Einbindung, die für den Parlamentarischen Rat so kaum vorhersehbar war[219]. War die damalige Zeit noch durch ein verhältnismäßig geringes Ausmaß rechtlicher Regelungen bedürftiger Sachverhalte mit auslandsbezogenen Elementen gekennzeichnet[220], befinden wir uns heute inmitten stetig zunehmender internationaler Verflechtung der deutschen Staatlichkeit, die zur Folge hat, dass deutsche Staatsgewalt immer mehr außerhalb des eigenen Staatsgebietes tätig wird. Staatliche Grenzen werden zunehmend normativ belanglos. Dementsprechend ist es auch verständlich, dass sich der Parlamentarische Rat bei der Erarbeitung des Grundgesetzes nicht veranlasst sah, die Problematik der "Wirkkraft der Grundrechte des Grundgesetzes bei Sachverhalten mit grenzüberschreitenden Elementen"[221] zu thematisieren[222]. Dies ist zudem auf die damals herrschende Auffassung zurückzuführen, dass staatliches Handeln in seiner rechtlichen Wirkkraft auf das dem jeweiligen Staat zugeordnete Hoheitsgebiet beschränkt sei und nur ausnahmsweise extraterritoriale Wirkung entfalten könne, zumal die internationale Verflechtung der Bundesrepublik zum damaligen Zeitpunkt primär in einer Beschränkung der deutschen Souveränität durch Besatzungsrecht bestand[223].

219 Ruthig, in: Wolter/Riedel/Taupitz, Einwirkungen der Grundrechte auf das Zivilrecht, Öffentliche Recht und Strafrecht, S. 271.

220 So auch Hofmann, Grundrechte und grenzüberschreitende Sachverhalte, S. 1.

221 So der Titel des Beitrages von Schröder, in: von Münch, Staatsrecht, Völkerrecht, Europarecht, Festschrift für Schlochauer, S. 137 ff.

222 Aufgrund der aus historischer Sicht durchaus verständlichen "introvertierten Betrachtungsweise", so Stern, Staatsrecht, Bd. III/1, S. 1226.

223 Ruthig, in: Wolter/Riedel/Taupitz, Einwirkungen der Grundrechte auf das Zivilrecht, Öffentliche Recht und Strafrecht, S. 271, 272.

Stellt man sich das Recht des Staates als eine hierarchisch gestufte Ordnung vor[224] und geht man von der Grundrechtsbindung aus, so wie sie in Art. 1 Abs. 3 GG festgeschrieben ist, dann erscheint eine Beschränkung der deutschen Staatsgewalt durch die Grundrechte außerhalb des Territoriums der Bundesrepublik zunächst auch nicht als selbstverständlich. Sobald demnach ein Sachverhalt den Boden der innerstaatlichen Rechtsordnung überschreitet, etwa weil deutsche Hoheitsgewalt auf fremdem Territorium ausgeübt wird, stellt sich die Frage, ob die deutschen Staatsorgane auch dort durch die Grundrechte konstituiert und durch sie beschränkt wird[225]. Die Anknüpfung an den Begriff "Hoheitsgewalt" macht jedoch deutlich, dass die Bindung des Staates an die Grundrechte des Grundgesetzes über das eigene Territorium hinausgehen kann. Dabei lässt sich der Ansatz für die Begründung einer umfassenden Grundrechtsbindung für Sachverhalte, die sich im Ausland ereignen, zunächst in der nationalen Rechtsordnung suchen.

I. Die Verfassungsordnung als Indikator der Grundrechtsanwendung

Greift man auf das klassische Selbstverständnis des Verfassungsrechts zurück, so trifft man auf den Grundsatz, dass dieses in seinem Geltungsanspruch[226] auf das Innenverhältnis beschränkt ist. Hier versteht sich die Anwendbarkeit der Grundrechte in den Beziehungen der deutschen Staatsgewalt zu den Deutschen im Inland sowie zu den in Deutschland lebenden Ausländern von selbst, für letztere allerdings gegenständlich reduziert auf die Jedermann-Grundrechte[227]. Ob dieser Grundsatz indes auch für das Grundgesetz zugrunde zu legen ist, erscheint fraglich. Für die Grundrechte existiert auf den ersten Blick keine Vorschrift, die eine explizite Reichweite der Geltung der Grundrechte bestimmt bzw. beschränkt.

1. Keine Anwendbarkeit der Grundrechte im Ausland wegen Art. 23 GG a.F.

Vereinzelte Stimmen in der Literatur, die sich aber immer in einer ganz deutlichen Minderheitsposition befanden, lehnten, gestützt auf die durch den Einigungsvertrag vom 31. August 1990[228] aufgehobene alte Fassung des Art. 23 GG,

---

224 Kelsen, Rechtslehre, S. 228 ff; Schilling, Rang und Geltung von Normen, S. 159 ff.

225 Zu dieser Fragestellung auch Schöbener, in: Dreier/Forkel/Laubenthal, Raum und Recht, Festschrift 600 Jahre Würzburger Juristenfakultät, S. 407, 439.

226 Der räumliche Anwendungsbereich der Grundrechte ist in diesem Sinne nicht Ausdruck der territorialen Souveränität, sondern reflektiert im Regelfall die Gebietshoheit, beschreibt also den Raum, in dem Grundrechte Geltung beanspruchen. Der Begriff ist demnach mit dem des "Geltungsbereichs" identisch.

227 Isensee, in: Isensee/Kirchhof, HStR, Bd. V, § 115, Rn. 77 m. w. Nachw.

228 BGBl. 1990 II, S. 885, 1239.

die Anwendbarkeit der Grundrechtsverbürgungen des Grundgesetzes im Ausland ab[229]. Sie vertraten die Ansicht, dass wegen des völkerrechtlichen Instituts der Gebietshoheit eine Geltung der Grundrechte nur für das Inland anzunehmen sei bzw. infolge des dem Völkerrecht zugrunde liegenden Territorialitätsprinzips sei deren Anwendbarkeit auf ausländische Sachverhalte ausgeschlossen[230]. Dieser Auffassung lag letztlich die Einschätzung zugrunde, dass das Grundgesetz, wie dies der frühere Art. 23 GG anzudeuten schien, in seiner Geltung räumlich begrenzt sei (nämlich auf den Bereich der in dieser Bestimmung genannten Länder[231]). Damit wäre auch der Anwendungsbereich der Grundrechte als Teil der Verfassung begrenzt gewesen. Das würde bedeuten, dass die Grundrechte nicht nur Handlungen der Individuen auf deutschem Staatsgebiet schützen, sondern auch nur Rechtsgüter schützen, die auf dem Gebiet der Bundesrepublik gelegen sind. Andererseits könnte mit der Vorschrift aber auch gemeint gewesen sein, dass nur Organe der Bundesrepublik, die auf deutschem Hoheitsgebiet handeln, an das Grundgesetz gebunden sind.

Gleichgültig welcher Auslegung man folgt, sie wurde von der herrschenden Meinung jedenfalls zu Recht abgelehnt. Obwohl in Art. 23 GG a. F. ausdrücklich von der "Geltung" des Grundgesetzes die Rede war, kann die Vorschrift nicht dahin ausgelegt werden, dass sie den Anwendungsbereich der Grundrechte in der einen oder anderen Weise auf das Gebiet der Bundesrepublik beschränken sollte[232]. Die Vorschrift hatte vielmehr einen ganz anderen Regelungsgehalt; sie sollte anderen Teilen Deutschlands den Beitritt zur Bundesrepublik offen halten und enthielt bis dahin lediglich eine Umschreibung des Bundesgebietes[233]. Nachdem dies mit der Wiedervereinigung geschehen war, hatte Art. 23 a. F. seine ursprüngliche Funktion erfüllt und der Argumentation wurde durch die Aufhebung der Vorschrift gemäß dem Einigungsvertrag die Grundlage entzogen.

---

229 Dennewitz, in: Dolzer/Vogel/Graßhof, Bonner Kommentar, Art. 23, Anm. II 1: "Der Wortlaut des Art. 23 GG umschreibt den Geltungsbereich des Grundgesetzes, er will nicht eine Aussage über das Bundesgebiet machen."; auch Hamann/Lenz, Das Grundgesetz für die Bundesrepublik Deutschland, S. 371, 372.

230 Vgl. Oppermann, in: Kronek/Oppermann, Im Dienste Deutschlands und des Rechts, Festschrift für Grewe, S. 521 ff; von Olshausen, DVBl. 1974, S. 652, 654.

231 Art. 23 GG lautete: "Dieses Grundgesetz gilt zunächst im Gebiete der Länder Baden, Bayern, Bremen, Groß-Berlin, Hamburg, Hessen, Niedersachsen, Nordrhein-Westfalen, Rheinland-Pfalz, Schleswig-Holstein, Württemberg-Baden und Württemberg-Hohenzollern. In anderen Teilen Deutschlands ist es nach deren Beitritt in Kraft zu setzen."

232 Vgl. Vogel, Der räumliche Anwendungsbereich, S. 147.

233 Rudolf, in: Habscheid/Rudolf, Territoriale Grenzen der staatlichen Rechtssetzung, BerDGVR 11 (1973), S. 7, 9; von Mangoldt/Klein/Starck, Das Bonner Grundgesetz, 2. Aufl., Bd. I, Art. 23 Rn. III 1; Maunz, in: Maunz/Dürig, Grundgesetz-Kommentar, Art. 23, Rn.10 ff.

2. *Anwendbarkeit der Grundrechte im Ausland wegen Art. 1 Abs. 3 GG*

Für die verfassungsrechtliche Begründung der grundsätzlichen Anwendbarkeit der Grundrechtsordnung des Grundgesetzes im Ausland kommt in erster Linie die Vorschrift des Art. 1 Abs. 3 GG in Betracht, die nach der Rechtsprechung des Bundesverfassungsgerichts[234] und eines Teils des Schrifttums als "Leitnorm"[235] oder auch als "kollisionsrechtliche Grundnorm"[236] für die Beantwortung dieser Frage anzusehen ist. Als solche sagt sie allerdings nichts darüber aus, wie weit das Grundgesetz im Einzelnen reicht, denn nach dem Wortlaut der Vorschrift wird lediglich die Frage beantwortet, wer durch die Grundrechte verpflichtet wird und auf welche Weise diese Verpflichtung besteht. Geregelt wird also nur die Art der Bindung, nicht der materielle Gehalt, so dass Art. 1 Abs. 3 GG keinen eigenen materiellen Regelungsgehalt aufweist[237]. Die Vorschrift "enthält selbst keinen Verfassungssatz, an dessen Inhalt eine Bindung bestehen könnte"[238]. Insbesondere differenziert die Vorschrift nicht zwischen inländischem und ausländischem Tätigwerden in dem Sinne, dass sie die deutsche Staatsgewalt nur bei einem Handeln innerhalb der Bundesrepublik verpflichtet. Die Vorschrift des Art. 1 Abs. 3 GG lässt jedenfalls eine solche Einschränkung nicht ohne weiteres erkennen. Vielmehr erstreckt sie sich nach ihrem Wortlaut ohne erkennbare Eingrenzung auf alle Emanationen der Staatsgewalt. Damit ist die Frage nach dem horizontalen Geltungsumfang der Grundrechte nicht explizit in Art. 1 Abs. 3 GG geregelt. Die Bejahung dieser Frage wird vielmehr von der Vorschrift vorausgesetzt: Da die Vorschrift ihrem Wortlaut nach an keine räumliche Bedingung geknüpft ist, kann die Annahme grundrechtsfreier Räume für das Handeln deutscher Organe nicht gestattet sein. So liegt es nahe, dass die Bundesrepublik sich nicht auf eine etwaige Unanwendbarkeit deutschen Rechts berufen kann, wenn deutsche Hoheitsgewalt auf fremdem Territorium ausgeübt wird. Fraglich ist, ob sich noch weitere Anhaltspunkte finden lassen, die ebenfalls für eine Anwendbarkeit der Grundrechte über die Grenzen der Bundesrepublik hinaus sprechen.

---

234 BVerfGE 31, 58, 72; 63, 181, 195.

235 Bernhardt, in: Starck, Bundesverfassungsgericht und Grundgesetz, Festgabe aus Anlass des 25jährigen Bestehens des Bundesverfassungsgerichts, Bd. II, S. 154, 178 ff; Friauf, in: Friauf/Scholz, Europarecht und Grundgesetz, S. 18; Stern, Staatsrecht, Bd. III/1, S. 1203.

236 So Heintzen, Auswärtige Beziehungen, S. 97 ff.

237 Jarass, in: Jarass/Pieroth, GG, Art.1, Rn. 20.

238 BVerfGE 61, 126, 137.

II. Die Grundrechtsgeltung bei auslandsbezogenen Sachverhalten

Vielfältige Überlegungsansätze wurden in den letzten Jahren zu dem Aspekt der Grundrechtsgeltung bei auslandsbezogenen Sachverhalten entwickelt. Obwohl das Bundesverfassungsgericht bereits in den 50er Jahren in einer auch heute für diese Fragestellung noch sehr wichtigen Entscheidung[239] die Bindungswirkung der Grundrechtsordnung des Grundgesetzes für Handlungen deutscher öffentlicher Gewalt auch in den Fällen angenommen hatte, in denen deren Betätigung sich im Ausland auswirkt, wurde dieses Thema damals von der deutschen staatsrechtlichen Lehre kaum aufgegriffen[240]. Dies änderte sich erst, nachdem zunächst aus dem internationalprivatrechtlichen Schrifttum der Ruf nach einem "Verfassungskollisionsrecht" laut geworden war, das festlegen sollte, auf welche auslandsbezogenen Sachverhalte die Verfassung anwendbar ist und auf welche nicht[241]. Die Reichweite der Grundrechte sollte demnach nicht von der Kollisionsnorm des Internationalen Privatrechts abhängen, sondern es wurde verlangt, sie aus der Verfassungsnorm selbst zu bestimmen[242]. Die Dogmatik des Internationalen Privatrechts ist allerdings auf das Verfassungsrecht und die vorliegende Fragestellung nicht übertragbar, da das Internationale Privatrecht lediglich die Aufgabe hat, bei Sachverhalten mit Auslandsbezug die anwendbare Rechtsordnung zu bestimmen und damit nur den Bereich behandelt, inwieweit Grundrechte auf von ausländischen Sachnormen geregelte Sachverhalte anwendbar sind. Ob die Grundrechte dagegen auch bei Ausübung eines Hoheitsaktes auf fremdem Territorium anzuwenden sind, d.h., ob deutsche Staatsorgane für hoheitliche Tätigkeiten ihr Recht gleichsam ins Ausland "mitnehmen", ist eine von dieser Problematik zu trennende Frage, denn während bei einem grenzüberschreitenden Hoheitsakt das den Hoheitsakt erlassende Organ sich auf dem Territorium des eigenen Staatsgebietes befindet und nur die Wirkung des Hoheitsaktes außerhalb des Staatsgebietes eintritt, wird der Hoheitsakt auf fremdem Staatsgebiet von einem

---

239 Es handelte sich dabei um den Beschluss vom 21. März 1957 betreffend eine Verfassungsbeschwerde gegen das Zustimmungsgesetz zum deutsch-schweizerischen Vertrag über deutsche Vermögenswerte in der Schweiz vom 7. März 1953 (BGBl. 1953 II, S. 15); BVerfGE 6, 290, 295, wo es heißt: "...denn die Grundrechte binden die deutsche öffentliche Gewalt auch, soweit Wirkungen ihrer Betätigung im Ausland eintreten."

240 Hofmann, Grundrechte und grenzüberschreitende Sachverhalte, S. 11. Dies lag daran, dass im Internationalen Privatrecht lange Zeit die Ansicht vertreten wurde, der Anwendungsbereich der Grundrechte sei durch die einfach-gesetzlichen Kollisionsnormen begrenzt, siehe Stern, Staatsrecht, Bd. III/1, S. 1238, 1239.

241 So Bernstein, NJW 1965, S. 2273; Becker, NJW 1971, S. 1491 ff; Sandrock, in: Flume/Hahn/Kegel/Sommonds, Internationales Recht, Festschrift für Mann, S. 267, 279 ff; Isensee, in: VVDStRL 32 (1974), S. 60, 61.

242 Bernstein, NJW 1965, S. 2273.

staatlichen Organ gesetzt, das sich während des Erlasses des Hoheitsaktes auch auf fremdem Staatsgebiet befindet[243]. Der grenzüberschreitende Hoheitsakt wirkt sich also nur auf fremdem Staatsgebiet aus, während der Hoheitsakt auf fremdem Staatsgebiet dort selbst gesetzt wird. Im Rahmen der hier näher zu betrachtenden Problematik könnte dieser Bereich daher außer Betracht bleiben. Es liegt jedoch der Gedanke nahe, dass wenn die Grundrechte auch bei auslandsbezogenen Sachverhalten anwendbar sein sollten, dann auch Tätigkeiten im Ausland der Geltung der Grundrechte unterliegen. Es werden daher Ansätze des Bundesverfassungsgerichts und des verfassungsrechtlichen Schrifttums, die diesem Bereich entstammen, kurz dargestellt, die für die Beurteilung der Anwendbarkeit der Grundrechte im Ausland bei Handeln im Ausland relevant sein könnten.

1. Ansätze in der verfassungsgerichtlichen Rechtsprechung

Betrachtet man die einschlägige Rechtsprechung des Bundesverfassungsgerichts, so erkennt man, dass das Bundesverfassungsgericht bisher zu der Frage der Verfassungsbindung der deutschen Staatsgewalt bei Sachverhalten mit Auslandsberührung im unmittelbar öffentlichrechtlichen Kontext noch nicht direkt Stellung zu nehmen hatte[244]. In verschiedenen Entscheidungen hat es sich jedoch zur grundsätzlichen Problematik der Grundrechtsanwendung bei Sachverhalten mit Auslandsbezug, wenn auch eher beiläufig, geäußert.

a) Entscheidung zum deutsch-schweizerischen Vermögensabkommen

In seiner ersten hier bedeutsamen Entscheidung betreffend das Zustimmungsgesetz zum deutsch-schweizerischen Vertrag über deutsche Vermögenswerte in der Schweiz[245] stellte das Bundesverfassungsgericht fest, dass Zustimmungsgesetze

243 Schlochauer, Die extraterritoriale Wirkung von Hoheitsakten, S. 10.

244 So auch Ruthig, in: Wolter/Riedel/Taupitz, Einwirkungen der Grundrechte auf das Zivilrecht, Öffentliche Recht und Strafrecht, S. 271, 278.

245 BVerfGE 6, 290. Durch das deutsch-schweizerische Abkommen wurde den Eigentümern der in der Schweiz beschlagnahmten deutschen Vermögen die Möglichkeit eröffnet, die freie Verfügung über diese Vermögenswerte wiederzuerlangen. Dabei verpflichtete sich die Schweiz gegen Zahlung eines von der Bundesrepublik Deutschland zu leistenden Ablösungsbetrages zur Freigabe dieser Vermögen; dieser Betrag sollte durch Beiträge der betroffenen Eigentümer aufgebracht werden, die in der Regel ein Drittel des Wertes des freizugebenden Vermögens ausmachten. Falls dieser Beitrag nicht oder nicht rechtzeitig gezahlt wurde, erfolgte die Liquidation des Vermögens; den Liquidationserlös erhielt die Bundesregierung mit der Verpflichtung, den vollen Gegenwert in deutscher Währung zur Verfügung der Eigentümer zu halten. Tatsächlich wurde dieser Gegenwert den deutschen Eigentümern ausgezahlt, jedoch mit einer Ausgleichsabgabe nach dem Lastenausgleichsgesetz belegt. Der Beschwerdeführer sah sich in seiner Eigentumsgarantie aus Art. 14 GG und im Gleichheitssatz aus Art. 3 GG verletzt.

zu völkerrechtlichen Verträgen insoweit, als sie den Inhalt des völkerrechtlichen Vertrages für die staatlichen deutschen Organe verbindlich machen oder unmittelbar Rechte und Pflichten Einzelner begründen, Grundrechte verletzen können und daher auch der verfassungsgerichtlichen Prüfung im Rahmen einer Verfassungsbeschwerde unterliegen. Dies gelte selbst dann, wenn die Bundesregierung einem völkerrechtlichen Vertrag zustimme, der im Ausland zu vollziehen sei, "denn die Grundrechte binden die deutsche öffentliche Gewalt auch, soweit Wirkungen ihrer Betätigung im Ausland eintreten"[246]. Diese Grundaussage wurde im Beschluss vom 25. März 1981 ausdrücklich bestätigt: "Die Grundrechte binden in ihrem sachlichen Geltungsumfang die deutsche öffentliche Gewalt auch, soweit Wirkungen ihrer Betätigung außerhalb des Hoheitsbereichs der Bundesrepublik Deutschland eintreten."[247]

b) Spanier-Entscheidung

In seiner "Spanier-Entscheidung"[248] hat das Bundesverfassungsgericht die grundsätzliche Anwendbarkeit der Grundrechte des Grundgesetzes auf Sachverhalte mit Auslandsbezug bestätigt. Es wies darauf hin, dass auch im Internationalen Privatrecht "von der Leitnorm des Art. 1 Abs. 3 GG auszugehen (ist), die im Geltungsbereich des Grundgesetzes alle staatliche Gewalt mit unmittelbarer Wirkung an die Grundrechte bindet"[249]. An der Begründung der aus Art. 1 Abs. 3 GG fließenden grundsätzlichen Anwendbarkeit der Grundrechtsverbürgungen des Grundgesetzes auf Sachverhalte, bei denen es jedenfalls zu einer Anwendung ausländischen Rechts durch deutsche Hoheitsträger kommt, schloss das Bundes-

246 BVerfGE 6, 290, 295.

247 BVerfGE 57, 9, 23. In diesem Verfassungsbeschwerdeverfahren ging es um ein Auslieferungsersuchen an die Schweiz, welches der Betroffene für rechtswidrig erklären lassen wollte; das OLG Frankfurt hielt diesen Antrag jedoch für unzulässig. Das Bundesverfassungsgericht stellte dabei fest, dass eine mögliche Verletzung von Grundrechten nicht schon deshalb ausgeschlossen sei, weil es sich bei einem Auslieferungsersuchen um eine völkerrechtliche Willenserklärung handele.

248 BVerfGE 31, 58 ff. Gegenstand des Spanier-Beschlusses war eine die Frage betreffende Verfassungsbeschwerde, ob es mit Art. 6 Abs. 1 GG vereinbar ist, wenn deutsche Behörden und Gerichte einem Ausländer und einer durch ein deutsches Gericht geschiedenen Deutschen die Eheschließung verwehren, weil das Heimatrecht des Ausländers die Scheidung nicht anerkannte. Das verstieß gegen Art. 6 Abs. 1 GG, und das Bundesverfassungsgericht gab der Verfassungsbeschwerde statt. Es stellte fest, dass auch im Internationalen Privatrecht "von der Leitnorm des Art. 1 Abs. 3 GG auszugehen (ist), die im Geltungsbereich des Grundgesetzes alle staatliche Gewalt mit unmittelbarer Wirkung an die Grundrechte bindet". Hieraus folge, dass die Vorschriften des deutschen Internationalen Privatrechts und die Anwendung des durch seine Kollisionsnormen berufenen ausländischen Rechts an den Grundrechten zu messen seien.

249 BVerfGE 31, 58, 72, 73.

verfassungsgericht dann Aussagen zur möglichen Einschränkung der Durchsetzbarkeit der Grundrechte in solchen Konstellationen an, auf die zu einem späteren Zeitpunkt noch gesondert zurückzukommen ist.

c) Zweitregister-Entscheidung

Auch in der Zweitregisterentscheidung[250], die sich mit der Frage befasste, inwieweit der deutsche Gesetzgeber befugt ist, die Geltung des deutschen Tarifrechts auf Schiffen einzuschränken, die zwar unter deutscher Flagge segeln, aber ausländische Arbeitnehmer beschäftigen, ging das Bundesverfassungsgericht nicht auf die generelle Frage der Bindungserstreckung der Grundrechte auf das Ausland ein, sondern es stellte lediglich fest, dass der Geltungsanspruch der Grundrechte gemindert sei[251].

2. Ansätze im verfassungsrechtlichen Schrifttum

Auch das verfassungsrechtliche Schrifttum sah sich zunächst nicht veranlasst, die genannte Problematik zu thematisieren. Erst ab Mitte der 70er Jahre wurden die Auslandsbezüge als problemträchtige Variante der Grundrechtsverwirklichung registriert. Im Hinblick auf die der Untersuchung zugrunde liegende Fragestellung werden sie jedoch lediglich in der gebotenen Kürze dargestellt.

a) Auffassung Bernhardts

Im verfassungsrechtlichen Schrifttum finden sich erste Überlegungen bei *Rudolf Bernhardt,* die allerdings die Bindungswirkung der Verfassung für den Abschluss

---

250 BVerfGE 92, 26 ff. Durch Gesetz vom 23. März 1989 (BGBl. 1989 I, S. 550) hatte die Bundesrepublik die Einführung eines zweiten Registers für Seeschiffe unter Bundesflagge ermöglicht. Es ging um Verhinderung weiterer Ausflaggung durch Verbilligung der Arbeit. Dazu entzog man durch eine – von Art. 30 EGBGB und dem zugrunde liegenden Art. 6 EVÜ abweichende – kollisionsrechtliche Spezialnorm die Arbeitsverträge ausländischer Besatzungsmitglieder der quasi-automatischen Anwendbarkeit deutschen Arbeitsrechts qua Flaggenanknüpfung. Ferner sollten Tarifverträge zwischen den Reedern und ausländischen Gewerkschaften für besagte Billigkräfte nur dann Rechtswirkung nach dem TVG haben, wenn für sie deutsches Tarifrecht sowie die Zuständigkeit deutscher Gerichte vereinbart ist. Hiergegen richteten sich Normenkontrollanträge und Verfassungsbeschwerden deutscher Gewerkschaften.

251 BVerfGE 92, 26, 42: "Der deutsche Gesetzgeber steht deswegen vor der Alternative, den deutschen Grundrechtsstandard entweder ungeschmälert zu wahren, ihm damit aber (im Bereich der Hochseeschifffahrt) praktisch das Anwendungsfeld zu entziehen, oder ihm ein Anwendungsfeld zu erhalten, dann aber eine Minderung des Grundrechtsstandards in Kauf zu nehmen."

völkerrechtlicher Verträge betrafen[252]. Unter Bezugnahme auf den oben dargestellten Beschluss des Bundesverfassungsgerichts vom 21. März 1957[253] vertrat er ebenfalls die Auffassung, dass die deutsche öffentliche Gewalt auch insoweit gebunden sei, als ihre Wirkungen im Ausland eintreten. Die Tatsache, dass ein völkerrechtlicher Vertrag allein oder primär Wirkungen außerhalb der Bundesrepublik entfalte, schließe die verfassungsrechtliche Überprüfung nicht aus[254].

Doch auch er zieht für die Begründung seiner Auffassung keine besondere Bestimmung des Grundgesetzes heran, ebenso wie in seinem späteren Beitrag zur Problematik von Verfassungsrecht und internationalen Lagen[255]. Er hält allerdings die Aussagen des Bundesverfassungsgerichts im "Spanier-Beschluss" zur grundsätzlichen Beachtlichkeit der Grundrechtsordnung des Grundgesetzes für das Internationale Privatrecht für zutreffend, so dass sich aus dieser Zustimmung nach Ansicht *Hofmanns* damit auch mittelbar die Zustimmung zur Auffassung des Bundesverfassungsgerichts von der in dieser Entscheidung angesprochenen Funktion des Art. 1 Abs. 3 als einer "Leitnorm" ergebe[256].

b) Auffassung Schröders

Eine ausdrückliche Bezugnahme auf die Vorschrift des Art. 1 Abs. 3 GG als verfassungsrechtliche Grundlage für die prinzipielle Geltung der Grundrechte bei Sachverhalten mit grenzüberschreitenden Elementen findet sich dagegen bei *Meinhard Schröder*[257], der im Übrigen die prinzipielle Geltung der Grundrechte für derartige Sachverhalte nicht in Zweifel stellt[258]. Er stellt dabei fest, dass Art. 1 Abs. 3 GG die Grundrechtsbindung an die Ausübung deutscher Staatsgewalt knüpft, ohne danach zu differenzieren, ob deren Wirkungen im In- oder Ausland eintreten, weshalb die These von der bloßen territorialen Geltung der Grundrechtsordnung des Grundgesetzes in dieser Bestimmung keine Grundlage finde. Ein besonderes Verfassungskollisionsrecht gebe es dagegen nicht, sondern der Anwendungsbereich der Grundrechte auf Sachverhalte mit auslandsbezogenen oder grenzüberschreitenden Elementen könne erst durch fallbezogene Be-

---

252 Bernhardt, in: Starck, Bundesverfassungsgericht und Grundgesetz, Festgabe aus Anlass des 25 jährigen Bestehens des Bundesverfassungsgerichts, Bd. II, S. 154 ff.

253 BVerfGE 6, 290, 295.

254 Bernhardt, in: Starck, Bundesverfassungsgericht und Grundgesetz, in: Festgabe aus Anlass des 25jährigen Bestehens des Bundesverfassungsgerichts, Bd. II, S. 154, 178.

255 Bernhardt, DÖV 1977, S. 457, 462.

256 So Hofmann, Grundrechte und grenzüberschreitende Sachverhalte, S. 19.

257 Schröder, in: von Münch, Staatsrecht, Völkerrecht, Europarecht, Festschrift für Schlochauer, S. 137, 138.

258 Schröder, in: von Münch, Staatsrecht, Völkerrecht, Europarecht, Festschrift für Schlochauer, S. 138.

trachtung bestimmt werden[259]. In der weiteren Diskussion geht er lediglich auf die Frage ein, in welchem Umfang der Grundrechtsschutz in den Fällen, in denen deutsche Staatsgewalt Wirkungen im und für das Ausland hervorruft, geringer sein kann als bei reinen Inlandssachverhalten[260].

c) *Auffassung Sterns*

Vor allem bei *Stern,* der die Problematik der "Grundrechtsbindung bei grenzüberschreitender Staatsgewalt" äußerst ausführlich behandelt, finden sich für die vorliegende Untersuchung einige wichtige Überlegungen[261]. Ausgehend von der Feststellung, dass die Grundrechtsbindung nach Art. 1 Abs. 3 GG nur die inländische, d.h., die vom Grundgesetz verfasste und ihm unterworfene Staatsgewalt umfasst, führt er im nächsten Schritt seiner Darstellung aus, dass der räumliche, personale und inhaltliche Anwendungsbereich eines Grundrechts sich nach dem Geltungs- und Schutzbereich der jeweiligen Verfassungsnorm und nicht etwa nach den Kollisionsnormen des deutschen einfachen Gesetzesrechts bestimmt. Dabei sei "sedes materiae der Grundrechtsanwendung das ranghöhere und nach Art. 1 Abs. 3 GG unmittelbar geltende Verfassungsrecht; dieses bestimmt grundsätzlich die Reichweite der Grundrechtsgeltung"[262]. Die Ansicht, die wegen des völkerrechtlichen Instituts der Gebietshoheit eine Geltung der Grundrechte nur für das Inland annimmt, weist er unter Berufung auf die grundsätzliche Bindung aller deutschen Staatsgewalt an die Grundrechte gemäß Art. 1 Abs. 3 GG zurück. Die Grundrechtsbindung sei "absolut und umfassend", "Freiräume" der Grundrechtsanwendung dürfe es nicht geben. Nicht nur sei alle Staatsgewalt gebunden, sondern grundsätzlich auch überall dort, wo sie tätig wird oder sich auswirkt[263]. Als deutsche Staatsgewalt sei sie von der Vorschrift des Art. 1 Abs. 3 GG erfasst[264].

d) *Auffassung Heintzens*

Heintzen dagegen versteht die Vorschrift des Art. 1 Abs. 3 GG nicht lediglich als "Leitnorm", sondern sogar als eine "kollisionsrechtliche Grundnorm"[265], aus der

259 Schröder, in: von Münch, Staatsrecht, Völkerrecht, Europarecht, Festschrift für Schlochauer, S. 141.
260 Schröder, in: von Münch, Staatsrecht, Völkerrecht, Europarecht, Festschrift für Schlochauer, S. 142 ff.
261 Stern, Staatsrecht, Bd. III/1, S. 1224 ff.
262 Stern, Staatsrecht, Bd. III/1, S. 1228.
263 Stern, Staatsrecht, Bd. III/1, S. 1230.
264 Stern, Staatsrecht, Bd. III/1, S. 1232.
265 Heintzen, Auswärtige Beziehungen, S. 97.

sich ein umfassendes System der Wirkkraft der Grundrechte bei Sachverhalten mit Auslandsbezug ableiten lässt. Ausgangspunkt seiner Überlegungen ist die Auffassung, dass das Merkmal der "staatlichen Gewalt" in Art. 1 Abs. 3 GG mehr als nur die Bindungsadressaten der Grundrechte meine, sondern dass der Vorschrift darüber hinaus ein "Gewaltverhältnis" zwischen den potentiell Grundrechtsberechtigten und der grundrechtsgebundenen Staatsgewalt zugrunde liegt[266]. Diesbezüglich stellt er fest, dass Voraussetzung für die Anwendbarkeit der Grundrechte das Bestehen eines "Grund-Rechtsverhältnisses zwischen Staat und Individuum" sei, das von den Grundrechten selbst nicht konstituiert, sondern von diesen vorausgesetzt werde. Bestimmt wird dieses von den völkerrechtlichen Kompetenztiteln der Gebietshoheit und der Personalhoheit[267]. Kollisionsrechtliche Anwendungsvoraussetzungen der Grundrechte des Grundgesetzes seien daher nicht grundrechtlicher Natur, sondern beruhten auf dem Staatsbegriff und der Einbettung des Staates in die Völkerrechtsordnung[268].

e) Auffassung Elbings

Auch *Gunther Elbing* hat sich mit der Problematik eines Grundrechtskollisionsrechts beschäftigt. Zur verfassungsrechtlichen Begründung der Anwendbarkeit der Grundrechte des Grundgesetzes bei Sachverhalten mit Auslandsbezug greift er jedoch nicht auf eine Vorschrift des Grundgesetzes zurück, sondern entwickelt den Begriff der "Erweiterung" der Grundrechte[269]. In Art. 1 Abs. 3 GG sieht er zwar eine zentrale Norm der Verfassung, die insbesondere die Existenz grundrechtsfreier Räume staatlicher Hoheitsgewalt ausschließe, doch lasse sich in nur einer Norm des Grundgesetzes kein Grundrechtskollisionsrecht verorten[270]. Die Norm habe als solche keinen materiellen Gehalt, sondern regle nur die Art der Bindung an die Grundrechte[271]. Auch als eine "Leitnorm" zeige sie nur die generelle Richtung an, sage aber nichts darüber aus, wie weit das Grundgesetz im Einzelnen reiche. Da es aber bei der Schaffung eines Grundrechtskollisionsrechts gerade um die Reichweite der Verfassung mit ihrem Grundrechtsteil als solche gehe, müsse zunächst geprüft werden, ob das Grundgesetz überhaupt anwendbar sei. Falls dies nicht der Fall sei, sei auch Art. 1 Abs. 3 GG nicht anwendbar[272]. Die Anwendbarkeit der Grundrechte äußere sich demnach in zwei Richtungen.

---

266 Heintzen, Auswärtige Beziehungen, S. 102, 127 ff.
267 Heintzen, Auswärtige Beziehungen, S. 104, 105.
268 Heintzen, Auswärtige Beziehungen, S. 112.
269 Elbing, Zur Anwendbarkeit der Grundrechte bei Sachverhalten mit Auslandsbezug, S. 82 ff.
270 Elbing, Zur Anwendbarkeit der Grundrechte bei Sachverhalten mit Auslandsbezug, S. 72, 73.
271 Übereinstimmend Jarass, in: Jarass/Pieroth, GG, Art. 1, Rn. 20.
272 Elbing, Zur Anwendbarkeit der Grundrechte bei Sachverhalten mit Auslandsbezug, S. 73.

Einerseits in einer "Erweiterung" der Grundrechte über rein innerstaatliche Sachverhalte hinaus "in das Ausland", andererseits in ihrer "Einschränkung" gegenüber rein innerstaatlichen Sachverhalten, um dem Auslandsbezug Rechnung zu tragen[273].

f) Auffassung Hofmanns

Hofmann geht in seinem Buch ebenfalls der Frage nach, inwieweit Grundrechtsverbürgungen des Grundgesetzes bei Sachverhalten mit Auslandsbezug Anwendung finden können. Er ist dabei der Auffassung, dass bedingt durch die unterschiedliche Wertigkeit verschiedener Grundrechte ein auf abstrakten Begriffen beruhendes Grundrechtskollisionsrecht zu schaffen kaum möglich sei. Zu einer größeren Rechtssicherheit hinsichtlich der Anwendbarkeit der Grundrechte würde dies ebenso nicht führen, wie dies die Modelle vermögen, die von der – zumeist in Art. 1 Abs. 3 GG verankerten – grundsätzlichen Anwendbarkeit der Grundrechtsordnung des Grundgesetzes ausgehen[274]. Er gelangt in der weiteren Untersuchung zu dem Ergebnis, dass wegen der vom Grundgesetz angeordneten Rücksicht auf grundlegende Wertungen fremder Rechtsordnungen deutsche Hoheitsträger die Grundrechte nicht in gleichem Umfang wie bei rein innerstaatlichen Sachverhalten durchsetzen, aber auch den Wesensgehalt und den völkerrechtlichen Mindestgehalt der jeweiligen Grundrechte nicht verletzen dürfen[275].

3. Zusammenfassung und Bewertung

Ein Charakteristikum der Rechtsprechung liegt darin, dass, obwohl diese bislang kein umfassendes System der Anwendbarkeit der Grundrechte auf Sachverhalte mit Auslandsbezug entwickelt hat, die grundsätzliche Bindungswirkung für derartige Konstellationen so selbstverständlich erscheint, dass sie im Einzelfall nicht näher zu prüfen war und ausdrückliche Bezugnahmen auf Art. 1 Abs. 3 GG unterblieben[276]. Das Bundesverfassungsgericht konnte sich in diesen Fällen mehr auf die Beantwortung der Frage beschränken, ob und in welchem Umfang von der für rein innerstaatliche Sachverhalte geltenden inhaltlichen Schutzintensität der Grundrechte abgewichen werden darf. Insgesamt lässt sich also feststellen, dass gemeinhin die Auffassung besteht, dass die Grundrechte der deutschen Verfassung auch in diesen Fallgestaltungen Wirkung entfalten. Dies ist im Grundsatz

---

273 Elbing, Zur Anwendbarkeit der Grundrechte bei Sachverhalten mit Auslandsbezug, S. 82, 83, 314 ff.

274 Hofmann, Grundrechte und grenzüberschreitende Sachverhalte, S. 29, 30.

275 Diese Problematik wird im nächsten Kapitel behandelt.

276 So auch Hofmann, Grundrechte und grenzüberschreitende Sachverhalte, S. 18.

jedenfalls seit der berühmten Spanier-Entscheidung des Bundesverfassungsgerichts von 1971 nicht mehr bestritten. Soweit das deutsche Recht betroffen ist, wirken die Grundrechte des Grundgesetzes grundsätzlich über Art. 1 Abs. 3 GG[277]. Unterschiede ergeben sich lediglich daraus, dass *Bernhardt*, *Schröder*, *Stern* und *Hofmann* in Übereinstimmung mit der Rechtsprechung des Bundesverfassungsgerichts aus dem Wortlaut des Art. 1 Abs. 3 GG – nahezu selbstverständlich – die umfassende Bindung aller deutscher Hoheitsträger bei der Ausübung deutscher hoheitlicher Gewalt an die Grundrechte des Grundgesetzes und damit zugleich deren grundsätzliche Anwendbarkeit auch bei Sachverhalten mit Auslandsbezug ableiten, während *Heintzen* und *Elbing* den Versuch unternehmen, ein eigenständiges Grundrechtskollisionsrecht zu entwickeln.

Ohne die einzelnen Ansichten in ihren Ergebnissen zu würdigen, rechtfertigt der dargelegte Meinungsstand zur Frage der Grundrechtsgeltung bei auslandsbezogenen Sachverhalten den Schluss, dass Handlungen der deutschen Staatsgewalt, die sowohl mit Wirkung auf das Ausland als auch im Ausland getätigt werden, der bindenden Wirkung der Verfassung nicht grundsätzlich entzogen sind. Besteht nämlich das Bestreben, die deutsche Staatsgewalt auch dann an die als selbstverständlich geltenden grundrechtlichen Gewährleistungen zu binden, wenn deren Rechtsakte auch außerhalb der Bundesrepublik Wirkung entfalten, muss dies auch dann gelten, wenn Hoheitsakte außerhalb der Bundesrepublik ausgeübt werden und deren Wirkungen auch lediglich im Ausland eintreten.

Völkerrechtlich geboten ist diese Ansicht dagegen nicht und das Bundesverfassungsgericht betont deswegen auch, besonders deutlich in der Spanier-Entscheidung[278], dass sich dem Grundgesetz nirgends ein entsprechender Vorbehalt entnehmen lasse. Vielmehr wäre "das der Verfassung vorangestellte Bekenntnis zu unverletzlichen und unveräußerlichen Menschenrechten als der Grundlage jeder menschlichen Gemeinschaft, des Friedens und der Gerechtigkeit in der Welt (Art. 1 Abs. 2 GG) nicht zu vereinbaren mit der Vorstellung, die mit den Grundrechten aufgerichtete Wertordnung, besonders die dadurch gewährte Sicherung eines Freiheitsraums für den Einzelnen, könne oder müsse allgemein außer Funktion treten, um der Rechtsordnung anderer Staaten den Vorrang zu lassen"[279].

---

277 Coester-Waltjen, Die Wirkungskraft der Grundrechte bei Fällen mit Auslandsberührung, in: BerDGVR 38 (1997), S. 1, 13.

278 BVerfGE 31, 58, 75, 76.

279 BVerfGE 31, 58, 76.

III. Die internationale Offenheit der deutschen Staatlichkeit als Indikator der Grundrechtsanwendung

Das Verfassungsrecht des modernen Staates ist heute nicht mehr mit der gleichen Ausschließlichkeit einzelstaatsbezogen, wie das früher charakteristisch war[280]. Der Staat ist zwar weiterhin Ursprung des nationalen Rechts, doch ebenso Subjekt der internationalen Rechtsordnung, d.h., die Rechtsordnung ist grundsätzlich von einer nationalen Orientierung geprägt, die indes nicht in sich geschlossen bleibt. Sie steht vielmehr in vielfältigen Wechselbezügen zu anderen Rechtsordnungen und zum internationalen Recht. Dabei war die Einsicht maßgebend, dass die elementaren Staatsaufgaben, Frieden, Sicherheit und Wohlergehen der Bürger, nur in zwischenstaatlicher Kooperation gewährleistet werden können und lediglich bedingt in nationalstaatlicher Isolation[281]. Das Grundgesetz bringt dies programmatisch durch sein Bekenntnis zur internationalen Offenheit[282] und Völkerrechtsfreundlichkeit zum Ausdruck. Dieses Bekenntnis wird einer Gesamtschau der Präambel des Grundgesetzes und der Artikel 1 Abs. 2, 23 bis 26 GG entnommen und beinhaltet die Bereitschaft der Bundesrepublik Deutschland, sich als friedliches Glied in der Völkerrechtsgemeinschaft einzuordnen[283].

Auf der Grundlage dieser Normen kommt es zu mannigfachen Einwirkungen des internationalen Rechts auf die deutsche Rechtsordnung. Dabei können folgende Normen unterschieden werden: zum einen materiell-rechtliche Vorgaben für die innerstaatliche Rechtsordnung (Umsetzung von EU-Richtlinien und völkerrechtlichen Verträgen), materiell-rechtliche Vorgaben für den internationalen zwischenstaatlichen Verkehr (Kriegsvölkerrecht), Einwirkungsbefugnisse von internationalen Organisationen im deutschen Hoheitsgebiet (Befehlsstrukturen der NATO und WEU, Befugnisse der EU-Organe) und die Begründung von Mitwirkungspflichten des deutschen Staates im internationalen Bereich (Teilnahme an UN-Friedensaktionen, Mitwirkung in der EU).

Diese Beispiele zeigen, dass das Verfassungsrecht die tradierten nationalstaatlichen Strukturen zwar nicht aufgegeben, sie aber dennoch in wesentlichen Punkten "durchlässiger" gemacht hat[284].

---

280 Friauf, in: Friauf/Scholz, Europarecht und Grundgesetz, S. 15.

281 Vgl. Tomuschat, in: VVDStRL 36 (1978), S. 7, 16 ff; Stern, Staatsrecht, Bd. I, S. 474 ff; Friauf, in: Friauf/Scholz, Europarecht und Grundgesetz, S. 15.

282 Der Begriff der internationalen Offenheit ist im Grundgesetz zwar an keiner Stelle ausdrücklich genannt, er hat sich jedoch durch die im Jahre 1964 von Klaus Vogel veröffentlichte Schrift "Die Verfassungsentscheidung des Grundgesetzes für eine internationale Zusammenarbeit" weithin durchgesetzt; Tomuschat, in: Isensee/Kirchhof, HStR, Bd. VII, § 172, Rn.1.

283 Vgl. BVerfGE 63, 343, 370; Rojahn, in: von Münch/Kunig, Grundgesetz-Kommentar, Bd. 2, Art. 24, Rn. 1; Streinz, in: Sachs, Grundgesetz, Art. 24, Rn. 6.

284 So auch Friauf, in: Friauf/Scholz, Europarecht und Grundgesetz, S. 15.

1. Einflussnahme der Bundesrepublik auf die internationale Rechts- und Staatengemeinschaft

Die internationale Verflechtung hat aber nicht nur das deutsche Hoheitsgebiet für Akte einer nichtdeutschen Staatsgewalt geöffnet, sondern vor allem die Handlungsmöglichkeiten der deutschen Staatsgewalt außerhalb des eigenen Territoriums erweitert. Die Bundesrepublik ist demnach nicht lediglich Adressat völkerrechtlicher Rechtsakte und Maßnahmen. Sie ist als gleichberechtigtes Mitglied der internationalen Rechtsordnung auch an der Herausbildung des internationalen Rechts beteiligt. Durch ihr Verhalten prägt sie die Staatspraxis mit, durch die Mitgliedschaft in internationalen Organisationen kann sie auf die Rechtsetzung und die Aktionen dieser Organisationen Einfluss nehmen. In dem Maße, in denen die Wirkungskräfte vom deutschen Staat ermöglicht wurden, liegt es nahe, dass das deutsche Recht auch weiterhin bestehen bleiben muss.

a) Vorgaben für die internationale Kooperation

Bereits bei ihrer Gründung verstand sich die Bundesrepublik Deutschland ausweislich ihrer Präambel[285] nicht mehr als klassischer Nationalstaat, sondern als ein der Staatengemeinschaft sich öffnender Nationalstaat, der bereit ist, sich in Gemeinschaftssysteme zu integrieren. Mit der "Verfassungsentscheidung des Grundgesetzes für eine internationale Zusammenarbeit"[286] als "Paradigma einer zeitoffenen Verfassung"[287] hatte man also bereits bei dessen Erarbeitung die Voraussetzungen geschaffen, um auch auf die mit der zunehmenden internationalen Verflechtung verbundenen Herausforderungen reagieren zu können[288]. Den Schöpfern der Verfassung ging es dabei vor allem um die Kodifikation eines rechtlichen Weges, durch das Eingehen internationaler Bindungen die nationalstaatliche Souveränität relativieren zu können[289].

---

285 "Im Bewusstsein seiner Verantwortung vor Gott und den Menschen seine nationale und staatliche Einheit zu wahren und als gleichberechtigtes Glied in einem vereinten Europa dem Frieden der Welt zu dienen."

286 Vogel, "Die Verfassungsentscheidung des Grundgesetzes für eine internationale Zusammenarbeit", 1964.

287 So Schenke, JZ 1989, S. 653.

288 Vgl. auch Mosler, in: Isensee/Kirchhof, HStR, Bd. VII, § 175, Rn. 8.

289 Zum Entwurf des Art. 24 war in den Beratungen des Parlamentarischen Rates ausgeführt worden: "Das Grundgesetz soll ferner vorsehen, dass der Bund durch ein mit qualifizierter Mehrheit ergangenes Gesetz Hoheitsrechte auf zwischenstaatliche Einrichtungen übertragen kann. Dabei soll die Schaffung internationaler Organe erleichtert werden, die etwa geschaffen werden sollen, um mit Wirkung für die Gebiete der beteiligten Staaten Angelegenheiten zu besorgen, die bisher ausschließlich den verschiedenen nationalen Souveränitäten überlassen waren....."; siehe von Doemming/Füßlein/Matz, JöR 1 (1951), S. 1, 222 ff.

Verfassungstextlich setzte diese Aussage an Art. 24 Abs. 2 GG an, aber auch an anderer Stelle, wie etwa in Art. 1 Abs. 2 GG[290] und Art. 23 GG[291] sieht sich das Handeln des deutschen Staates nicht nur in einen völkerrechtlichen Wirkungszusammenhang gestellt, sondern insgesamt dem Konzept des kooperativen Verfassungsstaates überantwortet. Ihren prägnantesten Niederschlag findet die Bereitschaft zur internationalen Kooperation in Art. 24 GG, der in den Absätzen 1 und 2 im Vorhinein in Souveränitätseinschränkungen einwilligt.

b) Art. 24 GG

Art. 24 GG bedeutete für die Bundesrepublik Deutschland zusammen mit der Präambel den Abschied von der Idee eines geschlossenen Nationalstaates[292]. Die Bestimmung eröffnet die Möglichkeit der Übertragung von Hoheitsrechten von einem Hoheitsträger auf eine zwischenstaatliche Einrichtung vermittels eines Hoheitsaktes. Diese Regelung ist nach ihrem Wortlaut auf eine besondere Form von Zusammenarbeit, nämlich auf die Kooperation von Staatsapparaten, zugeschnitten[293]. Die Wirkung der "Übertragung" wird dabei so verstanden, dass die Bundesrepublik im Bereich der übertragenen Kompetenzen auf selbständiges Tätigwerden verzichtet und Emanationen fremder Hoheitsgewalt als unmittelbar verbindliche Regelung innerhalb des eigenen Kompetenzraums akzeptiert, ihre Staatsbürger also gewissermaßen an fremde Hoheitsgewalt "ausliefert"[294]. Auch wenn unter "Hoheitsrechten" hier die Ausübung fremder öffentlicher Gewalt im innerstaatlichen Bereich zu verstehen ist[295] und damit nicht speziell der Fall betroffen ist, dass deutsche öffentliche Gewalt auf ausländischen Territorium tätig wird, ergeben sich dennoch Anhaltspunkte, die eine Anwendbarkeit der Grundrechte in diesen Fällen vermuten lassen. Fest steht nämlich, dass bei der "Übertragung von Hoheitsrechten" der Gesetzgeber verpflichtet ist, darauf zu achten, dass die Grundrechte und die rechtsstaatlichen Prinzipien der Verfassung in ihrer Schutzfunktion nicht leer laufen. Die deutschen Grundrechte können also nicht

290 Schon in der Präambel des Grundgesetzes finden sich Anhaltspunkte für die verfassungsrechtliche Verankerung der internationalen Kooperationsoffenheit des Staates. Dort wird auf den Willen des deutschen Volkes verwiesen, "in einem vereinten Europa dem Frieden der Welt zu dienen".

291 Art. 23 wurde mit der Grundgesetzänderung vom 21. Dezember 1992 nachträglich eingeführt, siehe unter bb).

292 Stern, Staatsrecht, Bd. I, S. 516.

293 Heintzen, Auswärtige Beziehungen, S. 50.

294 Tomuschat, in: Dolzer/Vogel/Graßhof, Bonner Kommentar, Art. 24, Rn. 8, 19.

295 Jarass, in: Jarass/Pieroth, GG, Art. 24, Rn. 4; Randelzhofer, in: Maunz/Dürig, Grundgesetz-Kommentar, Art. 24, Rn. 33.

ohne weiteres verdrängt werden[296]. Sofern und soweit einer zwischenstaatlichen Einrichtung Hoheitsgewalt eingeräumt wird, muss diese an Rechtssätze gebunden sein, "die nach Inhalt und Wirksamkeit dem Grundrechtsschutz, wie er nach dem Grundgesetz unabdingbar ist, im Wesentlichen gleichkommen"[297]. Fraglich ist, was dieser Befund für die Anwendung der Grundrechte des Grundgesetzes über den innerstaatlichen Bereich hinaus bedeutet.

Der Verzicht auf selbständiges Tätigwerden und die Akzeptanz fremder Hoheitsgewalt in Art. 24 Abs. 1 GG zeigt deutlich, dass diese Bestimmung die Ausgerichtetheit nationaler Hoheitsgewalt gegenüber der Hoheitsgewalt zwischenstaatlicher Einrichtungen zum Ausdruck bringt und damit einen Bestandteil der Öffnung der Bundesrepublik zur internationalen Staatengemeinschaft in ihrer institutionalisierten Verfasstheit darstellt. Die Bewahrung der Strukturprinzipien wird dabei als wesentliches Anliegen angesehen, über die der Verfassungsstaat zu wachen hat. Ebenso wie mit der Vorschrift des Art. 24 Abs. 1 GG die nationale Rechtsordnung derart geöffnet wird, "dass der ausschließliche Herrschaftsanspruch der Bundesrepublik Deutschland im Geltungsbereich des Grundgesetzes zurückgenommen und der unmittelbaren Geltung und Anwendbarkeit dieses Rechts aus anderer Quelle innerhalb des staatlichen Herrschaftsbereichs Raum gelassen wird"[298], muss die Anwendbarkeit der Grundrechtsordnung des Grundgesetzes nach außen übertragen werden. Im Hinblick darauf, dass die Übertragung von Hoheitsrechten nach Art. 24 Abs. 1 GG in das grundgesetzliche Funktions- und Machtverteilungsgefüge eingreift, erweist sich die Anwendbarkeit der Grundrechtsordnung des Grundgesetzes gewissermaßen als Ausgleich. Denn die Mitwirkung der Bundesregierung an Maßnahmen zwischenstaatlicher Einrichtungen stellt Ausübung deutscher Staatsgewalt dar.

Der zweite Absatz des Art. 24 GG sieht die Möglichkeit der Eingliederung der Bundesrepublik in ein System gegenseitiger kollektiver Sicherheit vor und war damit als Sonderfall der Grundsatzentscheidung zugunsten internationaler Zusammenarbeit konzipiert[299]. Im Gegensatz zur "Übertragung der Hoheitsgewalt" des Art. 24 Abs. 1 GG gestattet die Bestimmung die Beschränkung von Hoheitsrechten, ohne dass diese durch einen anderen Staat oder eine zwischenstaatliche Einrichtung wahrgenommen werden[300]. Es wird demnach keine neue originäre Hoheitsgewalt begründet, sondern der Bund verzichtet lediglich auf die

---

296 Zu den Grenzen des Art. 24 Abs. 1 GG gehören "die Rechtsprinzipien, die dem Grundrechtsteil zugrunde liegen", BVerfGE 58, 1, 30; ähnlich BVerfGE 37, 271, 280.

297 BVerfGE 73, 339, 376.

298 BVerfGE 37, 271, 280; 58, 1, 28; 73, 339, 374.

299 Mosler, in: Isensee/Kirchhof, HStR, Bd. VII; § 175, Rn. 4.

300 Tomuschat, in: Dolzer/Vogel/Graßhof, Bonner Kommentar, Art. 24, Rn. 123; Jarass, in: Jarass/Pieroth, GG, Art. 24, Rn. 21.

Ausübung eigener Hoheitsrechte. Bereits aus dem Wortlaut des Art. 24 Abs. 2 GG ergibt sich deutlich das Bestreben, dem Verfassungsstaat der Bundesrepublik die Teilnahme an Systemen kollektiver Sicherheit im Sinne dieser Bestimmung weitestgehend zu ermöglichen. In dieser internationalen Überlagerung kommt das Bekenntnis des deutschen Verfassungsstaates zur Negation einer alleinigen staatlichen Aufgabenallzuständigkeit zum Ausdruck. Die auf Kooperation angelegte internationale Offenheit des deutschen Verfassungsstaates lässt internationale Einflüsse vielmehr bewusst zu.

Angesichts dessen ist die Vorschrift ein Zeichen der Offenheit für die Wahrnehmung von Hoheitsgewalt außerhalb der Bundesrepublik. Durch die verstärkte internationale Zusammenarbeit ist die Bundesrepublik heute in der Lage, in fremden Ländern unmittelbar Einfluss zu nehmen. Dabei kann jedoch nicht lediglich die Respektierung der fremden Ordnung Leitziel sein, sondern es verlangt darüber hinaus nach inhaltsbestimmenden Leitzielen. Derartige Leitziele werden insbesondere durch die Grundrechte gebildet.

c) *Art. 23 GG*

Seit der Grundgesetzänderung vom 21. Dezember 1992[301] anlässlich des Ratifikationsverfahrens zum Vertrag von Maastricht erfasst der neue Art. 23 GG nunmehr spezifisch den Fall der Integration der Bundesrepublik in die Europäische Union[302]. So hat der Verfassungsändernde Gesetzgeber die Offenheit selbst in der "Europa-Novelle" von 1992 unter Beweis gestellt, indem er die Verpflichtung zur Mitwirkung der Bundesrepublik "bei der Entwicklung der Europäischen Union" in den Rang eines Staatszieles erhoben und durch die Neufassung der Art. 23 und 24 Abs. 1a GG auch die verfassungsrechtlichen Rahmenbedingungen für eine solche Zusammenarbeit geschaffen bzw. konkretisiert hat[303]. Spätestens seit der Gründung der Europäischen Union hat die Gewährleistung von Grundrechtsschutz eine völlig neue Dimension gewonnen. Mit der Grundrechtssicherungsklausel aus Art. 23 Abs. 1 S. 1 GG ergibt sich das Postulat einer grundrechtsadäquaten Einbindung der Bundesrepublik Deutschland in das Recht und die Institution der Europäischen Union. Damit wird deutlich, dass die Grundrechtsdemokratien ab einem bestimmten Integrationsgrad auf einen gemeinsamen Grundrechtskatalog Wert legen, der, insoweit den nationalen Grundrechten vergleichbar, der supranationalen Eingriffsmacht Grenzen setzt und so die Errungenschaften des modernen Verfassungsstaats auf die Unionsebene transpor-

301 38. Gesetz zur Änderung des Grundgesetzes vom 21. Dezember 1992, BGBl. 1992 I, S. 2086.
302 Jarass, in: Jarass/Pieroth, GG, Art. 23, Rn. 4.
303 Vgl. Ruthig, in: Wolter/Riedel/Taupitz, Einwirkungen der Grundrechte auf das Zivilrecht, Öffentliche Recht und Strafrecht, S. 271, 272.

tiert[304]. Der grundrechtliche Schutz hiergegen wird zwar nicht mehr unmittelbar von nationalen Grundrechtsgarantien gewährleistet[305], aber der Bürger kann sich gegenüber der Gemeinschaftsgewalt auf die Grundrechte des Grundgesetzes dann berufen, wenn und soweit ihm das Gemeinschaftsrecht selbst "nicht einen wirksamen Schutz der Grundrechte bietet, der dem vom Grundgesetz als unabdingbar gebotenen Schutz im Wesentlichen gleich zu achten ist"[306].

Ungeachtet der zahlreichen Fragen, die mit der Auslegung der Art. 23 und 24 GG im Einzelnen verknüpft sind, lässt sich als Leitgedanke der Abschied von nationalstaatlicher Introversion und die Hinwendung zu einem nationalen Kooperationsverbund formulieren[307]. Sind die Vorschriften einerseits dazu angetan, den Verfassungsstaat fremder Hoheitsgewalt zu öffnen, so müssen sie andererseits auch als Abkehr einer Beschränkung der Verfassung und damit zugleich der Grundrechte auf den Bereich des inländischen Territoriums verstanden werden. Die aufgeführten Essentialia des Verfassungsstaates dürfen also weder der Integration noch der internationalen Zusammenarbeit zum Opfer fallen.

d) Einwirkung des Völkerrechts auf das innerstaatliche Recht

Einen weiteren Ansatzpunkt für die internationale Offenheit der deutschen Staatlichkeit bildet die Einwirkung des Völkerrechts auf das innerstaatliche Recht. Der Staat und seine Verfassung markieren die "Mitte" der Rechtsordnung. Über dem Staat steht das Völkerrecht, das darauf angelegt und angewiesen ist, in seinen Rechtsraum einzuwirken, um zur Entfaltung zu kommen. Das Grundgesetz beschäftigt sich an zwei Stellen mit der Umsetzung völkerrechtlicher Normen in die deutsche Verfassungsordnung[308]. Nach Art. 25 GG werden die allgemeinen Regeln des Völkerrechts ohne weiteren Inkorporationsakt zum Bestandteil des Bundesrechts[309]. Sie gehen den Gesetzen vor und erzeugen Rechte und Pflichten unmittelbar für die Bewohner des Bundesgebietes. Äußerst umstritten ist dabei die Frage, ob diesen allgemeinen Regeln ein Rang zwischen den Gesetzen und einfachem Bundesrecht oder Verfassungsrang zukommt[310]. Rechtsprechung und herr-

304 Sommermann, in: Merten/Papier, Handbuch der Grundrechte, Bd. I, § 16, Rn. 14.
305 Klein, in: Merten/Papier, Handbuch der Grundrechte, Bd. I, § 5, Rn. 81.
306 BVerfGE 73, 339, 378.
307 Vg. Tomuschat, in: Isensee/Kirchhof, HStR, Bd. VII, § 172.
308 Vgl. Hobe/Kimminich, Einführung in das Völkerrecht, 6.2, S. 229.
309 Hobe, Der offene Verfassungsstaat, S. 138; Doehring, Völkerrecht, Rn. 729.
310 Dafür etwa Bleckmann, DÖV 1996, S. 137 ff; Unklar ist allerdings, ob nur der Anwendungsbefehl der Verfassung gem. Art. 25 GG, oder auch der Inhalt der zu beachtenden Völkerrechtsnorm Verfassungsrang genießt. Unstreitig ist lediglich, dass der Anwendungsbefehl von der Verfassung selbst gegeben wird; vgl. dazu Doehring, Völkerrecht, Rn. 730; Steinberger, in: Isensee/Kirchhof, HStR, Bd. VII, § 173, Rn. 60, 61. Diejenigen Regeln des Völkerrechts, die

schende Lehre nehmen insoweit einen Vorrang vor dem einfachen Recht an[311]. Zielsetzung des Art. 25 GG ist es, alle Träger deutscher öffentlicher Gewalt zur Beachtung und Befolgung der allgemeinen Regeln des Völkerrechts zu verpflichten[312]. Mit der Vorschrift übernimmt das Grundgesetz demnach Normen, die in einem fremden Kontext entstanden sind, ohne dass die nationalen Gesetzgebungskörperschaften auf ihren Inhalt einen kontrollierenden Einfluss hätten ausüben können[313]. Der Automatismus der Inkorporation der allgemeinen Regeln des Völkerrechts mit der hierin zum Ausdruck kommenden Nichtbeteiligung des nationalen Gesetzgebers ist zutreffend als Akt der Unterwerfung unter die Völkerrechtsordnung beschrieben worden[314]. Deutsches Verfassungsrecht wird also von dem jeweils in Geltung befindlichen corpus des Völkergewohnheitsrechts in gewisser Weise abhängig gemacht[315]. Dieser Unterwerfungsakt markiert ebenso wie die Bestimmungen des Art. 24 und 23 GG die signifikante Ausrichtung des Verfassungsstaates auf die internationale Gemeinschaft[316].

Parallel stellt Art. 26 GG innerstaatlich einen völkerrechtlichen Standard sicher, der angefangen mit dem "Briand-Kellogg-Pakt" von 1928[317] bis zu den einschlägigen Regelungen im Rahmen der Vereinten Nationen den Krieg als Mittel der Politik aus den internationalen Beziehungen zu bannen sucht[318]. Es ist insbesondere die Vorbereitung zur Führung eines Angriffskrieges verfassungsrechtlich unzulässig, bei gleichzeitiger Verpflichtung, dies in der einfachgesetzlichen Ausgestaltung des Strafgesetzbuchs unter Strafe zu stellen[319].

---

als zwingendes Völkerrecht zu bezeichnen sind, genießen jedoch Verfassungsrang, da sie selbst dem Willen des Verfassungsgebers entzogen sind, Hobe/Kimminich, Einführung in das Völkerrecht, 6.2., S. 230.

311 So Kunig, in: Vitzthum, Völkerrecht, Rn. 151; Seidl-Hohenveldern/Stein, Völkerrecht, Rn. 582.

312 Hobe/Kimminich, Einführung in das Völkerrecht, 6.2, S. 230.

313 So Tomuschat, in: Isensee/Kirchhof, HStR, Bd. VII, § 172, Rn. 11.

314 Doehring, Die allgemeinen Regeln des völkerrechtlichen Fremdenrechts und das deutsche Verfassungsrecht, S. 4.

315 Hobe, Der offene Verfassungsstaat, S. 138.

316 Hobe, Der offene Verfassungsstaat, S. 139.

317 Vetrag über die Ächtung des Krieges vom 27. August 1928; Art. I: "Die Hohen Vetragsschließenden Parteien erklären feierlich im Namen der Völker, dass sie den Krieg als Mittel für die Lösung internationaler Streitfälle verurteilen und auf ihn als Werkzeug nationaler Politik in ihren gegenseitigen Beziehungen verzichten."

318 van Ooyen, in: Internationale Politik und Gesellschaft, 2002, S. 90, 93.

319 Doehring, in: Isensee/Kirchhof, HStR, Bd. VII, § 178, Rn. 30 ff.

2. Relativierung der territorial gebundenen Hoheitsgewalt: Staatlichkeit im Zeichen der Internationalisierung

Mangels eines "Weltstaates" ist es erforderlich, das Wirken der Staaten voneinander abzugrenzen. Aus diesem Nebeneinander mehrerer Staaten folgt, dass jede staatliche Herrschaftsgewalt notwendig begrenzt sein muss; sie erstreckt sich grundsätzlich nur auf das, was dem Staat zugeordnet ist, insbesondere ein abgegrenzter Teil der Erdoberfläche als Staatsgebiet und ein abgegrenzter Teil der Erdbevölkerung als Staatsangehörige. Doch es hat sich gezeigt, dass das Territorium als Gebiet staatlicher Hoheitsentfaltung durch die internationale Zusammenarbeit permeabel für internationale Rechtsetzung geworden ist. Der Bereich, den die Staaten autonom und unter Ausschluss ausländischer Mächte als eigene Angelegenheiten regeln durften, hat sich in erheblichem Maße geändert. Durch völkerrechtliche Regelungen ist nämlich eine Vielzahl von Materien, die zuvor zum domaine réservé gehörten, internationalisiert worden[320]. Viele Gebiete, die nach klassischem Verständnis zum Kernbestand staatlicher Souveränität gehörten, sind heute mit einem dichten Netz internationaler Regelungen überzogen. Ein Beispiel dafür sind die international gewährleisteten Menschenrechte, die zu den Staatengemeinschaftsgütern zählen und deren Bewahrung des Mindeststandards der Staatengemeinschaft als Ganzes geschuldet wird (erga omnes-Verpflichtung)[321]. Gerade diese territoriale Ausübung der Herrschaftsgewalt unterscheidet den heutigen Staat deutlich von dem traditionellen Konzept des abgeschlossenen Territorialstaates.

Der klassische Zusammenhang von Staatsgebiet und Staatsgewalt wird so relativiert, dass sowohl die Wirksamkeit fremder Hoheitsgewalt auf eigenem Territorium als auch die Ausübung deutscher Hoheitsgewalt auf fremdem Territorium von der streng begrenzten Ausnahme zur weit verbreiteten Regelmäßigkeit wird. Zeigt sich eine derartige Auflockerung des Territorialprinzips durch das Wirken auf fremdem Staatsgebiet und dadurch die Relativierung des Territoriums als Bezugsraum, so wird deutlich, dass das Prinzip des "ausländischen" Wirkens eine Ausdehnung staatlicher Hoheitsgewalt zur Folge hat. Einerseits schwindet die Bedeutung des Raumes als Grundlage der politischen Identität und Selbstständigkeit, weil Grenzen verschwinden. Andererseits gewinnen aber auch nichtstaatliche Räume zunehmend an Bedeutung, wie Menschenrechtssysteme, Verteidigungsgemeinschaften und supranationale Institutionen. Verliert das Staatsgebiet also seine Relevanz als territoriale Grundlage der Staatsgewalt, muss auch die grundsätzlich an das Hoheitsgebiet gebundene Staatsgewalt darüber hinausgehen.

---

320 Fastenrath, in: Pitschas/Kisa, Internationalisierung von Staat und Verfassung, S. 40.

321 Lange, EuGRZ 1999, S. 313, 315.

3. Ergebnis

Die Verfassungsordnung des Grundgesetzes zeichnet sich nach den vorstehenden Ausführungen durch eine besonders ausgeprägte Öffnung für die internationale Zusammenarbeit aus. Mit diesem Prinzip der "internationalen Offenheit" trägt die Verfassung der Gegebenheit Rechnung, dass der einzelne Staat seine Aufgaben, wie die Wahrung der militärischen Sicherheit oder die Herstellung wirtschaftlicher Entfaltungsbedingungen, weithin nicht mehr autark, sondern nur in größeren Funktionseinheiten gewährleisten kann, und dass die äußere Souveränität nicht mehr isoliert, sondern nur im Rahmen von Staatengruppen lebensfähig ist[322].

Die Öffnung der Verfassungsordnung deutet dabei vor allem auf eine gravierend geänderte Struktur der Hoheitsgewalt im offenen Verfassungsstaat hin. Dies zeigt sich zum einen durch die Völkerrechtsfreundlichkeit der deutschen Rechtsordnung und zum anderen durch die Möglichkeit einer Mitgliedschaft Deutschlands in internationalen Organisationen und supranationalen Gemeinschaften, von der Einschränkung staatlicher Souveränität durch Einordnung in Systeme kollektiver Sicherheit bis hin zur Übertragung von Hoheitsgewalt auf zwischenstaatliche Einrichtungen bzw. auf die Europäische Union.

Man darf allerdings nicht darüber hinwegsehen, dass die aufgezeigten Bestimmungen nicht mehr als einen Versuch darstellen, die genannte Offenheit des Staates aufzufangen. Dies liegt darin begründet, dass man zur Zeit der Entstehung des Grundgesetzes zwar den Nationalsozialismus überwunden hatte, aber man hatte noch keine Erfahrung, wie man Normen schaffen könnte, die eine intensive internationale Zusammenarbeit organisieren könnten. Die internationale Zusammenarbeit hatte zu diesem Zeitpunkt erst begonnen, es sind die ersten internationalen Organisationen entstanden, die in großem Umfang staatliche Aufgaben zu integrieren und zu koordinieren begannen[323]. Doch auch wenn bei Inkrafttreten des Grundgesetzes niemand so richtig an derartige Sachverhalte dachte, muss die deutsche Verfassungsinterpretation prinzipiell dynamisch und entwicklungsoffen verstanden werden: Als Ausdruck individueller Freiheit sollten die Grundrechte die Grundrechtsberechtigen vor Eingriffen der Staatsgewalt prinzipiell schützen und nicht bestimmte Bereiche im rechtsfreien Raum lassen, die der Staatsgewalt bis dahin unerschlossen waren. Aus diesem Grund müssen die Grundrechte so verstanden werden, dass sie mit dem Wandel des klassischen Nationalstaates hin zu einer offenen Staatlichkeit auch im Ausland gelten, soweit deutsche Hoheitsgewalt ausgeübt wird. Ihre Bewahrung wird nicht auf staatlicher Ebene festgeschrieben.

---

322 Isensee, in: Isensee/Kirchhof, HStR, Bd. I, § 13, Rn. 149.

323 Fastenrath, in: Pitschas/Kisa, Internationalisierung von Staat und Verfassung, S. 94.

IV. Zusammenfassung

Im modernen Verfassungsstaat der Neuzeit erscheint die Staatsgewalt global agierend. Ihre Ausübung in neuen, außerhalb des eigentlichen Staatsgebietes liegenden Bereichen, hat der staatlichen Hoheitsgewalt eine neue Struktur gegeben. Als wesentlich erscheint dabei vor allem, dass die Staatsgewalt im Zuge der "Entterritorialisierung des öffentlichen Rechts"[324] bzw. der "postnationalen Konstellation"[325] nicht mehr in ihrem Umfang auf die Ausübung der Landeshoheit beschränkt ist. Dies zeigt, dass zwar zunehmend die Bedeutung nationaler Grenzen schwindet, nicht aber die des nationalen Rechts, denn die im Gegensatz zum Nationalstaat stehende offene Staatlichkeit muss sich zwangsläufig auch auf die Grundrechte auswirken. Sie müssen erst recht auf den internationalen Aspekt eingehen, denn die durch die Grundrechte gesicherte Gesellschaft ist bereits von sich aus grenzüberschreitend, weil die gesellschaftlichen Bedürfnisse, die privatrechtlichen Beziehungen, Handel und Verkehr nicht an den Grenzen Halt machen[326]. Diese Vernetzung war vom Verfassungsgeber vielmehr so gewollt[327]. Aus dem Grundgesetz ergibt sich nach den Ausführungen keine räumliche Beschränkung der Geltung der Grundrechte auf den Bereich des Bundesgebietes. Einzelne Bestimmungen lassen vielmehr erkennen, dass der Grundgesetzgeber die Anwendbarkeit der Grundrechte auch für solche Sachverhalte vorgesehen hat, in denen deutsche Staatsgewalt außerhalb des Territoriums der Bundesrepublik tätig wird: Zum einen stellt Art. 1 Abs. 3 GG eine bewusste Entscheidung des Verfassungsgebers dar, in der eine "Essentiale des Verfassungsverständnisses"[328] der Bundesrepublik zum Ausdruck kommt. Das in ihr ausgesprochene Postulat, dass alle staatliche Gewalt an die Grundrechte gebunden sei, stellt eine zentrale Norm der Verfassung dar, die eine ausnahmslose Bindung der deutschen Staatsgewalt anordnet und damit die Existenz von "Grundrechtsnischen", in denen sich staatliche Organe grundrechtsfrei betätigen können, ausschließt[329].

Die Funktionenordnung unserer Verfassung gewährt den Verfassungsorganen als Träger der einzelnen Staatsfunktionen zwar Funktionsbereiche zu eigenverantwortlichem Handeln und Entscheiden. Auf der anderen Seite ist es aber gerade die Verfassung, die in Art. 1 Abs. 3 GG die Funktionsträger des Staates an die

---

324 Ruthig, in: Wolter/Riedel/Taupitz, Einwirkungen der Grundrechte auf das Zivilrecht, Öffentliche Recht und Strafrecht, S. 271, 278.

325 Habermas, in: Die postnationale Konstellation, Politische Essays, S. 91 ff.

326 So Isensee, in: Isensee/Kirchhof, HStR, Bd. I, § 13, Rn. 151; Elbing, Zur Anwendbarkeit der Grundrechte, S. 2.

327 Isensee, in: Isensee/Kirchhof, HStR, Bd. I, § 13, Rn. 148.

328 Friauf, in: Friauf/Scholz, Europarecht und Grundgesetz, S. 33.

329 Friauf, in: Friauf/Scholz, Europarecht und Grundgesetz, S. 34; im Ergebnis auch Herdegen, in: Maunz/Dürig, Grundgesetz-Kommentar, Art. 1 Abs. 3, Rn. 71.

Grundrechte bindet. Daraus ergibt sich, dass Entscheidungen nicht in einem rechtsfreien Raum getroffen werden können, sondern dass es sich um verfassungsrechtlich, insbesondere grundrechtlich gebundene Entscheidungen handeln muss. Ebenso beinhaltet der Grundsatz der internationalen Offenheit letztlich, dass die Grundrechte des Grundgesetzes auch bei Aktivitäten der deutschen Staatsgewalt außerhalb des Territoriums der Bundesrepublik anwendbar sein sollen[330]. So deutete bereits *Vogel* 1965 darauf hin, dass "das Grundgesetz, als die verfassungsrechtliche Grundlage der gesamten heutigen (west)deutschen Staatsgewalt notwendig für die Organe der Bundesrepublik sowohl transitiv wie zugleich intransitiv[331] auch im Ausland gilt". Denn sonst würde "es an jeder rechtlichen Basis für eine Tätigkeit deutscher Behörden im Ausland fehlen"[332]. Insofern ist der oben genannten Aussage des Bundesverfassungsgerichts aus dem Jahr 1957[333] zuzustimmen, dass die Grundrechte die deutsche Staatsgewalt überall dort binden, wo sie tätig wird oder sich auswirkt.

Die deutsche Verfassung kann mithin als räumlich unbegrenzte Rechtsordnung verstanden werden, in der sich jenseits der traditionellen Grenzen der Staatlichkeit neue Formen der Ausübung von Hoheitsgewalt entwickelt haben. Art. 1 Abs. 3 GG legt mit der Bezugnahme auf das Dreigewaltenmodell eine lückenlose Grundrechtsbindung aller Staatsgewalt fest[334]. Dieses Verfassungsgebot würde unterlaufen, wenn sich der Staat durch Tätigkeiten im Ausland grundrechtsfreie Räume hoheitlichen Handelns schaffen könnte. Die Grundrechte konstituieren den Staat vielmehr in allen seinen Ausprägungen und Aktivitäten, weshalb die Grundrechtsbindung auch jedes Handeln des Staates auf fremdem Territorium erfassen muss, sonst wäre der Grundrechtsschutz nahezu unbeschränkt einschränkbar und liefe in "Auslandsfällen" praktisch leer.

330 Zu diesem Ergebnis gelangen auch Bleckmann, DÖV 1979, S. 309, 317; Tomuschat, in: VVDStRL 36 (1978), S. 7, 19.

331 Die Bezeichnung transitiv bedeutet dabei eine Anwendung auf bestimmte Sachverhalte, während intransitiv die Anwendung schlechthin bedeutet, siehe Vogel, Der räumliche Anwendungsbereich, S. 2.

332 Vogel, Der räumliche Anwendungsbereich, S. 147.

333 BVerfGE 6, 290, 295.

334 So auch Herdegen, in: Maunz/Dürig, Grundgesetz-Kommentar, Art. 1 Abs. 3, Rn. 11; Rüfner, in: Isensee/Kirchhof, HStR, Bd. V, § 117, Rn. 1.

B. Grundrechtsbindung nur der deutschen Staatsgewalt

Die Bindungsklausel des Art. 1 Abs. 3 GG erfasst nach wohl unbestrittener Auffassung nur die deutsche Staatsgewalt[335]. Ihr unterliegen demnach sämtliche Staatsorgane und Staatsfunktionen, die vom Grundgesetz oder von den Verfassungen der im Rahmen des Grundgesetzes bestehenden Länder konstituiert worden sind[336]. Sachlich übereinstimmend, wenn auch in negativer Formulierung bestimmt das Bundesverfassungsgericht die deutsche öffentliche Gewalt im Sinne der Grundrechtsbindung als die Gesamtheit der Organe, die nicht "außerhalb des Gefüges der deutschen Staatsorganisation stehen"[337]. Die Grundrechte gelten demnach nicht nur im Bundesgebiet selbst, sondern auch außerhalb, sobald deutsche Staatsgewalt ausgeübt wird[338]. Fraglich ist aber, ob dem Begriff der deutschen Staatsgewalt alleine hinreichend aussagekräftige Kriterien der Reichweite der Grundrechtsgeltung zu entnehmen sind[339], denn ihre räumlich auf den Wirkungsbereich der deutschen Staatsgewalt begrenzte Geltung stellt in einigen Fällen ein Problem dar. Die Frage der Grundrechtsbindung von Organen, die "außerhalb des Gefüges der deutschen Staatsorganisation stehen" und keine deutsche öffentliche Gewalt ausüben, ist nicht schon mit der schlichten Verneinung der Eigenschaft deutscher Staatsgewalt beiseite geschoben[340], denn in vielen Fällen ist die deutsche öffentliche Gewalt insoweit involviert, als deutsche Organe unmittelbar oder mittelbar an fremden Akten mitwirken oder hierzu Hilfestellung leisten. Auf diese durchaus häufig vorkommende Problemstellung wird jedoch erst zu einem späteren Zeitpunkt zurückzukommen sein[341].

Der Anwendungsbereich der Grundrechte stellt sich demnach insoweit als beschränkt dar, als es sich um die Ausübung deutscher Staatsgewalt handeln muss. Auf die Grundrechtsberechtigung kommt es insoweit zunächst gar nicht an, denn die Grundrechte wurzeln in einem bestimmten Staat und beanspruchen nicht planetarische Geltung für die Menschheit als solche. Vielmehr definiert die deutsche Verfassung die Staatsgewalt der Bundesrepublik als Grundrechtsverpflichteten mit der Konsequenz, dass für jeden der zu ihr in Beziehung tritt, die Grundrechte

---

335 BVerfGE 6, 290, 295; 22, 293, 297; 31, 58, 74; 66, 39, 56 ff; von Münch, in: von Münch/Kunig, Grundgesetz-Kommentar, Art. 1, Rn. 49; Bleckmann, Allgemeine Grundrechtslehren, S. 53; Pieroth/Schlink, Staatsrecht II, § 5 II, Rn. 186.

336 Vgl. Stern, Staatsrecht, Bd. III/1, S. 1229.

337 BVerfGE 22, 293, 297.

338 Starck, in von Mangoldt/Klein/Starck, Das Bonner Grundgesetz, Art. 1 Abs. 3, Rn. 188.

339 So auch Mehler, Die Grundrechtsbindung der deutschen Staatsgewalt, S. 18.

340 So auch Stern, Staatsrecht, Bd. III/1, S. 1234.

341 Vgl. Teil 2, Einsätze der Bundeswehr in internationalen Organisationen.

gelten. Die Grundrechtsberechtigung wird somit abgeleitet aus der Grundrechtsverpflichtung[342].

C. Völkerrechtliche Schranken der Geltung der Grundrechte für deutsche Staatsorgane im Ausland

Kommt man zu dem Schluss, dass die Grundrechte in ihrer Geltung grundsätzlich nicht territorial beschränkt sind, so stellt sich die Frage, ob bei solchen "Auslandssachverhalten" die Erstreckung der Grundrechtsbindung mit dem Völkerrecht vereinbar ist. Ausgangspunkt aller Überlegung muss sein, dass staatliche Hoheitsakte Ausprägungen der souveränen Hoheitsgewalt der Staaten sind[343]. Das Völkerrecht überlässt die Ausgestaltung der Kompetenzen der Staatsgewalt insoweit dem nationalen Recht[344]. Die Rechtsregel, dass jeder Staat die exklusive Hoheitsmacht in seinem territorialen Herrschaftsbereich innehat, bedeutet, dass kein anderer Staat berechtigt ist, Hoheitsakte auf diesem Territorium auszuüben[345]. Obwohl das Prinzip der territorialen Souveränität zu den zwingenden Rechtssätzen des Völkerrechts[346] gehört, kann auf seine Einhaltung dann verzichtet werden, wenn diese nur im Interesse des Rechtsinhabers selbst gefordert wird. Ein Staat kann also die Ausübung von Hoheitsrechten durch einen anderen Staat in seinem territorialen Herrschaftsbereich durch Einräumung von vertraglichen Rechten oder auch durch stillschweigende Duldung zulassen. Fehlt eine derartige Zustimmung des Territorialstaates und ist sie auch nicht entbehrlich, stellen derartige Hoheitsakte auf fremdem Staatsgebiet eine völkerrechtswidrige Intervention dar[347]. Soweit ein Aufenthaltsstaat mangels einer funktionsfähigen, anerkannten Regierung nicht handlungs- und damit nicht zustimmungsfähig ist, kann sich die völkerrechtlich erlaubte hoheitliche Tätigkeit deutscher Organe auf fremdem Territorium aus Resolutionen des Sicherheitsrates der Vereinten Nationen ergeben[348].

Das Völkerrecht zieht der staatlichen Hoheitsgewalt demnach nur die Grenze, dass kein Staat die Hoheitsgewalt anderer Staaten beschränken darf, d.h., dass die Ausübung staatlicher Hoheitsbefugnisse auf dem Gebiet eines anderen Staates

342 Isensee, in: Isensee/Kirchhof, HStR, Bd. V, § 115, Rn. 56.
343 Hofmann, Grundrechte und grenzüberschreitende Sachverhalte, S. 140, m. w. Nachw.
344 Doehring, Völkerrecht, Rn. 51.
345 Seidl-Hohenveldern, Völkerrecht, Rn. 1504; Hobe/Kimminich, Einführung in das Völkerrecht, 3.1.6, S. 96; Doehring, Völkerrecht, Rn. 88, 89.
346 Darauf beruht das generelle Gewaltverbot gem. Art. 2 Ziff. 4 UN-Charta.
347 Siehe dazu, Friauf, in: Friauf/Scholz, Europarecht und Grundgesetz, S. 35; Doehring, Völkerrecht, Rn. 88, 89.
348 Talmon, NZWehrr 1997, S. 221, 231.

ohne dessen Zustimmung verboten ist. Dagegen gibt es keine völkerrechtliche Regel, welche die Geltung staatlicher Rechtsnormen ausschließlich auf das Staatsgebiet beschränkt[349]. Dies hat der Ständige Internationale Gerichtshof in seiner "Lotus-Entscheidung" vom 7. September 1927 bestätigt: "Far from laying down a general prohibition to the effect that States may not extend the application of their laws...to persons, property and acts outside their territory, it leaves them in this respect a wide measure of discretion which is only limited in certain cases by prohibitive rules; as regards other cases, every State remains free to adopt the principles which it regards as best and most suitable."[350]. Das Territorialitätsprinzip bezieht sich demnach nicht auf die Geltung nationalen Rechts, sondern auf die Vornahme hoheitlicher Tätigkeiten im Ausland[351]. Das Grundgesetz hat diesen ihm vom Völkerrecht belassenen Spielraum auch voll ausgeschöpft. Art. 1 Abs. 3 GG will dem Geltungsbereich der Grundrechte nur insoweit eine Grenze ziehen, als es sich um die Beschränkung der Tätigkeit deutscher Staatsgewalt handelt[352]. Die Grundrechte gelten also nur für solche hoheitlichen Tätigkeiten im Ausland, die dort aufgrund eines völkerrechtlichen Erlaubnistatbestandes von deutschen Staatsorganen rechtmäßig vorgenommen werden dürfen[353]. Das Völkerrecht kann über Art. 25 GG den Anwendungswillen der Grundrechte jedoch nicht kraft Verfassungsrechts begrenzen, da den allgemeinen Regeln des Verfassungsrechts, soweit sie nicht als zwingendes Völkerrecht zu bezeichnen sind, kein Verfassungsrang, sondern lediglich ein Zwischenrang zukommt[354].

349 Frank, RabelsZ 34 (1970), S. 56, 59.
350 PCIJ Ser. A, No. 10, S. 19.
351 Talmon, NZWehrr 1997, S. 221, 229.
352 Bleckmann/Busse, DVBl. 1977, S. 794, 795.
353 Talmon, NZWehrr 1997, S. 221, 228.
354 Hobe/Kimminich, Einführung in das Völkerrecht, 6.2, S. 230.

4. Kapitel: Modifizierung der Bindungswirkung

Im vorangehenden Kapitel wurde die Anwendbarkeit der Grundrechte des Grundgesetzes bei Ausübung hoheitlicher Tätigkeiten im Ausland verfassungsrechtlich begründet. Damit ist jedoch nur ein Teil der Problematik der extraterritorialen Bindungswirkung der deutschen Grundrechte erfasst. Es besteht nämlich die Möglichkeit, dass die Grundrechtsanwendung auf Grenzen stoßen kann, die sich gerade aus der Exterritorialität der Ausübung der deutschen Staatsgewalt ergeben[355].

In diesem Kapitel ist daher der Frage nachzugehen, ob die Grundrechtsverbürgungen des Grundgesetzes mit genau dem gleichen Inhalt und der gleichen Intensität Wirkung entfalten, wie dies bei rein innerstaatlichen Sachverhalten der Fall ist oder ob vielmehr eine Zurücknahme der Schutzwirkung der Grundrechte aus Gründen des Völkerrechts, der Rücksichtnahme auf internationale Gepflogenheiten oder das Recht des Gastlandes gefordert ist[356]. Bei der internationalen Zusammenarbeit kann sich nämlich ein Beharren auf uneingeschränkter Durchsetzung der deutschen Grundrechte als Hindernis erweisen.

A. Umfang der Bindungswirkung bei auslandsbezogenen Sachverhalten

I. Verfassungsgerichtliche Rechtsprechung

Betrachtet man die einschlägige Rechtsprechung des Bundesverfassungsgerichts so zeigt sich, dass diese vor allem vier Komplexe der Frage der Anwendbarkeit der Grundrechtsordnung des Grundgesetzes auf ausländische Sachverhalte betrifft[357]: die Bedeutung und Schrankenwirkung der Grundrechte bei der Übertragung deutscher Hoheitsrechte auf zwischenstaatliche Einrichtungen im Sinne des

355 So auch Stern, Staatsrecht, Bd. III/1, S. 1232.

356 Schröder, in: von Münch, Staatsrecht, Völkerrecht, Europarecht, Festschrift für Schlochauer, S. 137, 142 ff; Hofmann, Grundrechte und grenzüberschreitende Sachverhalte, S. 7; von Münch, in: von Münch/Kunig, Grundgesetz-Kommentar, Art. 1, Rn. 49; Bleckmann, Allgemeine Grundrechtslehren, S. 54 ff; Geiger, Grundgesetz und Völkerrecht, S. 183, 184; Stern, Staatsrecht, Bd. III/1, S. 1232.

357 Ausführlich dargestellt bei Hofmann, Grundrechte und grenzüberschreitende Sachverhalte, S. 31 ff.

Art. 24 Abs. 1 GG und nunmehr auch des Art. 23 Abs. 1 GG[358], bei der Zustimmung zu völkerrechtlichen Verträgen[359], für die Anwendbarkeit von nach deutschem Recht berufenem ausländischen Recht[360] und für die Prüfung der verfassungsrechtlichen Zulässigkeit von Auslieferungsersuchen im Hinblick auf das einem solchen Ersuchen zugrundeliegende formelle und materielle Recht des ersuchenden Staates[361]. Auf den Aspekt des Handelns deutscher Hoheitsträger im Ausland hatte das Bundesverfassungsgericht, wie oben bereits erwähnt, noch nicht unmittelbar Stellung zu nehmen[362]. In den genannten Fällen geht das Bundesverfassungsgericht allerdings in der Regel davon aus, dass die Grundrechtsverbürgungen des Grundgesetzes nicht notwendig in genau dem inhaltlichen Umfang zur Anwendung kommen müssen, wie dies bei rein innerstaatlichen Sachverhalten geboten ist. Fraglich ist nun, ob diese Grundsätze auch auf diejenigen Sachverhalte anzuwenden sind, in denen deutsche Hoheitsgewalt auf fremdem Territorium tätig wird. Dazu sind zunächst in der gebotenen Kürze die vier maßgeblichen Komplexe darzustellen.

1. Einschränkung des Grundrechtsschutzes bei der Übertragung von deutschen Hoheitsrechten nach Art. 24 Abs. 1 und Art. 23 GG

Weitgehend geklärt ist aufgrund der Rechtsprechung des Bundesverfassungsgerichts, namentlich durch die Solange- und EUROCONTROL-Beschlüsse[363], die Frage der Einschränkung der Wirksamkeit der Grundrechte des Grundgesetzes und die von Verfassungs wegen zu beachtenden Schranken hinsichtlich der Übertragung von deutschen Hoheitsrechten auf zwischenstaatliche Einrichtungen im Sinne des Art. 24 Abs. 1 GG sowie des Art. 23 GG. Dabei ist zunächst festzuhalten, dass die Grundrechtsordnung des Grundgesetzes, infolge der sich aus Art. 1 Abs. 3 GG ergebenden grundsätzlichen Bindung aller Träger deutscher Hoheitsgewalt, bei der Übertragung von Hoheitsrechten auf zwischenstaatliche Einrichtungen im Sinne des Art. 23 oder des Art. 24 Abs. 1 GG grundsätzlich zu beachten ist.

Aus der Rechtsprechung ergibt sich aber auch, dass mit einer solchen Übertragung deutscher Hoheitsrechte eine Einschränkung der Wirksamkeit der Grundrechte des Grundgesetzes notwendig verbunden ist. So heißt es in der EURO-

358 BVerfGE 37, 271 ff; 58, 1 ff; 59, 63 ff; 73, 339 ff.

359 BVerfGE 6, 290 ff; 40, 141 ff.

360 BVerfGE 31, 58 ff.

361 BVerfGE 59, 280 ff; 60, 348 ff; 63, 332 ff.

362 Siehe Teil 1, 3. Kapitel, A II 1.

363 BVerfGE 37, 271 ff (Solange I); BVerfGE 58, 1 ff (EUROCONTROL I); BVerfGE 59, 63 ff (EUROCONTROL II); BVerfGE 73, 339 ff (Solange II).

CONTROL I-Entscheidung, dass in Bezug auf "Akte der öffentlichen Gewalt einer unter Beteiligung der Bundesrepublik errichteten zwischenstaatlichen Einrichtung kein Rechtsschutzsystem vorgesehen werden müsste, das in Umfang und Wirksamkeit in jeder Hinsicht dem Rechtsschutzsystem gleichkommt, wie es in Bezug auf Akte der deutschen öffentlichen Gewalt von Verfassungs wegen gewährleistet ist"[364]. Begründet wird dies damit, dass "eine derart weitgehende Ausrichtung der rechtlichen Ausgestaltung einer zwischenstaatlichen Einrichtung an den innerstaatlichen Bestimmungen eines beteiligten Staates letztlich der in Art. 24 Abs. 1 GG zum Ausdruck kommenden 'Verfassungsentscheidung für eine internationale Zusammenarbeit'[365] zuwider liefe; sie wäre gegenüber den anderen beteiligten Staaten schwerlich durchzusetzen und würde die Bundesrepublik im Bereich der Einrichtungen im Sinne des Art. 24 GG nicht selten faktisch vertragsunfähig machen"[366]. Die Notwendigkeit der Rücknahme der Wirksamkeit der Grundrechte des Grundgesetzes wird also im Hinblick auf die Ausgestaltung der Rechtsordnung zwischenstaatlicher Einrichtungen mit dem in der Verfassung selbst zum Ausdruck kommenden Grundprinzip der verstärkten Einbindung der Bundesrepublik in die internationale Staatengemeinschaft und ihrer Beteiligung daran begründet.

Bei der Errichtung zwischenstaatlicher Einrichtungen wird dagegen auf die Ermächtigungsnorm des Art. 24 Abs. 1 GG zurückgegriffen, die es nicht erlaube, im Wege der Einräumung von Hoheitsrechten für zwischenstaatliche Einrichtungen die Identität der geltenden Verfassungsordnung der Bundesrepublik durch Einbruch in ihr Grundgefüge die sie konstituierenden Strukturen aufzugeben, wobei die Grundrechte ein unverzichtbares, zum Grundgefüge der Verfassung gehörendes Essentiale darstellen[367]. Wird einer zwischenstaatlichen Einrichtung im Sinne des Art. 24 Abs. 1 GG durch Zustimmungsgesetz zu ihrem Gründungsvertrag Hoheitsgewalt eingeräumt, die im deutschen Hoheitsbereich den Wesensgehalt der vom Grundgesetz anerkannten Grundrechte beeinträchtigen kann, muss statt dessen durch die Rechtsordnung der zwischenstaatlichen Einrichtung eine Grundrechtsgeltung gewährleistet sein, die nach Inhalt und Wirksamkeit dem Grundrechtsschutz, wie er nach dem Grundgesetz unabdingbar ist, im Wesentlichen gleichkommt[368]. Obwohl sich das Bundesverfassungsgericht demnach zwar auf die unaufgebbaren Bestandteile und die Grundstruktur des Grundgesetzes bezog, hat es Art. 79 Abs. 3 GG nie ausdrücklich als Schranke des Art. 24 Abs. 1 GG a.F. genannt. Mit der Einfügung des Art. 23 Abs. 1 GG entschied sich

364 BVerfGE 58, 1, 41.
365 So Vogel, Die Verfassungsentscheidung für eine internationale Zusammenarbeit.
366 BVerfGE 58, 1, 41 ff.
367 So BVerfGE 73, 339, 376.
368 So BVerfGE 73, 339, 376.

der Gesetzgeber dann allerdings für einen umfassenden Schutz und normierte mit Satz 1 einen zusätzlichen, über Art. 79 Abs. 3 GG hinausgehenden Schutzbereich.

2. *Einschränkung des Grundrechtsschutzes bei der Zustimmung zu völkerrechtlichen Verträgen*

Auch beim Abschluss völkerrechtlicher Verträge ist im Schrifttum und in der Rechtsprechung des Bundesverfassungsgerichts die auf Art. 1 Abs. 3 GG beruhende grundsätzliche Bindung an die Grundrechte des Grundgesetzes der Träger der deutschen auswärtigen Gewalt anerkannt[369]. Es ist also vom Bestehen einer aus Art. 1 Abs. 3 GG folgenden, grundsätzlichen Bindung der Träger deutscher auswärtiger Gewalt an die Grundrechte des Grundgesetzes auszugehen. Eine Bindung an die Grundrechte sieht das Bundesverfassungsgericht in diesem Bereich sogar als selbstverständlich an, da es die jeweiligen Zustimmungsgesetze zu völkerrechtlichen Verträgen ohne neuerliche Bekräftigung dieses Grundsatzes an den Grundrechten des Grundgesetzes überprüft.

Ähnlich selbstverständlich wie die Annahme der aus Art. 1 Abs. 3 GG angeordneten Bindung, wird die Notwendigkeit einer prinzipiellen Einschränkung der Wirkkraft der Grundrechte des Grundgesetzes angenommen. Dies ergebe sich daraus, dass die Bindung wegen der beim Abschluss völkerrechtlicher Verträge notwendigen Rücksichtnahme auf rechtliche und tatsächliche Interessen des potenziellen Vertragspartners nicht unbedingt sein kann. Ihre Grenze findet diese Einschränkung dort, wo entweder der Inhalt des völkerrechtlichen Vertrages selbst oder die von ihm ermöglichten Folgen zu Ergebnissen führen, die gegen unabdingbare Grundprinzipien der deutschen Rechtsordnung verstoßen[370].

3. *Einschränkung des Grundrechtsschutzes bei der Anwendbarkeit ausländischen Rechts*

In dem bereits mehrfach erwähnten Spanier-Beschluss des Bundesverfassungsgerichts vom 4. Mai 1971[371] wandte sich das Verfassungsgericht, nachdem es zunächst festgestellt hatte, dass infolge der "Leitnorm" des Art. 1 Abs. 3 GG sowohl die Vorschriften des deutschen Internationalen Privatrechts als auch das

369 Vgl. BVerfGE 6, 290 ff; Isensee/Kirchhof, HStR, Bd. VII, S. 571 ff; Geiger, Grundgesetz und Völkerrecht, S. 170 ff.

370 Vgl. Coester-Waltjen, Die Wirkungskraft der Grundrechte bei Fällen mit Auslandsberührung, in: BerDGVR 38 (1997), S. 1, 9 ff; Herdegen, in: Maunz/Dürig, Grundgesetz-Kommentar, Art. 1 Abs. 3, Rn. 82.

371 BVerfGE 31, 58 ff.

durch sie berufene ausländische Recht an den Grundrechten zu messen seien[372], der Frage zu, ob dabei die gleichen Kriterien angelegt werden müssten wie bei rein innerstaatlichen Sachverhalten[373]. Dies lehnte das Bundesverfassungsgericht jedoch ab: ein Grundrecht könne "wesensmäßig eine bestimmte Beziehung (zum Inland) voraussetzen, so dass eine uneingeschränkte Durchsetzung in ganz oder überwiegend auslandsbezogenen Sachverhalten den Sinn des Grundrechtsschutzes verfehlen würde." Wegen ihrer Integration in die Völkerrechtsgemeinschaft und in engere internationale Organisationen dürfe die Bundesrepublik in Rechtsfragen mit Auslandsbezug nicht nur ihre eigenen Werte und Interessen vertreten. Sie habe vielmehr auch die Interessen der Völkerrechtsgemeinschaft und fremder Staaten zu schützen und zu respektieren[374].

4. *Einschränkung des Grundrechtsschutzes bei der verfassungsrechtlichen Zulässigkeit von Auslieferungen*

In den dazu einschlägigen Entscheidungen[375] findet sich lediglich die Feststellung, dass die deutschen Gerichte befugt und von Verfassungs wegen zur Prüfung verpflichtet sind, ob die Auslieferung und die ihr zugrunde liegenden Akte gegen den nach Art. 25 GG zu beachtenden völkerrechtlichen Mindeststandard sowie gegen unabdingbare Grundsätze der deutschen Verfassung verstoßen. Daraus folgt jedoch, dass eine unbedingte Wirkkraft der Grundrechte des Grundgesetzes auf derartige Sachverhalte nicht angenommen wird.

II. Verfassungsrechtliches Schrifttum

Ebenso einhellig wie die verfassungsgerichtliche Rechtsprechung geht auch das verfassungsrechtliche Schrifttum von der Notwendigkeit einer prinzipiellen Einschränkung der Bindungswirkung der Grundrechte bei Sachverhalten mit Auslandsbezug aus. *Bernhardt* verweist dabei auf die "Offenheit des Grundgesetzes für die internationale Zusammenarbeit"[376]. Nur so könne den internationalen Erfordernissen und der Notwendigkeit der Respektierung fremder Rechtsvorstellungen Rechnung getragen werden.

---

372 Vgl. unter A II 1. b) des 1. Kapitels des 2. Teils dieser Arbeit.

373 BVerfGE 31, 58, 76, 77.

374 BVerfGE 31, 58, 75; so auch Bleckmann, DÖV 1979, S. 309, 315.

375 BVerfGE 59, 281 ff; 63, 332 ff.

376 Bernhardt, in: Starck, Bundesverfassungsgericht und Grundgesetz, Festgabe aus Anlass des 25-jährigen Bestehens des Bundesverfassungsgerichts, Bd. II, S. 154 ff.

Besonders *Stern* geht von einer Modifizierung der prinzipiellen Grundrechtsbindung der deutschen Staatsgewalt aus[377]. Dabei kommt er zu dem Schluss, dass die Grundrechtsbindung in solchen Konstellationen wegen der gebotenen Vermeidung eines "deutschen Grundrechtsoktroi" zurückhaltend und flexibel zu handhaben sei, da ein solcher Oktroi mit der völkerrechtsfreundlichen Tendenz des Grundgesetzes unvereinbar sei und auch der Verfassungsentscheidung des Grundgesetzes für eine internationale Zusammenarbeit und der Öffnung der deutschen Staatlichkeit widerspräche[378]. Des Weiteren betont er, dass dies keine Ignoranz der Grundrechtsordnung in solchen Fällen bedeute, sondern sie zurückhaltend zu handhaben sei. Angebracht sei vor allem eine "Toleranz gegenüber den Wertgehalten der fremden Rechtsordnung in den Rechtsnormen, die nicht den menschenrechtlichen Mindeststandard oder den Wesensgehalt unserer Grundrechte berühren"[379].

Auch *Hofmann* gelangt zu dem Ergebnis, dass wegen der vom Grundgesetz angeordneten Rücksicht auf grundlegende Wertungen fremder Rechtsordnungen deutsche Hoheitsträger die Grundrechte nicht in gleichem Umfang wie bei rein innerstaatlichen Sachverhalten durchsetzen, aber auch den Wesensgehalt und den völkerrechtlichen Mindestgehalt der jeweiligen Grundrechte nicht verletzen dürfen[380].

III. Ergebnis

Vor dem Hintergrund der vorstehenden Ausführungen ist zunächst festzuhalten, dass nach der Rechtsprechung des Bundesverfassungsgerichts und auch der überwiegenden Auffassung im Schrifttum von der Möglichkeit bzw. der Notwendigkeit der Einschränkung der Wirkkraft der Grundrechte bei Sachverhalten mit Auslandsbezug auszugehen ist. Die vom Grundgesetz geforderte grundsätzliche Respektierung grundlegender Wertvorstellungen anderer Rechtsordnungen gebietet es dabei, in solchen Konstellationen die Wirkkraft der Grundrechte stärker einzuschränken als dies bei rein innerstaatlichen Sachverhalten zulässig ist. Das dem Grundgesetz zugrunde liegende Prinzip der "Völkerrechtsfreundlichkeit" bzw. seine Einbindung in die internationale Staatengemeinschaft lässt sich insoweit als eine von der Verfassung selbst angeordnete Möglichkeit der Einschränkung der Wirkkraft der Grundrechte des Grundgesetzes sehen, die im Hinblick auf besonders gewichtige Inhalte fremder Rechtsordnungen sogar zu einer Not-

377 Stern, Staatsrecht, Bd. III/1, S. 1231.
378 Stern, Staatsrecht, Bd. III/1, S. 1242, 1243.
379 Stern, Staatsrecht, Bd. III/1, S. 1243.
380 Hofmann, Grundrechte und grenzüberschreitende Sachverhalte, S. 71.

wendigkeit einer solchen Zurücknahme der Wirkkraft erstarken kann[381]. Bei der Möglichkeit bzw. Notwendigkeit der inhaltlichen Beschränkung der Anwendbarkeit der Grundrechtsordnung bei Sachverhalten mit Auslandsbezug handelt es sich also nicht um einen außerhalb der Verfassung begründeten Eingriff in den umfassenden Geltungsanspruch der Grundrechte, sondern um eine vom Grundgesetz selbst angeordnete Beschränkung des Geltungsanspruchs[382]. Ein unnachgiebiges Beharren auf der Durchsetzung des Inhalts der Grundrechtsordnung, wie es bei rein innerstaatlichen Sachverhalten der Fall sein muss, verbietet sich auch vor dem Hintergrund der "Verfassungsrechtlichen Entscheidung für eine internationale Zusammenarbeit", um die effektive Teilhabe Deutschlands am internationalen Rechtsverkehr nicht einzuschränken.

B. Anwendbarkeit der Grundsätze auf die Bindungswirkung bei Handeln im Ausland

Auch wenn zu berücksichtigen ist, dass die genannten Entscheidungen des Bundesverfassungsgerichts nicht in direktem Zusammenhang mit den Sachverhalten stehen, in denen deutsche Hoheitsträger im Ausland tätig werden, erscheint es dennoch richtig, diese Aussagen für die Frage des Umfangs der Bindungswirkung in solchen Konstellationen heranzuziehen. Danach ist es verfassungsrechtlich durchaus geboten, dass die Grundrechte des Grundgesetzes in derartigen Sachverhalten nicht in genau dem gleichen inhaltlichen Umfang Wirkung entfalten, wie dies bei rein innerstaatlichen Sachverhalten der Fall ist. Die Gründe liegen hierfür vor allem in der von der Verfassung selbst angeordneten Eingliederung der deutschen Rechtsordnung in die Völkerrechtsgemeinschaft und der damit verbundenen Respektierung fremder Wertvorstellungen. Dieser Respekt vor den Werten und Interessen anderer Staaten wird besonders deutlich bei der Auslegung des Art. 24 Abs. 2 GG. Die Bundesrepublik darf in diesem Rahmen aufgrund des Prinzips der Völkerrechtsfreundlichkeit der deutschen Rechtsordnung die Übertragung von Hoheitsgewalt an internationale Organisationen nicht davon abhängig machen, dass die internationalen Organisationen voll dem Standard des Grundgesetzes entsprechen, weil sie dadurch ihre Rechtsauffassung der Völkerrechtsgemeinschaft diktieren würde. Für den Bereich des Geltungsumfangs der Grundrechte des Grundgesetzes bedeutet dies im Ergebnis, dass ihr Geltungsanspruch im internationalen Rechtsraum bei der Ausübung deutscher Hoheitsgewalt geringer sein kann als dies im innerstaatlichen Bereich der Fall ist.

381 Hofmann, Grundrechte und grenzüberschreitende Sachverhalte, S. 69.

382 So auch Hofmann, Grundrechte und grenzüberschreitende Sachverhalte, S. 69.

Zusammenfassung und Ergebnisse des 1. Teils

Als Ergebnis des vorstehenden, grundsätzlichen Problemen der Bindung der deutschen Staatsgewalt an die Grundrechte des Grundgesetzes gewidmeten Teils lässt sich zum einen feststellen, dass die Grundrechtsverbürgungen des Grundgesetzes nach der zentralen Vorschrift des Art. 1 Abs. 3 GG unmittelbar geltendes Recht sind und alle Staatsgewalten umfassend binden. Die Pflicht zur Beachtung der Grundrechte ist jedoch nicht territorial auf das Gebiet der Bundesrepublik reduziert. Die Anforderungen der Grundrechte gelten für die inländische öffentliche Gewalt vielmehr auch dann, wenn deren Aktivitäten im Ausland stattfinden und sich dort auswirken. Dies ergibt sich einerseits aus der in Art. 1 Abs. 3 GG verankerten Bindung aller deutscher Hoheitsträger an die Grundrechtsordnung, die eine grundrechtsfreie Betätigung ausschließen will. Andererseits folgt dies aber auch aus der vom Grundgesetz selbst angeordneten Einbettung der Bundesrepublik in die internationale Rechts- und Staatengemeinschaft, wie sie in den Art. 23-25 GG verankert ist. Die bisherigen Überlegungen der verfassungsgerichtlichen Rechtsprechung und des Schrifttums zur Problematik der Bindungswirkung bei auslandsbezogenen Sachverhalten, in der eine solche grundsätzlich angenommen wird, sind als Begründung einer extraterritorialen Grundrechtsbindung ebenso geeignet. Es zeigt sich jedoch, dass die Pflicht zur umfassenden Beachtung der Grundrechte durch die deutsche Staatsgewalt modifiziert wird durch das gleichwertige Gebot der internationalen Zusammenarbeit und der Völkerrechtsfreundlichkeit des Grundgesetzes. Der Grundrechtsstandard kann in diesen Konstellationen nicht vollumfänglich gewahrt werden, sondern das Maß des Grundrechtsschutzes wird vielmehr gemindert. Die deutsche Staatsgewalt bleibt dann jedoch zur Gewährleistung des höchstmöglichen Schutzniveaus verpflichtet. Letztlich stellt sich also der Geltungsanspruch der Grundrechte im internationalen Raum kleiner dar als dies im innerstaatlichen Bereich der Fall ist.

Auf die Frage der Wirkkraft der Grundrechtsordnung des Grundgesetzes im Ausland lässt sich also keine allgemeingültige Antwort geben. Die Rechtsprechung behilft sich insoweit mit spezifischen, auf die jeweiligen Sachverhalte bzw. Teilgebiete der deutschen Rechtsordnung zugeschnittenen, von Rechtsprechung und Schrifttum entwickelten Lösungen. Im zweiten Teil der Arbeit soll daher untersucht werden, welche verfassungsrechtlichen Anforderungen für den Bereich der Auslandseinsätze der Bundeswehr gelten. Es stellt sich insbesondere die Frage, ob und inwieweit die bisher angestellten Überlegungen hinsichtlich der grundsätzlichen Anwendbarkeit der Grundrechte und ihrer Bindung im Ausland den Auslandseinsätzen der Bundeswehr entspricht oder jedenfalls mit deren Strukturen vereinbar erscheint. Diese Aufgabe ist dabei nicht nur von rein akademischem Interesse, sondern gewinnt ihre Rechtfertigung auch aus der Praxis, die zunehmend mit diesen Fragestellungen angesichts der enormen Aktualität der Auslandseinsätze konfrontiert wird. Dabei geht es generell um die Frage, ob die Bundeswehr bei ihren Einsätzen im Ausland als deutscher Hoheitsträger die Grundrechte aufgrund der aus Art. 1 Abs. 3 GG resultierenden Bindung zu beachten hat und ob sich aus der Verschiedenartigkeit der Erscheinungsformen von Auslandseinsätzen Unterschiede ergeben können, insbesondere im Hinblick auf die Beteiligung an internationalen Organisationen, denn das nach außen gerichtete Tätigwerden der Bundeswehr steht unter der Prämisse der Kollektivität. Die historische Betrachtung hat insoweit verdeutlicht, dass die Entstehungs- und Entwicklungsgeschichte der Bundeswehr in engem Zusammenhang mit der Aufnahme in internationale Organisationen stand. Die Remilitarisierung Deutschlands ging mit der Integration in die westliche Allianz einher und ist seitdem unweigerlich mit ihr verbunden.

2. Teil:

Möglichkeit, Wirklichkeit und Notwendigkeit einer Grundrechtsbindung der Bundeswehr bei Auslandseinsätzen

Die Erkenntnisse aus dem ersten Teil über die allgemeine Anwendbarkeit von Grundrechten im Ausland erlaubt nunmehr eine genaue Untersuchung der Grundrechtsbindung für den Bereich der Auslandseinsätze der Bundeswehr.

Bevor im Einzelnen auf diese Frage eingegangen werden kann, ist es zunächst erforderlich, eine grundsätzliche Bindungsunterworfenheit der Bundeswehr festzustellen, denn nur wenn sie ihrerseits von der Grundrechtsverpflichtung des Art. 1 Abs. 3 GG erfasst ist, kann die Möglichkeit einer Grundrechtsbindung im Auslandseinsatz überhaupt in Betracht kommen. Im Folgenden ist daher die Tätigkeit der Streitkräfte im Hinblick auf ihre Qualität als Ausübung staatlicher Hoheitsgewalt zu untersuchen.

5. Kapitel: Die grundsätzliche Bindungsunterworfenheit der Bundeswehr

A. Die These der rechtlichen Ungebundenheit

Nach vereinzelter Auffassung stellen die Streitkräfte eine Art "selbständige Einheit" innerhalb des Staatsapparates dar, bei der im Gegensatz zu den anderen Gewalten alles anders "läuft"[383]. Die strenge Hierarchie, das Handeln nach militärischen Notwendigkeiten sowie umfassende Geheimhaltung scheinen danach diese Institution zu charakterisieren. *L. von Stein* unterstrich seinerzeit die Andersartigkeit der Streitkräfte, indem er ihnen ein rechtsfreies Betätigungsfeld zuerkannte: "Im Bereich kriegerischer Notwendigkeit kann die Kommandogewalt nicht an Rechtsschranken gebunden sein."[384] Diese Aussage begründete er mit der Feststellung, dass das Heer mit der von außen gegebenen Gefahr kämpfen müsse, die wechselnd und zufällig sei. Die Tätigkeit des Heeres beruhe daher nicht auf dem Willen des Gesetzes, sondern sei allein von dem Verhalten des Feindes abhängig. Daher könne die Verfassung den Streitkräften nicht befehlen, das Gesetz finde hier also seine Grenze[385]. Dieser These ist zunächst zuzugestehen, dass das Handeln der Bundeswehr grundsätzlich vom Verhalten des "Feindes" mitbestimmt wird, so dass Mittel und Methoden ihrer Tätigkeiten typischerweise danach ausgerichtet werden. Doch die Miteinbeziehung und Abhängigkeit der Aufgaben von äußeren Faktoren kann nicht zur Folge haben, dass den Streitkräften gegenüber den übrigen Gewalten eine Wesensfremdheit zugeschrieben wird. Die Vorschriften der Wehrverfassung stecken lediglich den äußeren Rahmen für die Durchführung der militärischen Maßnahmen ab. Welcher Mittel und welcher Wege sie sich dabei im Einzelnen bedienen, bleibt in ihr Ermessen gestellt. Dass also die einzelnen strategischen und taktischen Maßnahmen von der militärischen Lage abhängig sind und diese wiederum von den Bewegungen der "feindlichen" Streitkräfte geprägt wird, kann nicht dazu führen, die Bundes-

383 Däubler, Stationierung und Grundgesetz, S. 127; Mayer, Deutsches Verwaltungsrecht, Bd. 1, S. 7, 10; Heckel, Wehrverfassung und Wehrrecht, S. 66, 67; Huber, Verfassungsrecht des Großdeutschen Reiches, S. 233.

384 von Stein, Die Lehre vom Heerwesen, S. 13.

385 von Stein, Die Lehre vom Heerwesen, S. 13; vgl. auch Dochow, in: Meyer, Lehrbuch des Deutschen Verwaltungsrechtes, S. 507: "Militärische Vorgänge entziehen sich ihrer Natur nach weitgehend einer einheitlichen Determinierung durch Rechtssätze."

wehr aus dem Bereich der gebundenen Staatsgewalt herauszunehmen und als eine eigene Gewalt zu qualifizieren[386].

B. Notwendigkeit einer verfassungsrechtlichen Gebundenheit

Notwendig steht das Phänomen einer bewaffneten Auseinandersetzung zu den Grundsätzen des Rechts in Widerspruch. Daher ist es auch nicht verwunderlich, dass nirgends das Spannungsverhältnis zwischen Soldatentum und Recht so scharf zum Ausdruck kommt wie in diesem Bereich[387]. Dennoch darf man nicht darüber hinwegsehen, dass Soldaten der Demokratie "Staatsbürger in Uniform" sind. Sie dienen der Demokratie und der Freiheit, aber nehmen auch zugleich an beiden teil. Vor allem aber sind sie Angehörige der Streitkräfte, die einen starken Machtfaktor im Staat darstellen. Will das Grundgesetz seine Geltungskraft auch mit und in den Streitkräften erhalten, so muss gewährleistet sein, dass die Bundeswehr in die Verfassungsordnung so eingefügt ist, dass sie dieselbe nicht gefährden kann, sondern zu ihren Stützen zählt[388].

I. Bindung an den Verteidigungsauftrag

Das Grundgesetz verpflichtet in Art. 87a GG den deutschen Staat dazu, Streitkräfte zur Verteidigung aufzustellen. Die Aufgabe der Bundeswehr als Teil der Staatsorganisation des Bundes ist damit zunächst das Bereithalten von Verteidigungskräften. Gemäß Art. 87a Abs. 2 GG darf ein Einsatz der Streitkräfte der Bundeswehr nur zur Verteidigung des Bundesgebietes erfolgen oder dann, wenn das Grundgesetz es ausdrücklich zulässt. Aus der Systematik sowie der einleitenden Formulierung "außer zur Verteidigung" in Abs. 2 der Regelung ergibt sich, dass es sich bei der Aufgabe der Verteidigung um die Grundfunktion der Streitkräfte handelt[389]. Sie hat in militärischen Auseinandersetzungen einen Verteidigungsauftrag, d.h., sie soll von außen kommende Angriffe abwehren[390]. Durch

---

386 So auch Lehnguth, Die Verwaltungsakte der Streitkräfte, S. 15.

387 Barth spricht in diesem Zusammenhang von einem "Spannungsverhältnis im Bereich des Kriegsvölkerrechts", in: Der Soldat im Rechtsstaat, S. 90.

388 Vgl. dazu auch Cuntz, Verfassungstreue der Soldaten, S. 21.

389 So Hernekamp, in: von Münch/Kunig, Grundgesetz-Kommentar, Bd. 3, Art. 87a, Rn. 12 ff; Dürig, in: Maunz/Dürig, Grundgesetz-Kommentar, Art. 87a , Rn. 24; Schmidt-Bleibtreu, in: Schmidt-Bleibtreu/Klein, Kommentar zum Grundgesetz, Art. 87a, Rn. 3; Baldus, in: von Mangoldt/Klein/Starck, Das Bonner Grundgesetz, Art. 87a, Rn. 38; ebenso Kersting, NZWehrr 1983, S. 64, 70.

390 BVerfGE 69, 1, 21, 22.

diese "ursprüngliche und ureigenste Aufgabe"[391] wird zugleich ihre Konstituierung als organisatorisch selbständiger Bereich staatlicher Tätigkeit begründet[392].

Im Zuge der mit dem Ende des Ost-West-Konfliktes veränderten sicherheitspolitischen Lage Deutschlands[393] wurde jedoch eine Neubewertung des bis dahin geltenden Auftrages der Bundeswehr notwendig. Die Verteidigung heute umfasst danach weit mehr als das herkömmliche Verständnis einer Verteidigung an der Landesgrenze, "Verteidigung lässt sich geographisch nicht mehr eingrenzen"[394]. Dadurch wird indes nicht ausgeschlossen, dass die Verteidigung Deutschlands gegen eine äußere Bedrohung sowohl politische als auch verfassungsrechtliche Grundlage der Bundeswehr sowie Teil des Auftrages bleibt. Die Aufgabe der herkömmlichen Landesverteidigung wird lediglich durch den umfassenderen Begriff des "Schutzes Deutschlands und seiner Bürger" ersetzt. Neben einer äußerst unwahrscheinlich gewordenen Landesverteidigung gehören dazu ebenfalls der Schutz gegen terroristische und asymmetrische Bedrohungen sowie unverändert die Überwachung des deutschen Luft- und Seeraums[395].

Die Streitkräfte sind demnach zunächst grundsätzlich an ihren Verteidigungsauftrag gebunden. Hierbei steht ihnen jedoch ein breites Band von Möglichkeiten zur Verfügung. Der Charakter der Aufgaben der Streitkräfte als Armee im Einsatz bringt es mit sich, dass ihnen ein großes Maß an Entscheidungsbefugnis zuerkannt werden muss, weil, wie oben bereits festgestellt, militärische Entscheidungen wesentlich vom "Feindverhalten" und der Lagebeurteilung abhängig sind[396].

II. Bindung an die Grundrechte des Grundgesetzes

Mit dieser Folgerung ist jedoch nur eine Seite der Problematik erfasst und lediglich die durch den Verteidigungsauftrag bestimmte Bindung erkannt. Unberührt davon bleibt die Frage, ob die Bundeswehr auch an die Grundrechte des Grundgesetzes gebunden ist, insbesondere welche Stellung die Streitkräfte im gewaltenteilenden Rechtsstaat der Bundesrepublik einnehmen.

---

391 Lepper, Die verfassungsrechtliche Stellung der militärischen Streitkräfte, S. 26.

392 Sachau, Wehrhoheit und Auswärtige Gewalt, S. 26.

393 Eine Gefährdung deutschen Staatsgebietes durch konventionelle Streitkräfte sei derzeit und auf absehbare Zeit nicht zu erkennen, so das Bundesministerium der Verteidigung, in: Verteidigungspolitische Richtlinien, S. 8.

394 Struck, in: FAZ vom 14. Januar 2004, S. 1.

395 Bundesministerium der Verteidigung, in: Verteidigungspolitische Richtlinien, S. 11.

396 Vgl. oben unter A.

1. Die Zugehörigkeit der Bundeswehr zur vollziehenden Gewalt

Orientiert man sich an Art. 1 Abs. 3 GG, so enthält diese Vorschrift, ebenso wie Art. 20 Abs. 2 und 3 GG, die Aussage, dass die Staatsgewalt unter dem Grundgesetz aus Gesetzgebung, vollziehender Gewalt und Rechtsprechung besteht und dass diese durch die Grundrechte als unmittelbar geltendes Recht gebunden sind. An der Gebundenheit der Exekutive bestand niemals Zweifel, denn die Grundrechtsnormen waren objektives Recht, das "für Behörden und Bürger gleichermaßen rechtsverbindlich" war[397]. Diese Selbstverständlichkeit der Grundrechtsbindung der zweiten Gewalt führte dazu, dass sich ein Gefühl der Vielschichtigkeit dessen, was sich hinter dem Begriff "Verwaltung" verbarg, nicht einzustellen vermochte[398]. Nach Auffassung der Literatur gehörte alles, was nicht Gesetzgebung oder Rechtsprechung ist, zur Verwaltung im weiteren Sinn[399]. Die Streitkräfte zweifelsfrei in das System der drei Gewalten einzuordnen und unter den Begriff der Verwaltung zu subsumieren, hat den Verfassungsgesetzgeber zu allen Zeiten vor eine schwierige Aufgabe gestellt, da ihre Tätigkeit nicht als Verwaltung im eigentlichen Sinne angesehen wurde[400].

Folgt man der Überschrift des Abschnitts, in dem die Weimarer Reichsverfassung die militärische Verteidigung angesiedelt hat, so rechnet sie diese zur "Reichsverwaltung"[401]. Auch im grundgesetzlichen Verfassungsstaat galt diese Begriffsbestimmung weiterhin, da zur Verwaltung des Staates alles gerechnet wurde, was nicht Rechtsetzung und Rechtsprechung darstellte[402]. Andere Ansichten erblickten demgegenüber in der bewaffneten Macht eine "vierte Gewalt", die aufgrund ihres starken Gewichts, das sie im Staat einnehme, ausgegliedert werden müsse und der eine eigene Stellung neben den Gewalten einzuräumen sei[403].

a) Qualifizierung des militärischen Handelns

Einer Qualifizierung der militärischen Verteidigung als Verwaltung standen insbesondere die vielfachen Unterschiede entgegen, die zwischen einer eigentlichen

397 Anschütz, Die Verfassung des Deutschen Reiches vom 11. August 1919, Vorb. 6 vor Art. 109.

398 Stern, Staatsrecht, Bd. III/1, S. 1320, 1321.

399 Jellinek, Verwaltungsrecht, S. 6; Mayer, Deutsches Verwaltungsrecht, Bd. 1, S. 7.

400 Kunig, in: von Münch/Kunig, Grundgesetz-Kommentar, Bd. 1, Art. 1, Rn. 60; Kirchhof, in: Isensee/Kirchhof, HStR, Bd. III, § 78, Rn. 4, 5; Lehnguth, Die Verwaltungsakte der Streitkräfte, S. 10.

401 Sechster Abschnitt vor Art. 78 WRV.

402 Vgl. Jellinek, Verwaltungsrecht, S. 6; Mayer, Deutsches Verwaltungsrecht, Bd. 1, S. 7.

403 So Mayer, Deutsches Verwaltungsrecht, Bd. 1; S. 7, 10; Thieme, DÖV 1962, S. 79; Koellreutter, Staatslehre im Umriß, S. 122; Heckel, Wehrverfassung und Wehrrecht, S. 66, 67; Huber, Verfassungsrecht des Großdeutschen Reiches, S. 233.

Verwaltungstätigkeit und militärischen Obliegenheiten bestehen. *H. Quaritsch*[404] hat diese auf einer Tagung der deutschen Staatsrechtslehrer näher herausgearbeitet:

1. Streitkräfte erfüllen zwar Staatsaufgaben und Staatszwecke, aber ihre Funktion ist grundsätzlich gegen den äußeren Feind gerichtet, während die Verwaltung nach innen gewendet ist. Nur in extremen Situationen ist der Einsatz der Streitkräfte im Innern erlaubt.
2. Rechtlich gesehen ist der größte Unterschied die Form der Anweisung durch Vorgesetzte. Ein Soldat erhält im militärischen Bereich einen Befehl, der strikten Gehorsam erfordert. Er ist von anderer Qualität als Verwaltungsakt und Weisung. Er bedingt besondere Organisations- und Führungsgrundsätze. Das Rechtsinstitut des militärischen Befehls regelt die Ausübung der Befehls- und Kommandogewalt im Einzelnen. Der Befehl qualifiziert sich gegenüber der dienstrechtlichen Anweisung im Beamtenbereich dadurch, dass der Soldat als einziger Hoheitsträger bei Vorliegen der tatbestandlichen Qualifikationen der §§ 19-21 WStG kriminellen und nicht nur disziplinären Ungehorsam begeht. Im übrigen Bereich hoheitlicher Tätigkeit, wie bei Polizei und Bundesgrenzschutz, ist die Nichtausführung einer dienstlichen Anordnung nur von disziplinärer Erheblichkeit.
3. Die Art der Ausrüstung hebt die Streitkräfte auch von bewaffneten Polizeieinheiten ab.
4. Die eigentliche Vollzugsaufgabe wächst ihnen erst im Ernstfall zu. Die in Friedenszeiten erfolgenden Manöver sind nur Vorbereitung hierfür. Für die Verwaltung gilt gerade die umgekehrte Gewichtung.
5. Das militärische Handeln orientiert sich an der taktischen und operativen Lage und zielt auf größtmögliche Effizienz. Dagegen ist das Verwaltungshandeln geprägt von einer Abwägung der behördlichen Zielvorstellung mit der Interessensphäre des betroffenen Bürgers[405].

Das Grundgesetz selbst hat die Frage nach der funktionellen Zuordnung der Streitkräfte nicht ausdrücklich beantwortet. Die Platzierung des Art. 87a GG im Abschnitt VIII unter der Überschrift "Die Ausführung der Bundesgesetze und die Bundesverwaltung" erweckt aber zunächst den Eindruck, dass die Verfassung die Tätigkeit der Streitkräfte als Verwaltung bewertet[406]. Dieser Auffassung kann aber durch Verweisung auf die Entstehungsgeschichte entgegengetreten werden, nach der Art. 87a GG in die Nachbarschaft der zweifelsfrei Verwaltungstätigkeit erfassenden Bundeswehrverwaltung des Art. 87b GG gestellt werden sollte, da

404 Quaritsch, in: VVDStRL 26 (1968), S. 207 ff.

405 Zu diesen Punkten auch: Eberhardt, Die Befehls- und Kommandogewalt, S. 107 ff.

406 Stern, Staatsrecht, Bd. II, S. 853.

man einen neuen eigenen Abschnitt für die Streitkräfte nicht begründen wollte. Man bekannte sich vielmehr zu dem Konzept der funktionalen und organisatorischen Trennung von Wehrverwaltung und Streitkräften. Die Verfügung über Rüstung, Verwaltung, die zugewiesenen Gelder und teilweise das Personal wurde von der militärischen Führung abgekoppelt und in die Hände von Beamten gelegt. Dieses ambivalente Konzept zielte sowohl auf den Aufbau einer effektiven Bundeswehrverwaltung als auch auf Begrenzung der militärischen Macht vor einer ihr typischerweise immanenten Missbrauchsgefahr. Diese Systematik wurde demnach bewusst gewählt, um zum Ausdruck zu bringen, dass das Wehrwesen nicht eine sich von den übrigen Staatsfunktionen abhebende Funktion im Sinne einer vierten Gewalt ist, sondern vielmehr verfassungssystematisch in das Staatswesen eingefügt worden ist[407]. Der Anspruch der Homogenität, den das politische System erhob, und die erhebliche Eigendynamik der Streitkräfte, als einer personell, finanziell und technisch so bedeutenden Ordnungswelt, forderten zwingend die Einordnung der Bundeswehr in eine der drei Gewalten, um damit die absolute Bindung an Gesetz und Recht zu gewährleisten[408].

b) Die Sicherstellung der Grundrechtsbindung durch Änderung des Art. 1 Abs. 3 GG

Die besondere Stellung, die die Streitkräfte in einem demokratischen Staatsgefüge wie der Bundesrepublik kraft ihrer inneren Struktur zur Machtausübung innehaben[409], zeigt die Notwendigkeit, dass sie sich nicht als ein "Machtfaktor ersten Ranges", sondern vielmehr als ein Integrationsfaktor darstellen müssen. So wurden die Gefahren einer Eigendynamik des Militärs im Staat vor allem am Beispiel der deutschen Geschichte sichtbar.

Streitkräfte sind durch ihr bloßes Dasein ein Machtfaktor von hohem Rang. Angesichts ihrer Ausrüstung sind sie vielleicht die mächtigste Einrichtung des Staates[410]. Das zentrale Problem der Wehrverfassung lag deshalb darin, wie diese bewaffnete Macht in die verfassungsmäßige Ordnung des Rechtsstaates eingeordnet werden konnte[411]. Die Tatsache, dass die Bundesrepublik als ein Staat ohne Streitkräfte gegründet wurde, bot dem Gesetzgeber von vorneherein die Chan-

---

407 Hahnenfeld, Wehrverfassungsrecht, S. 38.

408 So auch Hornung, Staat und Armee, S. 45.

409 Das Militär ist in einem Staat als einzige Institution so ausgestattet, dass es von außen kommende Gewalt abwehren kann. Sie verfügt daher als einzige staatliche Einrichtung über das Monopol auf schwere Waffen. Die staatlich gewollte Möglichkeit der Gewaltanwendung gegen Angriffe von außen könnte sich jedoch auf Grund des ihr innewohnenden Machtpotentials in Krisensituationen auch gegen den Staat selbst wenden.

410 So sieht es jedenfalls Stern, Staatsrecht, Bd. II, S. 853, 854.

411 Raap, Deutsches Wehrrecht, S. 2.

ce, der Armee die Position in Staat und Gesellschaft einzuräumen, die den Interessen einer parlamentarischen Demokratie entsprach. Dabei galt es sicherzustellen, dass sich das Militär in einem kritischen Adaptionsprozess mit den herrschenden Werten und Normen des politischen Systems auseinandersetzt, um es so in die Lage zu versetzen, die demokratische Wertordnung aus Überzeugung zu verteidigen[412].

Trotz aller Diskussionen und Kontroversen um die Integration der militärischen Macht in das politische System Deutschlands war sich eine große "Wehrkoalition" im Parlament darüber einig, eine Verselbständigung der militärischen Führung zu verhindern, die Streitkräfte eindeutig unter parlamentarischer Kontrolle zu halten und an Gesetz und Recht zu binden. Als Ergebnis dieser gemeinsamen Bemühungen wurde am 6. März 1956 die zweite Wehrverfassungsnovelle beschlossen, die am 19. März 1956 in Kraft trat[413]. Durch diese wurde der in Art. 1 Abs. 3 GG ursprünglich enthaltene Ausdruck "Verwaltung" durch den Begriff "vollziehende Gewalt" ersetzt. Die Neufassung sollte klarstellen, so der zweite schriftliche Bericht des Rechtsausschusses des Bundestages[414], dass "alle Ausübung von Staatsgewalt", also auch der militärische Bereich, an die Grundrechte gebunden ist. Der Ausdruck vollziehende Gewalt statt Verwaltung entspreche dem in Art. 20 Abs. 2 S. 2 und Abs. 3 GG benutzten Wortlaut und sollte jeden Zweifel daran beheben, dass auch alle staatlichen Maßnahmen, die die Bundeswehr betreffen, eingeschlossen sind.

Der Bürger muss heute darauf vertrauen können, dass die Staatsgewalt in allen ihren Erscheinungsformen – also auch und gerade die Streitkräfte – sich von der Verfassung "befehlen" lässt. Die Bindungsunterworfenheit aller Staatsdiener im Sinne eines "Verfassungsgehorsams" ist deshalb erste Voraussetzung der Lebensfähigkeit der freiheitlichen, demokratischen Grundordnung der Bundesrepublik.

Die Bundeswehr wurde so derart in das Verfassungsgefüge eingepasst, dass sie nicht einen Fremdkörper darstellte, sondern integraler Bestandteil der gesamten demokratischen Staatsorganisation wurde. Jedem Ansatz in Richtung einer eigenen Wehrgewalt oder vierten Gewalt wurde somit der Boden entzogen. "Die Streitkräfte repräsentieren als Teile der vollziehenden Gewalt das äußere Gewaltmonopol des Staates"[415] und unterliegen insoweit einer unmittelbaren Grundrechtsbindung.

---

412 Hamann, Die Bundeswehr im demokratischen Staat, in: Politische Bildung, Heft 1 (7/1974), S. 3.

413 BGBl. 1956 I, S. 111.

414 BT-Drs. 2. WP 1950, S. 2.

415 Interne Studie des Bundesverteidigungsministeriums von 1988, zit.: nach Hoffmann, Bundeswehr und UN-Friedenssicherung, S. 190.

2. *Zusammenfassung*

Als Ergebnis der vorstehenden Untersuchung ist danach zunächst festzuhalten, dass – in Übereinstimmung mit den im 1. Teil der vorliegenden Arbeit erreichten Schlüssen – die Grundrechtsordnung des Grundgesetzes zufolge der sich aus Art. 1 Abs. 3 GG ergebenden grundsätzlichen Bindung aller Träger deutscher Hoheitsgewalt auch von der Bundeswehr zu beachten ist. Dies betonte auch *van Essen* im Rahmen der Debatte um den Afghanistan-Einsatz: "Als Lehre aus der Vergangenheit ist die Bundeswehr wie keine andere Armee an das Recht und seine Beachtung gebunden worden"[416].

Die Verfassung hat mit der Änderung des Art. 1 Abs. 3 GG eine eigenständige Militärgewalt ausgeschlossen und unterwirft die bewaffnete Macht grundsätzlich den allgemeinen, für die Exekutive maßgebenden Regeln. Die Bindungsunterworfenheit umfasst dabei die Pflicht, bei dienstlichen Tätigkeiten das Grundgesetz und seine Normen, insbesondere die Grundrechte zu befolgen. Die Erfüllung des Auftrages der Bundeswehr ist also an die Verwirklichung der Werteordnung des Grundgesetzes gebunden. Der Hinweis auf das Grundgesetz verdeutlicht gerade, dass die enge Orientierung an der Verfassung den Rahmen für soldatisches Handeln setzt.

C. Völkerrechtliche Bindungen

Militärisches Handeln bezeichnet also grundsätzlich einen Ausschnitt aus dem Gesamtbereich staatlicher Tätigkeit und ist insoweit Ausdruck und Inbegriff der Grundrechte eines Staates zur freien äußeren Selbstbestimmung[417] sowie zur unbedingten Selbstbehauptung[418]. Solange die Rechtsposition des Individuums allein durch diese eine staatliche Rechtsordnung bestimmt wurde und nur staatliche Gewaltinhaber dem Einzelnen gegenüberstanden, kam den Grundrechten grundsätzlich lediglich staatsrechtliche Relevanz zu, weshalb sie heute noch gewöhnlich als Rechte des Einzelnen gegen den Staat gesehen werden. Für den Bereich der militärischen Gewalt fehlte es aufgrund dessen auch lange Zeit an umfassenderen verbindlichen Regelungen, so dass *Clausewitz* zu Beginn des 19. Jahrhun-

416 In der Debatte ging es um die Rechtmäßigkeit der den Soldaten erteilten Weisung, in Afghanistan nicht gegen den Drogenanbau und -handel vorzugehen. Auf Grund ihres Auftrages habe sie den rechtlichen Verpflichtungen der Bundesrepublik und ihren Gesetzen nachzukommen, aber durch Unterzeichnung zahlreicher internationaler Konventionen sei sie auch verpflichtet, gegen den Drogenhandel zu kämpfen und rechtlich vorzugehen; FAZ vom 19. Juni 2004.

417 Berber, Lehrbuch des Völkerrechts I, S. 181 ff.

418 Berber, Lehrbuch des Völkerrechts I, S. 195 ff.

derts noch in seinem Werk "Vom Kriege" über die völkerrechtlichen Schranken des Kriegsrechts schreiben konnte: "Unmerkliche, kaum nennenswerte Beschränkungen, die sie (die Gewalt) sich selbst setzt unter dem Namen völkerrechtlicher Sitte, begleiten sie (die Gewalt), ohne ihre Kraft wesentlich zu schwächen"[419]. Infolge der Erfahrungen mit totalitären Regimes während des Zweiten Weltkrieges und der Nachkriegszeit erweiterte sich die Bedeutung der Grundrechte jedoch auch in die völkerrechtliche Ebene hinein, indem der Schutz von Grundrechten zum Gegenstand internationaler Abkommen gemacht wurde. So wurde 1864 mit der Rot-Kreuz-Konvention zur Verbesserung des Loses der Verwundeten der Heere im Felde der erste individualschützende Vertrag des Kriegsvölkerrechts geschlossen[420]. Parallel hierzu wurden die Haager Abkommen entwickelt, die versuchen, die Freiheit der Kriegsführenden zu beschränken, indem sie Mittel der Kriegsführung verbieten, die unnötiges Leid verursachen[421]. Am 12. August 1949 wurden vier neue Genfer Abkommen zum Schutze der Personen angenommen, die nicht an den Feindseligkeiten teilnehmen[422]. Die 1977 verabschiedeten Zusatzprotokolle zu den Genfer Abkommen stellen eine Neubestätigung des Genfer Rechts von 1949 sowie von Teilen des Haager Rechts von 1907 dar[423]. Auch das System des Menschenrechtsschutzes fand unter dem Einfluss der Schrecken des Zweiten Weltkrieges mit der Allgemeinen Erklärung der Menschenrechte[424] Eingang in das Völkerrecht. Zusammen mit der Vielzahl der multilateralen Verträge verpflichten sich die Staaten damit völkerrechtlich zur Garantie grundrechtlicher Verbürgungen.

Zweifellos gehört zu den Besonderheiten des Grundgesetzes, dass es im Gegensatz zu den älteren deutschen Staatsverfassungen dem Völkerrecht und dem friedlichen Zusammenleben der Völker einen besonderen verfassungsrechtlichen

---

419 von Clausewitz, Vom Kriege, S. 13.

420 Abkommen zur Verbesserung des Loses der Verwundeten der Heere im Felde vom 22. August 1864, in: Schindler/Toman, The laws of armed conflicts, Nr. 2 III.

421 Haager Abkommen vom 29. Juli 1899 sowie vom 18. Oktober 1907.

422 I. Genfer Abkommen zur Verbesserung des Loses der Verwundeten, Kranken und Schiffbrüchigen der Streitkräfte im Felde (BGBl. 1954 II, S. 783); II. Genfer Abkommen zur Verbesserung des Loses der Verwundeten, Kranken und Schiffbrüchigen der Streitkräfte zur See (BGBl. 1954 II, S. 813); III. Genfer Abkommen über die Behandlung der Kriegsgefangenen (BGBl. 1954 II, S. 838); IV. Genfer Abkommen zum Schutze der Zivilpersonen in Kriegszeiten (BGBl. 1954 II, S. 917).

423 Zusatzprotokoll vom 8. Juni 1977 zu den Genfer Abkommen vom 12. August 1949 über den Schutz der Opfer internationaler bewaffneter Konflikte (BGBl. 1990 II, S. 1551); Zusatzprotokoll vom 8. Juni 1977 zu den Genfer Abkommen vom 12. August 1949 über den Schutz der Opfer nicht-internationaler bewaffneter Konflikte (BGBl. 1990 II, S. 1637).

424 Am 10. Dezember 1948 wurde die Allgemeine Erklärung der Menschenrechte als eine Empfehlung von der Generalversammlung der Vereinten Nationen verkündet.

Stellenwert einräumt[425]. Unter dem Schock des Weltkrieges und im Bewusstsein der deutschen Verbrechen gegen die Menschlichkeit sowie unter dem Eindruck der völligen Isolation innerhalb der Völkergemeinschaft, war das Bedürfnis nach Frieden sowie die Anerkennung Deutschlands als gleichberechtigtes Völkerrechtssubjekt ein wesentliches Leitmotiv der deutschen Nachkriegspolitik[426]. So war es nahezu selbstverständlich, dass das Völkerrecht einen festen Platz in der neuen Verfassung erhalten sollte, um das Handeln des Staates und seiner Organe an diese Werte zu binden[427].

Im Grundgesetz ist über die Verwendung des Ausdrucks "Verteidigung" in den wehrrechtlichen Regelungen[428] und die Proklamierung einer friedensbewahrenden Außenpolitik in der Präambel und Art. 24 Abs. 2 hinaus durch die Art. 25 und 26 eine verbindliche, am Völkerrecht orientierte Beschränkung der Funktion aller militärischen Kräfte herbeigeführt worden. Nach Art. 25 GG sind die allgemeinen Regeln des Völkerrechts Bestandteil des Bundesrechts, das vom Gesetzgeber, von der Regierung, der Verwaltung und den Gerichten strikt zu beachten ist (Art. 20 Abs. 3 GG)[429]. Zu den allgemeinen Regeln des Völkerrechts im Sinne des Art. 25 GG gehört nach der Rechtsprechung des Bundesverfassungsgerichts mit Ausnahme des Völkervertragsrechts, soweit in ihm nicht völkergewohnheitsrechtliche Regeln kodifiziert sind, das gesamte geltende Völkerrecht, insbesondere das Völkergewohnheitsrecht sowie die von den Kulturnationen anerkannten allgemeinen Grundsätze des Rechts[430]. Nach der Rechtsprechung des Bundesverfassungsgerichts sind die Träger der deutschen öffentlichen Gewalt gem. Art. 25 GG gehalten, alles zu unterlassen, was einer unter Verstoß gegen allgemeine Regeln des Völkerrechts vorgenommenen Handlung nichtdeutscher Hoheitsträger im Geltungsbereich des Grundgesetzes Wirksamkeit verschafft[431]. Ferner sind sie gehindert, an einer gegen die allgemeinen Regeln des Völkerrechts verstoßenden Handlung nichtdeutscher Hoheitsträger bestimmend mitzuwirken[432]. Dies gilt auch für das Verhalten der Bundeswehr in internationalen Organisationen.

---

425 Stern, Staatsrecht, Bd. I, S. 474 ff.

426 So Schultz, Die Auslandsentsendung, S. 124.

427 Lutz, Krieg als ultima ratio?, S. 10.

428 Art. 17a Abs. 2, 45a, 59a, 73 Nr. 1, 87a GG.

429 "Sie gehen den Gesetzen vor und erzeugen Rechte und Pflichten unmittelbar für die Bewohner des Bundesgebietes."

430 Die Regeln des Völkergewohnheitsrechts sind "kraft Art. 25 Satz 1 GG als solche mit ihrer jeweiligen völkerrechtlichen Tragweite Bestandteil des objektiven, im Hoheitsbereich der Bundesrepublik Deutschland geltenden Rechts." So die ständige Rechtsprechung des Bundesverfassungsgerichts, vgl. BVerfGE 15, 25, 34, 35; insbesondere BVerfGE 46, 342, 403, 404.

431 BVerfGE 75, 1, 19.

432 BVerfGE 75, 1, 19.

Die Einhaltung des Völkerrechts wird also bereits verfassungsrechtlich durch Art. 25 GG gefordert. Eine inhaltliche Bindung auswärtiger Aktivität wird im Wesentlichen aber nur soweit erzeugt, als diese Bestimmung zu völkerrechtsmäßiger und friedensfreundlicher Ausübung der verfassungsrechtlich gegebenen Zuständigkeiten verpflichtet. Am 12. September 1990 hat sich die Bundesrepublik im "Vertrag über die abschließende Regelung in Bezug auf Deutschland" (Zwei-plus-Vier-Vertrag)[433] erneut darauf festgelegt, ihre Streitkräfte nur in Übereinstimmung mit den Grundsätzen des Völkerrechts einzusetzen. Entscheidend ist also, dass der Ausübung von Staatsgewalt seitens der Bundeswehr auch durch das Völkerrecht Grenzen gesetzt sind.

D. Überlegungen hinsichtlich einer möglichen Grundrechtsbindung im Rahmen von Auslandseinsätzen

Die Bindung staatlicher Organe an die Grundrechte bei der Ausübung der ihnen übertragenen Hoheitsgewalt, ist eines der herausragenden Kennzeichen moderner, freiheitlicher Ordnungen und stellt zugleich eines der zentralen Elemente des Rechtsstaats dar[434]. In einer Zeit, in der die Grundrechte damit weltweit zum anerkannten Grundbestand gerechnet werden, muss ihre Geltung als Selbstverständlichkeit erscheinen. Ob dieser spontane Befund aber tatsächlich das geltende Recht widerspiegelt, ist fraglich. Auch wenn man, in Übereinstimmung mit dem aus dem ersten Teil gefundenen Ergebnissen, von einer prinzipiellen Geltung der Grundrechte im Ausland ausgeht, darf nicht übersehen werden, dass es sich nicht um den Regelfall des Grundrechtsschutzes handelt, sondern vielmehr um einen Ausnahmefall. Die Grundrechte sind grundsätzlich auf das Handeln der deutschen Staatsorgane innerhalb der Bundesrepublik und nicht auf das Handeln im Ausland zugeschnitten. Dies zeigt sich nicht nur dadurch, dass Anknüpfungspunkt einzelner Grundrechtsgewährleistungen die deutsche Staatsangehörigkeit ist[435]. Die Frage, ob und in welchem Umfang die Grundrechte des Grundgesetzes bei Auslandseinsätzen der Bundeswehr nach der Vorschrift des Art. 1 Abs. 3 GG anwendbar sind, muss jedoch nach bestimmten Regeln feststellbar sein. Diese Notwendigkeit ergibt sich nicht allein schon daraus, dass es sich um einen zentralen Bereich der Verfassung, genauer gesagt um die Grundrechtsbindung, handelt, die gerade nach dem Willen des Verfassungsgebers absolut sein sollte, sondern vor allem auch daraus, dass heute die Ausübung von Hoheitsakten auf fremdem

433 BGBl. 1990 II, S. 1317; in Kraft seit dem 15. März 1991, BGBl. 1991 II, S. 585.
434 Hofmann, in: Hofmann/Marko/Merli/Wiederin, Rechtsstaatlichkeit in Europa, S. 3.
435 So Art. 8, 9, 11, 12 Abs. 1, 16 Abs. 1 und 2, 20 Abs. 4 und 33 Abs. 1-3 GG.

Territorium zum Alltag eines jeden im Auslandseinsatz befindlichen deutschen Soldaten gehört.

I. Berücksichtigung entwickelter Rechtsauffassungen

Generelle Antworten auf die Frage, ob und wenn ja, inwieweit deutsche Streitkräfte im Ausland den Grundrechten des Grundgesetzes unterworfen sind, sind weder im Grundgesetz noch in sonstigen maßgeblich die Auslandseinsätze betreffenden Regelungen zu finden. Lediglich im "Handbuch für Auslandseinsätze im Frieden"[436] findet sich die Aussage: "Die Ausübung staatlicher Hoheitsbefugnisse ist grundsätzlich auf das eigene Staatsgebiet beschränkt (sog. Territorialprinzip). Die Anwendung nationalen Rechts während einer besonderen Auslandsverwendung im Aufenthaltsstaat ist daher nur möglich, wenn völkerrechtliche Vereinbarungen die Grundlage hierfür bilden. Ist eine solche Regelung nicht vorhanden, ergibt sich im Rahmen von Missionen der Vereinten Nationen die Befugnis zur Anwendung nationalen Rechts als direkte Folge des Mandats des VN-Sicherheitsrates für diese Mission."[437] Unabhängig davon, ob diese Aussage mit dem geltenden Recht vereinbar ist, betrifft sie speziell den Fall der Ausübung des Disziplinarrechts gegenüber den deutschen Soldaten im Ausland. Die Ausübung eines Hoheitsaktes durch Soldaten auf fremdem Territorium ist von dieser Regelung dagegen nicht erfasst, so dass sie im Rahmen der Untersuchung nicht weiter hilfreich ist.

Nun könnte man sich indes auf den Standpunkt stellen, dass das Verhalten des Soldaten im Auslandseinsatz bereits durch eine Vielzahl von Regelungen festgelegt ist, wie beispielsweise durch "Rules of Engagement" oder "Status of Forces Agreements". Eine genauere Betrachtung des anwendbaren Rechts könnte unter diesem Gesichtspunkt also unterbleiben. Dem ist jedoch entgegenzuhalten, dass Antworten auf die Frage im Grundsätzlichen zu suchen sind. Erst die Grundrechte ergeben letztlich die Rahmenbedingungen für militärisches Handeln im Ausland und korrespondierend damit eine mögliche Grundrechtsverpflichtung. Betrachtet man die einzelnen Truppenstationierungsabkommen insoweit genauer, so zeigt sich, dass sie nur kriegsvölkerrechtliche Regeln, die als Mindeststandards einzuhalten sind, beinhalten, wie beispielsweise das Gebot der Achtung der Pri-

---

436 Handbuch für Einsätze und Verwendungen der Bundeswehr im Frieden außerhalb des Hoheitsgebietes der Bundesrepublik Deutschland (Handbuch für Auslandseinsätze im Frieden) Stand März 2001.

437 Handbuch für Auslandseinsätze im Frieden, Teil A, Rn. 2505.

vatsphäre[438]. Sie stellen demnach lediglich eine Hilfe für die Abwägung im Einzelfall dar. Eine Aussage darüber, welches Recht für die Truppe "gilt" ist dagegen nicht zu finden.

II. Auswirkungen für die Ausgangsfrage

Dass sich bei Errichtung der Bundeswehr niemand Gedanken darüber gemacht hat, ob und in welcher Weise die Grundrechte des Grundgesetzes im Rahmen von Auslandseinsätzen der Bundeswehr gelten, liegt speziell in der deutschen Geschichte begründet; sah man doch keine Veranlassung, in der neuen Verfassung die Möglichkeit zu erörtern, für die Zukunft wieder deutsche Truppen ins Ausland zu entsenden[439]. Daher lässt sich auch nicht die Auffassung vertreten, dass man bei der Änderung des Art. 1 Abs. 3 GG von der Annahme einer Grundrechtsbindung für derartige Fälle ausging, da zu diesem Zeitpunkt eine ausdrückliche Bezugnahme unterblieb.

Auch in der Praxis blieb diese Frage zunächst unbeantwortet, was vor dem geschilderten Hintergrund der sowohl qualitativen als auch quantitativen Steigerung der Auslandseinsätze mehr als verwunderlich ist. Bisher lag das Interesse in der Öffentlichkeit und der Staatsrechtslehre vielmehr auf der Zulässigkeit und den verfassungsrechtlichen Voraussetzungen derartiger Einsätze, die auch durch das Urteil des Bundesverfassungsgerichts nicht abschließend beantwortet wurden[440].

---

438 So enthält die Weisung Nr. 8 des BMVg vom 24. Juni 1999 Mindeststandards für die Behandlung Festgenommener, die Durchsuchung solcher Personen nach Waffen, die Zulässigkeit der Anwendung militärischen Zwangs zur Durchsetzung einer Festnahme oder die Möglichkeit des Absehens von Festnahme bei besonderen Umständen. Auch die im OPLAN 10413 vorgegebenen "Procederes for dealing with prisoners" für die KFOR-Truppe sehen kriegsvölkerrechtliche Regeln als Mindeststandards vor.

439 Günther, in: Thiel, Wehrhafte Demokratie, S. 329.

440 Vgl. Arndt, Verfassungsrechtliche Anforderungen an internationale Bundeswehreinsätze, NJW 1994, S. 2197 ff; Bähr, Auslandseinsätze der Bundeswehr, MDR 1994, S. 882 ff; ders., Verfassungsmäßigkeit des Einsatzes der Bundeswehr im Rahmen der Vereinten Nationen; Blumenwitz, Der Einsatz deutscher Streitkräfte nach der Entscheidung des BVerfG vom 12. Juli 1994, BayVBl 1994, S. 641 ff, 678 ff; Fehn/Fehn, Die verfassungsrechtliche Zulässigkeit von Blauhelmeinsätzen der Bundeswehr, Jura 1997, S. 621 ff; Nölle, Die Verwendung des deutschen Soldaten im Ausland; Nolte, Bundeswehreinsätze in kollektiven Sicherheitssystemen, ZaöRV 54 (1994), S. 652 ff; Riedel, Der Einsatz deutscher Streitkräfte im Ausland; Schultz, Die Auslandsentsendung von Bundeswehr und Bundesgrenzschutz zum Zwecke der Friedenswahrung und Verteidigung; Wieland, Verfassungsrechtliche Grundlagen und Grenzen für einen Einsatz der Bundeswehr, DVBl. 1991, S. 1174 ff; Zimmer, Einsätze der Bundeswehr im Rahmen kollektiver Sicherheit, 1995; u.v.m.

Das gesamte Einsatzspektrum deutscher Streitkräfte, zu dem sowohl die rein militärischen Einsätze im Rahmen der Bündnisverteidigung und des Krisenmanagements zählen als auch Einsätze zu humanitären Zwecken und zur Rettung eigener Staatsangehöriger, bringt es jedoch mit sich, dass Organe des deutschen Staates bzw. einer internationalen Organisation auf dem Gebiet eines anderen Staates tätig werden, mit der Folge, dass Grundrechtspositionen tangiert werden können. Gerade durch die zeitliche und örtliche Nähe zu bewaffneten Konflikten ist bei Auslandseinsätzen eine Gefährdung soldatischer Rechtsgüter gegeben. Handelt der Soldat im Einsatz unmittelbar kampfbezogen, so greift er jedoch nicht nur in Rechtsgüter gegnerischer Soldaten ein, sondern auch unvermeidlich in solche nichtkombattanter Personen, so dass sich an dieser Stelle unweigerlich die Frage aufdrängt, ob die betroffenen Personengruppen überhaupt dem Schutz der deutschen Rechtsordnung unterstehen.

Die Aktualität der dieser Arbeit zugrunde liegenden Problematik wird nicht zuletzt durch die "Varvarin"-Entscheidung des Oberlandesgericht Köln vom 28. Juli 2005[441] besonders unterstrichen, die bereits Gegenstand eines erstinstanzlichen Verfahrens vor dem Landgericht Bonn war, in der breiten Öffentlichkeit aber relativ wenig Beachtung fand[442]. Erstmals wurde die Bundesrepublik Deutschland wegen eines Kriegseinsatzes im Rahmen der NATO auf Schadensersatz in Millionenhöhe verklagt. Hintergrund des Urteils ist ein Luftangriff auf die Brücke nahe des Dorfes Varvarin, der während des Kriegs in Jugoslawien am 30. Mai 1999 durch NATO-Truppen geführt wurde und bei dem zehn Menschen ums Leben kamen sowie 30 Personen verletzt wurden. Deutsche Luftstreitkräfte waren an der Zerstörung der Brücke nicht unmittelbar beteiligt, insbesondere erfolgte der Raketenangriff nicht durch deutsche Flugzeuge. Sowohl Opfer als auch Hinterbliebene rügten mit der Klage eine Verletzung des humanitären Völkerrechts sowie ein Verstoß gegen Grundrechte und Amtshaftungsgrundsätze, da die Bundesrepublik Deutschland im Rahmen der NATO das ihr mögliche Vetorecht gegen die Zielauswahl der Brücke von Varvarin nicht ausgeübt habe[443]. Das Gericht hielt den eingeklagten Entschädigungsanspruch bereits wegen des Fehlens einer völkerrechtswidrigen Handlung für unbegründet[444]. Normen des Völkerrechts, die den Klägern als Individuen für die Folgen des NATO-Angriffs einen durchsetzbaren Anspruch auf Schadensersatz oder Schmerzengeld gegen die Bundesrepublik Deutschland einräumten, existierten nicht, so dass hieran bereits

441 Oberlandesgericht Köln, Urteil vom 28. Juli 2005, Az.: 7 U 8/04.

442 Landgericht Bonn, Urteil vom 10. Dezember 2003, Az.: 1 O 361/02; siehe auch NJW 2004, S. 525 ff.

443 LG Bonn, Urteil vom 10. Dezember 2003, Az.: 1 O 361/02, S. 3; NJW 2004, S. 525, 526.

444 LG Bonn, Urteil vom 10. Dezember 2003, Az.: 1 O 361/02, S. 9; OLG Köln, Urteil vom 28. Juli 2005, Az.: 7 U 8/04, S. 3.

die Klage scheiterte[445]. In diesem Zusammenhang verwies das Landgericht auf ein Urteil des Bundesgerichtshofes vom 26. Juni 2003 (Distomo), indem dieser feststellte, dass es der Heimatstaat des verletzten Bürgers sei, der einen Ersatzanspruch geltend zu machen habe und nicht etwa der verletzte Bürger selbst[446]. Das Oberlandesgericht Köln hält allerdings die Anwendung deutschen Amtshaftungsrechts bei Auslandseinsätzen der Bundeswehr nicht generell für ausgeschlossen[447]. Zu der entscheidenden Frage, ob die Grundrechtsbindung der deutschen öffentlichen Gewalt nach Art. 1 Abs. 3 GG im Fall von Bundeswehreinsätzen auf fremdem Territorium überhaupt eingreift, äußerte sich – weil dies nicht entscheidungserheblich war – das Oberlandesgericht Köln ebenso wie die Vorinstanz nicht. Die bisher getroffenen Feststellungen reichen für sich genommen noch nicht aus, es vom Verfassungsrecht her als angezeigt zu betrachten, die Bundeswehr im Rahmen ihrer Auslandseinsätze an die Grundrechte zu binden. Es ist vielmehr für jede Erscheinungsform von Auslandseinsätzen gesondert zu prüfen, ob die Bundeswehr in ihrer Eigenschaft als Organ der Exekutive weiterhin an die Grundrechte gebunden ist, namentlich wenn sie im Rahmen von internationalen Organisationen tätig ist, Besatzungsbefugnisse wahrnimmt oder sich an sonstigen militärischen Einsätzen im Ausland beteiligt.

---

445 LG Bonn, Urteil vom 10. Dezember 2003, Az.: 1 O 361/02, S. 10.

446 BGH, Urteil vom 26. Juni 2003, Az.: III ZR 245/98, S. 19; auch NJW 2003, S. 3488 ff. In diesem Urteil hatte der BGH einen zivilrechtlichen Schadensersatzanspruch von griechischen Opfern einer Kriegsrechtsverletzung durch deutsche Truppen während des Zweiten Weltkrieges (1944) abgelehnt, mit der Begründung, dass er in der Entscheidung internationales Recht in der Fassung von 1944 zugrunde zu legen hätte (Ibid S. 18). Bereits damals bestanden nach seiner Auffassung keine Kompensationsmöglichkeiten für Individuen, sondern die Staaten hätten als Adressaten die Rechte ihrer Bürger geltend zu machen (Ibid. S. 19).

447 OLG Köln, Urteil vom 28. Juli 2005, Az.: 7 U 8/04, S. 4. Das Landgericht Bonn hielt demgegenüber die Frage nicht für entscheidungserheblich, so Hermann, in: HuV-I 2, 2004, S. 79, 85.

6. Kapitel: Die Grundrechtsbindung bei der Wahrnehmung von Besatzungsbefugnissen

A. Kriegsvölkerrechtliches Anwesenheitsrecht

In Zeiten, in denen nur die Aufgabe der Landesverteidigung im Vordergrund stand, war die Grundrechtsbindung eindeutig. Das ist auch heute noch so. Doch mittlerweile sind neue Aufgabenfelder außerhalb der herkömmlichen Landesverteidigung hinzugekommen. Militärische Verbände, Einheiten oder auch einzelne Soldaten können sich aus vielfältigen Gründen in anderen Staaten, als denen sie angehören, aufhalten: Streitkräfte dringen während eines Krieges in einen anderen Staat ein und verbleiben auf dessen Territorium; sie halten sich mit Zustimmung des Aufenthaltstaates auf fremden Territorium auf oder durchqueren fremdes Gebiet, um in einem anderen Land militärisch zu operieren. Waren diese Erscheinungsformen ausländischer "Truppenstationierung" früher die Ausnahme, ist heute nicht nur der vorübergehende Aufenthalt, sondern vor allem die ständige Anwesenheit fremder Streitkräfte zu einer alltäglichen Erscheinung geworden. Hierbei ergibt sich zwangsweise ein Spannungsverhältnis zwischen den militärischen Interessen des Entsendestaates und der Souveränität des Aufenthaltsstaates. Dabei stellt sich insbesondere die Frage, welchen rechtlichen Bindungen die Streitkräfte im Aufenthaltstaat ausgesetzt sind.

Die Problematik der Grundrechtsbindung der Bundeswehr bei Auslandseinsätzen gründet insbesondere seit dem Ende des Ost-West-Konfliktes und der verstärkten Teilnahme der deutschen Streitkräfte an Einsätzen in aller Welt auf überaus aktuellem Geschehen. Wie bereits eingangs erwähnt, ist die Bundeswehr derzeit auf drei Kontinenten mit einem Personalumfang von 7.000 Soldaten im Einsatz. Ganz im Gegensatz zu dieser aktuellen Diskussion steht die Frage nach der Grundrechtsbindung bei der Wahrnehmung von Besatzungsbefugnissen auf fremdem Territorium. Das Besatzungsrecht ist inhaltlich auf die Ausübung von Hoheitsrechten innerhalb eines fremden Staatsgebietes gerichtet[448]. Als wesentlicher Bestandteil des Kriegsrechts erlangte es insbesondere vor dem Hintergrund der Rheinlandbesetzung[449] und der Besetzung Deutschlands durch die Alliier-

448 Vgl. Heyland, Die Rechtsstellung der besetzten Rheinlande, S. 43.

449 Von November 1918 bis Februar 1930 besetzten amerikanische, belgische, englische und französische Truppen das Rheinland, siehe Allen, Zehn Jahre Fremdherrschaft am deutschen Rhein, S. 25 ff.

ten[450] eine ganz spezifische Bedeutung. Eine Besinnung auf die besatzungsrechtlichen Grundlagen schien danach zunächst abgeschlossen zu sein.

Auch wenn dieser Materie überwiegend historische Relevanz zukommt, ist eine genauere Betrachtung des Besatzungsrechts jedoch nicht überflüssig. Sie bleibt nicht nur für eine zeitgeschichtliche Betrachtung interessant, sondern sie dokumentiert auch die besatzungsrechtliche Ordnung, so wie ihr in jüngster Zeit wieder einige Aufmerksamkeit zukommt. Dies gilt insbesondere seit dem Sturz des Regimes im Irak, wo die Aufgaben einer Nachkriegsverwaltung deutlich zutage treten. So bezeichneten sich die USA und Großbritannien in einer im Mai 2003 vom UN-Sicherheitsrat verabschiedeten Resolution offiziell als "Besatzungsmächte" für den Irak[451]. Dies bedeutet, dass sie die juristische Verantwortung für den Irak übernommen haben und gegebenenfalls von irakischen Bürgern verklagt werden können[452].

In Deutschland dagegen hat das Thema seine Wurzeln bisher nicht in den jüngsten Erfahrungen der Praxis, sondern überwiegend in der Theorie. Bemerkenswert ist jedoch, dass bereits die Teilnahme der deutschen Truppen an der NATO-Bombardierung in Serbien sowie die Teilnahme an KFOR als das Handeln einer Besatzungsmacht beschrieben wurden[453]. Ohne im Einzelnen auf die tatsächliche rechtliche Situation einzugehen, wird deutlich, dass die Diskussion um die Ausübung von Besatzungsbefugnissen zwar auf historischem Hintergrund basiert und auch vor diesem geführt wurde, eine gewisse aktuelle Bedeutung aber dennoch nicht von der Hand zu weisen ist.

I. Grundtypen der Besatzungsgewalt

Grundsätzlich können sich fremde Truppen auf dem Gebiet eines Staates entweder als Besatzungstruppen gegen dessen Willen aufhalten oder mit dessen Ein-

---

450 Seit Anfang Mai 1945 befand sich ganz Deutschland im Zustand der kriegerischen Besetzung. Mit der Eroberung des deutschen Staatsgebietes hatten die Okkupanten das Recht auf militärische Anwesenheit in Deutschland erworben, das Staatsgebiet wurde in vier Besatzungszonen aufgeteilt. Die Oberkommandierenden der Streitkräfte der Besatzungsmächte übten jeweils in ihrer Besatzungszone die "oberste Herrschaftsgewalt" (supreme authority), d.h., die Hoheitsgewalt des Okkupanten aus, vgl. Art. 1 des Londoner Abkommens über die Kontrolleinrichtungen in Deutschland vom 14. November 1944 sowie das Londoner Protokoll über die Besatzungszonen in Deutschland und die Verwaltung von Groß-Berlin vom 12. September 1944, abgedruckt in: von Münch, Dokumente des geteilten Deutschland, S. 25 ff.

451 UN-Resolution 1483 vom 22. Mai 2003.

452 Financial Times vom 23. Juli 2003.

453 So Dr. Klaus Reinhardt im Rahmen der Jahrestagung des Arbeitskreises Militärgeschichte am 11. November 2002.

verständnis dort stationiert sein. Im Folgenden gilt es daher, die möglichen Formen einer Besetzung näher auszuloten.

1. Die kriegerische Besetzung (occupatio bellica)

Die occupatio bellica i.S.d. Art. 42 ff der HLKO ist der einschlägigste Fall des Aufenthalts von Streitkräften in einem fremden Staat ohne dessen Zustimmung. Als Folge militärischer Gewaltanwendung stellt sie eine vorübergehende, nicht auf einem Rechtstitel, sondern auf einem Akt kriegerischer Gewalt beruhende Inanspruchnahme eines fremden, zumeist feindlichen, Staatsgebietes dar. Bei der juristischen Analysierung des Besatzungsvorgangs sind zwei Elemente zu unterscheiden: Zum einen die gewaltsame Suspension des feindlichen Souveräns von der Ausübung der Gebietshoheit im besetzten Gebiet und zum anderen der als unmittelbare Folge dieser Suspension zwar nicht rechtlich, wohl aber tatsächlich stattfindende Übergang der Ausübung der feindlichen Gebietshoheit im besetzten Gebiet auf den Okkupanten[454]. Diese Konsequenz ist in Art. 42 HLKO festgehalten, in dem ausgeführt wird: "Ein Gebiet gilt als besetzt, wenn es sich tatsächlich in der Gewalt des feindlichen Heeres befindet. Die Besetzung erstreckt sich nur auf die Gebiete, wo diese Gewalt hergestellt ist und ausgeübt werden kann." Die in Art. 43 HLKO bestimmte Besatzungsfolge, der tatsächliche Übergang der "gesetzmäßigen Gewalt in die Hände des Besetzenden", hat die Suspension der feindlichen Staatsgewalt zur notwendigen Voraussetzung. Lediglich die Ausübung der feindlichen Gebietshoheit im besetzten Gebiet geht auf den Okkupanten über.

Die kriegerische Besetzung ist jedoch nicht nur eine Kriegstatsache, sie bezeichnet zugleich ein besonderes Institut, denn das Faktum der Besetzung durch das feindliche Heer begründet ein völkerrechtliches Rechtsverhältnis zwischen dem besetzenden Staat und dem besetzten Staat. Inhalt dieses Rechtsverhältnisses ist zum einen das Recht auf Anwesenheit der fremden Streitkräfte im Gebiet des besetzten Staates, zum anderen das Besatzungsregime, das heißt die vom Völkerrecht bestimmte, im besetzten Gebiet geltende Rechtsordnung[455], auf die noch zu einem späteren Zeitpunkt zurückzukommen ist. Die vorgefundene Rechtsordnung des besetzten Staates als solche bleibt demgegenüber grundsätzlich erhalten, denn die Besetzung soll nicht das Gesicht des okkupierten Landes neu prägen, sondern das Gebiet bis zur Entscheidung über sein endgültiges Schicksal lediglich in fremder Verwaltung halten.

---

454 Hagedorn, Die auswärtige Gewalt des Okkupanten, S. 36; Strupp/Schlochauer, Wörterbuch des Völkerrechts, Bd. I, S. 195.

455 Raap, NZWehrr 1991, S. 23; Rensmann, Besatzungsrecht im wiedervereinten Deutschland, S. 37.

Als spezifisches Merkmal der occupatio bellica ist somit festzuhalten, dass dieser Zustand ein wesentlich vorübergehender ist, dessen Sinn und Zweck primär und seinem Wesen nach militärisch-strategischer Art ist. Der besetzte Staat bleibt als Staatswesen trotz der Besetzung weiter bestehen, ihm ist lediglich jede unmittelbare rechtliche Gestaltungskraft verloren gegangen[456].

2. Die friedliche Besetzung (occupatio pacifica)

Im Gegensatz dazu stellt die friedliche Besetzung, die occupatio pacifica, eine militärische Besetzung eines fremden Staatsgebietes außerhalb der zeitlichen Geltung des Kriegsrechts dar und unterliegt somit nicht den Regelungen des Besatzungsrechts im Kriegsrecht. Eine solche Besetzung kann durch Vertrag als Vertragsbesetzung oder durch die der kriegerischen Besetzung ähnliche Zwangsbesetzung mittels militärischer Gewalt erfolgen[457]. Sie führt ebenso wie die kriegerische Besetzung zunächst zur Suspension des betroffenen Souveräns von der Ausübung seiner Gebietshoheit im besetzen Gebiet[458]. Unmittelbare Folge dieser Suspension ist auch hier wieder, dass die Ausübung der Gebietshoheit des einheimischen Souveräns für die Dauer der Besetzung auf den besetzenden Staat übergeht. Diese zugestandenen Rechte bilden sowohl den Rechtstitel als auch die Grundlagen und Grenzen der Besetzung. Nur die ihm vertraglich gewährten Hoheitsrechte kann der Okkupant ausüben, nur in diesem Umfang sind seine Anordnungen rechtmäßig.

3. Die gemischte Besetzung kraft Waffenstillstandsvertrages

Bei der Waffenstillstandsbesetzung handelt es sich um eine Mischform zwischen occupatio bellica und occupatio pacifica, die zwar auf einem völkerrechtlichem Vertrag beruht, sich aber noch während des Kriegszustands vollzieht[459]. Sie erfolgt also nicht gegen den Willen des okkupierten Staates durch einen Akt kriegerischer Gewalt, sondern wie in den Fällen friedlicher Besetzung kraft eines Rechtstitels mit Einwilligung des okkupierten Staates auf vertraglicher Grundlage. Die Besetzung kraft Waffenstillstandvertrages ist damit der friedlichen Besetzung vergleichbar, so dass auch hier gilt, dass Maßnahmen des Okkupanten im

456 Kaufmann, Deutschlands Rechtslage unter der Besatzung, S. 12; Hagedorn, Die auswärtige Gewalt des Okkupanten, S. 1; Uhler, Der völkerrechtliche Schutz der Bevölkerung eines besetzten Gebietes, S. 38.

457 Heyland, Die Rechtsstellung der besetzten Rheinlande, S. 24 ff.

458 Wilk/Stauf, Wehrrecht von A-Z, S. 47.

459 Raap, Die Souveränität der Bundesrepublik Deutschland, S. 161; Heyland, Die Rechtsstellung der besetzten Rheinlande, S. 66.

besetzten Gebiet insoweit rechtmäßig sind, als deren Vornahme vom okkupierten Staat durch den Waffenstillstandsvertrag gestattet ist.

4. Zusammenfassung

Zur Anwendung gelangt das Besatzungsrecht also ausschließlich im Geltungsbereich des Kriegsrechts, somit nur im Falle einer kriegerischen Besetzung. Auf die friedliche Besetzung finden die Vorschriften des Friedensrechts Anwendung, weshalb eine schriftliche Fixierung von Regeln nicht existiert[460].

II. Entwicklung der kriegerischen Besetzung im Allgemeinen

Das Verhältnis zwischen Okkupationsmacht und besetztem Staat ist nicht immer in gleicher Weise beurteilt worden. Die Kriegspraxis des Altertums zeichnete sich durch eine besondere Grausamkeit gegenüber den Angehörigen der feindlichen Macht aus, wobei zwischen Soldaten und Zivilbevölkerung kaum ein Unterschied gemacht wurde[461]. Ein kriegerisch besetztes Gebiet stand in dieser Zeit ohne weiteres dem rechtlichen Zugriff des Okkupanten offen. Er konnte daher bereits mit dem Beginn der Besatzung dieses Gebiet zum Bestandteil seines eigenen Staatsgebietes erklären[462]. Eine Unterscheidung zwischen den vorläufigen Befugnissen einer Besatzungsmacht und dem endgültigen Souveränitätsrecht, das dem Sieger kraft vollzogener Annexion zusteht, wurde noch bis in das 18. Jahrhundert nicht vorgenommen[463]. Eine Annexion war also bereits im Zeitpunkt der tatsächlichen Besitzergreifung möglich. Erst im Jahre 1758 führte *Vattel* aus, dass zwar ein kriegerisch besetztes Gebiet in die Rechtsgewalt des Feindes falle, aber dieser Gebietserwerb sei solange nicht vollkommen, als der Krieg andauere und der alte Souverän die Hoffnung habe, seinen Besitz durch Waffengewalt wiederzuerlangen. Dieser Gebietserwerb wird vielmehr erst auf Grund eines Friedensvertrages oder durch die völlige Unterwerfung des besetzten Staates endgültig[464]. Er folgerte hieraus, dass der besetzte Staat durch die kriegerische Besetzung allein seine Rechte nicht endgültig verlieren könne. Die Annexion eines

460 Unter Friedensrecht sind all jene Rechtssätze, Anwendungsregeln und Normen des Völkerrechts zu verstehen, die außerhalb des Kriegsfalles angewandt werden.

461 Hagedorn, Die auswärtige Gewalt des Okkupanten, S. 2; König, Zeitschrift für Völkerrecht, Bd. XI, S. 155, 156.

462 Hagedorn, Die auswärtige Gewalt des Okkupanten, S. 3; ähnlich Stödter, Deutschlands Rechtslage, S. 181.

463 Stödter, Deutschlands Rechtslage, S. 181.

464 Vattel, Les Droit des Gens ou principes de la loi naturelle, Bd. 2, lib. III, cap. XIII, S. 197, 198.

kriegerisch besetzten Gebietes sei dennoch nach der Besetzung ohne weiteres zulässig. Ihre Wirkungen könnten allerdings dann wegfallen, wenn der besetzte Staat in der Lage sei, das betreffende Gebiet zurückzuerobern. Bis zum Eintritt dieser Bedingung sei jedoch der Okkupant im besetzten Gebiet zunächst gleichsam Herr im eigenen Staatsgebiet. Im Allgemeinen ging man also davon aus, dass kriegerisch besetztes Gebiet unmittelbar und ohne weiteres Bestandteil des okkupierenden Staates werde[465].

Erst im Verlauf des 19. Jahrhunderts trat der Unterschied zwischen militärischer Okkupation einerseits und Annexion andererseits in den Vordergrund. 1848 machte *Heffter* insoweit als einer der ersten auf die bestehenden Unterschiede aufmerksam: "...der eindringende Feind tritt nicht sofort durch die bloße Besitzergreifung des anderseitigen Gebietes oder eines Teiles desselben an die Stelle der bisherigen Staatsgewalt, solange der letzten noch eine Fortsetzung des Krieges, mithin auch eine Umkehr des Kriegsglückes möglich ist. Erst wenn eine vollständige Besiegung der bekriegten Staatsgewalt eingetreten und dieselbe zu fernerem Widerstande unfähig gemacht ist, kann sich der siegreiche Teil auch der Staatsgewalt bemächtigen und nun ein eigenes, wiewohl usurpatorisches Staatsverhältnis mit dem besetzten Volke beginnen..."[466]. Dieser Standpunkt fand auch in Art. 3 der von *Francis Lieber* für das US-Verteidigungsdepartment im Jahre 1863 verfassten "Instructions for the Government of the Armies" seine ausdrückliche Formulierung: "Material Law in a hostile country consists in the suspension by the occupying military authority, of the criminal and civil law, and of the domestic administration and government in the occupied place or territory and in the substitution of military rule and force for the same, as well as in the dictation of general laws, as far as military necessity requires this suspension, substitution or dictation."

Zu Beginn des 20. Jahrhunderts wandelte sich die bis heute herrschende Rechtsauffassung dahingehend, dass in dem okkupierten Staatsgebiet die ursprüngliche Souveränität fortbesteht und für die Dauer der Okkupation lediglich an der Auswirkung gehindert ist[467]. In diesem Sinne stellt die HLKO fest, dass ein Gebiet als besetzt anzusehen ist, wenn es sich tatsächlich in der Gewalt des feindlichen Heeres befindet, Art. 42 HLKO. Damit ist die gesetzmäßige Gewalt tatsächlich in die Hand des Okkupanten übergegangen (Art. 43 HLKO).

---

465 Stödter, Deutschlands Rechtslage, S. 181.

466 Heffter, Das Europäische Völkerrecht der Gegenwart, § 131, S. 229.

467 Stödter, Deutschlands Rechtslage, S. 182.

III. Rechtsnatur der kriegerischen Besatzungsgewalt

Aus der Besetzung eines Staates und der militärischen Präsenz fremder Staaten resultiert sodann ein Nebeneinander von Besatzungsgewalt und Staatsgewalt, welches grundlegende Bedeutung für die Erfassung des Besatzungsrechts hat[468]. Die Tatsache, dass diese Besatzungsgewalt Hoheitsgewalt ist, die von den Besatzungsmächten an Stelle der Hoheitsgewalt des besetzten Staates ausgeübt wird, wurde zum Anlass genommen, die Besatzungsgewalt zum Begriff der Staatsgewalt in Beziehung zu setzen[469]. Die Frage nach der Rechtsnatur der Besatzungsgewalt bestimmt sich dabei danach, wessen Staatsgewalt von der Besatzungsmacht überhaupt ausgeübt wird. Daher ist der Frage nachzugehen, ob im Falle der Besetzung eines anderen Staates die Bundeswehr als Besatzer Inhaber der Staatsgewalt des besetzten Staates ist oder ob sie eine von der Staatsgewalt des besetzten Staates getrennte Hoheitsgewalt ausübt. Hierzu lassen sich im Wesentlichen drei Positionen unterscheiden.

1. Besatzungsgewalt als Staatsgewalt des Okkupanten (eigene Hoheitsgewalt)

Nach einer Auffassung wird die Besatzungsgewalt als Staatsgewalt des Okkupanten qualifiziert. Der Okkupant überträgt seine Herrschaftsgewalt, die er im eigenen Staate ausübt, einfach ins besetzte Land[470]. In diesem Sinne stellte das Reichsgericht im Verlauf des Ersten Weltkrieges fest, dass "soweit diese Besetzung reicht, die eigene Staatsgewalt des vorgerückten Staates an Stelle der fremden, welche wegen tatsächlicher Unmöglichkeit ihrer Entfaltung ausgeschaltet ist, tatsächlich tritt"[471]. Danach übt der Okkupant nicht eine fremde, sondern seine eigene öffentliche Gewalt in dem von ihm okkupierten Staatsgebiet aus[472]. Da Besatzungsakte vom Okkupanten ausgingen, stellten sie seine eigenen Rechtsnormen dar und seien demzufolge auch seinen höherrangigen Rechtssätzen, insbesondere also seiner Verfassung unterworfen[473].

Übertragen auf die der Untersuchung zugrunde liegende Problematik hätte dies zur Folge, dass die Bundeswehr auf von ihr besetztem Gebiet deutsche Ho-

---

468 Rensmann, Besatzungsrecht im wiedervereinten Deutschland, S. 36.

469 Rensmann, Besatzungsrecht im wiedervereinten Deutschland, S. 42.

470 Kelsen, Allgemeine Staatslehre, S. 139; von Stauffenberg, ZaöRV 2 (1931), S. 102; Neumeyer, Internationales Verwaltungsrecht IV, S. 542, 543; Sauser-Hall, in: Schweizerisches Jahrbuch für internationales Recht Bd. 1 (1944) S. 67.

471 Reichsgericht-Urteil vom 26. Juli 1915, dargestellt bei von Stauffenberg, ZaöRV 2 (1931), S. 102; sowie RG-Urteil vom 22. März 1917, in: DJZ 22 (1917), S. 829.

472 Stödter, Deutschlands Rechtslage, S. 183, Fn. 217; Kaufmann, Deutschlands Rechtslage unter der Besatzung, S. 27 ff.

473 Berber, Lehrbuch des Völkerrechts II, S. 129.

heitsgewalt ausüben würde. Stellt sich das dortige Handeln als Ausübung deutscher Gewalt dar, so wäre sie gemäß Art. 1 Abs. 3 GG ebenfalls an die Grundrechte des Grundgesetzes gebunden. Diese, vor allem früher vertretene Auffassung beruht auf der Vorstellung der wechselseitigen Zuordnung von Staatsgebiet und Staatsgewalt. Heute ist ihr jede rechtliche Grundlage entzogen. Denn dass die Besatzungshoheit nicht rein eigene Staatsgewalt des besetzenden Staates sein kann, zeigt vor allem der Unterschied von Okkupation und Annexion. Während bei ersterer die Besatzungsmacht lediglich vorläufige und damit vorübergehende Befugnisse in dem besetzten Land ausübt, stellt die Annexion eine Erweiterung des Staatsgebietes um das eroberte Territorium dar, die verbunden ist mit einer Ausdehnung der auch im übrigen Staatsgebiet ausgeübten und demgemäß durch die Verfassung beschränkten Herrschaftsmacht[474]. Die Besatzungsgewalt unterscheidet sich jedoch ganz wesentlich von der einheimischen Staatsgewalt des Okkupanten: sie untersteht anderen Normen, erstreckt sich auf ein anderes Volk und ein anderes Gebiet und hat ihre besondere Organisation. Besatzungsgewalt ist also nur insoweit eigene (deutsche) Staatsgewalt, als es sich um Hoheitsgewalt gegenüber den eigenen Gewaltunterworfenen handelt, also um Gerichtsbarkeit und Verwaltung seiner Truppen und seines Behördenapparates[475].

2. Besatzungsgewalt als (fremde) Staatsgewalt des besetzten Staates

Nach der gegenteiligen Auffassung, die sich auf das Staatsgebiet als räumlichen Herrschaftsbereich einer bestimmten Herrschaftsgewalt stützt, soll der Okkupant im besetzten Gebiet nicht seine eigene Staatsgewalt, sondern diejenige des besetzten Staates ausüben, an dessen Stelle er infolge der Besetzung tatsächlich getreten ist[476]. Dabei handele der Okkupant aber nicht als Stellvertreter, Geschäftsführer oder Vormund des besetzten Staates, sondern – ohne an die verfassungsmäßigen Schranken gebunden zu sein, denen der feindliche Souverän unterworfen ist – kraft eigenen, durch das Völkerrecht gewährten und inhaltlich bestimmten Rechts. Für diesen Fall ermächtige das Völkerrecht den Okkupanten unmittelbar, die Staatsgewalt des besetzten Staates im besetzten Gebiet im Rahmen der Haager Landkriegsordnung auszuüben. Er vollziehe daher ausschließlich die Staatsgewalt des besetzten Staates[477]. So urteilte auch das Züricher Obergericht:

---

474 Sauser-Hall, in: Schweizerisches Jahrbuch für internationales Recht Bd. 1 (1944), S. 67.

475 Vgl. von Schmoller/Maier/Tobler, Handbuch des Besatzungsrechts, § 7, S. 2.

476 Stödter, Deutschlands Rechtslage, S. 183, Fn. 218; Heyland, Die Rechtsstellung der besetzten Rheinlande, S. 8, 10.

477 Stödter, Deutschlands Rechtslage, S. 183; Heyland, Die Rechtsstellung der besetzten Rheinlande, S. 5; ders., in: Strupp/Schlochauer, Wörterbuch des Völkerrechts, Bd. 2, S. 156; Laband, DJZ 1917, S. 262, 263.

Bei der Prüfung der Frage, ob die Haager Zivilprozess-Konvention von 1905 im Verhältnis Deutschland und der Schweiz nach wie vor anzuwenden ist, hatte sich das Gericht mit der Beurteilung des Verhältnisses zwischen Besatzungsmacht und besetztem Staat auseinander zu setzen. Es verwies auf Art. 43 der HLKO und folgerte daraus, dass die Besatzungsmächte kraft Völkerrechts deutsche Staatsgewalt ausüben: "In Deutschland müssen gegenwärtig die alliierten Militärstellen als Träger der deutschen Staatsgewalt betrachtet werden."[478] Diese Ansicht beruht vor allem auf der Vorstellung, die Staatsgewalt beziehe sich als Gebietshoheit auf ein bestimmtes Gebiet, das Staatsgebiet, das seinerseits wiederum durch die Reichweite der Staatsgewalt umgrenzt sei[479].

Eine Geltung der deutschen Grundrechte kann mit dieser Ansicht dann nicht begründet werden, sofern die Bundeswehr im Sinne dieser Auffassung die Hoheitsgewalt des besetzten Staates ausüben würde. Gemäß Art. 1 Abs. 3 GG ist ausnahmslos die deutsche Staatsgewalt einer Grundrechtsbindung unterworfen.

Es erscheint jedoch wenig einleuchtend, dass die Besatzungsmacht, die nach Art. 43 HLKO nicht unbedingt an die Gesetze des besetzten Landes gebunden ist, die einheimische Staatsgewalt ausüben soll, ohne die Schranken dieser Rechtsordnung beachten zu müssen[480]. Würde der Okkupant die Staatsgewalt des besetzten Staates übernehmen oder ausüben, hätte er keinerlei Möglichkeit, die Rechtsordnung, insbesondere die Verfassungsordnung des besetzten Staates zu ändern, auch nicht, wenn dies im Falle militärischer Notwendigkeit geboten wäre. Steht die Verfassungsordnung des besetzten Landes dagegen weitgehend zur Disposition des Okkupanten, lässt sich seine Autorität nur schwerlich nicht mit der in der Verfassung beschriebenen Staatsgewalt identifizieren. Diese Staatsgewalt obliegt ihm auch nicht kraft eigenen Rechts[481]. Nimmt ein Staat außerhalb seines Staatsgebietes Hoheitsrechte wahr, kann er immer nur seine eigene Staatsgewalt ausüben[482]. Zudem ist zu bedenken, dass, sofern im besetzten Gebiet ausschließlich die Staatsgewalt des besetzten Staates ausgeübt werden soll, für die Einwohner dieses Gebietes nach wie vor nur eine Gehorsamspflicht gegenüber dem Befehl des einheimischen Souveräns besteht[483]. Gegenüber dem Okkupanten

---

478 Urteil des Obergerichts des Kantons Zürich vom 1. Dezember 1945, in: DRZ 2 (1947), S. 33 ff.

479 Heyland, Die Rechtsstellung der besetzten Rheinlande, S. 10, 11; Jellinek, Verwaltungsrecht, S. 394 ff; Kelsen, Allgemeine Staatslehre, S. 137 ff.

480 Vgl. Arndt, Völkerrechtliche und staatsrechtliche Bedeutung der Berliner Erklärung vom 5. Juli 1945, S. 56; Stödter, Deutschlands Rechtslage, S. 184.

481 Stödter, Deutschlands Rechtslage, S. 184; Hagedorn, Die auswärtige Gewalt des Okkupanten, S. 41, 42.

482 So hat Schätzel festgestellt: "Stets übt ein Staat nur seine eigene Staatsgewalt aus.", in: Strupp/Schlochauer, Wörterbuch des Völkerrechts, Bd. 1, S. 366.

483 Uhler, Der völkerrechtliche Schutz der Bevölkerung eines besetzten Gebietes, S. 43, 44.

kann eine solche nur begründet sein, wenn sie vom einheimischen Souverän angeordnet wäre. Tatsächlich jedoch ist der Okkupant für die Dauer der Besetzung der Inhaber der obersten Befehlsgewalt, er begründet völlig unabhängig von dem Willen des besetzten Staates zu seinen Gunsten eine allgemeine Gehorsamspflicht[484].

3. Doppelfunktion der Besatzungsgewalt

Eine dritte Auffassung kumuliert beide Möglichkeiten. Besatzungsgewalt ist danach sowohl Ausübung der Staatsgewalt des besetzten Staates als auch militärische Herrschaftsgewalt des Okkupanten[485]. Die Vertreter dieser Auffassung weisen darauf hin, dass die Befugnisse einer Besatzungsmacht nicht einer einzigen Quelle entstammen können, sondern nur in Verknüpfung von eigener Gewalt des Okkupanten und fremder Gewalt des besetzten Staates[486]. Wenn sie die Befugnisse einheimischer Stellen wahrnehmen, üben sie fremde Staatsgewalt aus. Dagegen handele es sich um die Staatsgewalt des Okkupanten, wenn es um die Befugnisse aus der HLKO gehe[487]. Demzufolge wäre nur bei letzterer Alternative die Bundeswehr einer Grundrechtsbindung aus Art. 1 Abs. 3 GG unterworfen.

Gegenüber dieser Auffassung ist jedoch darauf hinzuweisen, dass die räumliche Existenz zweier Herrschaftsgewalten grundsätzlich die gegenseitige Anerkennung und Respektierung voraussetzt. Dies ist jedoch gerade bei miteinander Krieg führenden Parteien nicht der Fall. Dieser Zustand ist eher von einer Nichtrespektierung des anderen Staates geprägt, so dass der Okkupant eine seiner eigenen Gewalt gleichgeordnete Staatsgewalt des besetzten Staates im Okkupationsgebiet nicht anerkennt[488]. Ebenso würde die Existenz zweier Herrschaftsge-

484 So schreibt auch Oppenheim: "An occupant having military authority over the territory, the inhabitants are under his Martial Law and have to render obedience to his commands. Their duty to obey does not, of course, arise from their own Municipal Law, nor from International Law, but from the Martial Law of the occupant to which they are subjected.", in: Oppenheim/Lauterpacht, International Law, Bd. 2, S. 438, 439.

485 So Hagedorn, Die auswärtige Gewalt des Okkupanten, unter Bezug auf: Ago, L'occupazione bellica e trattato laternanese, S. 143 ff.

486 Ähnlich Hagedorn, Die auswärtige Gewalt des Okkupanten, S. 38.

487 Grewe, Ein Besatzungsstatut für Deutschland, S. 82 ff; Pfeiffer, DVBl. 1973, S. 57 ff.

488 So heißt es in Ziffer II der Proklamation Nr. 1 des Obersten Befehlshabers des Alliierten Expeditionskorps in Europa, die bei der Besetzung deutscher Gebiete 1945 verkündet wurde: "Supreme legislative, judicial and executive authority and powers within the occupied territory are vested in me as Supreme Commander of the Allied Forces and as Military Governor, and Military Government is established to exercise these powers under my direction. All persons in the occupied territory will obey immediately and without question all the enactments and orders of the military Government. Military Government Courts will be established for the punishment of the offenders. Resistance to the Allied Forces will be ruthlessly stamped out. Other serious

walten eine geregelte Zuständigkeitsabgrenzung erfordern, da sich sonst nur sehr schwer bestimmen ließe, welchem Bereich ein bestimmter Besatzungsakt zuzurechnen ist. Dies würde bedeuten, dass die beiden Staaten jeweils die Staatsgewalt des anderen im Rahmen ihrer Zuständigkeit respektieren müssten. Dies ist jedoch im Falle der kriegerischen Besetzung gerade nicht der Fall. Entscheidend spricht schließlich gegen die Konstruktion einer Doppelstellung der Besatzungsorgane, dass die Gleichsetzung von Besatzungs- mit der einheimischen Staatsgewalt die "Rechte und Pflichten von Siegern und Besiegten in einer Hand vereinigen würde"[489]. Infolgedessen müssten die Besatzungsorgane gewisse Fragen mit sich selber aushandeln, was letztlich zu unlösbaren rechtlichen Widersprüchen führen würde. Wer Vertreter für ein anderes Rechtssubjekt ist, kann nicht in dessen Namen mit sich im eigenen Namen ein Rechtsgeschäft vornehmen[490].

4. Besatzungsgewalt als völkerrechtlich begründete Herrschaftsgewalt

Die Schwierigkeiten, die Besatzungsgewalt der Staatsgewalt des besetzten oder des zu besetzenden Staates oder beiden zuzuordnen, umgeht eine vierte Auffassung dadurch, dass sie die Besatzungsgewalt als eine im Völkerrecht begründete Herrschaftsgewalt begreift[491]. Danach ist die Besatzungsgewalt eine eigenständige völkerrechtliche Gewalt des Okkupanten, die weder mit seiner eigenen Staatsgewalt noch mit der Staatsgewalt des besetzten Landes verwechselt werden darf. Ausgangspunkt dieser Überlegung ist, dass das Völkerrecht dem okkupierenden Staat die Machtbefugnis verleiht, die sich aus der Besetzung fremden Territoriums ergebende Autorität zu verwirklichen. Diese Autorität des Okkupanten ist eine eigene, die sich aus dem Völkerrecht ergibt und nicht die Ausübung fremder Hoheitsbefugnisse als Stellvertreter oder Nutznießer bedeutet[492]. Die Okkupationsmacht tritt an die Stelle der verdrängten Staatsgewalt, die ihrerseits bestehen

---

offences will dealt with severely." Zitiert bei Hagedorn, Die auswärtige Gewalt des Okkupanten, S. 39.

489 Vgl. Stödter, Deutschlands Rechtslage, S. 192; Butz, Jahrbuch für internationales ausländisches Recht 1 (1948), S. 129, 134.

490 So Stödter zum Rechtscharakter des Alliierten Kontrollrats, in: Deutschlands Rechtslage, S. 192 ff. Das Verbot des Selbstkontrahierens wird insoweit zu den allgemeinen Rechtsgrundsätzen des Völkerrechts gerechnet; Grewe, Nürnberg als Rechtsfrage, S. 62, 95.

491 Schröder, Das geltende Besatzungsrecht, S. 12; Uhler, Der völkerrechtliche Schutz der Bevölkerung eines besetzten Gebietes, S. 40; Meurer, AöR Bd. 33 (1915), S. 353, 366; Stödter, Deutschlands Rechtslage, S. 185; Arndt, Völkerrechtliche und staatsrechtliche Bedeutung der Berliner Erklärung vom 5. Juli 1945, S. 65; Neumeyer, Internationales Verwaltungsrecht, Bd. IV, S. 544 ff; Peter, Schweizer Monatshefte 26 (1946), S. 8 ff; von Schmoller/Maier/Tobler, Handbuch des Besatzungsrechts, § 7, S. 4 ff; Herbst, Gerichtlicher Rechtsschutz gegen Hoheitsakte der Alliierten, S. 45, 46.

492 Stödter, Deutschlands Rechtslage, S. 184.

bleibt, aber nicht zur Geltung gebracht werden kann. Als Staatsgewalt des besetzten Staates wird sie von dem Okkupanten weder übernommen noch ausgeübt.

Diese Ansicht gründet darin, dass es kein Recht auf eine fremde Staatsgewalt gibt. Umfang und Inhalt dieser Gewalt bestimmt sich nicht durch die jeweiligen Rechtsordnungen, sondern vielmehr durch die Normen des Völkerrechts. Dies ergibt sich bereits aus dem Unterschied zur Staatsgewalt im herkömmlichen Sinne. Die Gewalt, die ein Staat im staatsrechtlichen Sinne ausübt, weist nämlich rechtliche Merkmale auf, die wesentlich verschieden von denen sind, die die Herrschaftsgewalt einer Besatzungsmacht kennzeichnen. Die Hoheitsgewalt des Staates ist eine fest verankerte und organisch aufgebaute Gewalt, die dadurch charakterisiert ist, dass sie von Dauer ist und sich aus der Staatsverfassung ergibt. Aus dieser Verfassung leitet sich nicht nur das Recht der jeweiligen Regierung ab, das Volk rechtlich zu vertreten, sondern auch die Personalhoheit über das Volk. Die Stationierung von Streitkräften auf "feindlichem" Gebiet ist demgegenüber ein Vorgang von unbestimmter, in der Regel nur vorübergehender Dauer. Die von der Besatzungsmacht ausgeübte Gewalt ist ein Ausfluss der Herrschaft des Siegerstaates. Sie bleibt also eine fremde Gewalt, die in keiner Weise die Vertretung des Volkes repräsentiert, sondern allein durch das Völkerrecht geregelt wird[493].

5. *Ergebnis*

Bei einer rechtlichen Beurteilung der Rechtsnatur der Besatzungsgewalt kann diese letztlich nur in den Grundsätzen des Völkerrechts gefunden werden, denn die den innerstaatlichen Rechtsraum überschreitende Befugnis, Hoheitsgewalt in einem anderen Staat auszuüben, kann sich niemals allein aus dem Recht eines der beteiligten Staaten ergeben, sondern nur aus dem Völkerrecht, welches die zwischenstaatlichen Beziehungen regelt[494]. Durch die Besetzung werden also die Besatzungsmächte nicht Inhaber der Staatsgewalt des besetzten Staates, sondern erhalten aufgrund eines völkerrechtlichen Titels eine dieser Staatsgewalt übergeordnete Gewalt[495].

---

493 Virally, Die internationale Verwaltung Deutschlands, S. 9, 10; ähnlich Stödter, Deutschlands Rechtslage, S. 184, 185.

494 von Schmoller/Maier/Tobler, Handbuch des Besatzungsrechts, § 7, S. 3; Rensmann, Besatzungsrecht im wiedervereinten Deutschland, S. 44, 45.

495 Stödter, Deutschlands Rechtslage, S. 184.

B. Völkerrechtliche Grundlagen für die Ausübung von Besatzungsbefugnissen

War die Ausübung der Gebietshoheit im besetzten Gebiet durch den Okkupanten noch bis in das 19. Jahrhundert hinein an keinerlei Schranken gebunden[496], ist der tatsächliche Übergang der Ausübung der Hoheitsgewalt heute mit rechtlichen Folgen verknüpft. Im Lichte der vorangegangenen Ausführungen wird jedoch klar, dass die Machtbefugnisse des Okkupanten im Gegensatz zu denen des Staates faktisch unbegrenzt sind. Dieses konnte jedoch nicht ohne jede Kritik hingenommen werden, so dass sich Fragen einer Einschränkung der unbegrenzten Herrschaftsbefugnis stellten. Es wurden deshalb Grundsätze im Laufe der Zeit gewohnheitsrechtlich entwickelt und schließlich während des 19. und 20. Jahrhunderts in schriftlichen Dokumenten niedergelegt, die die Befugnisse der Besatzungsmacht zugunsten der Einwohner des besetzen Gebietes begrenzten. Einschlägig sind vor allem die Grundsätze der kriegerischen Besetzung, die im dritten Abschnitt der Haager Landkriegsordnung von 1907 geregelt werden und in dem die wesentlichsten Gebräuche, die sich auf die militärische Okkupation beziehen, Aufnahme gefunden haben. Nach allgemeiner und knapper Umschreibung des Begriffs der militärischen Besetzung werden die Rechte und Pflichten der Bevölkerung und des Okkupanten umschrieben. Im Rahmen des allgemeinen Okkupationsrechtes ist zunächst Art. 43 HLKO hervorzuheben. Danach ist der Okkupant verpflichtet, die öffentliche Ordnung und das öffentliche Leben im besetzten Gebiet wiederherzustellen und aufrechtzuerhalten. Soweit kein zwingendes Hindernis besteht, muss er hierbei die in diesem Gebiet geltenden Landesgesetze beachten. Der Okkupant darf somit grundsätzlich keine weiteren Eingriffe in das Landesrecht vornehmen, als es militärische Notwendigkeiten oder die Aufrechterhaltung der öffentlichen Ordnung zwingend gebieten[497]. Damit wurde "eine über Jahrhunderte dauernde kontinuierliche Entwicklung, die den Krieg aus dem Zustand eines vom Recht ignorierten und dieses negierenden Faktums zu einem Rechtsbegriff erhoben"[498]. Die HLKO stellt sich indes als eine Kodifizierung geltenden Völkergewohnheitsrechts dar[499], so dass ihre Regeln die Qualität sowohl von Vertragsrecht wie von Völkergewohnheitsrecht haben.

Im Verlauf des Zweiten Weltkrieges wurde offenkundig, dass die völkerrechtlichen Regelungen zum Schutz der Zivilbevölkerung unzulänglich waren[500]. Da-

---

496 Uhler spricht von einer "völligen Schutzlosigkeit" in: ders., Der völkerrechtliche Schutz der Bevölkerung eines besetzten Gebietes, S. 2, 3.

497 Hagedorn, Die auswärtige Gewalt des Okkupanten, S. 74.

498 So Uhler, Der völkerrechtliche Schutz der Bevölkerung, S. 17.

499 Bothe, in: Bernhardt, EPIL III, 1997, S. 129.

500 Uhler, Der völkerrechtliche Schutz der Bevölkerung, S. 19.

her wurde die IV. Genfer Konvention von 1949 zum Schutze von Zivilpersonen in Kriegszeiten entwickelt. Diese enthält wichtige Bestimmungen hinsichtlich besetzter Gebiete. So werden kraft ausdrücklicher Bestimmung die folgenden Grundrechte der Zivilpersonen garantiert: Die Ehre und Rechte der Familie, das Leben der Bürger, die Unantastbarkeit des Privateigentums sowie die religiösen Überzeugungen und gottesdienstlichen Handlungen[501].

Aus den anwendbaren Vorschriften des Haager und Genfer Rechts ergibt sich, dass die Okkupationsmacht die Verantwortung für das besetzte Gebiet und seine Bevölkerung übernimmt. Die auf der machtmäßigen Überlegenheit gegründete de facto-Gewalt, die dem Okkupanten über das besetzte Gebiet zukommt, setzt ihn allein in den Stand, die Gebietshoheit über die besetzten Territorien auszuüben, den staatlichen Verwaltungsapparat mit allen seinen Dienstzweigen aufrechtzuerhalten und einen einigermaßen normalen Ablauf des öffentlichen Lebens zu garantieren[502]. Hierbei handelt es sich allerdings nicht um die Ausübung souveräner Hoheitsgewalt, sondern um eine provisorische und zeitlich beschränkte Kontrolle[503]. Innerhalb dieses Rahmens hat die Okkupationsmacht alle Vorkehrungen zu treffen, um nach Möglichkeit die öffentliche Ordnung und das öffentliche Leben wiederherzustellen und aufrechtzuerhalten.

C. Weitergehende verfassungsrechtliche Schranken?

Nachdem nun die Geltung der völkerrechtlichen Regeln festgestellt wurde, bleibt die Frage zu prüfen, ob auch die Grundrechte des Grundgesetzes bei der Wahrnehmung von Besatzungsbefugnissen anwendbar sind.

Es ist insoweit anerkannt, dass jede öffentliche Gewalt die Menschenrechte zu beachten hat. Dies gilt allein schon für die Befugnisse des Staates gegenüber seinen eigenen Staatsbürgern, umso mehr muss dies also für die deutsche Staatsgewalt als Vertreter fremder Macht in einem besetzten Gebiet gelten[504].

501 Für die Anwendbarkeit der Konvention spielt es keine Rolle, wenn die Bundeswehr aufgrund gemeinsamer Zuständigkeiten zusammen mit anderen Streitkräften Besatzungsgewalt ausübt, obwohl das Abkommen nur Staaten ratifiziert haben. Denn die völkerrechtlichen Normen binden Staaten selbst dann, wenn sie in kollektiver Form auftreten.

502 Diese Konsequenz ist in Art. 43 HLKO enthalten: "Nachdem die gesetzmäßige Gewalt tatsächlich in die Hände des Besetzenden übergegangen ist, hat dieser alle von ihm abhängigen Vorkehrungen zu treffen, um nach Möglichkeit die öffentliche Ordnung und das öffentliche Leben wiederherzustellen und aufrechtzuerhalten, und zwar, soweit kein zwingendes Hindernis besteht, unter Beachtung der Landesgesetze".

503 Vgl. Schaller, SWP-Aktuell Nr. 31, 2003, S. 1, 2.

504 Siehe oben, Kruse, Besatzungsmacht und Freiheitsrechte, S. 28.

Nach den Darlegungen von *Laun*[505] sollen sich Grenzen der Besatzungsgewalt schon aus den Forderungen des öffentlichen Gewissens ergeben, die als leitende Wertvorstellungen nicht nur zur Zeit der Schöpfung der HLKO hinter diesem Vertragswerk standen, sondern als Quelle völkerrechtlicher Prinzipien überhaupt aufgefasst werden sollten. Diese Prinzipien, die die Gesetze der Menschlichkeit einschließen, sollen als "unter gesitteten Menschen feststehende Gebräuche" allgemein verbindlich sein.

In ähnlich weiter Fassung nimmt *Giese*[506] an, dass die Besatzungsmächte in ihrer Machtausübung an die allgemeinen Grundsätze des Völkerrechts gebunden seien.

Bei *Grewe*[507] werden gewisse "völkerrechtskräftige Grundrechte" bejaht, die auch die Besatzungsgewalt binden sollen. Dazu zählt das Recht des Einzelnen auf Leben, Freiheit und Rechtssicherheit.

Der Überblick der Ansichten zeigt, dass den Befugnissen der Besatzungsmacht Grenzen gesetzt sind durch die HLKO, die gleichinhaltlichen Regeln des Völkergewohnheitsrechts sowie durch die IV. Genfer Konvention. Eine Bindung an die eigene innerstaatliche Rechtsordnung besteht dagegen ebenso wenig wie an die des besetzten Staates, die Besatzungstruppen sind insoweit "exterritorial"[508]. Denn die Wahrnehmung von Besatzungsgewalt ist gerade keine Ausübung deutscher Staatsgewalt, sondern einer besonderen, vom Völkerrecht erfassten und geregelten Hoheitsgewalt[509].

D. Ergebnis

Zusammenfassend lässt sich feststellen, dass das Besatzungsregime ausgestaltet wird durch Rechtsakte der Besatzungsmacht, die diese kraft ihrer Hoheitsgewalt im besetzten Gebiet erlassen kann. Die Ausübung dieser Hoheitsgewalt ist jedoch nicht schrankenlos, sondern inhaltlich bestimmt vom Dritten Abschnitt der Anlage zum IV. Haager Abkommen, der HLKO von 1907, und vom IV. Genfer Abkommen zum Schutze von Zivilpersonen in Kriegszeiten von 1949. Damit lebt die Besatzungsgewalt nicht im rechtsfreien Raum, sondern stellt vielmehr eine rechtlich beschränkte Machtausübung dar, die die allgemeinen Regeln des Völkerrechts zu beachten hat. Im Rahmen der HLKO und des IV. Genfer Abkom-

505 Laun, Die Haager Landkriegsordnung, S. 22.
506 Giese, MDR 1950, S. 132.
507 Grewe, Ein Besatzungsstatut für Deutschland, S. 178, 181.
508 Neumeyer, Internationales Verwaltungsrecht, Bd. IV, S. 518.
509 Wie oben unter III 4. dargestellt.

mens hat die Besatzungsgewalt daher nur "certain legal rights and duties"[510], ist aber dennoch verpflichtet, gewisse Grundrechte der Zivilbevölkerung im besetzten Gebiet zu respektieren. Danach gilt, dass Maßnahmen der Bundeswehr in dem von ihr besetzen Gebiet insoweit rechtmäßig sind als nicht Normen des Völkerrechts entgegenstehen. Die Grundrechte des Grundgesetzes spielen demgegenüber für die Beurteilung der Rechtmäßigkeit der Handlungen der Okkupationsmacht keine Rolle.

Die Bundeswehr übt bei der Wahrnehmung von Besatzungsbefugnissen also weder deutsche Staatsgewalt aus noch die des besetzten Staates. Sie besitzt kraft Völkerrechts eine aus der Tatsache der Okkupation sich ergebende völkerrechtliche Autorität. Sie ist also nicht Repräsentant der deutschen Staatsgewalt und demzufolge nicht an die Grundrechte des Grundgesetzes gebunden.

510 Mc Nair/Watts, The Legal Effects of War, S. 368.

7. Kapitel: Grundrechtsbindung bei Auslandseinsätzen der Bundeswehr im Rahmen internationaler Organisationen

Nach heutiger Auffassung ist der zentrale Zweck eines Staates für die Gesellschaft Sicherheit zu gewährleisten. In klassischer Einteilung einerseits nach Innen durch Setzen von allgemeingültigen Normen und Überwachung ihrer Einhaltung, andererseits nach Außen, um den Frieden durch Absprachen und Bereithalten von Mitteln, wie beispielsweise von Streitkräften, zu bewahren sowie um politische Handlungsfreiheit und psychischen Schutz vor möglicher Gewaltanwendung zu erreichen. Doch im Gegensatz zu früheren Zeiten sind die Staaten heute nicht mehr in der Lage, diese Aufgaben eigenständig zu erfüllen. Der Staat selbst verkörpert nicht mehr Sicherheit und Ordnung schlechthin. Eine effektive Verteidigung ist daher nur noch im Rahmen von Verteidigungspakten möglich. Die grundlegenden weltpolitischen Veränderungen der letzten Jahre haben den Weg für eine offenere Staatlichkeit gerade auf diesem Gebiet geebnet. Dadurch konnte zum einen die (völker)vertragsrechtliche Vernetzung der Staaten stetig zunehmen, zum anderen gewinnen internationale Organisationen einen immer größeren Zuständigkeitsbereich und Einfluss[511]. Damit wird die Sicherheit durch Kooperation und Zusammenarbeit gewährleistet.

Seit Beginn des neuen Jahrtausends ist die Bereitschaft Deutschlands zur Übernahme gleichberechtigter Verantwortung am internationalen Krisenmanagement und an friedensschaffenden Maßnahmen im Rahmen internationaler Organisationen daher auch zur Normalität geworden. Die Verankerung deutscher Sicherheitspolitik in den relevanten Foren wie den Vereinten Nationen, der NATO, der WEU und EU sowie der OSZE ist heute absolut unstrittig. Die Auswirkungen dieser Prozesse auf die nationalen Rechtsordnungen sind durchweg bedeutend: die klassische Rechts- und Verfassungshoheit der Nationalstaaten wird relativiert. Damit stellt sich die Frage, ob der Schritt auf die Ebene einer internationalen Organisation die Bundeswehr von den grundrechtlichen Bindungen befreit, denen sie nach dieser Verfassungsordnung grundsätzlich unterliegen würde. Anders gefragt: Können die Grundrechte wirklich Maßstab für die Verhaltensform deutscher Soldaten sein, die sich im Rahmen internationaler Organisationen im Auslandseinsatz befinden?

---

511 Pernthaler, in: Schäffer/Berka/Stolzlechner/Werndl, Staat, Verfassung, Verwaltung, Festschrift für Koja, S. 69, 73.

Bevor dieser Frage nachgegangen wird, sind zunächst die rechtlichen Grundlagen der internationalen Einbindung der Bundeswehr darzustellen sowie die Organisationen, deren Mitglied die Bundesrepublik Deutschland ist, im Einzelnen einer kurzen Betrachtung zu unterziehen.

A. Bisherige Einbindung der Bundeswehr in internationale Verteidigungsbündnisse und Systeme kollektiver Sicherheit

Der Einsatz von Streitkräften verschiedener Nationen ist nichts Neues in der Militärgeschichte. Im Altertum suchten die Großmächte durch Hilfsvölker ihre Schlagkraft zu stärken. Im Mittelalter verdingten sich die Landsknechte verschiedener Nationalitäten dem Kriegsherrn, der das meiste bot[512]. In der neueren Geschichte kommt dem Bundesheer des Deutschen Bundes Bedeutung zu, als einer Streitmacht einer völkerrechtlich organisierten Staatenverbindung[513]. Die internationale institutionalisierte Kooperation ist jedoch im Wesentlichen mit der Schaffung des Völkerbundes und erst recht mit der Organisation der Vereinten Nationen eine Erscheinung des 20. Jahrhunderts, auch wenn sie sich bereits ab der Mitte des 19. Jahrhunderts[514] langsam abzeichnete. Insbesondere die beiden Weltkriege hatten gezeigt, dass die klassische Bündnispolitik nicht dazu geeignet war, einen Krieg zu verhindern. Für das internationale System ist seitdem kaum eine Entwicklung von so wegweisender Bedeutung wie die seit dem Zweiten Weltkrieg sich rasant beschleunigende Zusammenarbeit in internationalen Organisationen[515].

Auch die Einbindung Deutschlands in internationale Organisationen wurde nach 1945 zur Staatsräson der Bundesrepublik. Seit dem Zeitpunkt der Neuetablierung (west)deutscher Streitkräfte bewegt die politisch Gestaltenden demnach die Frage, wie die Sicherheitspolitik Deutschlands und die Bundeswehr als ihr

512 So Happach, in: Flume/Helex, Multinationale Streitkräfte in der NATO, S. 105.

513 Das Bundesheer des Deutschen Bundes kann als ein Vorläufer der Streitkräfte internationaler Organisationen angesehen werden. Manche in der Kriegsverfassung des Bundes (Grundzüge der Kriegsverfassung des Deutschen Bundes vom 12. April 1821, siehe Huber, Dokumente zur deutschen Verfassungsgeschichte, Bd. I, S. 108 ff.) geregelten Bereiche gleichen denjenigen, die bei den Vereinten Nationen auftraten. So z.B. die Frage der Gerichtsbarkeit über die dem Bunde zur Verfügung gestellten Kontingente (Art. XIX) und die Unterstellung der von den Staaten für das Bundesheer bereitzuhaltenden Kontingente nur im Kriegsfall (Art. XII, XIII), vgl. Bothe, Streitkräfte internationaler Organisationen, S. 1.

514 Bedeutung erlangten dabei insbesondere das Europäische Konzert von 1815, vgl. dazu Baumgart, Vom Europäischen Konzert zum Völkerbund, sowie die Haager Friedenskonferenzen von 1899 und 1907; Schneider, in: Strupp/Schlochauer, Wörterbuch des Völkerrechts, Bd. 1, S. 739 ff.

515 So Hobe, Der offene Verfassungsstaat, S. 25.

Instrument in Systeme einzubinden seien, die die Sicherheit Deutschlands gewährleisten und den Frieden in Europa fördern und dauerhaft festigen können[516]. Bereits mit Beginn der ersten Erwägungen zur Wiederbewaffnung der Bundesrepublik Deutschland Anfang der fünfziger Jahre ging man hinsichtlich der Aufstellung eines deutschen Kontingents als Beitrag zur Verteidigung Westeuropas davon aus, dass dieses Kontingent integraler Bestandteil einer europäischen Streitmacht sein sollte[517]. So wurde bereits in der Himmeroder Denkschrift[518] deutlich herausgestellt, dass es nicht nur um traditionelle nationale Bindungen gehen konnte, sondern dass sich die deutschen Soldaten auch Europa gegenüber verpflichtet zu fühlen hätten. Im Rahmen der Europäischen Verteidigungsgemeinschaft ging es um eine supranationale Armee, die bereits in Friedenszeiten unter einem europäischen Verteidigungsminister tätig werden sollte. So wurde die Bundeswehr dann auch kraft der Londoner und Pariser Abkommen von 1955 als deutscher militärischer Beitrag zur gemeinsamen Verteidigung Westeuropas in der Atlantischen Allianz geschaffen und von vorneherein als Bündnisarmee in den militärischen Integrationsrahmen der alliierten Streitkräfte Europas eingefügt.

Dass Deutschland sich besonders auf die Mitgliedschaft in internationalen Organisationen ausgerichtet hat, liegt nicht nur in der speziellen deutschen Geschichte begründet, die Alleingänge gleichsam mit einer "psychologischen Sperre" belegt hat, sondern auch in der Erkenntnis, dass ein einzelner oder auch mehrere einzelne Staaten weder politisch noch angesichts des immensen Material-, Personal- und Finanzaufwandes wirtschaftlich zur Durchführung einer Maßnahme zur Bewältigung eines Konfliktes imstande sind[519]. Auch die elementaren Staatsaufgaben wie Frieden, Sicherheit und materielles Wohlergehen der Bürger können nur noch bedingt in nationalstaatlicher Isolation erfüllt werden[520]. Infolgedessen ist die multinationale Einbindung Deutschlands und der Bundeswehr zu einem konstitutiven Merkmal für die deutsche Sicherheitspolitik geworden[521]. Es lässt sich sogar von einer "internationalen Natur" der Bundeswehr sprechen.

Die Erfahrungen der Bundeswehr beschränkten sich bis Anfang der 90er Jahre allerdings auf die Beteiligung von Kräften im Rahmen der NATO. Mit der Gründung der deutsch-französischen Brigade und des Eurokorps sowie der Betei-

516 Carlo Schmid, Sitzung des Parlamentarischen Rates vom 8. September 1948, Sten. Ber. S. 15.

517 Vgl. die Ausführungen auf S. 8 ff.

518 Denkschrift des militärischen Expertenausschusses über die Aufstellung eines deutschen Kontingents im Rahmen einer übernationalen Streitmacht zur Verteidigung Westeuropas vom 9. Oktober 1950; vgl. Rautenberg/Wiggershaus, Die "Himmeroder Denkschrift" vom Oktober 1950, S. 53.

519 Vgl. Geiger, Die rechtlichen Rahmenbedingungen der Multinationalität, S. 48.

520 Friauf, in: Friauf/Scholz, Europarecht und Grundgesetz, S. 15.

521 Bundesregierung, Deutschland und die Vereinten Nationen, S. 2.

ligung an Einsätzen der Vereinten Nationen in Kambodscha, Somalia, im Irak sowie im ehemaligen Jugoslawien betrat die Bundeswehr Neuland[522]. Heute hat Deutschland zahlreiche internationale und nationale Verpflichtungen: Die Vereinten Nationen und die OSZE benötigen Friedenstruppen und Beobachtermissionen. In der NATO trägt Deutschland zu integrierten Strukturen und multinationalen Verbänden bei und hat zudem Kampfverbände zur Unterstellung im Einzelfall gemeldet, ebenso wie zur Teilnahme an den Petersberg-Aufgaben im Rahmen der Gemeinsamen Außen- und Sicherheitspolitik (GASP). Die Bundeswehr ist gefordert bei der Evakuierung deutscher Staatsbürger aus Notlagen und humanitären Einsätzen. Hinzu kommen Einsätze im Kampf gegen den internationalen Terrorismus, gerade auch als Beitrag zur Unterstützung von Bündnispartnern. Darüber hinaus leistet die Bundeswehr breit gefächerte militärische Beiträge in den Einsatzgebieten, die von der Mithilfe bei der Gewährleistung von Sicherheit und Ordnung im jeweiligen Gebiet und der Unterstützung humanitärer Maßnahmen über Schutzmaßnahmen für eingesetzte militärische Kräfte auch die anderer Nationen bis hin zu Schutzvorkehrungen gegen Angriffe mit Massenvernichtungswaffen reichen können. Immer häufiger übernimmt die Bundeswehr auch Führungsaufgaben bei multinationalen Operationen.

Betrachtet man die Entwicklungen der letzten Jahre, so fällt auf, dass die Staatlichkeit auf militärischem Gebiet weltweit einem Gegenwind ausgesetzt ist und zunehmend an Bedeutung verliert. Die wachsende Verlagerung der Leistungen, die der Territorialstaat alleine zu erbringen vermochte, auf internationale Organisationen kommt dabei einem sich kontinuierlich ausweitenden partiellen Souveränitätsverzicht gleich, der zugleich einen Vorgang der Internationalisierung darstellt. An die Stelle des Nationalstaates ist der kooperative Verfassungsstaat getreten, der als solcher das Rollenverständnis der Akteure verändert.

I. Internationale Kooperationsoffenheit der Verfassung als Ausgangspunkt

Die Bundesrepublik verstand sich bei ihrer Gründung ausweislich ihrer Präambel nicht mehr als ein klassischer Nationalstaat, sondern als ein der Staatengemeinschaft sich öffnender Nationalstaat, der in besonderer Weise bereit ist, sich in Staatengemeinschaftssysteme zu integrieren. Eine der Konsequenzen dieses staatlichen Selbstverständnisses war die Aufnahme des Art. 24 GG in die ursprüngliche Verfassung. Art. 24 Abs. 2 GG fügt dabei dem vorangegangenen Absatz eine speziell auf den Verteidigungssektor gemünzte Vorschrift hinzu, wonach die Bundesrepublik sich zur Wahrung des Friedens "einem System gegenseitiger kol-

522 Vgl. Happach, in: Flume/Helex, Multinationale Streitkräfte in der NATO, S. 105, 106.

lektiver Sicherheit" einordnen kann. Eng verknüpft mit der Aufnahme dieses Artikels in die Verfassung war der Wille des Bundes, sich als Staat auch nach außen zu behaupten. Die Gutachten und die gutachtlichen Stellungnahmen im Zusammenhang mit dem "Kampf um den Wehrbeitrag" belegen, dass die Schaffung des Art. 24 Abs. 2 GG mit der Verteidigungsfrage eng verknüpft war[523]. Damit wird klar, dass der Verfassungsgesetzgeber bereits von Anfang an die Verteidigungsfrage nicht im nationalen Sinne, sondern auch eingebettet in kollektive Sicherheitssysteme gelöst wissen wollte. Die Aufnahme dieser Vorschrift wurde gerade deshalb vorgeschlagen, weil der Verfassungsgeber mit der Fortdauer der deutschen Waffenlosigkeit rechnete und allein der Anschluss an die Vereinten Nationen den Frieden für das neue Staatswesen zu gewährleisten schien[524]. Die Integration nationaler Politik in ein "System kollektiver Sicherheit" sollte, was das Militär anbelangt, die Möglichkeit nehmen, es künftig zur Verfolgung nationalstaatlicher Ziele einzusetzen[525]. So heißt es im Darstellenden Teil des Entwurfs von Herrenchiemsee ausdrücklich: "Das deutsche Volk ist gewillt, künftighin auf den Krieg als Mittel der Politik zu verzichten und hieraus die Folgerungen zu ziehen. Um aber nicht wehrlos fremder Gewalt preisgegeben zu sein, bedarf es der Aufnahme des Bundesgebietes in ein System kollektiver Sicherheit, das ihm den Frieden gewährleistet." Die verfassungsrechtlich verankerte Auftragsmöglichkeit, der Einsatz von Streitkräften im Rahmen internationaler Organisationen, stand bereits fest, als die Entscheidung zur Aufstellung von Streitkräften überhaupt fiel und weitere verfassungsrechtliche Aufträge an die Streitkräfte, wie Art. 35, 87a Abs. 3 und 4 GG, ausformuliert wurden[526]. Die Integration deutscher Kontingente in Bündnisse und die Verwendung deutscher Soldaten in integrierten Stäben gehören infolgedessen auch schon seit Jahrzehnten zur Normalität.

Mit den Umwälzungen in Ost- und Mitteleuropa ab Ende der achtziger Jahre und der dadurch erlangten Souveränität Deutschlands kamen indessen neue Überlegungen zur Orientierung deutscher Sicherheits- und Verteidigungspolitik auf. Am 18. Juli 1990 setzte auf einen Entschließungsantrag des Bundestages vom 7. Dezember 1989 hin die Bundesregierung eine unabhängige Kommission für die künftigen Aufgaben der Bundeswehr ein[527]. Der Abschlussbericht strich die militärische Integration als leitendes Prinzip erneut heraus[528] und sah die Bestre-

523 Hier sind insbesondere die Gutachten von Erich Kaufmann vom 15. August 1953; von Ulrich Scheuner vom 10. August 1953 sowie von Adolf Süsterhenn vom 23. Juni 1952 zu nennen. Vgl. dazu Lang, Internationale Einsätze der Bundeswehr außerhalb von Systemen kollektiver Sicherheit, S. 21.

524 Bähr, in Frankfurter Rundschau, 20. April 1994, S. 12.

525 Frank in: Alternativkommentar, Art. 24 Abs. 2, Rn. 2.

526 Lang, Internationale Einsätze der Bundeswehr, S. 21.

527 Jacobsen/Rautenberg, Bundeswehr und europäische Sicherheitsordnung, S. 7.

528 Jacobsen/Rautenberg, Bundeswehr und europäische Sicherheitsordnung, S. 24.

bungen zur militärischen Integration auf drei Felder erstreckt: Zum einen die Beibehaltung und Vertiefung der militärischen Integration in die NATO[529], zum zweiten die politische Integration Europas in der EU, die ihr militärisches Standbein in der WEU findet[530] und zu der auch die Integration in die OSZE gerechnet werden muss[531], zum dritten das Integrationsfeld UNO[532].

Nach dem Ende des Kalten Krieges hat sich das Einsatzspektrum der Streitkräfte von der kollektiven Selbstverteidigung zum weltweiten Krisenmanagement und bis hin zur Terrorismusbekämpfung gewandelt. Es wurden multinationale Großverbände außerhalb der Atlantischen Allianz mit ehemaligen Mitgliedern des Warschauer Pakts gegründet. Wo sich früher zwei Bündnisse gegenüberstanden, wird jetzt eine gesamteuropäische Sicherheitsarchitektur angestrebt, die durch Kooperation und nicht durch Konfrontation gekennzeichnet ist[533]. Der deutsche Staat, der sich damit kraft seiner Verfassung auf die Integration in eine internationale Gemeinschaft einließ, öffnete auf diese Weise notwendig seine Verfassungsordnung fremden Einflüssen und begab sich der ausschließlichen Geltung seiner eigenen Verfassungsordnung. Mit einer Eingliederung in internationale Organisationen besteht demnach also die Gefahr einer Lockerung der grundsätzlichen, von Art. 1 Abs. 3 GG angeordneten Einbindung der Streitkräfte in die demokratisch-rechtsstaatliche Verfassungsordnung. Dies gibt Anlass für eine eingehendere Prüfung.

Bevor jedoch eine nähere Untersuchung dieser Problematik stattfinden kann, erscheint es angebracht, die Organisationen, an denen sich die Bundeswehr beteiligt, im Einzelnen kurz darzustellen. Dieser Vorspann ist notwendig, weil die Frage der Einsatzmöglichkeiten der Bundeswehr nicht von der Frage nach den konkreten Akteuren getrennt werden kann.

II. Bausteine der gesamteuropäischen Friedensordnung

1. Die Vereinten Nationen

Die Geschichte der Gründung der Organisation der Vereinten Nationen ist wesentlich als Antwort auf das Scheitern des Friedenssicherungssystems des Völ-

529 Jacobsen/Rautenberg, Bundeswehr und europäische Sicherheitsordnung, S. 24.
530 Jacobsen/Rautenberg, Bundeswehr und europäische Sicherheitsordnung, S. 22.
531 Jacobsen/Rautenberg, Bundeswehr und europäische Sicherheitsordnung, S. 25.
532 Jacobsen/Rautenberg, Bundeswehr und europäische Sicherheitsordnung, S. 36.
533 Wego, in: Europäische Sicherheit 6/95, S. 39.

kerbundes zu verstehen[534]. Nach den Erfahrungen mit diesem, der den Zweiten Weltkrieg zu verhindern nicht in der Lage gewesen war, sowie dem Trauma der Weltwirtschaftskrise wurde versucht, eine globale Organisation mit der Wahrung des Weltfriedens und der internationalen Sicherheit zu betrauen[535]. Die Idee einer solchen handlungsfähigen Organisation fand ihren Ausdruck in der von Roosevelt und Churchill am 14. August 1941 proklamierten "Atlantik-Charta", in der die Grundzüge und Ziele einer weltweiten Nachkriegsfriedensordnung umrissen und die Errichtung eines "umfassenden und dauerhaften Systems allgemeiner Sicherheit" vorgesehen war. Auf der Gründerkonferenz, die am 25. April 1945 in San Francisco begann, beschlossen dann 51 Staaten eine internationale Organisation zu errichten, die den Namen "Vereinte Nationen" führen und deren Hauptziel es sein sollte, den Weltfrieden und die internationale Sicherheit zu wahren[536]. Um dieses Ziel zu erreichen, sahen die Gründungsväter der Vereinten Nationen ein System der kollektiven Sicherheit in der Satzung vor, das im Falle einer Bedrohung, eines Bruches des Friedens oder einer Angriffshandlung durch einen Aggressor innerhalb oder außerhalb des Systems die zur Wahrung oder Wiederherstellung des Weltfriedens erforderlichen Maßnahmen treffen soll und nicht der einzelne Staat selbst. Um dabei schnell und wirksam handeln zu können, übertrugen die Mitglieder der Vereinten Nationen dem Sicherheitsrat hierfür die Hauptverantwortung (Art. 24 UN-Charta) und statteten ihn mit weit reichenden Kompetenzen gegenüber den Mitgliedstaaten aus. Sein Zuständigkeitsbereich reicht von der Beilegung von Streitigkeiten mit friedlichen Mitteln gemäß Kap. VI der UN-Charta[537] über wirtschaftliche Sanktionen[538] bis hin zur Möglichkeit militärischer Zwangsmaßnahmen gegen einen Aggressor gemäß Kap. VII der UN-Charta. Allerdings kam es bisher in lediglich drei Fällen zu einer de facto Anwendung kollektiver Sicherheitsmechanismen[539]. Entscheidend für den kollekti-

---

534 Hobe, Der offene Verfassungsstaat, S. 94; Gareis/Varwick, Die Vereinten Nationen, S. 13; Seidl-Hohenveldern/Loibl, Das Recht der internationalen Organisationen, S. 24.

535 Gareis/Varwick, Die Vereinten Nationen, S. 13; Bothe, in: von Schorlemer, Praxishandbuch UNO, S. 13.

536 "Fest entschlossen, künftige Geschlechter von der Geißel des Krieges zu befreien", sollten Bedingungen geschaffen werden, unter denen "Gerechtigkeit und die Achtung vor den Verpflichtungen aus Verträgen (...) gewahrt werden können, den sozialen Fortschritt und einen besseren Lebensstandard in größerer Freiheit zu fördern", so die Präambel der UN-Charta.

537 Friedliche Maßnahmen nach Kap. VI UN-Charta reichen von Initiativen auf diplomatischer Ebene bis hin zur Stationierung von Blauhelm-Truppen.

538 Zur Verhängung wirtschaftlicher Sanktionen kommt es allerdings nur sehr selten. Beispiele dafür sind z.B. Irak (1990), Jugoslawien (1991/92), Somalia (1992), Liberia (1992), Ruanda (1994).

539 Dies waren der Koreakrieg (1950-53), die Operation "Desert Storm" mit dem Ziel der Wiederherstellung des status quo ante vor der Besetzung Kuwaits durch den Irak (1991) sowie der

ven Zwangsmechanismus ist Art. 25 der UN-Charta, der den Sicherheitsratsbeschlüssen bindende Wirkung zuweist. Die Mitglieder sind danach verpflichtet, diese Beschlüsse ohne eigenen Interpretationsspielraum anzunehmen und durchzuführen.

Die Wirksamkeit des Systems wurde jedoch durch die Entstehung des Ost-West-Gegensatzes im Zuge des Kalten Krieges behindert. Die westlichen und die östlichen ständigen Mitglieder des Sicherheitsrates blockierten durch ihr Veto Aktionen der kollektiven Sicherheit[540]. 1950 versuchte daraufhin die Generalversammlung die Funktionsfähigkeit des Instrumentariums der Friedenssicherung wiederherzustellen, indem sie sich mit der "Uniting for Peace"-Resolution[541] für all jene Fälle zuständig erklärte, in denen der Sicherheitsrat durch die Vetodrohung eines oder mehrerer ihrer ständigen Mitglieder blockiert ist. Die Empfehlungen der Generalversammlung zur Ergreifung von Zwangsmaßnahmen richten sich jedoch nur an Mitglieder der Vereinten Nationen und vermögen anders als die Beschlüsse des Sicherheitsrates keine bindende Wirkung zu entfalten[542]. Während die Generalversammlung zwar wiederholt auf Grundlage dieser Resolution agierte[543], sprach sie bisher keine Empfehlungen zur Verhängung von Zwangsmaßnahmen aus[544].

Um ihrer Aufgabe der Friedenserhaltung dennoch nachkommen zu können, verlagerten die Vereinten Nationen ihre Hauptbetätigung in andere Bereiche wie die Unterstützung des Entkolonialisierungsprozesses, Peacekeeping-Missionen und andere Vermittlungsbemühungen[545]. Auch als nach dem Ende der bipolaren Weltordnung der Sicherheitsrat seinen Handlungsspielraum beträchtlich erweitern konnte und in einer Reihe von Fällen Zwangsmaßnahmen bis hin zum Einsatz militärischer Mittel beschloss, geschah dies zwar unter Rückgriff auf und im Einklang mit den entsprechenden Normen und Regeln der Charta, jedoch ohne

---

Kongo-Konflikt (1960-64), bei dem es sich rechtlich gesehen zwar um eine Peacekeeping-Mission handelte, die jedoch den für solche Aktionen vorgeschriebenen Rahmen verließ.

540 Aufgrund der Regelung in Art. 27 Abs. 3 UN-Charta können die ständigen Mitglieder des Sicherheitsrates durch ein Veto die Durchführung von Zwangsmaßnahmen nach dem Kap. VII der UN-Charta verhindern. Insgesamt wurde das Vetorecht bis 1988 279 Mal eingesetzt; vgl.: Sucharipa-Behrmann, in: Cede/Sucharipa-Behrmann, Die Vereinten Nationen, S. 85; Varwick, Die UNO zwischen neuen Aufgaben, in: Politische Bildung, Heft 4/1995, S. 56, 58.

541 Resolution of the General-Assembly of 3 November 1950, A/RES/377.

542 Dicke/Rengeling, Die Sicherung des Weltfriedens durch die Vereinten Nationen, S. 111, 112.

543 Ägypten (1956), Ungarn (1956), Libanon (1958), Indien-Pakistan (1971), Jordanien (1980), Afghanistan (1980), Namibia (1981), Bosnien-Herzegowina (1992).

544 Rossbacher, Friedenssicherung, S. 18.

545 Die Vermittlungsbemühungen sind dabei jedoch häufig durch andere, nicht im Rahmen der Vereinten Nationen oder im Auftrag der Vereinten Nationen handelnde Staaten, Institutionen oder Personen unternommen worden. So vermittelte z.B. US-Präsident Carter erfolgreich im Konflikt zwischen Israel und Ägypten.

Nutzung der in Kapitel VII vorgesehenen Strukturen und Instrumente[546]. Internationale VN-Friedensmissionen haben sich seitdem erheblich gewandelt. Sie reichen von den klassischen Blauhelm-Missionen[547] über die Konfliktverhütung durch politische Aktivitäten und vorbeugende Truppenstationierung bis hin zum Einsatz bewaffneter Kräfte zur Eindämmung von Konflikten und zur Stabilisierung der politischen Lage[548]. Waren im Bereich der Friedenssicherung bei Gründung der Vereinten Nationen noch zwischenstaatliche Kriege die schwerwiegendste Herausforderung, sind es heute die innerstaatlichen Konflikte sowie die Wiederherstellung friedlicher Lebensbedingungen für die Bevölkerung[549].

Derzeit repräsentieren die Vereinten Nationen mit 191 Mitgliedstaaten mehr als 97 Prozent der international anerkannten Staaten und sind damit die einzige politische Institution mit universaler Mitgliedschaft[550]. Die Bundesrepublik Deutschland beteiligt sich seit ihrem Beitritt am 18. September 1973[551] an Friedensmissionen mit materiellen und monetären Leistungen sowie Dienstleistungen. Der Verwendung deutscher Soldaten in Missionen der Vereinten Nationen standen dagegen zunächst verfassungsrechtliche Grenzen entgegen[552]. Derzeit beteiligt sich die Bundeswehr mit Beobachtern an der seit Juni 1994 laufenden "United Nations Observer Mission" in Georgien (UNMIG) und seit Januar 2004 an der "United Nations Mission in Ethiopia and Eritrea" (UNMEE).

2. Der Nordatlantikpakt (NATO)

Die NATO versteht sich seit ihrer Gründung am 4. April 1949[553] in Washington als eine Wertegemeinschaft freier Staaten, die sich zur Wahrung des Friedens und zum Schutz von Demokratie und Menschenrechten zusammengeschlossen haben, was insbesondere in der Präambel des NATO-Vertrages zum Ausdruck kommt[554]. Die Militärdoktrinen der NATO waren geprägt von der "Vorwärtsstra-

546 Gareis/Varwick, Die Vereinten Nationen, S. 98.

547 Klassische Blauhelm-Missionen gelten der Beobachtung von Waffenstillstandslinien und der Überwachung der Einhaltung von Abkommen.

548 Dazu unten B II 1.

549 Varwick/Knelangen, in: Aus Politik und Zeitgeschichte, B 27-28, 2002, S. 2.

550 United Nations, UN in Brief, S. 2; seit September 2002 gehören auch Ost-Timor und die Schweiz dazu.

551 Die DDR und die Bundesrepublik Deutschland wurden am 18. September 1973 durch Akklamation von der Generalversammlung der Vereinten Nationen als 133. und 134. Mitgliedstaat aufgenommen, nachdem der Sicherheitsrat am 22. Juni 1973 einmütig die Aufnahme der beiden Staaten in die Organisation empfohlen hatte, BGBl. 1973 II, S. 430.

552 Vgl. dazu die Ausführungen in Teil 1, Kap. 1, B I 2.

553 BGBl. 1955 II, S. 289.

554 Wortlaut der Präambel des NATO-Vertrages: ".... Sie (die Parteien des Vertrages) sind entschlossen, die Freiheit, das gemeinsame Erbe und die Zivilisation ihrer Völker, die auf den

tegie" sowie von der "Strategie der massiven Vergeltung". Letztere wurde 1967 abgelöst von der "Strategie der flexiblen Reaktion", einer Atomkriegsführungsstrategie. Im Vordergrund stand vor allem die Verunsicherung der Warschauer-Pakt-Staaten. Mit dem NATO-Doppelbeschluss vom Dezember 1979 versuchte die NATO den Kurs der Entspannungspolitik auszuhöhlen und setzte auf volle Konfrontation. Ihr Hauptziel war es, ihre Mitglieder durch Abschreckung mittels glaubhafter Verteidigungsfähigkeit vor militärischen Angriffen zu schützen. Die NATO war aber niemals nur eine reine Militärinstanz klassischen Stils, um der konventionellen Übermacht der Sowjetunion zu begegnen, sondern immer schon ein vorwiegend politisches Bündnis, dessen Verteidigungsfähigkeit vielmehr die Ergänzung zu den politischen Bemühungen um Kooperation und Dialog darstellte. Ihr Handlungsrahmen war von Anfang an so weit gespannt, dass neben dem Schutz und der Bewahrung der gemeinsamen Grundwerte, der Lebensordnung und Zivilisation vor potentiellen Bedrohungen von Seiten des Ostblocks auch die Zusammenarbeit auf politischem, wirtschaftlichem und kulturellem Gebiet eine gleichrangige Verpflichtung war[555].

Mit dem Ende des Ost-West-Konfliktes verlor die NATO ihre ursprüngliche Daseinsberechtigung. Da die Bedrohung durch die Sowjetunion und den Warschauer Pakt verschwand, wurde die absolute Priorität der atlantischen Sicherheitsgarantien relativiert. Eines kollektiven Selbstverteidigungsbündnisses im engen Sinne bedurfte es demzufolge nicht mehr[556]. Anlässlich des Jugoslawien-Krieges fand sich jedoch der Glaube an die Bedeutung der Allianz wieder. Gerade die Querelen unter den Westeuropäern schienen zu verdeutlichen, wie notwendig bei regionalen oder internationalen Krisen das politische, sicherheitspolitische und militärische Konsensverfahren innerhalb der Allianz war. Unter Berücksichtigung der auf dem europäischen Kontinent ausbrechenden innerstaatlichen Konflikte, passte sich die NATO demnach sukzessive den geänderten sicherheitspolitischen Anforderungen an und richtete ihren Aufgabenbereich an diesen aus. Bereits 1990 wurde die internationale Streitkräftestruktur der NATO grundlegend geändert[557]. Dem veränderten Bedrohungsspektrum wurde aber vor allem mit dem "Neuen Strategischen Konzept"[558] Rechung getragen, das im we-

---

Grundsätzen der Demokratie, der Freiheit der Person und der Herrschaft des Rechts beruhen, zu gewährleisten. Sie sind bestrebt, die innere Festigkeit und das Wohlergehen im nordatlantischen Gebiet zu fördern. Sie sind entschlossen, ihre Bemühungen für die gemeinsame Verteidigung und für die Erhaltung des Friedens und der Sicherheit zu vereinigen."

555 Siehe Art. 1 und 2 NATO-Vertrag.

556 Vgl. dazu Teil 1, 1. Kap. A I 2.

557 Londoner Erklärung vom 5./6. Juli 1990, Bulletin der Bundesregierung vom 10. Juli 1990, S. 777 ff.

558 Das neue Strategische Konzept des Bündnisses, Bulletin der Bundesregierung vom 13. November 1991, S. 1039-1048.

sentlichen das NATO-Einsatzgebiet "out of area" erweiterte und eine Umstrukturierung der Streitkräfte zu kleineren, dafür aber hochmobilen und anpassungsfähigen Einheiten vorsah, um etwaige die NATO-Staaten bedrohende Krisen erfolgreich bewältigen zu können[559]. 1992 erklärte die NATO ausdrücklich ihre Bereitschaft zur Durchführung friedenserhaltender Missionen mit Mandat des Sicherheitsrates der Vereinten Nationen[560]. In der Praxis kam die NATO diesem Prozess dann auch dadurch nach, indem sie die Vereinten Nationen bei der Wahrnehmung ihrer friedenswahrenden Mission in Restjugoslawien unterstützte und seit 1995 mandatiert durch eine Resolution des Sicherheitsrates erstmals selbständig und in eigener Verantwortung eine friedenswahrende Mission in Bosnien betreibt (IFOR)[561].

Spiegelten sich im Strategischen Konzept der NATO von 1991 noch die einschneidenden Veränderungen in Ost- und Mitteleuropa nach dem Ende des Kalten Krieges wider, so passte sich die NATO, vor allem unter dem Eindruck der Geschehnisse im Kosovo, den neuen sicherheitspolitischen Rahmenbedingungen an. Ausgedrückt wurde dies in einem weiteren neuen Strategischen Konzept, das die Staats- und Regierungschefs anlässlich des 50jährigen Bestehens der NATO auf der Gipfelkonferenz in Washington am 23./24. April 1999 verabschiedeten[562]. Auf dessen Grundlage bleibt die NATO zwar weiter ihrem Hauptzweck, der kollektiven Verteidigung verpflichtet, darüber hinaus aber soll sie durch vertiefte partnerschaftliche Zusammenarbeit mit den ehemaligen Gegnern[563] und der Fähigkeit zur Konfliktverhütung und Krisenbewältigung einen wichtigen Beitrag zu Sicherheit und Stabilität des euro-atlantischen Raumes leisten[564].

Derzeit beteiligt sich Deutschland auf der Grundlage des Art. 51 UN-Charta, der Beistandsverpflichtung des Art. 5 NATO-Vertrag und des Beschlusses des Deutschen Bundestages vom 17. November 2001 im Rahmen der Operation "Enduring Freedom" an der weltweiten Bekämpfung des Terrorismus, sowie an der Operation "Active Endeavour", dem bündnisgemeinsamen Beitrag der NATO-Marinestreitkräfte zur Unterstützung der Operation "Enduring Freedom". Auch

---

559 Über solche "Sofort- und Schnellreaktionskräfte", wie das Konzept sie vorsah, verfügten damals lediglich die USA. Für die Bundesrepublik tauchte im "Stoltenbergpapier" vom 20. Januar 1992 in Umsetzung dieses Konzepts erstmals der Aufbau von "Krisenreaktionskräften" der Bundeswehr auf; Blätter für deutsche und internationale Politik 4'92, S. 506 ff.

560 Kommuniqué der Ministertagung des NATO-Rates am 17. Dezember 1992 in Brüssel, abgedruckt in: Bulletin der Bundesregierung vom 29. Dezember 1992, S. 1305 ff.

561 Vgl. dazu auch Schultz, Die Auslandsentsendung, S. 49.

562 Text in Bulletin der Bundesregierung vom 03. Mai 1999, S. 222 ff.

563 Seit dem 12. März 1999 gehören mit Polen, der Tschechischen Republik und Ungarn drei ehemalige Mitglieder des Warschauer Paktes dem Bündnis an.

564 Bundesregierung, Die neue NATO, S. 3.

die Führung der ISAF-Mission ging am 11. August 2003 auf die NATO über. Ein weiterer operativer Schwerpunkt der NATO ist die Präsenz auf dem Balkan.

3. Die Westeuropäische Union (WEU)

Die Westeuropäische Union war 1948 durch den Brüsseler "Vertrag über wirtschaftliche, soziale, kulturelle Zusammenarbeit und über kollektive Selbstverteidigung"[565] als "Westliche Union" zwischen Belgien, Frankreich, Großbritannien, Luxemburg und den Niederlanden zum Zweck der Verteidigung gegen einen möglichen deutschen Angriff und gegen die Bedrohung durch die kommunistischen Staaten gegründet worden. Sie wurde 1954 durch den Beitritt Deutschlands und Italiens mit dem geänderten Brüsseler Vertrag zur "Westeuropäischen Union" erweitert[566]. Der Auftrag der WEU wird in der Präambel und in Art. VI des Vertrages beschrieben als Aufrechterhaltung oder Wiederherstellung "des internationalen Friedens und der internationalen Sicherheit". Im Sinne dieser Ziele verpflichtet der Brüsseler Vertrag seine Teilnehmer sowohl zu bestimmten Formen der Zusammenarbeit auf wirtschaftlichem und sozialem Gebiet[567], als auch vor allem zur automatisch eintretenden gegenseitigen Leistung und sonstigen Unterstützung im Falle eines Angriffs auf einen von ihnen innerhalb Europas[568]. In der Beistandspflicht gemäß Art. V des Vertrages bekennen sich die WEU-Vertragspartner zu einer militärischen Beistandspflicht, die in ihrem Verbindlichkeitsgrad wesentlich weiter reicht als die entsprechende Bestimmung des Art. 5 des NATO-Vertrages[569]. Sie fand allerdings keinen Ausdruck im Aufbau militärischer Strukturen[570].

Vor diesem Hintergrund stand die WEU während des Ost-West-Konfliktes im Schatten der NATO, da die später gegründete nordatlantische Allianz gänzlich die verteidigungspolitischen Aufgaben der WEU übernahm[571]. Dies hatte zur Folge, dass die WEU lediglich mit der Überwachung von Rüstungsbeschränkungen betraut wurde, die anlässlich des Beitritts der Bundesrepublik Deutschland zur NATO im Herbst 1954 vereinbart worden waren[572]. Nach der gescheiterten Initiative, der Europäischen Politischen Zusammenarbeit (EPZ) eine Verteidigungsdimension zukommen zu lassen, beschlossen die Mitgliedstaaten 1984 die

565 Vertrag vom 17. März 1948.
566 BGBl. 1955 II, S. 283.
567 Art. II und III WEU-Vertrag.
568 Art. IV und V WEU-Vertrag.
569 Lang, Internationale Einsätze der Bundeswehr, S. 62.
570 Antretter, in: ders., Sicherheit in Europa: Die WEU, S. 56.
571 Art. IV des revidierten Brüsseler Vertrages untersagte ausdrücklich den Aufbau einer Befehls- und Planungsebene im Rahmen der WEU.
572 Antretter, in: ders., Sicherheit in Europa: Die WEU, S. 56.

WEU zu reaktivieren. Den westeuropäischen Staaten wurde zusehends klar, dass amerikanische und europäische Sicherheitsinteressen nicht dauerhaft die gleichen sein würden. Um dieser Situation gerecht zu werden, war es anstrebenswert, im Bedarfsfall rechtlich eigenständig handeln und gegebenenfalls auch auf selbständige Verteidigungsstrukturen zurückgreifen zu können[573]. Zwischen 1984 und 1987 wurden verschiedene Konzeptionen entwickelt, mit deren Hilfe die WEU einen konstruktiveren europäischen Beitrag im Rahmen der NATO würde leisten können[574]. Dieser Prozess, bei dem es generell um die Stärkung Westeuropas im Rahmen der sicherheitspolitischen Strukturen ging, beschleunigte sich zusehends ab 1989[575]. Die tiefgreifenden Änderungen im politischen Machtgefüge, die durch den Zusammenbruch der Sowjetunion und des Warschauer Paktes hervorgerufen wurden, gaben der WEU wieder eine wesentliche Rolle im Bereich der Rüstungskontrolle und Abrüstung. Mit dem im November 1991 verabschiedeten strategischen Konzept wünschten sich die Regierungschefs der NATO-Staaten eine stärkere Rolle der WEU "sowohl als Verteidigungskomponente des Prozesses der europäischen Einigung, als auch als Mittel zur Stärkung des europäischen Pfeilers der Allianz"[576].

Seit der Verabschiedung des Vertrages über die Europäische Union[577] in Maastricht im Dezember 1991, in dem die WEU als "integraler Teil der Entwicklung der Union" beschrieben wurde, verfolgten die Mitgliedstaaten das Ziel, die WEU dahingehend auszubauen. Hierzu sah der Maastrichter Vertrag eine Reihe von praktischen Beschlüssen vor, die bis heute umgesetzt wurden[578]. In Konkretisierung dieser Konzeption wurden in der Petersberger Erklärung des Ministerrats der WEU vom 19. Juni 1992 die Zwecke für den Einsatz militärischer Einheiten der WEU-Mitgliedstaaten erweitert. Über den Verteidigungsfall hinaus gehörten ab diesem Zeitpunkt auch humanitäre Aufgaben und Rettungseinsätze, friedenserhaltende Aufgaben sowie Kampfeinsätze bei der Krisenbewältigung, einschließlich Maßnahmen zur Herbeiführung des Friedens, zu ihrem Aufgabenspektrum[579]. Um diese Aufgaben operativ wahrnehmen zu können, mussten

---

573 Becker, in: Hoffmann, Friedensverantwortung und Sicherheitsarchitektur in Europa, S. 18.

574 Voigt, in: Antretter, Sicherheit in Europa: Die WEU, S. 28, 29; Cutilero, in: Antretter, ebda., S. 34.

575 Schröder, Die internationale Integration deutscher Streitkräfte, S. 61.

576 Kommuniqué der Ministertagung in Oslo, in: Bulletin der Bundesregierung vom 23. Juni 1992, S. 614.

577 BGBl. 1992 II, S. 1251.

578 So z.B. eine Synchronisierung der Präsidentschaften sowie gemeinsame Sitzungen von NATO und EU mit den jeweiligen WEU-Experten.

579 Aufgrund des Wunsches der EU, vermehrte Verantwortung im Bereich der europäischen Sicherheit zu übernehmen, wurden diese Aufgaben auch als Zuständigkeit der EU in den Art. 17 des EUV aufgenommen.

Strukturen und Mittel der WEU gestärkt werden. Dazu gehörte vor allem die Bestimmung von militärischen Einheiten, die der WEU ausdrücklich zugeordnet sind ("Forces Answerable to WEU"/FAWEU)[580]. In der Praxis stellt allerdings die von 1993 bis 1996 durchgeführte Operation auf der Donau zur Unterstützung bei der Bewachung des VN-Embargos die bis dato einzige – von der WEU ohne logistische Zusammenarbeit mit der NATO verwirklichte – militärische Operation unter zentraler Führung dar.

Um die WEU schneller in die Lage zu versetzen, Konfliktmanagement in eigener politischer und militärischer Verantwortung zu betreiben, wurde auf der NATO-Ministerratstagung im Juni 1996 auf dem Gipfel von Berlin das "Combinded Joint Task Forces-Konzept" vereinbart, in dessen Rahmen ursprünglich NATO-Kapazitäten auch für europäische Friedensmissionen unter WEU-Kommando zur Verfügung gestellt werden sollten[581]. Heute jedoch scheint diese Rolle zu Gunsten der Entwicklung eigener Strukturen und Kapazitäten der Union im Rahmen der europäischen Sicherheits- und Verteidigungspolitik aufgegeben zu sein, die vom Europäischen Rat der EU am 3./4. Juni 1999 festgelegt wurde. Davon zeugt die Übertragung der operativen Kapazitäten auf die EU im Jahr 2001 und die Bildung von Krisenbewältigungskräften, mit denen sich die EU selbst zum Ziel gesetzt hatte, eigene Kapazitäten zu bilden. Die WEU hat nach Abgabe dieser Zuständigkeiten wieder den ruhenden Status erhalten, den sie bis Ende der achtziger Jahre hatte. Ihre "Restfunktion" ergibt sich lediglich aus dem WEU-Vertrag von 1954[582].

4. Die Europäische Union (EU)

Die Europäischen Gemeinschaften haben seit ihrer Gründung in den 50er Jahren starke wirtschaftliche Bindungen zwischen ihren Mitgliedern und mit den übrigen Ländern der Welt aufgebaut. Auf diese Fortschritte im wirtschaftlichen Bereich folgte jedoch keine politische Rolle gleichen Ausmaßes, denn in keinem Vertrag wurde eine gemeinsame Außenpolitik formuliert[583]. Der Grundstein für ein gemeinsames außenpolitisches Handeln wurde 1991 erst durch den Europäischen Rat im Vertrag von Maastricht gelegt. Auf dieser Tagung beschlossen die Staats- und Regierungschefs der Europäischen Gemeinschaft, die Europäische Union

580 Zu diesen Kräften zählt u.a. auch das aus deutschen, französischen, spanischen, belgischen und luxemburgischen Einheiten gebildete Eurocorps, das für Verteidigungszwecke allerdings voll der NATO unterstellt wird.

581 Voigt, in: Antretter, Sicherheit in Europa: Die WEU, S. 28, 30; Schultz, Die Auslandsentsendung, S. 51.

582 Bundesregierung, Deutschland und die Europäische Union, S. 56.

583 Vgl. Bundesregierung, Deutschland und die Europäische Union, S. 40.

(EU) zu gründen[584], mit der die europäische Handlungskompetenz nicht mehr nur auf die traditionellen Bereiche der Wirtschafts-, Agrar-, Kultur-, Sozial- und Umweltpolitik beschränkt sein sollte, sondern die europäischen Staaten sollten in die Lage versetzt werden, verteidigungspolitische Verantwortung zu übernehmen[585]. Mit der Aufnahme der GASP[586] als zweite Säule der Europäischen Union war die Möglichkeit gegeben, eine eigene europäische Verteidigungsidentität zu schaffen und nach außen geschlossener aufzutreten[587].

Der Wille nach einer größeren Handlungsfähigkeit der Europäer auf dem Feld der Sicherheitspolitik entsprach vor allem der "Logik der fortschreitenden europäischen Integration ebenso wie den Bedingungen zunehmender Globalisierung in den Bereichen Politik und Wirtschaft, unter denen sich Europa nur als politisch vereinte Kraft behaupten kann"[588]. Dabei wurde die Sicherung der gemeinsamen Werte und grundlegenden außenpolitischen Interessen der Mitgliedstaaten, insbesondere die Unabhängigkeit, Sicherheit und Unversehrtheit der Union, Frieden, Stärkung von Demokratie, Rechtsstaatlichkeit und Menschenrechte, zu den Zielen der GASP erklärt[589]. Vor dem Hintergrund dieser begrenzten außenpolitischen Handlungsfähigkeit der europäischen Staatengemeinschaft bestand Einigkeit unter den Mitgliedstaaten, im Rahmen der EU die Sicherheits- und Verteidigungspolitik auch auf den militärischen Bereich auszudehnen[590].

In dessen Rahmen konnte die Union allerdings nicht eigenständig Entscheidungen und Aktionen ausarbeiten und durchführen, sondern nur unter Inanspruchnahme der WEU[591]. Nach Art. 17 EUV fanden die Petersberg-Aufgaben der WEU Aufnahme in die sicherheitspolitische Zuständigkeit der Europäischen Union. Diese umfassen in Abs. 2 der Vorschrift "humanitäre Aufgaben und Rettungseinsätze, friedenserhaltende Aufgaben sowie Kampfeinsätze bei der Krisenbewältigung einschließlich friedensschaffender Maßnahmen".

Die Erfahrungen aus den Einsätzen im Zusammenhang mit den verschiedenen Krisenszenarien zeigten jedoch, dass eine Aufrechterhaltung der bis dahin beste-

---

584 Vertrag von Maastricht, BGBl. 1992 II, S. 1251; in Kraft getreten am 1. November 1993, BGBl. 1993 II, S. 1947.

585 Bandilla-Dany, Die Gemeinsame Außen- und Sicherheitspolitik, S. 117.

586 Ausgehend von der "Drei-Säulen-Theorie", sprach man fortan von der GASP als "zweite Säule" neben den klassischen Aufgabenfeldern der EG (erste Säule) und der Innen- und Rechtspolitik (dritte Säule).

587 Bandilla-Dany, Die Gemeinsame Außen- und Sicherheitspolitik, S. 117.

588 Auszug aus einer Rede des Verteidigungsministers Scharping im November 2000.

589 Die Ziele der GASP sind in Art. 11 des EUV festgelegt.

590 Die außenpolitische Handlungsunfähigkeit lag gerade darin, dass der EPZ die erforderlichen Rechtsgrundlagen für die Durchführung militärischer Einsätze fehlte; vgl. Schürr, Der Aufbau einer europäischen Sicherheits- und Verteidigungsidentität, S. 159, 160.

591 Art. 17 Abs. 3 EUV: "Die Union nimmt die WEU in Anspruch, um Entscheidungen und Aktionen, die verteidigungspolitische Bezüge haben, auszuarbeiten und durchzuführen."

henden Konstruktion eines Systems zweier sich ergänzender, selbständiger Völkerrechtssubjekte, die Handlungsfähigkeit wesentlich beeinträchtigte[592]. Ausgehend von den 1999 in Köln[593] und Helsinki[594] getroffenen Ratsentscheidungen begann die EU mit der Aufstellung eigener Fähigkeiten zur Krisenbewältigung. Der Vertrag von Nizza[595] trug im Folgenden den veränderten Entwicklungen im Beziehungssystem von WEU und EU Rechnung. Durch den Übergang der operationellen Teile der WEU einschließlich des Kommandos für die Wahrnehmung der Petersberg-Aufgaben auf die Europäische Sicherheits- und Verteidigungspolitik und somit auf die EU wurde die in Art. 17 Abs. 3 geregelte Übertragung der Aufgaben auf die WEU hinfällig. Demgemäß wurde auch Art. 17 Abs. 1, der die WEU als integralen Bestandteil der EU auszeichnete, aus dem Unionsvertrag gestrichen. Die Operation "Concordia" in Mazedonien ist der erste praktische Anwendungsfall einer militärischen Handlungsfähigkeit der EU.

5. Die Organisation für Sicherheit und Zusammenarbeit in Europa (OSZE)

Die Konferenz über Sicherheit und Zusammenarbeit in Europa (KSZE), wie die Organisation für Sicherheit und Zusammenarbeit (OSZE) bis 1994 hieß, entstand in der Periode der Entspannung im Ost-West-Verhältnis während der frühen siebziger Jahre[596] mit dem Ziel einer friedlichen Koexistenz ordnungspolitisch unterschiedlicher Gesellschaften[597]. Bis Ende der achtziger Jahre war sie ein Forum für Gespräche zu Fragen der Sicherheit und Zusammenarbeit, der Wirtschaft sowie der Menschenrechte, an welchem Vertreter aller europäischen Länder[598] sowie den USA und Kanada teilnahmen, um durch diese Zusammenarbeit trotz der Spannungen zwischen den Militärblöcken gemeinsam Stabilität und Sicher-

---

592 Während des Maastrichter Vertrages ersuchte die Union die WEU in insgesamt vier Fällen: Unterstützung einer multinationalen Truppe in der afrikanischen Region der Großen Seen (Zaire); Unterstützung bei der Minenräumung in Kroatien; Beobachtung der Lage im Kosovo, Polizeieinsatz in Albanien.

593 In seiner Erklärung "Zur Stärkung der Gemeinsamen Europäischen Sicherheits- und Verteidigungspolitik" betonte der Rat die Notwendigkeit für die Union, auf internationale Krisensituationen reagieren zu können, Ziff. 1, Anhang III zu den Schlussfolgerungen des Vorsitzes des Europäischen Rates in Köln vom 3./4. Juni 1999.

594 In Helsinki beschloss der Europäische Rat, "die Union in die Lage zu versetzen, autonom Beschlüsse zu fassen und in den Fällen, in denen die NATO als Ganzes nicht einbezogen ist, als Reaktion auf internationale Krisen EU-gemeinsame militärische Operationen einzuleiten und durchzuführen."; Schlussfolgerungen des Europäischen Rates in Helsinki, Ziff. 27.

595 Dok. SR 1247/01 vom 8. Februar 2001; BGBl. 2001 II, S. 1666.

596 Unterzeichnung der Helsinki-Schlussakte am 1. August 1975, amtlicher deutscher Text bei: Volle/Wagner, KSZE, S. 237-284.

597 Tudyka, Das OSZE-Handbuch, S. 22.

598 Mit Ausnahme Albaniens.

heit in Europa zu gewährleisten[599]. Mit dem Ende der Ost-West-Konfrontation und vor dem Hintergrund der gewaltträchtigen Konflikte und Krisen im früheren kommunistischen Teil Europas wurde im November 1990 die Charta von Paris[600] angenommen, in der die Teilnehmerstaaten beschlossen, die KSZE qualitativ durch die Schaffung ständiger und regelmäßig tagender Institutionen und durch die Institutionalisierung alle zwei Jahre abzuhaltender KSZE-Folgetreffen auszubauen.

Im Folgetreffen 1992 in Helsinki erklärten die Teilnehmerstaaten die KSZE zu einer Regionalorganisation im Sinne von Kapitel VIII UN-Charta[601]. Als eine solche sollte ihr nicht mehr nur eine Vermittlungsfunktion zwischen zwei grundverschiedenen politischen Systemen zukommen, sondern die Aufgabe der Friedenssicherung[602]. Fortan war der UN-Sicherheitsrat in der Lage, das Bündnis zur Durchführung von Zwangsmaßnahmen unter seiner Autorität in Anspruch zu nehmen[603].

Der nachfolgende Budapester Gipfel der Staats- und Regierungschefs im Jahre 1994 beschloss, der KSZE den Namen "Organisation für Sicherheit und Zusammenarbeit in Europa" zum 1. Januar 1995 zu geben[604]. Diese Transformation bezeugte den politischen Willen, der gesamteuropäischen Zusammenarbeit unter Einschluss Nordamerikas eine feste Struktur zu geben. Als "regionale Abmachung" im Sinne von Kap. VIII der UN-Charta sollte die OSZE Vorrang vor allen Fragen haben, die die europäische Sicherheit betreffen. Am lediglich politisch verbindlichen Charakter der Beschlüsse der OSZE änderte sich dagegen nichts[605]. So stellten die Teilnehmerstaaten anlässlich der Umbenennung fest, dass "durch den Namenswechsel von KSZE zu OSZE sich weder der Charakter unserer KSZE-Verpflichtungen noch der Status der KSZE und ihrer Institutionen (ändert). Die KSZE wird in ihrer organisatorischen Entwicklung flexibel und dynamisch bleiben"[606]. Die OSZE beruht danach bis heute weder auf einem völker-

599 Geiger, Die rechtlichen Rahmenbedingungen der Multinationalität, S. 5.

600 "The Charter of Paris for a New Europe", Erklärung der KSZE-Treffens der Staats- und Regierungschefs in Paris vom 21. November 1990, Bulletin der Bundesregierung vom 24. November 1990, S. 1400 ff.

601 Bulletin der Bundesregierung vom 23. Juli 1922, S. 777 ff. Die Generalversammlung der Vereinten Nationen erkannte diesen Status im Oktober 1992 an, VNGA-Resolution: 47/10 vom 28. Oktober 1992.

602 Oppermann, Europarecht, § 3, Rn. 147.

603 Bundesregierung, OSZE, S. 13; Geiger, Die rechtlichen Rahmenbedingungen der Multinationalität, S. 6.

604 Budapester Dokument 1994, Ziff. 3, Bulletin der Bundesregierung vom 23. Dezember 1994, S. 1097 ff.

605 Oberschmidt, in: OSZE-Jahrbuch 2000, S. 319; Epping, in: Ipsen, Völkerrecht, § 34, Rn. 16.

606 Bulletin der Bundesregierung vom 23. Dezember 1994, S. 1097, 1100.

rechtlichen Vertrag noch auf einem Abkommen zwischen den Regierungen[607]. In dieser Hinsicht können keinerlei Zweifel aufkommen, denn die KSZE-Teilnehmerstaaten haben hinsichtlich der Charta von Paris und des Helsinki-Dokumentes 1992 – also gerade jener Vereinbarungen, mit denen die Institutionen der KSZE erstmals geschaffen und dann ergänzt wurden – wieder die aus der KSZE-Schlussakte von 1975 bekannte Formel benutzt, wonach diese Dokumente "nicht registrierbar nach Art. 102 der UN-Charta" sind[608]. Dabei ist deutlich zum Ausdruck gebracht worden, dass es sich bei den Dokumenten nicht um völkerrechtliche Willenseinigungen handelt. Obgleich demnach die Teilnehmerstaaten der KSZE/OSZE ein für Internationale Organisationen typisches Institutionengefüge geschaffen hatten, wird die Völkerrechtssubjektivität der OSZE unter Ablehnung ihrer Qualifikation als Internationale Organisation verneint[609]. Bestätigung findet dieses in der Praxis auch dadurch, dass sich die Teilnehmerstaaten des KSZE/OSZE-Prozesses auch nach der Umbenennung nicht als Mitgliedstaaten, sondern immer noch – dem Konferenzcharakter entsprechend – als Teilnehmerstaaten bezeichnen[610].

Vorrangiges Ziel der OSZE ist es, die Zusammenarbeit der Mitgliedstaaten zum Zwecke der Friedenswahrung sowohl im innerstaatlichen als auch im zwischenstaatlichen Bereich zu fördern. Maßnahmen zur innerstaatlichen Konfliktverhütung waren dabei zum einen die Schaffung des Amts eines Hohen Kommissars für nationale Minderheiten, der drohende Konflikte zwischen Mehr- und Minderheiten frühzeitig erkennen und den Konfliktparteien Lösungsvorschläge unterbreiten soll[611], sowie zum anderen die Schaffung eines Verhaltenskodexes für verantwortungsvolles Verhalten der Staaten im politisch-militärischen Bereich, zu dessen Einhaltung sich alle Mitgliedstaaten verpflichten[612].

Derzeit wirkt die OSZE am Wiederaufbau im Kosovo sowie in Bosnien und Herzegowina mit. In Estland und Lettland leisten die OSZE-Missionen wichtige Beiträge zur Integration der russischsprachigen Minderheit. Weitere Brennpunkte sind Weißrussland, Tschetschenien sowie Mazedonien, wo sie eine "Spillover"-

---

607 Tudyka, Das OSZE-Handbuch, S. 44.

608 Schweisfurth, in: Beyerlin/Bothe/Hofmann/Petersmann., Recht zwischen Umbruch und Bewahrung, Festschrift für Bernhardt, S. 213, 224.

609 So Epping, in Ipsen, Völkerrecht, § 34, Rn. 16 m.w. Nachw.

610 Bulletin der Bundesregierung 1997, S. 77.

611 Schultz, Auslandsentsendung, S. 56.

612 Dieser Verhaltenskodex enthält politisch verbindliche Regeln für den militärisch-politischen Sicherheitsbereich. So bedarf die Existenz von Streitkräften einer rechtlichen Grundlage, sie und ihre Führung sind demokratisch zu legitimieren und parlamentarischer Kontrolle zu unterwerfen, ihr Einsatz im Innern muss durch Rechtsvorschriften gedeckt sein und die Zivilbevölkerung ist zu schützen, vgl. hierzu Lübkemeier/Thränert, NATO, OSZE und europäische Sicherheit, S. 11.

Langzeitmission unterhält. Neben NATO und EU ist die OSZE also ein wesentlicher Baustein der gesamteuropäischen Friedensordnung.

III. Zusammenfassung

Seit dem Ende des Zweiten Weltkrieges hat sich ein System weltweiter Kooperation herausgebildet, welches nach der Überwindung des Ost-West-Gegensatzes eine rasante Beschleunigung erfahren hat. Souveränität gehört seitdem zu jenen Begriffen der Staatstheorie, die mehr und mehr unzeitgemäß erscheinen. Das charakteristische Konzept der "offenen Staatlichkeit" hat allen Vorstellungen einer souveränen Staatlichkeit den Boden entzogen, die sich eine geschlossene Staatsgewalt im Innern und einen undurchdringlichen Souveränitätspanzer nach außen ausmalen. Nicht nur die grenzüberschreitende Geltung von Menschenrechtspakten, sondern vor allem auch das nach Kapitel VII der UN-Charta nunmehr beim Sicherheitsrat angesiedelte Monopol, bewaffnete Gewalt zum Zwecke der Wahrung der internationalen Sicherheit und des Friedens zu autorisieren, haben zur Relativierung der außenpolitischen Autonomie der Staaten beigetragen. Die heutige Zeit ist gekennzeichnet durch die zunehmende Irrelevanz nationalstaatlicher Akteure und durch die zunehmende Bedeutungslosigkeit nationaler Grenzen in der Sicherheitspolitik. Die internationale Zusammenarbeit transzendiert staatliche Schutzmechanismen und trägt damit zu einer, bezogen auf die Staatsgewalt, veränderten Perspektive des Staates bei, der seine Ausschließlichkeit dabei verliert. Hoheitsgewalt, bislang im jeweiligen Staat monopolisiert, wird nun (auch) von anderen, überstaatlichen Akteuren ausgeübt.

Der Begriff der Mondialisierung kommt in kaum einem anderen Bereich so deutlich zum Ausdruck wie in der internationalen Einbindung der Streitkräfte. Dies beruht vor allem auf der Einsicht, dass die elementaren Staatsaufgaben wie die Gewährleistung von Frieden, Sicherheit und materiellem Wohlergehen der Bürger heute nur noch bedingt in nationalstaatlicher Isolation erfüllt werden können, ebenso wie Erfolg versprechende Krisenprävention und Krisenbewältigung nur noch multinational erfolgen können. Die Aufgaben im Bereich des Krisenmanagements und der gemeinsamen Verteidigung werden von verschiedenen Organisationen ausgeübt. Über Jahrzehnte hinweg war es de facto nahezu ausschließlich die NATO, die für diese Aufgaben zuständig war. Der Aufbau einer schnellen Eingreiftruppe und die Integration der WEU in die EU führten jedoch spätestens mit dem Inkrafttreten des Vertrages von Nizza zu einer europäischen Verteidigungsidentität.

Auch die Bundesrepublik Deutschland hat wesentlichen Anteil an dem Prozess der Mondialisierung. Überblickt man die seit der deutschen Vereinigung und nach dem Urteil des Bundesverfassungsgerichts vom 12. Juli 1994 in zunehmendem Maße durchgeführten Auslandseinsätze der Bundeswehr, so ist eine kontinuierliche Entwicklung festzustellen, in deren Verlauf sich die Bundesrepublik im Rahmen multinationaler Friedensoperationen militärisch im Ausland engagierte. Allein im Jahr 2003 waren durchschnittlich rund 8.000 Bundeswehrsoldaten im Auslandseinsatz. Die Bundesregierung trägt damit dem veränderten Auftrag der Bundeswehr Rechnung. Fraglich ist, ob sich mit der Einbindung in internationale Organisationen zugleich auch das Selbstverständnis der Bundeswehr als Teil der vollziehenden Gewalt verändert, die grundsätzlich der unbedingten Bindung an die Grundrechte des Grundgesetzes unterliegt.

B. Möglichkeit einer staatlichen Grundrechtsbindung bei internationaler Kooperation

Das gesamte Einsatzspektrum deutscher Streitkräfte bringt es mit sich, dass Organe des deutschen Staates bzw. einer internationalen Organisation auf dem Gebiet eines anderen Staates tätig werden, mit der Folge, dass Grundrechtspositionen tangiert werden können. Handelt der Soldat im Einsatz nämlich unmittelbar kampfbezogen, so greift er unvermeidlich in die Rechtsgüter sowohl kombattanter als auch nichtkombattanter Personen ein, die grundsätzlich dem Schutz der deutschen Rechtsordnung unterstehen würden. Doch nicht nur die unmittelbaren kampfbezogenen Handlungen wären ein wesentlicher Anwendungsfall der Grundrechte, sondern auch die Wahrnehmung hoheitlicher Polizeiaufgaben. Diese, eigentlich "streitkräftefremden", Aufgaben[613] beinhalten die Aufrechterhaltung der öffentlichen Sicherheit und Ordnung. So gehören beispielsweise die Ergreifung und Festnahme von Straftätern, Durchsuchung von Personen und Gebäuden und eine Reihe weiterer Maßnahmen zur Aufgabe der KFOR-Truppen[614]. Im März 2004 mussten die KFOR-Soldaten zudem auf Grund von gewaltsamen Ausschreitungen gegen Serben Tränengas und Gummigeschosse einsetzen sowie von ihrer Schusswaffe Gebrauch machen[615].

Grundsätzlich ist ohne die Ermächtigung des Aufenthaltsstaates die Ausübung von Hoheitsgewalt auf fremdem Staatsgebiet mit Rücksicht auf die souveräne

613 Das Grundgesetz geht zwar von einer strikten funktionalen Trennung zwischen den hoheitlichen Polizeiaufgaben als Länderangelegenheit und den Streitkräfteaufgaben aus, allerdings ist diese auf das Territorium der Bundesrepublik beschränkt, so dass die Bundeswehr im Auslandseinsatz Polizeiaufgaben wahrnehmen kann, vgl. Dreist, NZWehrr 2002, S. 45, 46.

614 Dreist, NZWehrr 2002, S. 45 ff.

615 Vgl. Interview mit GLt. Holger Kammerhoff in FAZ vom 22. März 2004, S. 4.

Gebietshoheit und Unabhängigkeit fremder Staaten nicht zulässig[616]. Sobald die Staaten jedoch ausdrücklich oder stillschweigend dem hoheitlichen Tätigwerden fremder Staatsorgane auf ihrem Gebiet zustimmen, verzichten sie diesbezüglich implizit auf die Geltung ihres Rechts, welches nach dem Grundsatz der Gebietshoheit für die Streitkräfte grundsätzlich verbindlich ist[617]. Durch diesen Verzicht macht der Aufenthaltsstaat vielmehr den Weg frei für die Anwendung und Geltung fremden Rechts für hoheitliche Tätigkeiten in seinem Gebiet.

Vor diesem Hintergrund stellt sich daher die entscheidende Frage, ob in jedem Einzelfall die Entscheidung über das militärische Handeln auf seine Vereinbarkeit mit den vom Grundgesetz garantierten Grundrechten überprüft werden muss.

Das Grundgesetz regelt in Art. 1 Abs. 3 GG die Bindung der Bundeswehr an die Grundrechte, was durch die Änderung von "Verwaltung" in "vollziehende Gewalt" ausdrücklich betont wurde[618]. Die Möglichkeit einer Grundrechtsbindung für die in internationalen Organisationen eingesetzten Bundeswehrtruppen besteht also grundsätzlich. Fraglich ist aber, ob die Voraussetzungen für die Anwendbarkeit der Grundrechte im Rahmen dieser Einsätze überhaupt gegeben sind. Zweifel an der Grundrechtsbindung könnten sich daraus ergeben, dass die Truppenkontingente der einzelnen Mitgliedsländer innerhalb der Organisation einen eigenen internationalen Verband bilden, der seinerseits eine eigene Hoheitsmacht ausübt. Im Ergebnis würden die deutschen Truppen dann außerhalb des Geltungshorizonts der nationalen Grundrechte stehen, da diese nur die Organe der Bundesrepublik Deutschland als Adressaten haben[619]. In diesem Fall würden die Hoheitsakte nicht der deutschen Staatsgewalt zugerechnet werden können, mit der Folge, dass der Einsatz aufgrund seines internationalen Charakters einer grundgesetzlichen Überprüfung entzogen wäre. An dieser Feststellung würde auch der Umstand nichts ändern, dass die öffentliche Gewalt der zwischenstaatlichen Einrichtung unter Mitwirkung der deutschen Staatsgewalt entstanden ist, da der Staat die Organisation mit Kompetenzen und Organen versieht[620]. Relativiert er damit doch sein eigenes Erscheinungsbild durch die "Übertragung" seiner eigenen Hoheitsbefugnisse.

---

616 Hierzu Geck, in: Strupp/Schlochauer, Wörterbuch des Völkerrechts, Bd. I, S. 795, 796; Siegrist, Hoheitsakte auf fremdem Staatsgebiet, S. 10 ff.

617 Bothe, Streitkräfte internationaler Organisationen, S. 139; Talmon, NZWehrr 1997, S. 221, 229, 230.

618 Vgl. 5. Kapitel, II 1 b.

619 Vgl. Art. 1 Abs. 3 GG.

620 Hobe, Der offene Verfassungsstaat, S. 25, 26.

I. Inhaltlicher Anknüpfungspunkt für eine Grundrechtsbindung: Ausübung deutscher Staatsgewalt

Die Untersuchung dieses Problems findet ihren Ausgangspunkt in der Vorschrift des Art. 1 Abs. 3 GG, die die gesamte Staatsgewalt auf die Einhaltung der Grundrechte verpflichtet. Davon erfasst ist grundsätzlich auch die Bundeswehr als ein besonderes Organ der vollziehenden Gewalt[621]. Somit wäre es möglich, daraus zu folgern, dass sich Art. 1 Abs. 3 GG auf die Bundeswehr als solche bezieht und sich damit auch an ihre Tätigkeit in Auslandseinsätzen wendet. Die Vorschrift regelt zwar auf welchen Adressatenkreis sich die Grundrechtsbindung erstreckt, nicht jedoch, ob davon auch die Mitwirkung in internationalen Organisationen erfasst ist, die selbst nicht an die Grundrechte des Grundgesetzes gebunden sind[622]. Deshalb kann allein aus dem Umstand, dass sich die Grundrechtsbindung ihrem Wortlaut nach an die Bundeswehr richtet, nicht geschlossen werden, dass sie in jeglichen Einsatzformen verpflichtet sein soll. Eine Ausdehnung des Geltungsbereichs der Grundrechte auf diesen Bereich der Auslandseinsätze erscheint also keineswegs als selbstverständlich.

Eine verfassungsrechtliche Bindung besteht nach der herrschenden Meinung nur für die Tätigkeit der deutschen Staatsgewalt, unabhängig davon, wo die deutsche Staatsgewalt ihre Wirkung entfaltet. Greifen demnach deutsche Soldaten in die Rechtsverhältnisse Einzelner ein, so haben sie auch im Ausland ohne Zweifel diese Bindung zu beachten. Anknüpfungspunkt für eine Außenwirkung der Grundrechtsgeltung ist demnach, dass jemand von der Ausübung deutscher Staatsgewalt betroffen ist[623]. Fraglich wäre die Zurechenbarkeit eines Eingriffs demnach dann, wenn dieser von einer anderen als der deutschen Staatsgewalt ausgeht, sie aber in irgendeiner Weise daran beteiligt ist. Es stellt sich somit die Frage, ob die Bundeswehr bei Auslandseinsätzen im Rahmen internationaler Organisationen weiterhin als Organ der vollziehenden Gewalt deutsche Hoheitsgewalt ausübt oder vielmehr als unterstützendes Organ der internationalen Organisation tätig wird. Käme man zu dem Ergebnis, dass solche Einheiten ihre Eigenschaft als nationale Organe aufgegeben haben, wäre der Einsatz aufgrund seines internationalen Charakters einer grundgesetzlichen Überprüfung entzogen. Statt

---

621 Vgl. Art. 20 Abs. 2 S. 2 GG: Träger der deutschen Staatsgewalt sind danach die "besonderen Organe der Gesetzgebung, der vollziehenden Gewalt und der Rechtsprechung".

622 Vgl. 2. Kapitel, C II.

623 So auch Schöbener, in: Dreier/Forkel/Laubenthal, Raum und Recht, Festschrift 600 Jahre Würzburger Juristenfakultät, S. 407, 440 unter Bezugnahme auf Kadelbach, in: Pieroth, Verfassungsrecht und soziale Wirklichkeit in Wechselwirkung, S. 161, 179: "Subjektive Rechte sind die Kehrseite der Ausübung von Hoheitsgewalt und dieser gleichsam akzessorisch."; vgl. auch Krieger, ZaöRV 2002, S. 669, 673 ff.

des Grundgesetzes würde dann allein das Völkerrecht das Handeln der deutschen Soldaten im Ausland bestimmen.

In diesem Fall drängt sich allerdings die Frage auf, ob die Bundeswehr an Maßnahmen mitwirken darf, die stärker in den Freiheitsbereich betroffener Bürger eingreifen, als dies bei voller Respektierung der Grundrechte des Grundgesetzes zulässig wäre. Ist es demnach für einen hinreichenden Grundrechtsschutz noch ausreichend, nur darauf abzustellen, ob ein Träger deutscher öffentlicher Gewalt handelt und bei Verneinung dieser Frage jede Grundrechtsbindung kategorisch abzulehnen[624]? Einerseits beanspruchen die Grundrechte, die in der durch Art. 1 Abs. 3 GG konstituierten Normenhierarchie als "unmittelbar geltendes Recht" an höchster Stelle angesiedelt sind, absolute Geltung, andererseits kommt ihnen aber lediglich die Normkraft für die deutsche Staatsgewalt zu. Die Beantwortung der Frage nach der Grundrechtsbindung der Bundeswehr bei Auslandseinsätzen unter Führung internationaler Organisationen hinge in diesem Fall also entscheidend davon ab, wie sich das Spannungsverhältnis des Absolutheitsanspruchs der Grundrechte und ihrer Geltungskraft allein für die deutsche Staatsgewalt auswirkt. Vor diesem Hintergrund scheint es notwendig, eine Rechtfertigung für die Anwendbarkeit der Grundrechte an sich zu überdenken, bevor die Möglichkeit der Grundrechtsbindung im Rahmen staatlicher Kooperation im Hinblick auf ihre "Wirklichkeit" untersucht werden soll.

II. Notwendigkeit einer dynamischen Weiterentwicklung der Grundrechtsbindung

Für die Annahme einer Notwendigkeit der Grundrechtsbindung muss man von der Erkenntnis ausgehen, dass mit der Änderung des Art. 1 Abs. 3 GG alle Ausübung von Staatsgewalt, also auch der militärische Bereich, an die Grundrechte des Grundgesetzes gebunden werden sollte. Grundsätzlich ist die Bundeswehr daher bei jeglichem Tätigwerden an die verfassungsmäßige Ordnung des Grundgesetzes gebunden. Da die Geltung des Grundgesetzes zudem von der Reichweite der Staatsgewalt abhängt, entbindet auch die Exterritorialität die Bundeswehr nicht von der Pflicht, die Grundrechte zu beachten. Doch in dem Maße, in dem der Staat seine Hoheitsgewalt zurücknimmt, schrumpft der Geltungsraum der Verfassung und mit ihm die Reichweite der nationalen Grundrechte[625]. Das wür-

624 Auch Stern, Staatsrecht, Bd. III/1, S. 1234, hält es für ungenügend, die Grundrechtsbindung von Organen, die "außerhalb des Gefüges der deutschen Staatsorganisation stehen" und "keine deutsche öffentliche Gewalt ausüben", schlicht deswegen zu verneinen, weil keine deutsche Staatsgewalt vorliegt.

625 Isensee, in: Isensee/Kirchhof, HStR, Bd. V, § 115, Rn. 65.

de allerdings nur dann auf eine die deutsche Staatsgewalt beschränkte Grundrechtsbindung hindeuten, wenn die Verwirklichung der Grundrechte eine unveränderte Existenz des Nationalstaates zur Voraussetzung hätte. Doch bereits ein Blick auf die verstärkte Teilnahme an internationalen Organisationen deutet insoweit auf ein gewandeltes Verständnis der Verfassungsstaatlichkeit hin, die es grundsätzlich nicht mehr als gerechtfertigt erscheinen lässt, den Grundrechten nur deutsche Staatsgewalt gegenüberzustellen. Denn der Staat befiehlt hoheitlich nicht mehr ausschließlich alleine, sondern schafft "Arrangements" mit anderen Staaten, so dass er auf diese Weise die strikte Verbindlichkeit des deutschen Verfassungsrechts umgehen könnte. Eine Bindung der Bundeswehr kann auch nicht pauschal mit dem Argument abgelehnt werden, dass bei betreffenden Rechtsakten lediglich ein Akt der Mitwirkung vorliegt, und die Bundeswehr an einer Gewalt teilhat, die nicht deutsche ist, sondern Teil eines Gemeinschaftsorgans.

Durch die Tendenz zu einer weit ausgreifenden Grundrechtsrealisierung ist in der Bundesrepublik eine die gesamte Rechtsordnung prägende Grundrechtsdominanz entstanden. Sie bildet in dieser Intensität ein spezifisch deutsches Phänomen, wie es vergleichbar in keinem anderen Mitgliedstaat zu finden ist[626]. Im Hinblick auf den Grundrechtsschutz des Einzelnen könnte es sich somit auch als ungenügend darstellen, wenn man nur deutsche Gewalt als solche durch die Grundrechte verpflichtet sieht. Vor diesem Hintergrund erscheint es vielmehr notwendig, die Errungenschaften der Grundrechtsbindung durch die Mitwirkung von Verbänden der Bundeswehr in internationalen Organisationen nicht zu gefährden. Eine Verschmelzung von Truppenteilen aus verschiedenen Staaten zu multinationalen Verbänden darf letztlich keine Schmälerung der Rechte von in diesem Zusammenhang betroffenen Individuen mit sich bringen. Sonst könnte die Bundesrepublik Deutschland Teile ihrer Streitkräfte einem fremden Kommando unterstellen, das zu einem Verhalten berechtigen würde, welches ihnen nach dem Grundgesetz im Hinblick auf die grundrechtsgeschützten Positionen grundsätzlich verboten wäre. Es muss also sichergestellt sein, dass die Truppen der Bundesrepublik nicht in grundrechtswidriger Weise eingesetzt werden. Entzöge man jeden extraterritorialen Streitkräfteeinsatz der Beurteilung am Maßstab der Grundrechte des Grundgesetzes, führte dies zudem zu einem Wertungswiderspruch zwischen dem innerstaatlichen und dem nach außen gerichteten Vorgehen der Bundesrepublik Deutschland, der die Glaubwürdigkeit des Bekenntnisses zu den "unverletzlichen und unveräußerlichen Menschenrechten" (Art. 1 Abs. 2 GG) in Zweifel ziehen würde.

Indem die Verfassung zugleich die Grundrechtsbindung der Bundeswehr und die Teilnahme an internationalen Organisationen anordnet, legt sie gleichzeitig

626 Friauf, in: Friauf/Scholz, Europarecht und Grundgesetz, S. 32.

auch ein bestimmtes System der Grundrechtsbindung fest. Die Teilnahme an internationalen Organisationen ist wesenhaft mit dem Organ der Bundeswehr verbunden. In dem Maße, wie das Grundgesetz die Grundrechte festgeschrieben hat und immanent die Aufgabe enthält, auch um eine entsprechende Verfassungswirklichkeit bemüht zu sein, muss es daher weiterhin die Pflicht der Soldaten sein, ihren mitverantwortlichen Beitrag zur Wahrung der Grundrechte zu leisten. Mit der Integration in internationale Organisationen darf demnach keine Einschränkung der Grundrechtsbeachtung verbunden sein, indem man sich darauf beruft, dass es sich nicht originär um deutsche Staatsgewalt handele. Sinn des Art. 1 Abs. 3 GG kann es daher nicht sein, im Rahmen von Einsätzen internationaler Organisationen die Grundrechtsbindung automatisch auszuschalten. Sonst würde jede Teilnahme an internationalen Organisationen im Grunde eine Verschiebung der Machtverteilung und damit eine Unterhöhlung der Grundrechtsbindung bedeuten.

Geht man davon aus, dass es im Verfassungsstaat nur konstituierte öffentliche Gewalt gibt, so lässt sich ein extrakonstitutionelles Reservat, in dem sich der Staat von der Bindung an die Grundrechte freizeichnen könnte, verfassungstheoretisch nicht rechtfertigen. Die Grundrechte bilden den "eigentlichen Kern der freiheitlich-demokratischen Ordnung des staatlichen Lebens im Grundgesetz"[627]. Wollte man von ihrer Geltung partielle Ausnahmen zulassen, dann würde die verfassungsrechtliche Identität der Bundesrepublik Deutschland in einem zentralen Punkt in Frage gestellt. Der Begriff der "staatlichen" Grundrechtsbindung darf demzufolge nicht starr verstanden werden, sondern vielmehr in einer dynamischen Entwicklung. So wie sich der Auftrag der Bundeswehr verändert hat, muss sich auch das Verständnis der Bundeswehr als Teil der vollziehenden Gewalt im Staat verändern. Diese Weiterentwicklung kann grundsätzlich aber nur in einem begrenzten Rahmen erfolgen. Er wird weiterhin durch das Grundgesetz bezeichnet. Auftrag, Aufgaben, Organisation und die Stellung der Streitkräfte sind auch in einem veränderten Rahmen in unbedingter Bindung an die Grundrechte des Grundgesetzes zu gestalten.

Eine Grundrechtsbindung würde dabei auch nicht dadurch beeinträchtigt werden, dass es sich bei der fremden Gewalt nicht um die Gewalt eines Staates im engeren Sinne handelt, sondern um Hoheitsgewalt einer internationalen Organisation. Die historisch bedingte Verbindung von Individualrechten und Staatsgewalt darf nämlich nicht dazu verleiten, die Geltung von Grundrechten in Herrschaftsverbänden ohne Staatsqualität als unmöglich anzusehen. Grundrechte sind nicht wesensnotwendig auf die Hoheitsgewalt des Staates fixiert. Vielmehr können sie als Sicherungs- und Gestaltungselemente zum Schutze individueller Rechte ge-

627 So BVerfGE 31, 58, 73.

genüber jeder Hoheitsgewalt zur Geltung kommen soweit die diese Hoheitsgewalt bindende Rechtsordnung die Geltung von Grundrechten gebietet. Sie sind also in jedem hoheitlichen Verband denkbar, der über die rechtliche Fähigkeit verfügt, einen Willen zu bilden, diesem einseitig einem Unterworfenen aufzuerlegen und ihm gegenüber durchzusetzen.

Auch wenn nach diesen Ausführungen eine Grundrechtsbindung durchaus als notwendig erscheint, kann eine genaue Untersuchung hinsichtlich der verschiedenen Einsatzmöglichkeiten nicht unterbleiben. So macht es, vielleicht nicht für den Soldaten, aber zumindest für den Juristen, einen Unterschied aus, ob eine Norm deshalb Anwendung findet, weil ihre "Tatbestandsvoraussetzungen" erfüllt sind, oder vielmehr erst aufgrund einer Notwendigkeit angewendet werden muss, die ihren Sinn in einer dynamischen Weiterentwicklung der Norm findet.

III. Bundeswehr: Organ des Staates oder Verband der internationalen Organisation?

Ursächlich für die dargestellten Ansätze ist die Frage, ob die im Rahmen internationaler Organisationen eingesetzten Streitkräfte als Organe der truppenstellenden Staaten oder aber der jeweiligen Organisationen anzusehen sind. Als Organe werden dabei grundsätzlich solche personellen Einheiten bezeichnet, die integrativer Bestandteil des Organisationsgefüges eines rechtsfähigen Verbandes sind[628]. Die Beantwortung der vorangestellten Frage der Organqualität der eingesetzten Bundeswehrtruppen bzw. ihres Verhaltens ist somit entscheidend dafür, welches Recht Beachtung findet, d.h., welchen Schutz die betroffenen Personen genießen, deren grundrechtsgeschützte Positionen durch militärisches Handeln tangiert werden. Fest steht jedenfalls, dass eine Zuordnung stattfinden muss, anderenfalls würden die Truppen im rechtsfreien Raum agieren.

1. Die rechtliche Qualifizierung des Streitkräftehandelns

Der Grund für eine Qualifizierung der Streitkräfte als Staatsorgan ist darin zu sehen, dass sie effektiv ein Teil des Organisationsgefüges sind, in dem sich der Staat verwirklicht. Das Grundgesetz nennt als Adressat seiner Grundrechtsbindung die gesamte deutsche öffentliche Gewalt. Als vollziehende Gewalt ist somit auch die Bundeswehr davon erfasst[629]. Fraglich aber ist, ob dies uneingeschränkt auch in dem Fall gilt, in welchem sich nationale Streitkräfte als Teil einer multi-

---

628 Vgl. Bothe, Streitkräfte internationaler Organisationen, S. 16, 33.

629 Vgl. oben Kapitel 5.

nationalen Truppe unter Führung einer internationalen Organisation in fremdem Staatsgebiet aufhalten. Werden sie in dessen Rahmen tätig, könnte einer Grundrechtsbindung der Bundeswehr entgegenstehen, dass die eingesetzten Verbände rechtlich der in Rede stehenden Organisation zugeordnet worden sind. Die Verwendung von deutschen Soldaten im Rahmen von Bündniseinsätzen wäre dann nicht mehr als eine staatliche Tätigkeit zu qualifizieren, so dass sie der Geltung des Grundgesetzes zunächst einmal entzogen wäre. Voraussetzung dafür ist also, dass die Truppen als eigene Streitkräfte der jeweiligen Organisation anzusehen sind, die zur Erfüllung hoheitlicher Aufgaben für diese tätig werden.

Grundsätzlich fehlt juristischen Personen des Völkerrechts, wie Staaten oder internationalen Organisationen, naturgemäß die Fähigkeit, tatsächlich zu handeln. Zur Erfüllung ihrer Aufgaben bedienen sich die zu eigener Aktion unfähigen Rechtssubjekte aufgrund dessen einzelner Menschen bzw. einer Gruppe von Menschen als ihrer Organwalter[630]. Zu diesem Zweck wird eine Organisation errichtet, in die jene Personen(gruppen) effektiv eingegliedert werden[631]. Handlungen der als Organwalter charakterisierten Personen werden dann der von ihnen repräsentierten Gemeinschaft zugerechnet. Ihr Verhalten wird unmittelbar nur durch das Völkerrecht bestimmt[632]. Die internationalen Organisationen sind dementsprechend nur in dem von den Gründern zugestandenen Bereich fähig, Träger von völkerrechtlichen Rechten und Pflichten zu sein[633]. Ob die Organeigenschaft als solche tatsächlich gegeben ist, hängt also davon ab, inwieweit die (seitens der Bundeswehr) eingesetzten Streitkräfte effektiv Teil des Organisationsgefüges des jeweiligen Völkerrechtsubjektes geworden sind und Funktionen dieser Organisation wahrnehmen. Das Bundesverfassungsgericht legt in dieser Hinsicht eine formale Betrachtungsweise zugrunde. Es stellt darauf ab, ob die fragliche Hoheitsgewalt "außerhalb des Gefüges der deutschen Staatsorganisation steht"[634]. Ist dies der Fall, liegt keine deutsche Staatsgewalt vor. Dies würde bedeuten, dass die Bundeswehr nach dem Wortlaut des Art. 1 Abs. 3 GG nicht mehr zum grundrechtsgebundenen Teil der vollziehenden Gewalt der Bundesrepublik gehören würde, sondern vielmehr eine Hoheitsgewalt ausüben würde, die selbst nicht unmittelbar den im Grundgesetz verankerten Grundrechten verpflich-

630 Meyer-Lindenberg, in: Strupp/Schlochauer, Wörterbuch des Völkerrechts, Bd. 1, S. 668; Dahm/Delbrück/Wolfrum, Völkerrecht, Bd. I/1, S. 244; Seidl-Hohenveldern/Stein, Völkerrecht, Rn. 952, 954.

631 Bothe, Streitkräfte internationaler Organisationen, S. 33; Schmalenbach, Die Haftung internationaler Organisationen, S. 61.

632 Dahm/Delbrück/Wolfrum, Völkerrecht, Bd. I/3, S. 916, 917; Troost, Die Autorisierung von UN-Mitgliedstaaten zur Durchführung militärischer Zwangsmaßnahmen, S. 258; Schmalenbach, Die Haftung internationaler Organisationen, S. 99, 100.

633 Epping, in: Hobe, Kooperation oder Konkurrenz internationaler Organisationen, S. 12, 13.

634 BVerfGE 22, 293, 297; 58, 1, 26.

tet ist. Wird eine Person bzw. Personengruppe effektiv aus dem Organisationsgefüge ausgegliedert, dann kann sie keine Akte mehr setzen, die als Akte der juristischen Person anzusehen wären, aus deren Organisationsgefüge sie ausgegliedert wurde[635].

2. Inanspruchnahme der nationalen Streitkräfte im Wege der "Organleihe"

Die Ausgliederung eines Teils eines Staatsorgans, hier der Streitkräfte, aus dem Organisationsverband eines Staates und seine Eingliederung in das Organisationsgefüge eines anderen Völkerrechtssubjektes kann insoweit mit einer Inanspruchnahme der Streitkräfte der Mitgliedstaaten im Wege einer Organleihe verglichen werden. Von einer solchen spricht man, wenn ein Staat oder eine internationale Organisation einem anderen Völkerrechtssubjekt ein Organ für spezifische, regelmäßig auf den Zweck und die Fähigkeiten dieses Organs besonders zugeschnittene Aufgaben zur Verfügung stellt[636]. Während allerdings in der deutschen Verwaltungsrechtslehre die Organleihe ein anerkanntes Rechtsinstitut darstellt[637], wird seine Existenz als Völkerrechtsinstitut bisweilen bestritten[638]. Der Kommentar der ILC lässt sogar Zweifel daran aufkommen, ob im Zusammenhang mit Streitkräften Organleihen überhaupt möglich sind. So nahm die ILC an: "The forces in question usually remain at the disposal of the State to which they belong; they act under its orders, control and instructions; and what is even more important, they exercise through their actions a characteristic element of the governmental authority of that State, not of the territorial State."[639] Der überwiegende Teil der völkerrechtlichen Literatur bejaht jedoch die Möglichkeit einer "Verleihung" einzelner Organe eines Völkerrechtssubjekts an ein anderes[640]. Die so entliehenen Organe sollen auf Weisung, im Namen und der Kontrolle des durch die Organleihe begünstigten Völkerrechtssubjektes Funktionen für dieses ausüben können[641]. Damit ist auch die Zurverfügungstellung von Kontingenten an eine internationale Organisation als eine völkerrechtliche Organleihe anzusehen, da die eingesetzten Streitkräfte grundsätzlich von der Organisation kontrolliert

635 Bothe, Streitkräfte internationaler Organisationen, S. 30.

636 Ipsen, in: ders., Völkerrecht, § 40, Rn. 20; Niewerth/Rehr-Zimmermann, HuV-I 4, 1994, S. 186, 191.

637 Krebs, in: Isensee/Kirchhof, HStR, Bd. III, S. 567, 589, Rn. 37; Maurer, Allgemeines Verwaltungsrecht, § 21, Rn. 54; Burgi, in: Erichsen, Allgemeines Verwaltungsrecht, § 53, Rn. 17.

638 So etwa Nolte, ZaöRV 54 (1994), S. 652, 668.

639 YbILC 1974, Vol. II, part. 1, S. 288.

640 Vgl. Breitenmoser/Richter, EuGRZ 1991, S. 141, 146; Ipsen, in: ders., Völkerrecht, § 40, Rn. 20; Niewerth/Rehr-Zimmermann, HuV-I 4, 1994, S. 186, 191; Schmalenbach, Die Haftung internationaler Organisationen, S. 103.

641 So Holstein, Das Verhältnis des Sicherheitsrates der Vereinten Nationen, S. 193.

werden und auch deren Aufgaben wahrnehmen[642]. Die Besonderheit besteht allerdings darin, dass aus vielen entliehenen Organteilen ein neues Organ geschaffen wird, das selbständig der Völkerrechtsperson zuzuordnen ist.

Durch die Herausnahme von Organen aus dem Kontrollbereich eines Staates bei gleichzeitiger Überführung in die Kontrolle eines anderen Völkerrechtssubjektes findet grundsätzlich ein Wechsel der Zurechung des Organhandelns statt[643]. Das überlassene Organ ist nicht mehr als Organ des Herkunftsstaates anzusehen, sondern vielmehr des Völkerrechtssubjektes, in dessen Verband es eingegliedert ist[644]. Voraussetzung ist allerdings, dass mit der Organleihe zugleich sämtliche Weisungs- und Kontrollbefugnisse übergehen. Erfolgt eine Inanspruchnahme der deutschen Streitkräfte daher auf diesem Wege, wäre eine Grundrechtsbindung nach Art. 1 Abs. 3 GG ihrem Wortlaut nach zumindest ausgeschlossen, da im Außenverhältnis keine deutsche Gewalt ausgeübt würde. Für den anderen Fall, dass die internationale Organisation sich nicht der Truppen im Wege einer Organleihe bedient und der entsendende Staat lediglich "Operational Control" überträgt, ist eine Grundrechtsbeachtung jedenfalls zunächst nicht offensichtlich ausgeschlossen.

Mit Blick auf die bisherige Praxis bietet es sich an, zunächst den Einsatz im Rahmen der Vereinten Nationen zu untersuchen, denn diese sind nicht nur der wichtigste Akteur auf globaler sicherheitspolitischer Ebene[645], sondern sie stehen auch nach wie vor an der Spitze der Friedenssicherung in allen Teilen der Welt[646]. Die Frage der Einordnung der im Rahmen internationaler Organisationen eingesetzten Bundeswehrtruppen berührt einen Komplex, der von erheblicher Bedeutung für das Schicksal der nationalen Grundrechtsbindung ist. Die Frage, als wessen Organ sie anzusehen sind, bestimmt letztlich, welche Verhaltensregeln die Streitkräfte zu beachten haben.

---

642 So auch Ago, Sonderberichterstatter der ILC, YbILC 1971, Vol. II, part. 1, S. 273, der die Zurverfügungstellung von Kontingenten für ONUC als Beispielsfall einer völkerrechtlichen Organleihe anführt; ebenso Lüder, NZWehrr 2001, S. 107 ff..

643 Dahm/Delbrück/Wolfrum, Völkerrecht, Bd. I/3, S. 916; Ipsen, in: ders. Völkerrecht, § 40, Rn. 20.

644 Dahm/Delbrück/Wolfrum, Völkerrecht, Bd. I/3, S. 916.

645 So Beck/Mathes/Schuh, Sicherheitspolitik im Wandel, S. 15.

646 Seit dem Jahr 2000 ist die Zahl der weltweit eingesetzten Blauhelmsoldaten von 30.000 auf 47.000 angewachsen. Für die kommenden Jahre erwarten die Vereinten Nationen eine weiterhin zunehmende Nachfrage nach Blauhelmsoldaten in internationalen Krisengebieten.

a) Organqualität der eingesetzten Streitkräfte im Rahmen der Vereinten Nationen

Als Zurechnungssubjekte der Militäraktionen, die im Rahmen der Vereinten Nationen stattfinden, kommen einerseits die Vereinten Nationen selbst, andererseits die Herkunftsstaaten der Streitkräfte in Betracht. Denkbar ist auch eine Doppelfunktion der Truppen, falls sie sowohl als Organe ihres Entsendestaates als auch der Vereinten Nationen tätig würden. In den folgenden Abschnitten ist daher zu klären, inwiefern die Truppen innerhalb der einzelnen Militäraktionen in das System der Vereinten Nationen eingegliedert sind.

Die Verwendung militärischer Kräfte war von Anbeginn als Teil des Instrumentariums der Vereinten Nationen vorgesehen[647]. Dabei war sowohl die Friedenswahrung als auch die Bekämpfung eines Aggressors durch internationale Verbände als das Kernstück des Systems der Vereinten Nationen gedacht[648]. Militärische Einsätze im Rahmen der Vereinten Nationen kommen nach der geltenden UN-Charta nur in vier Formen in Betracht.

aa) Einsatz im Rahmen von Art. 43 UN-Charta

In Kapitel VII der UN-Charta ist ein System kollektiver Sicherheit enthalten, das zur Anwendung kommt, sofern die zuvor angeordneten Streitbeilegungsbemühungen nach Kapitel VI erfolglos bleiben. Danach ist auf der Basis des absoluten Gewaltverbots der im Sicherheitsrat vertretenen Gruppe von Staaten die Hauptverantwortung für die Aufrechterhaltung bzw. Wiederherstellung des Weltfriedens von den Mitgliedern übertragen worden. Dem Sicherheitsrat obliegt demnach die Feststellung des Vorliegens der Voraussetzungen für die Sanktionierung einer Friedensbedrohung bzw. eines Friedensbruches (Art. 39), wie auch die Auswahl der angemessenen Sanktionen. Hat er eine derartige Feststellung getroffen, kann er nach Art. 40 UN-Charta zunächst vorläufige Maßnahmen beschließen, um einer Verschärfung der Lage vorzubeugen, oder nach Art. 41 UN-Charta friedliche Sanktionen beschließen. Diese reichen – unter Ausschluss von Waffengewalt – von der vollständigen oder teilweisen Unterbrechung von Wirt-

647 Auf die Darstellung des Theorienstreits, ob die Vereinten Nationen überhaupt berechtigt sind, Truppen als eigene Organe zu errichten, wird an dieser Stelle verzichtet. Vgl. aber die Ausführungen bei Mosler, ZaöRV 22 (1962), S. 1, 19; Bothe, Streitkräfte internationaler Organisationen, S. 14 ff; Risse, Der Einsatz militärischer Kräfte durch die Vereinten Nationen, S. 15 ff.

648 Vgl. Risse, Der Einsatz militärischer Kräfte durch die Vereinten Nationen, S. 1.

schaftsbeziehungen, von Verkehrs- und Kommunikationsverbindungen bis hin zum Abbruch der diplomatischen Beziehungen[649].

Kommt der Sicherheitsrat jedoch zu der Auffassung, dass diese Maßnahmen zur Beilegung des Konflikts nicht genügen, steht ihm nach Art. 42 UN-Charta die Möglichkeit zu, mit eigenen Luft-, See- oder Landstreitkräften militärische Zwangsmaßnahmen zu ergreifen, die die Durchsetzung eines Embargos bis hin zu Kampfhandlungen einschließen. Zur Durchführung der vorgesehenen Zwangsmaßnahmen sind die Mitglieder der Vereinten Nationen verpflichtet, dem Sicherheitsrat auf sein Ersuchen hin und auf der Grundlage eines oder mehrer Sonderabkommen Streitkräfte zur Verfügung zu stellen. Die hierzu in Art. 43 UN-Charta getroffenen Festlegungen verpflichten die Mitglieder indes nur, mit dem Sicherheitsrat in Verhandlungen über Sonderabkommen einzutreten, nicht diese auch abzuschließen[650]. Durch den Abschluss derartiger Sonderabkommen soll eine Integration der Truppen insofern erfolgen, als die dann in der Verfügungsmacht des Sicherheitsrates stehenden Streitkräfte rechtlich mehr sein sollen als die Summe einzelstaatlicher Streitkräfte[651]. Sie werden in diesem Fall vollständig aus dem nationalen Bereich ausgegliedert und als eigene Streitkräfte der Vereinten Nationen integriert. Sie werden nach außen für die Organisation tätig, um die Wahrung des Weltfriedens und der internationalen Sicherheit zu gewährleisten. Die eingesetzten Soldaten bilden in diesem Fall ein ganz neues Organ, das selbstständig und ausschließlich den Vereinten Nationen zuzurechnen ist. Bisher hat allerdings noch kein Staat ein entsprechendes Abkommen mit den Vereinten Nationen geschlossen, da die Mitgliedstaaten nicht bereit waren, die Befehls- und Kommandogewalt über ihre Truppen vollständig auf den Sicherheitsrat zu übertragen[652]. Denn der Abschluss derartiger Abkommen hätte eine Integration von

---

649 Diese Aufzählung kann aber nach dem Ermessen des Sicherheitsrates um geeignete Mittel erweitert werden. So hat der Sicherheitsrat in Wahrnehmung seiner Befugnisse nach Art. 41 durch Resolution 827 vom 25. Mai 1993 ein Internationales Straftribunal zur Verfolgung gravierender Verletzungen des humanitären Völkerrechts im ehem. Jugoslawien eingesetzt und dieses Schritt im folgenden Jahr für Ruanda wiederholt, Resolution 955 vom 8. November 1994. Vgl. Gareis/Varwick, Die Vereinten Nationen, S. 103.

650 Art. 43 I UN-Charta lautet: "Alle Mitglieder der Vereinten Nationen verpflichten sich zur Wahrung des Weltfriedens und der internationalen Sicherheit dadurch beizutragen, dass sie nach Maßgabe eines oder mehrer Sonderabkommen dem Sicherheitsrat auf sein Ersuchen Streitkräfte zur Verfügung stellen, Beistand leisten und Erleichterungen einschließlich des Durchmarschrechts gewähren, soweit dies zur Wahrung des Weltfriedens und der internationalen Sicherheit erforderlich ist."

651 Schröder, Die internationale Integration deutscher Streitkräfte, S. 35.

652 Insbesondere die USA zieht es vor, die Kommandogewalt in eigenen Händen zu behalten und sich vom UN-Sicherheitsrat "ermächtigen" zu lassen, "alle notwendigen Maßnahmen" durchzuführen, wie dies im Golfkrieg im Jahre 1990 der Fall war. Vgl. Klein, in: ZaöRV 34 (1974), S. 429, 444; Deiseroth, in: Umbach/Clemens, Grundgesetz, Art. 24, Rn. 266.

Streitkräften in der Form bedingt, dass diese Streitkräfte zu eigenen Streitkräften der Vereinten Nationen geworden wären[653] und eine ausschließliche Unterwerfung dieser Verbände unter die Befehle und Weisungen der Vereinten Nationen bestehen würde[654]. Diese Einsatzoption ist demnach für absehbare Zeit äußerst unwahrscheinlich. Nach wie vor gilt daher die Übergangsvorschrift des Art. 106 UN-Charta, die vorsieht, dass, um Maßnahmen zur Wahrung des Weltfriedens zu treffen, lediglich die Parteien der Viermächte-Erklärung von Moskau zuzüglich Frankreich einander konsultieren[655].

Die Existenz des Art. 43 UN-Charta könnte allerdings dafür sprechen, dass – obwohl bisher Sonderabkommen nicht geschlossen worden sind – bereits die Vorschrift selbst eine Verpflichtung zur Truppenstellung begründet. Für die Bundesrepublik würde das bedeuten, dass mit der Zustimmung zum UNO-Beitrittsgesetz[656] sich die Bundeswehr derart in die Organisation der Vereinten Nationen eingegliedert hätte, dass bereits im Vorhinein eine Verfügungsbeschränkung hinsichtlich der Hoheitsgewalt über das Verteidigungswesen getroffen worden wäre. Dem ist jedoch zu widersprechen: Die Bestimmung des Art. 106 UN-Charta verlöre ihren Sinn, der gerade für den Fall eine Regelung vorsieht, dass die erwähnten Sonderabkommen nicht bestehen. Da die in Art. 43 UN-Charta geforderten Sonderabkommen noch nicht geschlossen worden sind, ist eine Eingliederung der Bundeswehr in die Organisation der Vereinten Nationen jedenfalls nicht derart erfolgt, dass von einer Organleihe in dem hier verstandenen Sinn gesprochen werden kann.

bb) Einsatz aufgrund einer ausdrücklichen Ermächtigung des Sicherheitsrates gemäß Art. 53 Abs. 1 S. 2 UN-Charta

Obwohl ein Einsatz als Teil internationaler Kampfverbände bei militärischen Zwangsmaßnahmen gem. Kapitel VII UN-Charta praktisch offensichtlich nicht möglich ist, entschied sich der Sicherheitsrat in einer Reihe von Fällen dennoch für die Ausübung militärischen Zwanges. Dies geschah einerseits auf dem Wege

653 Schröder, Die internationale Integration deutscher Streitkräfte, S. 34 ff.

654 Ipsen, in: ders., Völkerrecht, § 67, Rn. 5.

655 Art. 106 UN-Charta lautet: "Bis das Inkrafttreten von Sonderabkommen der in Artikel 43 bezeichneten Art den Sicherheitsrat nach seiner Auffassung befähigt, mit der Ausübung der ihm in Artikel 42 zugewiesenen Verantwortlichkeiten zu beginnen, konsultieren die Parteien der am 30. Oktober 1943 in Moskau unterzeichneten Viermächte-Erklärung und Frankreich nach Absatz 5 dieser Erklärung einander und gegebenenfalls andere Mitglieder der Vereinten Nationen, um gemeinsam alle etwa erforderlichen Maßnahmen zur Wahrung des Weltfriedens und der internationalen Sicherheit im Namen der Organisation zu treffen."; vgl. auch Geiger, Grundgesetz und Völkerrecht, S. 362.

656 BGBl. 1973 II, S. 430.

der ausdrücklichen Ermächtigung des UN-Sicherheitsrates gem. Art. 53 Abs. 1 S. 2 UN-Charta[657]. Der erste Fall, in dem dies relevant wurde, war der Einmarsch des Irak in Kuwait. Der Sicherheitsrat beschloss zunächst nicht-militärische Zwangsmaßnahmen, um den Irak zum Rückzug zu zwingen[658]. Im November 1990 ermächtigte er dann "die Mitgliedstaaten, die mit der Regierung von Kuwait zusammenarbeiten", "alle notwendigen ihnen zur Verfügung stehenden Mittel" einzusetzen, um die Durchsetzung der Forderung des Sicherheitsrates zu erreichen[659]. Aus dieser Formulierung ergibt sich bereits, dass sich die Funktion der Vereinten Nationen in dieser Konstellation lediglich auf die Mandatierung des Einsatzes beschränkt, während die Durchführung allein von den Nationalstaaten geleitet wird[660]. In den betreffenden Resolutionen des Sicherheitsrates ist insofern auch die Rede von "Member States, acting nationally or through regional agencies or arrangements"[661].

Für die zu untersuchende Organqualität der eingesetzten Truppen bedeutet dies, dass sie anders als die nach Art. 43 UN-Charta bereitgestellten Truppen, keine Kontingentstreitmacht der Vereinten Nationen bilden. Denn sie verbleiben weiterhin in der Hoheitsgewalt des Entsendestaates und werden nicht im Wege einer Organleihe in die Organisationsstruktur der Vereinten Nationen einbezogen. In ihrer Funktion, als lediglich Erlaubnis gebende Institution, haben die Vereinten Nationen nicht die Möglichkeit, die Truppen zu ihrem eigenen Organ zu machen[662]. Diese handeln jeweils unter ihrer eigenen Flagge und bleiben daher weiterhin Organe ihres Entsendestaates[663].

cc) Einsatz aufgrund einer funktionalen Inanspruchnahme von NATO, WEU und EU gem. Art. 48 UN-Charta

Des Weiteren gibt Art. 48 UN-Charta dem Sicherheitsrat die Möglichkeit, beschlossene militärische Maßnahmen von internationalen Einrichtungen ausführen

---

657 Ausführlich zur Ermächtigungspraxis des Sicherheitsrates: Troost, Die Autorisierung von UN-Mitgliedstaaten zur Durchführung militärischer Zwangsmaßnahmen des Sicherheitsrates.

658 Mit der Resolution 660 vom 2. August 1990 stellte der Sicherheitsrat einen Friedensbruch fest. Mit der Resolution 661 vom 6. August 1990 ordnete er dann nicht-militärische Zwangsmaßnahmen an.

659 Resolution 678 vom 29. November 1990.

660 Beispiel für eine derartige Aktion waren die 1991 gegen den Irak unter Leitung der Vereinigten Staaten ergriffenen Schritte zur Wiederherstellung der Unabhängigkeit Kuwaits.

661 Vgl. Resolution 770 (1992), Nr. 2; 787 (1992), Nr. 12; 875 (1993), Nr. 1; 958 (1994), Abschnitt 6; 1037 (1996), Nr. 14.

662 Vgl. dazu auch Troost, Die Autorisierung von UN-Mitgliedstaaten zur Durchführung militärischer Zwangsmaßnahmen, S. 261.

663 Im Ergebnis ebenso Troost, Die Autorisierung von UN-Mitgliedstaaten zur Durchführung militärischer Zwangsmaßnahmen, S. 264.

zu lassen. Dabei steht es dem Sicherheitsrat frei, die Kontrolle über die Maßnahmen zu behalten oder eine allgemeine Ermächtigung auszusprechen[664].

Dementsprechend kann sich die Bundeswehr an friedensschaffenden Maßnahmen der NATO/WEU im Auftrag und unter der Leitung der Vereinten Nationen beteiligen. Seit 1992 haben sich beide Bündnisse zur Ausführung von UN-Mandaten bereiterklärt[665]. Als prominente Beispiele gelten die Durchsetzung des Friedensabkommens von Dayton ab Dezember 1995 in Bosnien-Herzegowina (I-FOR/SFOR) sowie die Einsetzung der Friedenstruppe im Kosovo (KFOR) seit Juni 1999, die jeweils unter Führung der NATO standen. Auf diese Einsatzoption wird allerdings erst zu einem späteren Zeitpunkt im Rahmen der jeweiligen Organisationen zurückzukommen sein. Weitere Ausführungen können demnach an dieser Stelle zunächst unterbleiben.

dd) Einsatz bei Blauhelm-Missionen

Nachdem das in der Charta vorgesehene kollektive Sicherheitssystem unter den skizzierten Bedingungen seine Wirkungen nicht entfalten konnte, wurden in der Praxis alternative Formen der Sicherung des Friedens entwickelt, die den Interessen der ständigen Mitglieder nicht zuwiderliefen, die aber dennoch geeignet waren, den Anspruch der Vereinten Nationen auf Geltung ihrer Ziele und Grundsätze zu untermauern[666]. Mit dem Einsatz von Friedenstruppen der Vereinten Nationen entstanden neue Maßnahmen der Friedenssicherung.

Obwohl der Einsatz von Waffen im Gegensatz zu Maßnahmen nach Art. 42 UN-Charta nicht das Ziel bei der Stationierung von UN-Friedenstruppen ist[667], üben die Friedenstruppen in erheblichem Umfang militärische Hoheitsgewalt aus: Sie überwachen bestimmte Zonen, kontrollieren Fahrzeuge und üben zum Teil auch typische Polizeibefugnisse aus.

aaa) Historischer Hintergrund: Entwicklung der Peace-keeping-Einsätze

Diese Einsatzform, geläufig vor allem als Blauhelme[668] oder Peacekeeping-Operation, ist in der Charta der Vereinten Nationen nicht ausdrücklich erwähnt, jedoch angesichts der jahrelangen Praxis – seit den fünfziger Jahren sind sie fes-

---

664 Vgl. Unser, Die UNO, S. 75.

665 Die WEU durch ihre Petersberger-Erklärung vom 19. Juni 1992, die NATO auf den Ministerratstagungen in Oslo am 4. Juni 1992 und in Brüssel am 17. Dezember 1992.

666 Gareis/Varwick, Die Vereinten Nationen, S. 114.

667 Frowein/Stein, Rechtliche Aspekte einer Beteiligung der Bundesrepublik Deutschland an Friedenstruppen der Vereinten Nationen, S. 6.

668 Die Bezeichnung "Blauhelme" ergab sich aus dem Tragen des blauen Baretts bzw. Stahlhelms.

ter Bestandteil der friedensunterstützenden Aktivitäten der Weltorganisation – völkergewohnheitsrechtlich etabliert und der Regelfall bei internationalen Friedensmissionen der Vereinten Nationen[669]. Doch auch wenn der Einsatz von "UN-Blauhelmen" bereits damals zum "Standardprogramm für die Sicherung des Weltfriedens" zählte[670], war eine Teilnahme deutscher Streitkräfte heftigst umstritten[671]. Erst im Jahre 1993 beteiligte sich die Bundesrepublik mit deutschen Soldaten anlässlich der UNOSOM II Mission in Somalia an derartigen Einsätzen[672]. Dies geschah, nachdem deutliche Forderungen einer Beteiligung Deutschlands an Aktionen der Vereinten Nationen gestellt wurden. Ihren offiziellen Ausdruck fanden sie letztlich in einem Schreiben des Generalsekretärs *Boutros-Ghali* an die Bundesregierung, in dem dieser jene bat, ein Bundeswehrkontingent zur Unterstützung von UNOSOM II zu stellen[673]. Vor allem seit dem Golfkrieg und den Wirren im ehemaligen Jugoslawien hat die Teilnahme westlicher Staaten an friedenserhaltenden Missionen der Vereinten Nationen zweifellos an Gewicht gewonnen. Im Verlaufe ihres Bestehens haben sie sich allerdings erheblich geändert. Leicht bewaffnete Blauhelme mit weißen Fahrzeugen beherrschen nur noch ausnahmsweise das Bild. Stattdessen ist die Präsenz schwerbewaffneter Einheiten in Friedenseinsätzen gängig geworden[674]. Beginnend mit UNTSO 1948 im Nahen Osten und UNFICYP auf Zypern Mitte der 60er Jahre waren sie, als Blauhelm-Operationen der "ersten Generation", beschränkt auf die Funktion, in Konfliktfällen als Puffer zwischen die Streitparteien zu treten, um weitere Aggressionen zu verhindern[675]. Ihre konkreten Aufgaben bestanden in der Beobachtung und Berichterstattung, der Überwachung von Waffenstillständen und der Hilfe bei der Truppenentflechtung. Ende der 80er Jahre wurde durch das Ende des Ost-West-Konfliktes im Sicherheitsrat der Weg frei für eine Verständigung nicht nur

---

669 Deiseroth, in: Umbach/Clemens, Grundgesetz, Art. 24, Rn. 259; Tomuschat, in: Koch, Die Blauhelme, S. 45; Bundesministerium der Verteidigung, Einsätze der Bundeswehr im Ausland, S. 11.

670 So Tomuschat, in: Außenpolitik, 1985, S. 272.

671 Zwar wurden durch das Urteil des Bundesverfassungsgerichts aus dem Jahre 1994 die Einsätze als solche nicht ausdrücklich erweitert, es wurde jedoch eine dem Grundgesetz schon seit 1949 innewohnende Auftragssituation zugesprochen, welche von Art. 24 Abs. 2 GG als Ermächtigungsgrundlage umfasst wird; vgl. dazu Kapitel 1, A I 1.

672 Am 21. April 1993 beschloss die Bundesregierung eine Beteiligung an der UNOSOM II Mission, vgl. Bulletin der Bundesregierung, 1993, S. 280.

673 Kurze Wiedergabe des Schreibens, in: NZWehrr 1993, S. 202.

674 So stellte auch Kofi Annan fest: "While traditional peacekeeping had focused mainly on monitoring ceasefires, today's complex operations are very different."; in: We the Peoples: The Role of the United Nations in the 21st Century, United Nations, S. 48, 49.

675 Vgl. Freiherr von Wechmar, Friedenserhaltende Maßnahmen, in: Vereinte Nationen 30 (1982), S. 10; Eisele, in: von Schorlemer, Praxishandbuch UNO, S. 27, 30, 31; Schmalenbach, Die Haftung internationaler Organisationen, S. 167, 168.

auf Waffenstillstände, sondern auch auf Konfliktlösung. Missionen der "zweiten Generation" zeichneten sich dabei durch ein erweitertes Aufgabenspektrum aus, das zunehmend nicht-militärische Elemente umfasste[676]. Infolgedessen war das traditionelle Peacekeeping als Sanktionsmittel gegen einen Friedensbrecher wirkungslos, da es in seiner ursprünglichen Form keinen Kampfauftrag beinhaltete, sondern vielmehr durch das Element der Gewaltlosigkeit im militärischen Bereich geprägt war. Sowohl der politische als auch der militärische Aktionsradius waren also begrenzt[677]. Aufgrund dieser Nachteile ging man seit Mitte der neunziger Jahre zu Formen des "robusten" Peacekeeping über, indem man das Mandat der Operation nicht mehr auf Kapitel VI der UN-Charta, sondern auf Kapitel VII stützte, um den Truppen die Verteidigung und Durchsetzung ihrer Mission zu ermöglichen[678]. Das traditionelle Peacekeeping wurde dabei "um Elemente der militärischen Durchsetzung angereichert (...), die von vorneherein integrierte Bestandteile des Einsatzes sind"[679]. Dazu gehören die Unterstützung demokratischer Konsolidierungsprozesse, Entwaffnung und Reintegration von Bürgerkriegsarmeen, Repatriierung von Flüchtlingen und schließlich die zeitweise Übernahme quasi-hoheitlicher Befugnissen für ein ganzes Land[680]. Auch eine präventive Stationierung von Blauhelmeinheiten ist möglich, wenn ein Konfliktausbruch erwartet wird. Voraussetzung für die Stationierung von Blauhelm-Truppen ist allerdings die Zustimmung des Sicherheitsrates, aller Konfliktparteien sowie der Entsendestaaten[681].

bbb) Organstatus der Blauhelmsoldaten

In den Beschlüssen, die sich mit der Errichtung einer Peacekeeping-Operation befassen, werden die Begriffe "United Nations Force" sowie "United Nations

---

676 Eisele, in: von Schorlemer, Praxishandbuch UNO, S. 27, 32; Kühne, in: von Schorlemer, Praxishandbuch UNO, S. 715, 716.

677 Arnold, Keine Angst vor der UNO, in: Blätter für die deutsche und internationale Politik 36 (1991), S. 561, 565.

678 Unser, Die UNO, Aufgaben und Strukturen der Vereinten Nationen, S. 83; Gareis/Varwick, Die Vereinten Nationen, S. 116, 127-130; Philippi, Bundeswehr-Auslandseinsätze, S. 31.

679 Kühne, Blauhelme in einer turbulenten Welt, S. 55.

680 Gareis/Varwick, Die Vereinten Nationen, S. 127. Ausgelöst durch negative Erfahrungen wurde die rigide Beschränkung der Befugnis zur Selbstverteidigung von der Waffe Gebrauch zu machen und militärische Gewalt auch dann anzuwenden, wenn das zur Durchsetzung des erteilten Mandats notwendig ist, aufgehoben, vgl. Eisele, in: von Schorlemer, Praxishandbuch UNO, S. 27, 33.

681 Vgl. Deiseroth, in: Umbach/Clemens, Grundgesetz, Art. 24, Rn. 259, 260; Frowein, in: Frowein/Stein, Rechtliche Aspekte einer Beteiligung der Bundesrepublik Deutschland an Friedenstruppen der Vereinten Nationen, S.4; Gareis/Varwick, Die Vereinten Nationen, S. 120.

Peacekeeping Force" verwendet[682]. Auch wenn diese Formulierungen nach ihrem Wortlaut für eine Zuordnung zu den Vereinten Nationen sprechen, ist für die Zurechnung des Streitkräftehandelns entscheidend, ob die Verfügungsgewalt über diese Truppen wie bei Art. 43 UN-Charta auf die Vereinten Nationen in der Weise übergeht, dass sie eine eigene Hoheitsgewalt mit den ihr zur Verfügung gestellten Truppen begründen. In der Streitkräfteentscheidung hat das Bundesverfassungsgericht festgestellt, dass Art. 24 Abs. 2 GG "...die Beteiligung Deutschlands an einem System gegenseitiger kollektiver Sicherheit sowie die Einwilligung in die damit verbundene Beschränkung von Hoheitsrechten einschließlich militärischer Kommandoverhältnisse [regelt]. Zur Friedenswahrung darf die Bundesrepublik auf der Grundlage dieser Vorschrift in eine 'Beschränkung' ihrer Hoheitsrechte einwilligen, indem sie sich an Entscheidungen einer internationalen Organisation bindet, ohne dieser damit schon im Sinne des Art. 24 Abs. 1 GG Hoheitsrechte zu übertragen"[683]. Angesichts dessen stellt sich nun die Frage, inwieweit die eingesetzten Truppen als ein mit eigenständiger Hoheitsgewalt ausgestatteter überstaatlicher Verband anzusehen sind.

Der wesentlich integrierende Faktor für die nationalen Kontingente ist, dass die Streitkräfte für die Dauer einer Aktion nicht nur durch den Sicherheitsrat autorisiert sind, sondern vor allem unter der operativen Leitung des Generalsekretärs der Vereinten Nationen stehen[684]. Die militärische Führung im Einsatz obliegt dabei einem durch den Generalsekretär ernannten "Force Commander", der als sein Vertreter im Einsatzland fungiert. Ihm und dem ihm nachgeordneten Truppenkommandeur sind die Blauhelm-Kontingente für den Einsatz unterstellt[685]. So heißt es in Nr. 6 UNEF-Regulation: "The United Nations Emergency Force is a subsidiary organ of the United Nations....The members of the Force, although remaining in their national service, are, during the periods of their assignment to the Force, international personnel under the authority of the United Nations and subject to the instructions of the commander through the chain of command". Ferner heißt es im Aide-mémoire des Generalsekretärs über die Funktionen der UN-Streitmacht in Zypern vom 10. April 1964 u.a.: "The Force is under the exclusive command of the United Nations at all times." Nicht nur der Wortlaut der UNEF-Regulation, sondern auch die über den Oberkommandierenden hergestellte Kontrolle der Vereinten Nationen über die gesamte Truppe

682 Vgl. SR-Resolution 186 vom 4. März 1964.

683 BVerfGE 90, 286, 346.

684 Bothe, Streitkräfte internationaler Organisationen, S. 40.

685 Sucharipa-Behrmann, in: Cede/Sucharipa-Behrmann, Die Vereinten Nationen, S. 85, 93; Eisele, in: von Schorlemer, Praxishandbuch UNO, S. 37; Zimmer, Einsätze der Bundeswehr im Rahmen kollektiver Sicherheit, S. 51, Kirchhof, in: Isensee/Kirchhof, HStR, Bd. III, S. 991, 992.

scheint ein wesentliches Indiz für den Charakter der Streitkräfte als Organ der Vereinten Nationen zu sein[686]. Durch die ausschließliche Befehlshoheit über die Mitglieder der Kontingente dienen die Mitglieder nicht mehr ihrem Staat, sondern der internationalen Organisation[687]. Mit dem Akt der Unterstellung sollen die Streitkräfte Teil eines neu gegründeten Hilfsorgans der Vereinten Nationen werden[688]. Sie werden folglich von der Organisation kontrolliert und ihre Handlungen sind Ausdruck einer Tätigkeit, die die Streitkräfte für die Vereinten Nationen vornehmen. Die Verantwortlichkeit im Sinne einer Haftung für Schäden, die durch die Truppen entstanden sind, besteht demzufolge bei den Vereinten Nationen[689]. Auch Art. 9 der Draft Articles on State Responsibility[690], der das Verhalten eines entliehenen Organs dem empfangenden Staat haftungsrechtlich zuordnet, deutet auf die Vereinten Nationen und nicht auf die Entsendestaaten hin[691]. Für die Feststellung einer Pflichtverletzung ist demnach nicht die nationale Rechtsordnung des jeweiligen Mitgliedsstaates maßgeblich, sondern das auf die Organisation selbst anwendbare Völkerrecht.

Diese Beispiele lassen das Bild einer vollständigen Integration der nationalen Truppen in das Organisationsgefüge der Vereinten Nationen entstehen. Damit ist jedoch nicht ausgeschlossen, dass die Truppen gleichzeitig auch als Organe der Entsendestaaten anzusehen sind. Denn bei näherer Betrachtung relativiert sich der Eindruck einer vollständigen Eingliederung in die Organisation. So zeigt eine Untersuchung der auf den Generalsekretär der Vereinten Nationen übertragenen Kommandogewalt, dass diese fast immer erheblich eingeschränkt ist, da nur wenige Truppenstellerstaaten bereit sind, ihre Blauhelme ganz zur Verfügung zu stellen. Im Vorfeld eines geplanten Einsatzes von Friedenstruppen wird zwischen den Vereinten Nationen und den Regierungen der Entsendestaaten daher eine Absprache hinsichtlich der Modalitäten der Aufstellung der Friedenstruppen getroffen. Die nationalen Regierungen behalten sich dabei Rechte vor, welche die operative Handlungsfähigkeit der Mission teilweise deutlich beschränken. Die

686 Bothe, Streitkräfte internationaler Organisationen, S. 40.

687 Bothe, in: Simma, The Charter of the United Nations, Vol. I, nach Art. 38, Peace-keeping, Rn. 93.

688 Verdross/Simma, Universelles Völkerrecht, S. 153, 154; Krieger, ZaöRV 2002, S. 669, 687.

689 So haben die Vereinten Nationen nach dem Einsatz im Kongo Schadensersatz für Völkerrechtsverletzungen geleistet, die durch VN-Friedenstruppen geschehen waren; vgl. auch IGH, ICJ-Reports 1962, S. 168, 169.

690 YbILC 1980, Vol. II, part. 2, S. 30: "The conduct of an organ which has been placed at the disposal of a state by another State or by an international organization shall be considered as an act of the former State under international law, if that organ was acting in the exercise of elements of governmental authority of the State at whose disposal it has been placed."

691 Ob Art. 9, der ausdrücklich von Staaten spricht, auch auf von internationalen Organisationen entliehene Organe anwendbar ist, sei an dieser Stelle offengelassen.

Blauhelmkontingente stehen also nicht unter dem ausschließlichen Oberbefehl der Vereinten Nationen, sondern nur gewisse Koordinationsbefugnisse werden an den Befehlshaber der Mission abgetreten. Wäre dies nicht der Fall, könnte sich für den einzelnen Soldaten eine Konfliktsituation ergeben, wenn das Recht des Entsendestaates dem internen Recht der Vereinten Nationen nicht oder nicht völlig entspricht. Er stünde insoweit zwei Befehlsgewalten gegenüber, von denen jede nach ihrer Rechtsordnung den Vorrang beanspruchen würde. Zum Zweck der gemeinsamen Führung wird also bei jeder Mission die Operational Control dem jeweiligen Befehlshaber übertragen. Demzufolge werden auch zwischen der Bundesregierung und den Vereinten Nationen die Unterstellungsverhältnisse der deutschen Soldaten im UN-Kontingent ausgehandelt und in "participation agreements" festgeschrieben[692]. Die eigentliche Befehls- und Kommandogewalt verbleibt danach aber beim Bundesminister der Verteidigung[693].

Auch die Feststellungen hinsichtlich einzelner, in nationaler Hand verbleibender, Zuständigkeiten relativieren das Bild einer der Vereinten Nationen eigenen Streitmacht. Von Bedeutung ist dabei vor allem, dass die Disziplinar- und Strafgewalt innerhalb der einzelnen Kontingente bei den nationalen Befehlshabern bleibt[694]. Denn die Ausübung der Disziplinargewalt ist ein wesentliches Element für die effektive Kontrolle über die Truppe[695]. Auch für das Dienstverhältnis bleibt der Heimatstaat weiter verantwortlich. In seinen Zuständigkeitsbereich gehören also weiterhin Besoldung, Beförderung, Pensionierung und Krankenfürsorge[696]. Sind diese vielleicht auch als administrative Hilfsmöglichkeiten gedacht, zeigt sich dennoch, dass die eingesetzten Soldaten keine "Bediensteten" der Organisation sind[697]. Auch wenn sie als UN-Truppen eindeutig durch das UN-Emblem und die blauen Helme gekennzeichnet sind, tragen sie weiterhin als Repräsentanten ihres Heimatstaates die nationale Uniform sowie das nationale Hoheitsabzeichen[698]. Damit erklärt sich auch der Umstand, dass die einzelnen

---

692 Vgl. BVerfGE 90, 286, 312, 352, 353; Zimmer, Einsätze der Bundeswehr im Rahmen kollektiver Sicherheit, S. 96; Dau, NZWehrr 1994, S. 177, 180, 181.

693 Bulletin der Bundesregierung 1993, S. 280: "Der Kommandeur von UNOSOM II erhält wie üblich 'operational control', die Befehls- und Kommandogewalt bleibt bei dem Bundesminister der Verteidigung".

694 Klein, ZaöRV 34 (1974), S. 429, 433; Bothe, Streitkräfte internationaler Organisationen, S. 41, 42; Frowein, in: Frowein/Stein, Rechtliche Aspekte einer Beteiligung an Friedenstruppen der VN, S. 1, 6, 9; Saalfeld, NZWehrr 1994, S. 147, 148.

695 Risse, Der Einsatz militärischer Kräfte durch die Vereinten Nationen, S. 32.

696 Bähr, Verfassungsmäßigkeit des Einsatzes der Bundeswehr, S. 145; Risse, in: Koch, Die Blauhelme, S. 52, 54.

697 Rudolph, in: Wolfrum, Handbuch Vereinte Nationen, Kap. 25, Rn. 19.

698 Klein, ZaöRV 34 (1974), S. 429, 433; Schultz, Die Auslandsentsendung von Bundeswehr, S. 136; Hoffman, Bundeswehr und UN-Friedenssicherung, S. 257.

Kontingente im Einsatzland nur selten vermischt, sondern vielmehr in Sektoren ihrer jeweiligen Nationalität eingesetzt werden[699].

Letztlich spricht gegen eine vollständige Herauslösung der Truppenkontingente, dass trotz einer weitgehenden Unterstellung der Truppe unter eine internationale Befehls- und Kommandogewalt den Entsendestaaten die souveräne Entscheidung über die Rückgängigmachung dieses Entschlusses verbleibt und die Soldaten folglich nicht unwiderruflich für ein humanitäres Hilfskontingent abgestellt sind. Die Bundesregierung kann jederzeit die eingesetzten Truppen aus der VN-Unterstellung herausnehmen[700]. Die nationale Regierung überwacht demnach die Beteiligung ihrer bereitgestellten Kontingente und hat zudem die Möglichkeit, ihr Personal zu jedem Zeitpunkt aus der Mission zurückzuziehen. Insgesamt bleibt also der nationale Status als deutsche Streitkräfte erhalten[701]. Eine Teilintegration in die Struktur der Organisation ist allerdings gegeben. Als die militärischen Aktionseinheiten der Vereinten Nationen fungieren sie nämlich in der Praxis als Hilfsorgan bzw. Nebenorgan der Organisation, die selbst nicht über eigene militärische Mittel verfügt[702]. Aus der Stellung als Mitglieder einer internationalen Truppe ergibt sich demzufolge, dass für den einzelnen Soldaten seine nationale Zugehörigkeit hinter der Zugehörigkeit zu den Vereinten Nationen grundsätzlich zurücktritt. So heißt es in der bereits erwähnten Nr. 6 der UNEF-Regulations: "The functions of the Force are exclusively international and members of the Force shall discharge these functions and regulate their conduct with the interest of the United Nations only in view". Im Ergebnis bedeutet dies aber nur, dass, im Sinne der Internationalität, die Gehorsamspflicht des einzelnen Soldaten gegenüber den Vereinten Nationen Vorrang vor der nationalen Treuepflicht hat[703]. Eine nationale Zuordnung ist damit nicht ausgeschlossen, werden die Streitkräfte aus dem Rechtsverband des Entsendestaates doch nicht vollständig ausgegliedert.

Jedes Land behält sich zudem die Entscheidung über einen konkreten Einsatz vor[704]. Daran ändert auch nichts das so genannte "Standby Arrangement System",

---

699 So ist beispielsweise das deutsche KFOR-Kontingent in Prizren stationiert.

700 Vgl. dazu BVerfGE 90, 286, 389: Die "Entscheidung über die Modalitäten, den Umfang und die Dauer der Einsätze" gehört zum "Eigenbereich der exekutiven Handlungsbefugnis" der Bundesregierung; siehe auch Wild, DÖV 2000, S. 622, 630; Nolte, ZaöRV 54 (1994), S. 653, 681.

701 Dies ist herrschende Ansicht: Riedel, Der Einsatz deutscher Streitkräfte im Ausland, S. 203; Bothe, Streitkräfte internationaler Organisationen, S. 37; anderer Ansicht ist Klein, ZaöRV 34 (1974), S. 429, der den Einsatz im Rahmen der Vereinten Nationen nicht mehr als Dienst in den deutschen Streitkräften ansieht.

702 Rudolph, in: Wolfrum, Handbuch Vereinte Nationen, Kap. 25, Rn. 1.

703 Vgl. auch Bothe, Streitkräfte internationaler Organisationen, S. 42.

704 Vgl. BVerfGE 90, 286, 389.

welches wegen des steigenden Bedarfs an Friedensmissionen von den Vereinten Nationen 1993/94 entwickelt wurde und dem Deutschland seit November 2000 entsprechen muss. Dieses System beruht darauf, dass die Mitgliedstaaten vorab ihre Kapazitäten und zugleich ihre grundsätzliche Bereitschaft den Vereinten Nationen melden, diese für eine Beteiligung an friedenserhaltenden Operationen nach Kap. VI der UN-Charta zur Verfügung zu stellen. Die Bereitstellung nationaler Truppenkontingente für Friedensmissionen erfolgt demnach also auf freiwilliger Basis und auf Grund eines Vertrages mit den Vereinten Nationen. Dieses Abkommen scheint derzeit das Äußerste, was die Weltorganisation in der Implementierung der Verpflichtung nach Art. 43 UN-Charta erlangen kann[705].

ccc) Ergebnis

Die Untersuchung führt also zu dem Ergebnis, dass es sich bei den eingesetzten Blauhelm-Truppen nicht um einen in jeder Hinsicht eigenständigen internationalen Verband handelt, sondern vielmehr um im Einzelfall national bereitgestellte Truppen, die zum Zweck einer gemeinsamen Führung der begrenzten Befehlsgewalt eines UN-Kommandeurs unterstellt und somit von den Vereinten Nationen im eigenen Namen geführt werden[706]. Dadurch erfolgt zwar eine Teileingliederung der Streitkräfte, die allerdings nicht ausreicht, ihnen nur die Funktion als Organ der Vereinten Nationen zukommen zu lassen. Subsidiär bleiben sie auch Organe der Entsendestaaten[707]. Dies ergibt sich auch daraus, dass die Truppen aus den einzelnen Kontingenten zusammengesetzt sind, die ja ursprünglich Staatsorgane ihrer jeweiligen Heimatländer sind[708]. Dies hat das House of Lords in seiner Entscheidung im Fall "Attorney General vs. Nissan"[709] aus dem Jahr 1969 für das britische UNFICYP-Kontingent bestätigt: "Though national contingents were under the authority of the United Nations and subject to the instructions of the Commander, the troops as members of the Force remained in their national service. The British Forces continued, therefor, to be soldiers of Her

705 Eisele, in: von Schorlemer, Praxishandbuch UNO, S. 27, 36.

706 So auch Bothe, in: Simma, The Charter of the United Nations, Vol. I, nach Art. 38, Peacekeeping, Rn. 78; Deiseroth, in: Umbach/Clemens, Grundgesetz, Art. 24, Rn. 261.

707 Vgl. auch Frowein, in: Frowein/Stein, Rechtliche Aspekte einer Beteiligung der Bundesrepublik, S. 6; Bothe, Streitkräfte internationaler Organisationen, S. 37 ff.

708 Verdross/Simma, Universelles Völkerrecht, S. 153, 154.

709 Attorney-General vs. Nissan 1970, A.C. 179, 223. Bei diesem Fall hatte sich das britische Oberhaus mit den Schadensersatzforderungen eines von den britischen UNFICYP-Einheiten in Anspruch genommenen Hoteliers zu befassen. Im Ergebnis wurde ein Anspruch gegen die Krone gewährt.

Majesty."[710]. Derartige Konstruktionen werden im Recht der internationalen Organisationen nicht selten angenommen. So geht beispielsweise *Dahm* davon aus, dass ein im Sicherheitsrat vertretener Staat bei Abstimmungen dort gleichzeitig sowohl seinen eigenen Willen zum Ausdruck bringt, als auch – durch seine Mitwirkung an der Willensbildung des Sicherheitsrates – als mittelbares Organ der Vereinten Nationen handelt[711].

ee) Konsequenzen für die Grundrechtsbindung

Mit dieser rechtlichen Einordnung der im Rahmen der Vereinten Nationen eingesetzten Truppen stellt sich nun die Frage, welche Konsequenzen sich für die der vorliegenden Arbeit zu Grunde liegenden Problematik einer möglichen Grundrechtsbindung ergeben.

Zunächst lässt sich feststellen, dass den Vereinten Nationen infolge der derzeitigen, immer noch gültigen Organisationsstruktur nach wie vor eigene exekutive Kräfte in Form von Polizei und Militär fehlen, welche in der Lage wären, Beschlüsse des Sicherheitsrates unmittelbar durchzusetzen. Obwohl nach Art. 43 UN-Charta die Möglichkeit dafür besteht, ist davon mangels Abschlusses eines notwendigen Sonderabkommens zwischen dem Sicherheitsrat und den einzelnen Mitgliedern der Vereinten Nationen noch nicht Gebrauch gemacht worden. Erklärt sich dieser Unwille letztlich durch die Beschränkung des außenpolitischen Handlungsspielraums und der Souveränitätseinbuße, welche die zentrale Durchführung von Kollektivmaßnahmen zwangsläufig mit sich bringt[712], muss daher bei entsprechender Beschlusslage auf nationale Kontingente zurückgegriffen werden. Die Bereitstellung nationaler Truppen zur Durchführung friedenserzwingender Maßnahmen nach Kap. VII beinhaltet dabei eine Herauslösung dieser Kontingente aus dem staatlichen Regierungs- und Verwaltungsapparat. Von einer konkreten und direkten Einflussnahme der Bundesrepublik auf das Handeln ihrer Truppen kann in diesem Fall dann aber nicht mehr die Rede sein. In ihrer Qualität wären die Verbände damit ausschließlich als Organe der Vereinten Nationen anzusehen. In dieser Konsequenz wären die integrierten deutschen Soldaten im Einsatz lediglich an das Völkerrecht gebunden und nicht den im Grundgesetz verankerten Grundrechten verpflichtet.

---

710 AC 1970, 179, 222, dargestellt bei Seyerstedt, United Nations Forces, S. 222; Talmon, NZWehrr 1997, S. 221, 229.

711 Dahm/Delbrück/Wolfrum, Völkerrecht, Bd. I/1, S. 70; vgl. auch Bothe, Streitkräfte internationaler Organisationen, S. 63.

712 Troost, Die Autorisierung von UN-Mitgliedstaaten zur Durchführung militärischer Zwangsmaßnahmen, S. 110.

Für die seitens der Bundeswehr aufgrund ausdrücklicher Ermächtigung des Sicherheitsrates nach Art. 53 Abs. 1 S. 2 UN-Charta eingesetzten Soldaten ergibt sich demgegenüber ein ganz anderes Bild. Sie werden lediglich durch die Vereinten Nationen autorisiert und üben demnach nicht deren originäre Hoheitsgewalt auf fremdem Staatsgebiet aus, sondern vielmehr weiterhin deutsche Hoheitsgewalt. In ihrer Funktion, als lediglich Erlaubnis gebende Institution, haben die Vereinten Nationen nämlich nicht die Möglichkeit, die (deutschen) Truppen zu ihrem Organ zu machen. Im Falle eines Einsatzes aufgrund einer ausdrücklichen Ermächtigung des Sicherheitsrates bleiben die Streitkräfte in ihrer Qualität weiterhin ein Staatsorgan der Bundesrepublik. Folglich bleiben auch die Grundrechte des Grundgesetzes gem. Art. 1 Abs. 3 GG ohne weiteres anwendbar.

Fraglich ist allerdings, wie sich dieses Ergebnis bei den Blauhelm-Truppen darstellt. Möglicherweise könnten die deutschen Soldaten, die im Rahmen der Organleihe für die Vereinten Nationen als Blauhelme tätig werden, nicht mehr der Grundrechtsbindung unterworfen sein. Hierfür lassen sich vor allem zwei Argumente anführen: Zum einen werden die zur Verfügung gestellten deutschen Kontingente mit dem Akt der Unterstellung der Leitungsgewalt der Bundesrepublik Deutschland grundsätzlich entzogen, da sie in ein internationales Kontingent unter der operativen Befehlsgewalt der Vereinten Nationen eingegliedert werden[713]. Von einer konkreten und direkten Einflussnahme der Bundesrepublik auf das Handeln des Verbandes im Einsatz kann also nicht die Rede sein. Die Tätigkeit der Streitkräfte im Rahmen von UN-Maßnahmen könnte mithin nicht mehr als eine "staatliche Tätigkeit" zu qualifizieren sein, da es scheint, als seien sie gänzlich aus dem staatlichen Regierungsapparat herausgenommen[714].

Dem steht jedoch entgegen, dass nicht jeder Bezug zur Bundesrepublik durch die Eingliederung in eine internationale Truppe verloren geht. Es bleiben vielmehr zahlreiche nationale Zuständigkeiten bestehen. So erfolgt die Besoldung, die dienstliche Beförderung sowie die Kranken- und Hinterbliebenenfürsorge nach nationalem Recht. Auch die Dienstvorschriften und das Disziplinarrecht haben für die deutschen Soldaten weiter Anwendung[715]. Insofern lässt sich nur von einer Teilintegration der eingesetzten Verbände in das System der Vereinten Nationen sprechen. Sie bilden keine internationale Streitmacht, sondern behalten vielmehr ihre Identität als nationale Streitkräfte der Entsendestaaten[716]. Gegen eine Herauslösung der Truppenkontingente aus dem staatlichen Organisationsge-

713 So Nölle, Die Verwendung des deutschen Soldaten, S. 115; Kirchhof, in Isensee/Kirchhof, HStR, Bd. III, S. 994.

714 So vor allem Nölle, Verwendung des deutschen Soldaten, S. 54, Fn. 1.

715 Riedel, Der Einsatz deutscher Streitkräfte im Ausland, S. 203; ders., NJW 1989, S. 639, 640; Gornig, JZ 1993, S. 123, 125.

716 Klein, ZaöRV 34 (1974), S. 433; Emde, NZWehrr 1992, S. 133, 141.

füge spricht auch, dass trotz einer weitgehenden Unterstellung der Truppen unter eine internationale Befehls- und Kommandogewalt der Bundesrepublik als Entsendestaat ein souveränes Rückrufrecht über die Streitkräfte verbleibt[717]. Die Soldaten sind folglich nicht unwiderruflich für den Einsatz im Rahmen der Vereinten Nationen abgestellt. Die Bereitschaft der Bundesrepublik, ihre Streitkräfte den Vereinten Nationen für eine Beteiligung an friedenserhaltenden Missionen zur Verfügung zu stellen oder sich an Maßnahmen unter der vom Sicherheitsrat autorisierten Leitung eines oder mehrerer Mitgliedstaaten zu beteiligen, bewirkt demnach keine vollständige und ausschließliche Eingliederung der eingesetzten Truppen in das Organisationsgefüge der Vereinten Nationen.

Zum Verständnis des Charakters der Streitkräfte ist es aber zum anderen dennoch wichtig, dass es sich um eine Truppe handelt, die grundsätzlich den Vereinten Nationen verantwortlich ist und nicht für Zwecke der truppenstellenden Staaten benutzt werden kann. Aus dieser Verantwortlichkeit folgt, dass die Truppen mit dem Akt der Unterstellung nach außen in die Kategorie eines Organs der Vereinten Nationen einzuordnen sind. Die völkerrechtlichen Rechtsgrundlagen für die Einsätze der Blauhelm-Truppen sehen es dementsprechend auch nicht vor, dass in den Einsatzgebieten deutsche Hoheitsgewalt gegenüber den dort Ansässigen ausgeübt wird. Im Außenverhältnis üben sie daher als Repräsentanten der Vereinten Nationen auch lediglich die von ihr übertragene Hoheitsgewalt aus. Ihr Handeln beruht auf der völkerrechtlichen Grundlage einer VN-Sicherheitsratsresolution und stellt sich damit verfassungsrechtlich als eine Tätigkeit im Rahmen des Systems der Vereinten Nationen dar. Maßnahmen in Ausübung deutscher Hoheitsgewalt werden im Einsatz nur gegenüber den Angehörigen der Bundeswehr und in Bezug auf innere dienstliche Belange der Streitkräfte ausgeübt. Die weiterhin national anwendbaren Vorschriften des Besoldungs-, Versorgungs- und Disziplinarrechts beziehen sich also nur auf das Handeln im Innenverhältnis und spielen für die Frage einer Grundrechtsbindung im Gegensatz dazu keine Rolle. Es ist für jede Form der Organleihe geradezu konstitutiv, dass im Innenverhältnis der verliehenen Organsubstrate weiterhin das Dienstrecht des verleihenden Hoheitsträgers Anwendung findet, während im Außenverhältnis zu Dritten die entliehenen Organsubstrate dem entleihenden Hoheitsträger zugerechnet werden[718]. So sieht es auch *Bothe*: "Bundeswehreinheiten wären deutsche Truppen ...für den internen Dienstbetrieb, aber nicht ....für das, was sie nach außen tun"[719]. Ist das Handeln deutscher Staatsorgane demnach auf die Völkerrechtsordnung ge-

717 Coridaß, Der Auslandseinsatz von Bundeswehr, S. 78; Hoffmann, Bundeswehr und UN-Friedenssicherung, S. 122; Riedel, Der Einsatz deutscher Streitkräfte im Ausland, S. 144, 203; Schemann, Die verfassungsrechtliche Legitimation nichtmilitärischer Auslandseinsätze, S. 34.

718 Brunner, Deutsche Soldaten im Ausland, S. 44.

719 So Bothe, Diskussionsbeitrag, in: Frowein/Stein, Rechtliche Aspekte, S. 49.

richtet, ist eine Grundrechtsbindung nicht ohne weiteres anzunehmen. Die bereitgestellten Kontingente sind im Außenverhältnis aus dem Bereich deutscher ausführender Gewalt vielmehr ausgegliedert und üben keine staatliche Tätigkeit mehr aus. Vom Wortlaut des Art. 1 Abs. 3 GG wären sie mithin einer Geltung der Grundrechte des Grundgesetzes entzogen.

Diesem Ansatz ist jedoch im Hinblick auf die Notwendigkeit einer dynamischen Weiterentwicklung der Grundrechtsbindung[720] nicht zu folgen. Der verfassungsändernde Gesetzgeber wollte mit der Vorschrift des Art. 1 Abs. 3 GG den Einsatz militärischer Macht in besonderem Maße begrenzen und damit die Existenz jeglicher Grundrechtsnischen für das Handeln deutscher Organe ausschließen. Indem die Bundesrepublik den Vereinten Nationen als einem nicht an die Vorschriften des Grundgesetzes gebundenen Völkerrechtssubjekt Teile ihrer Streitkräfte entleiht, wäre damit die Möglichkeit einer weitgehenden Aushöhlung der Grundrechtsbeachtung angelegt. Ließe man dies zu, könnten die eingesetzten Bundeswehrsoldaten unter der Ägide der Vereinten Nationen den Grundrechtsschutz umgehen und es käme sozusagen einer "Flucht in das Völkerrecht bzw. in die Internationalität" gleich. Für die deutsche Gewalt würde es geradezu einen Anreiz darstellen, ihre Aufgaben in internationalen Organisationen wahrzunehmen und sich damit den grundrechtlichen Bindungen zu entziehen. Demnach muss die Anwendbarkeit der Grundrechte auch auf den Fall der Entleihung ihrer Streitkräfte an internationale Organisationen erstreckt werden.

Fraglich ist indes, ob eine Organleihe an die Vereinten Nationen nicht generell unter dem Vorbehalt steht, dass das entliehene Organ ausschließlich unter Berücksichtigung der völkerrechtlichen Verhaltenspflichten, an die die Organisation gebunden ist, eingesetzt werden darf. Dies ließe sich jedoch nur vertreten, wenn das Völkerrecht generell dem nationalen Recht übergeordnet wäre. Aus der rechtlichen Stellung der Streitkräfte als Organ der Vereinten Nationen, könnte man schließen, dass jeglicher nationale Charakter verloren geht. Dies bedeutet, dass für das Verhalten der Truppen allein das für die jeweilige Organisation gültige Völkerrecht maßgeblich wäre. Für eine Grundrechtsverpflichtung, die sonst nach nationalem Recht eingreifen würde, bliebe kein Raum mehr. Von einem solchen Vorrang kann dagegen nicht gesprochen werden, so dass die Grundrechtsbindung nicht in Konflikt zu den anderweitigen völkerrechtlichen Verpflichtungen besteht.

Als Konsequenz für die Frage der Grundrechtsbindung lässt sich demnach festhalten, dass die Bundeswehr zwar als Teil eines Organs einer internationalen Organisation grundsätzlich an das Völkerrecht gebunden, auf diese Bindung allein aber nicht beschränkt ist. Durch die Aufnahme einer Tätigkeit im Rahmen

720 Vgl. dazu die Ausführungen unter II.

der Vereinten Nationen darf die verfassungsrechtlich angeordnete Grundrechtsbindung nicht ausgeschlossen werden, sondern muss vielmehr weiter bestehen.

Obwohl heute oft die Rede vom "VN-Soldaten"[721] ist, der bisweilen als "Weltbürger in Uniform" verstanden wird, findet diese Idee, wie die vorliegende Untersuchung gezeigt hat, derzeit im nationalen Recht keine hinreichende Grundlage. Es darf gerade keinen "VN-Soldaten" geben, sondern nur einen deutschen Soldaten im Einsatz der Vereinten Nationen.

b) Organqualität der eingesetzten Streitkräfte im Rahmen der NATO

Bei der NATO handelt es sich ebenso wie bei den Vereinten Nationen um eine internationale Organisation, die nach wie vor entscheidend ist für die transatlantische Sicherheit. Ihr Daseinszweck richtete sich an Spannungen im internationalen System aus, die im bilateralen Konfliktaustrag nicht mehr zu steuern waren[722]. Daher wurde mit der NATO eine Bündnisstruktur geschaffen, innerhalb derer die kollektiven Kriegsvorbereitungen zu koordinieren, gemeinsame Kriegsziele abzustimmen und die Bündnisstreitkräfte im Einsatz durch ein integriertes Kommando zu führen sind. Zu den Wesensmerkmalen des Nordatlantikpaktes gehört es dabei, dass er auf der Basis einer multilateralen intergouvernementalen Zusammenarbeit beruht[723]. Das Prinzip des Multilateralismus bedeutet im Gegensatz zur zwischenstaatlichen Form der Zusammenarbeit, dass mehrere Staaten mit- und untereinander zusammenarbeiten. Aus dieser Tatsache ergibt sich bereits die Notwendigkeit gemeinsamer Organe, in denen ein Interessenausgleich stattfinden kann. Ob auch die im Rahmen der NATO eingesetzten Streitkräfte als die ihrigen anzusehen sind, soll im Folgenden untersucht werden.

Die NATO verfügt wie die Vereinten Nationen, nicht unmittelbar über Truppen, die einen Einsatz durchführen können, sondern sie ist darauf angewiesen, dass ihr Staaten entsprechende Einheiten zur Verfügung stellen. So genannte "Participation Agreements" zwischen der NATO und den truppenstellenden Staaten regeln insoweit die grundsätzliche Teilnahme eines nationalen Kontingentes an internationalen Militäreinsätzen. Sie legen deren Stärke und Einsatzdauer, die Unterwerfung unter die internationale Einsatzweisung, die Eigenverantwortlichkeit für Disziplin und Ordnung innerhalb des Kontingentes sowie die Art des Unterstellungsverhältnisses unter das NATO-Kommando fest. Grundsätzlich wird zwischen drei der NATO zur Verfügung stehenden Gruppen von Streitkräften un-

721 Dahinter steht die Idee eine Weltinnenpolitik und eines Weltinnenrechts. Gedacht wird an das Modell einer weltweit einsetzbaren Polizeimacht der Vereinten Nationen, vgl. von Lepel, Truppenpraxis/Wehrausbildung 12/1995, S. 840, 841.

722 Vgl. Thoß, in: Greiner/Maier/Rebhan, Die NATO als Militärallianz, S. 1.

723 Varwick/Woyke, NATO 2000, S. 11, 59.

terschieden. Zum einen die Hauptverteidigungskräfte, die den Kern der Bündnisverteidigung aus Art. 5 NATO-Vertrag bilden; zum anderen die Ergänzungskräfte, die aus Einheiten unterschiedlicher Einsatzbereitschaftsstufen bestehen und auch zum Zwecke der Verteidigung eingesetzt werden. Den dritten Teil bilden schließlich die Krisenreaktionskräfte, die im Bereich der Krisenbeherrschung eingesetzt werden.

aa) Einsatz im Rahmen kollektiver Selbstverteidigung nach Art. 5 NATO-Vertrag als Anwendungsfall der NATO-Assigned-Forces und NATO-Earmarked-Forces

Die NATO wurde als ein System kollektiver Selbstverteidigung auf der Grundlage des Art. 51 UN-Charta gegründet[724]. Die entscheidende Bestimmung, die die NATO als ein solches kollektives Verteidigungsbündnis ausweist, ist Art. 5 des NATO-Vertrages[725]. Hier liegt eine Vereinbarung vor, einen Angriff gegen auch nur eine Partei des Vertrages als Angriff gegen alle zu betrachten und im Falle eines solchen Angriffs Beistand zu leisten und im Zusammenwirken mit den übrigen Vertragsparteien dann Maßnahmen zu treffen, welche die sie treffende Partei zur Wiederherstellung der Sicherheit für erforderlich erachtet. Damit ist die Bündnisverpflichtung in zweierlei Hinsicht relativiert: Zum einen ist es Sache des jeweiligen Mitgliedstaates zu beurteilen, ob im konkreten Fall ein bewaffneter Angriff im Sinne des Art. 51 der UN-Charta vorliegt. Zum zweiten ist auch bei unzweifelhaftem und anerkanntem Vorliegen eines bewaffneten Angriffs die Hilfe mit Waffengewalt nur eine mögliche Form des Beistands. Bestimmungen über Art und Umfang der Beistandsleistung ergeben sich nämlich nicht aus der Vorschrift; die Formulierung lässt es vielmehr jedem Staat offen, beliebige "Maßnahmen zu ergreifen, die er für notwendig erachtet, um die Sicherheit des nordatlantischen Gebietes wiederherzustellen und aufrechtzuerhalten". Die Bündnis-

724 Schürr, Der Aufbau einer europäischen Sicherheits- und Verteidigungsidentität, S. 100.

725 Art. 5 NATO-Vertrag lautet: "Die Parteien vereinbaren, dass ein bewaffneter Angriff gegen eine oder mehrere von ihnen in Europa oder Nordamerika als ein Angriff gegen sie alle gesehen werden wird; sie vereinbaren daher, dass im Falle eines solchen bewaffneten Angriffs jede von ihnen, in Ausübung des in Artikel 51 der Charta der Vereinten Nationen anerkannten Rechts der individuellen oder kollektiven Selbstverteidigung, der Partei oder den Parteien die Maßnahmen, einschließlich der Anwendung von Waffengewalt, trifft, die sie für erforderlich erachtet, um die Sicherheit des nordatlantischen Gebietes wiederherzustellen und zu erhalten. Von jedem bewaffneten Angriff und allen daraufhin getroffenen Gegenmaßnahmen ist unverzüglich dem Sicherheitsrat der Vereinten Nationen Mitteilung zu machen. Die Maßnahmen sind einzustellen, sobald der Sicherheitsrat diejenigen Schritte unternommen hat, die notwendig sind, um den internationalen Frieden und die internationale Sicherheit wiederherzustellen und zu erhalten".

partner oder einzelne von ihnen können sich daher auch auf diplomatische Schritte oder darauf beschränken, eine "wohlwollende Neutralität" zu praktizieren[726]. Dies führt im Ergebnis dazu, dass den NATO-Partnern die Möglichkeit unterschiedlicher Unterstützung in einem Konfliktfall gegeben ist[727]. Von einem geschlossenen Handeln der NATO ist dagegen nicht die Rede, lediglich von einem Zusammenwirken der Parteien mit dem Ziel, einen möglichst hohen Kampfwert zu bringen[728]. Anhaltspunkte für eine eigene Militärstruktur der NATO sind nach dem NATO-Vertrag also nicht vorhanden[729]. Fraglich ist aber, ob die militärische Kommandostruktur der NATO ein Anknüpfungspunkt dafür sein kann, dass die Streitkräfte mit dem Zeitpunkt ihrer Eingliederung zu einem Organ der Organisation werden.

Bisher wurde der Bündnisfall nach Art. 5 des NATO-Vertrages erst ein einziges Mal beschlossen. Am 12. September 2001, nur einen Tag nach den erschütternden Terroranschlägen in New York und Washington, beschloss der Nordatlantikrat, den Angriff auf die Vereinigten Staaten gem. Art. 5 des NATO-Vertrages als ein Angriff auf jeden NATO-Mitgliedstaat zu betrachten, falls sich herausstellen würde, dass die terroristische Attacke ein Angriff von außen auf die USA war[730]. Nachdem die USA dem NATO-Rat nachgewiesen hatten, dass es sich bei den Terroranschlägen um einen von außen geführten Angriff handelte, wurde am 2. Oktober 2001 die Beistandsverpflichtung aus Art. 5 bekräftigt und damit erstmals in der Geschichte der NATO der Bündnisfall ausgelöst. Seit Mitte Oktober 2001 operieren auf Beschluss des Bundestages[731] ca. 400 deutsche Soldaten der See- und Seeluftstreitkräfte in den ständigen maritimen Einsatzverbänden der NATO permanent unter NATO-Command. Diese Befugnisse der NATO über die integrierten Streitkräfte der Mitgliedstaaten wurden nicht unmittelbar und ausdrücklich im NATO-Vertrag festgelegt[732]. Vielmehr gehen diese Befugnisse auf das "MC 57"[733] zurück, welches die Unterstellungsverhältnisse nationa-

726 Däubler, Stationierung und Grundgesetz, S. 89; Ipsen, JöR 21 (1972) S. 1, 19.

727 Varwick/Woyke, NATO 2000, S. 22, 23.

728 So auch Geiger, Grundgesetz und Völkerrecht, S. 374, 375; Schröder, Die internationale Integration, S. 44.

729 Schröder, Die internationale Integration, S. 43.

730 Statement by the North Atlantic Council; NATO Press Release (2001) 124.

731 Beschluss des Deutschen Bundestages vom 16. November 2001; BT-Drs. 14/7296.

732 Walz, NZWehrr 1986, S. 89, 93.

733 "Military committee document". Diese Dokumente werden vom Militärausschuss der NATO erlassen, welcher aus den Generalstabschefs der Mitgliedstaaten zusammengesetzt ist und die oberste militärische Instanz der NATO darstellt. Deutschland wird allerdings durch den Generalinspekteur vertreten, da die Bundesrepublik über keinen Generalstab verfügt. Die Dokumente sind als völkerrechtliche Empfehlungen anzusehen, vgl. Ipsen, JöR N.F. 21 (1972), S. 1, 44; ders., in: Dolzer/Vogel/Graßhof, Bonner Kommentar, Art. 115b, Rn. 134.

ler Truppenkontingente unter den "Befehl" von Stellen der NATO regelt[734]. Das "MC 57" basiert dabei auf einem Beschluss zur Durchführung von Abschnitt IV der Schlussakte der Londoner Konferenz[735], der häufig zu der Auffassung führte, mit ihr seien integrierte Streitkräfte der NATO geschaffen, die dieser unterstellt wären[736]. In dieser Empfehlung der Londoner Neun-Mächte-Konferenz wurde festgelegt, dass grundsätzlich alle im Bereich des Alliierten Oberkommandos Europa stationierten Streitkräfte der Mitgliedstaaten dem Alliierten Oberbefehlshaber Europa (Supreme Allied Commander Europe, SACEUR[737]) und den ihm nachgeordneten NATO-Kommandobehörden zu unterstellen sind, also der Leitung der militärischen Stellen der NATO unterliegen[738]. Hiervon ausgenommen sind die Streitkräfte, für welche die Organisation des Nordatlantikrates anerkannt hat oder anerkennen wird, dass sie unter nationalem Befehl verbleiben[739]. Damit war ein gewisser Ersatz für die gescheiterte Europäische Verteidigungsgemeinschaft gewollt[740].

In Friedenszeiten obliegt dem SACEUR lediglich die operative Planung für den jeweiligen Kommandobereich, d.h., er legt die Stationierung der Streitkräfte in Abstimmung mit den operativen Plänen der NATO und in Übereinstimmung mit den beteiligten nationalen Stellen für den Bündnisfall fest[741]. Schließlich obliegt dem SACEUR auch die Leitung und Überwachung der Ausbildung der ihm unterstellten Streitkräfte[742], eine Weisungs- oder Befehlsbefugnis besteht dagegen nicht[743]. Grundsätzlich verbleiben die Streitkräfte in Friedenszeiten also unter nationalem Kommando. Erst in Spannungszeiten oder spätestens mit Ausbruch von Kampfhandlungen übernehmen die dem SACEUR nachgeordneten al-

734 Schröder, Die internationale Integration, S. 50.

735 Entschließung des Nordatlantikrates vom 23. Oktober 1954 zur Verwirklichung des Abschnittes 4 der Schlussakte der Londoner Konferenz, C-M (54)85, BT-Drs. 2/1061, S. 61-65 vom 10. Dezember 1954.

736 Walz, NZWehrr 1986, S. 89, 93; Geiger, Die rechtlichen Rahmenbedingungen der Multinationalität, S. 118.

737 Der Nordatlantikrat hat von seiner in Art. 9 des NATO-Vertrages festgelegten Befugnis, "nachgeordnete Stellen" zu errichten, u.a. in der Weise Gebrauch gemacht, dass er eine Oberste Alliierte Kommandobehörde für Europa einsetzte.

738 BT-Drs. 2/1061, S. 56, Ziff. 4 vom 10. Dezember 1954; Däubler, Stationierung und Grundgesetz, S. 91.

739 Dies waren sowohl die Streitkräfte für die Verteidigung in Übersee als auch "andere Streitkräfte", die der NATO-Rat für geeignet erklärte, unter nationalem Kommando zu bleiben, BT-Drs. 2/1061, S. 56, Ziff. 4 vom 10. Dezember 1954.

740 Däubler, Stationierung und Grundgesetz, S. 91.

741 Geiger, Die rechtlichen Rahmenbedingungen der Multinationalität, S. 119; Ipsen, in: Dolzer/Vogel/Graßhof, Bonner Kommentar, Art. 115b, Rn. 140.

742 BT-Drs. 2/1061, S. 57, Ziff. 13 vom 10. Dezember 1954.

743 Rojahn, in: von Münch/Kunig, Grundgesetz-Kommentar, Bd. 2, Art. 24, Rn. 44; Riedel, Der Einsatz deutscher Streitkräfte im Ausland, S. 34.

liierten Kommandobehörden die operative Führung über die ihnen assignierten Streitkräfte[744]. Die Assignierung der nationalen Truppen hat im Rahmen der operativen Planung ausschließlich die Funktion, die assignierten Verbände als für einen möglichen Großeinsatz verfügbare Kräfte zu kennzeichnen[745]. Rechtlich ist sie ein einseitiger Akt des jeweiligen Mitgliedstaates, welcher aufgrund nationaler Entscheidung modifizierbar und jederzeit zurücknehmbar ist[746]. Für die Bundesrepublik wurde der Beschluss erst mit Erlass der Zentralen Dienstvorschrift 1/50 verbindlich[747]. Sie sieht verschiedene Formen der Befehlsgewalt vor: Die operative Führung der assignierten Streitkräfte wird als "Operational Command" bezeichnet. Dies ist die einem NATO-Befehlshaber übertragene Befugnis, nachgeordneten militärischen Führern Aufträge zu erteilen oder Aufgaben zuzuweisen, Verlegung, Aufmarsch und Einsatzbewegung von Truppenteilen anzuordnen, die Unterstellung von Kräften neu zu regeln sowie die "Operational Control" oder "Tactical Control" je nach Notwendigkeit selbst auszuüben oder zu übertragen[748].

Die Kampfverbände der Bundeswehr sind der Operational Control der NATO-Kommandobehörden zugeordnet[749]. Die Befugnisse, die bei Übertragung von Operational Control auf den zuständigen NATO-Befehlshaber übergeben werden, sind weniger umfassend als im Falle von Operational Command. Sie stellt die einem militärischen Führer übertragene Befehlsgewalt dar, ihm unterstellte Truppenteile so zu führen, dass er bestimmte Aufträge ausführen und Aufgaben durchführen kann, die im allgemeinen nach Art, Zeit und Raum begrenzt sind; ferner für die betreffenden Kräfte Verpflegung, Aufmarsch und Einsatzbewegungen anzuordnen und "Tactical Control" über diese Truppenteile selbst auszuüben oder zu übertragen. Er kann ihm zugeteilte Truppenteile also verlegen, hat aber nicht die Befugnis, sie für andere Aufgaben einzusetzen sowie truppendienstliche oder logistische Führungsaufgaben zu übernehmen[750]. Der nationale

---

744 Ipsen, in: Dolzer/Vogel/Graßhof, Bonner Kommentar, Art. 115b, Rn. 142; Bland, The Military Committee of the North Atlantic Alliance, S. 184, 209.

745 Holstein, Das Verhältnis des Sicherheitsrates der Vereinten Nationen, S. 157.

746 Ipsen, JöR N.F. 21 (1972), S. 1, 47; Fischer, in: Ipsen, Völkerrecht, § 60, Rn. 44; Däubler, Stationierung und Grundgesetz, S. 91.

747 Ipsen, JöR N.F. 21 (1972), S. 1, 46; Schröder, Die internationale Integration deutscher Streitkräfte, S. 51; Walz, NZWehrr 1986, S. 89, 94.

748 Ipsen, in: Dolzer/Vogel/Graßhof, Bonner Kommentar, Art. 115b, Rn. 144; ders., Rechtsgrundlagen und Institutionalisierung der Verteidigung, S. 177.

749 Vgl. BVerfGE 90, 286, 355; Lüder, NZWehrr 2001, S. 107, 114; Krieger, ZaöRV 2002, S. 669, 680.

750 BVerfG, EuGRZ 1994, S. 281, 289; BVerfGE 90, 286, 308; Saalfeld, NZWehrr 1994, S. 147, 148.

Kontingentskommandant hat insoweit immer die Möglichkeit, einen bestimmten Auftrag aufgrund nationaler Vorbehalte abzulehnen.

Tactical Control bedeutet schließlich die ins einzelne gehende und im allgemeinen örtliche Führung von Bewegungen oder gefechtstaktischen Maßnahmen, die für die Durchführung der erteilten Aufträge oder Aufgaben erforderlich sind[751].

Die Unterstellung in jeder Hinsicht, die in der NATO-Terminologie als "Full Command" bezeichnet wird, wird indes von keinem NATO-Kommandeur ausgeübt, sondern bleibt den nationalen Befehlshabern vorbehalten[752]. Nach Art. 65a GG hat der Bundesverteidigungsminister zu Friedenszeiten die Befehls- und Kommandogewalt über die deutschen Streitkräfte. Im Verteidigungsfall geht diese Befugnis gemäß Art. 115b GG auf den Bundeskanzler über. Full Command bezeichnet dabei das grundlegende Unterstellungsverhältnis in den Streitkräften. Sie leitet sich aus der Organisation der Streitkräfte ab und umfasst alle Aufgaben eines Vorgesetzten, deren Erledigung der Herstellung und der Erhaltung der Einsatzbereitschaft des ihm anvertrauten Personals und Materials dienen. Hierzu zählen in erster Linie die persönlichen, insbesondere disziplinären Angelegenheiten, sowie die Ausbildung, die Versorgung und sonstige fachliche Angelegenheiten[753]. Die NATO-Staaten haben ihre Truppen also nur für den Einsatz unterstellt und nicht in jeder Hinsicht.

Für die Bundeswehr besteht in Friedenszeiten die Stufe der Operational Control. Es handelt sich dabei um die in Friedenszeiten für die der NATO assignierten Streitkräfte der Mitgliedstaaten geltenden Stufen der NATO-Zusammenarbeit[754]. Bei Auslösung bestimmter Alarmstufen, die auch jeweils der nationalen Auslösung bedürfen, werden die assignierten Streitkräfte enger an die NATO gebunden und werden in die Stufe des Operational Command überführt[755]. Die Entscheidung hinsichtlich des Übergangs von Operational Command auf die alliierten Kommandobehörden kann jedoch jederzeit seitens der Mitgliedstaaten zurückgenommen werden[756]. Ebenso ist zu berücksichtigen, dass die deutschen Streitkräfte auch nach dem Übergang von Operational Command auf den SACEUR truppendienstlich ausschließlich dem nationalen Befehlshaber

751 Vgl. Ipsen, JöR N.F. 21 (1972), S. 1, 49.

752 So ZDV 1/50, Nr. 32; vgl. auch van Beveren, Military Cooperation, S. 9.

753 Geiger, Die rechtlichen Rahmenbedingungen, S. 115; Ipsen, JöR N.F. 21 (1972), 1, 48; Walz, NZWehrr 1986, S. 89, 94.

754 Schröder, Die internationale Integration, S. 53, Lüder, NZWehrr 2001, S. 107, 114 ff..

755 Ipsen, AöR 94 (1969), S. 554, 568.

756 Vgl. Ipsen, in: Dolzer/Vogel/Graßhof, Bonner Kommentar, Art. 115b, Rn. 136 ff; ebenso, Stern, Staatsrecht, Bd. II, S. 875.

unterstehen[757]. Ein Recht des ausländischen Vorgesetzten, seine Weisung unmittelbar durchzusetzen, besteht nicht[758].

Die dargestellte Kommandostruktur hat gezeigt, dass sowohl die assignierten Truppen (Assigned Forces), als auch die für die Assignierung an die NATO vorgesehenen Kräfte (Earmarked Forces) nur zugeteilt und nicht schlechthin unterstellt sind. Es findet lediglich eine planerische Vorbereitung einer Einsatzunterstellung statt[759]. Um die Aufgaben der Allianz erfüllen zu können, sah man die Errichtung einer Kommandoorganisation, mit der Zuweisung von entsprechenden Befugnissen an die Allianzbefehlshaber, die Errichtung der Hauptquartiere und Stäbe und die Einsatzunterstellung nationaler Streitkräfte unter diese Organisation als notwendig an. Der Grund dafür war, dass unter dem Eindruck des Koreakrieges die bis dahin bestehende militärische Organisation als unpraktisch und unzureichend beurteilt wurde. Die damals fünf bestehenden Regionalen Planungsgruppen hatten eine vernünftige Planung nicht ermöglicht, da fünf voneinander abgegrenzte Pläne entstanden waren. Diese Organisationsform war daher keine Basis für eine wirkungsvolle Führung[760]. Eine eigene Streitkraft der NATO zu schaffen war dagegen nicht angelegt. Die geplante "integrierte NATO-Verteidigungsstreitkraft" sollte vielmehr aus "nationalen Beiträgen" bestehen, die "unter einem einzigen, vereinten Kommando integriert" werden sollten, über die jedes Mitglied aber "die politische und gewisse militärische Kontrollen" behalten sollte[761]. Soweit also die Befehlsgewalt über Streitkräfte der NATO-Staaten durch integrierte Kommandos ausgeübt wird, können diese Kommandos nur als gemeinsame Organe der beteiligten Staaten angesehen werden. Dementsprechend bleiben die diesen Kommandos unterstellten Truppen in vollem Umfang nationale Truppen. Als Beweis dafür sieht *Bothe* zudem das NATO-Truppenstatut an: Wären die dem Nato-Befehl unterstellten Streitkräfte Organe der NATO, dann hätte dieses Abkommen die Beziehung zwischen Organisation und Aufenthaltsstaat regeln müssen. Stattdessen regelt das Abkommen das Verhältnis von Entsendestaat und Aufenthaltsstaat[762]. Es rechnet die Truppen also nicht der Organisation, sondern dem Entsendestaat zu[763]. Eine Eingliederung der Streitkräfte in das Organisationsgefüge der NATO findet insofern nicht statt, als die Verbände keine ausschließliche Bündnisstreitkraft der NATO bilden. Jeder Mitgliedstaat

757 Hoffmann, Bundeswehr und UN-Friedenssicherung, S. 256; Dau, in: Truppenpraxis/Wehrausbildung 3/1999, S. 219, 220.

758 Walz, NZWehrr 1986, S. 89, 97; Hoffmann, Bundeswehr und UN-Friedenssicherung, S. 256.

759 Vgl. Dau, Truppenpraxis/Wehrausbildung, 3/1999, S. 219, 220.

760 Greiner, in: Greiner/Maier/Rebhan, Die NATO als Militärallianz, S. 19, 76.

761 FRUS 1950 III, S. 540.

762 Vgl. Bundesministerium der Finanzen, Entschädigungsrecht der Truppenschäden (Art. VIII NTS), Teil 1, Rn. 23, S. 59; Rn. 33, S. 65.

763 Bothe, Streitkräfte internationaler Organisationen, S. 85.

behält vielmehr die militärische Kontrolle über seine Truppen, so dass sie weiterhin als nationale Organe in Ausübung von öffentlicher Gewalt der Entsendestaaten tätig werden[764] und lediglich einer gemeinsamen Führung im Rahmen der NATO unterliegen.

bb) Einsatz jenseits der kollektiven Selbstverteidigung (Nicht-Artikel-5-Operationen) als Anwendungsfall der NATO-Command-Forces

"NATO must go out of area or it will go out of business"[765], so lautete ein Slogan, der besonders 1993 populär wurde. Damit war gemeint, dass sich die NATO entweder aktiv beim Krisenmanagement auch außerhalb ihres eigenen Verteidigungsraumes engagieren müsse, oder aber zunehmend an Bedeutung verlieren würde. Diese Auffassung lag insofern nahe, als natürlich die Frage aufkam, welche Zukunft die NATO haben könnte, wenn ihre Hauptaufgabe, die Bündnisverteidigung, aufgrund der veränderten internationalen Lage nach dem Ende des Ost-West-Konfliktes drastisch an Bedeutung verloren hat[766]. Die NATO-Mitglieder besannen sich dabei verstärkt auf das Prinzip, das Art. 2 des NATO-Vertrages formuliert. Dieser postuliert die Friedenssicherung durch politische Konsultation und Kooperation. Auf dieser Grundlage wurde die ursprüngliche primäre Ausrichtung der NATO um neue Aufgaben erweitert, um Konflikte, die außerhalb des Bündnisgebietes die Sicherheit der Bündnisstaaten und des gesamten euro-atlantischen Raumes beeinflussen könnten, vorbeugend zu begegnen und eine Ausweitung zu verhindern. Dies sollte zum einen mit dem Strategischen Konzept von 1991 erreicht werden, in dem die NATO beschloss, neben der Aufrechterhaltung der Verteidigungsfähigkeit Dialog, Kooperation und Partnerschaft mit den ehemaligen Gegnern zu einer der neuen Kernaufgaben zu machen[767]. Zum anderen mit dem im April 1999 auf dem Washingtoner Gipfel beschlossenen neuen Strategischen Konzept, mit dem die NATO durch Maßnahmen der Konfliktverhütung und der aktiven Krisenbewältigung die Sicherheit und Stabilität des gesamten euro-atlantischen Raumes gewährleisten soll[768]. Die Einsätze am Golf, in Somalia und im ehemaligen Jugoslawien[769] sind für die neuen Aufgaben wegweisend. Sie gründen sich nicht mehr auf die Kernpflicht der kollektiven

764 Zu diesem Ergebnis gelangt auch Busch, Der Oberbefehl, S. 163 ff.

765 Asmus/Kugler/Larrabee, in: Foreign Affairs, 72 (1993) 4, S. 28, 31.

766 Lübkemeier/Thränert, NATO, OSZE und Europäische Sicherheit, S. 6.

767 Bulletin der Bundesregierung Nr. 128 vom 13. November 1991, S. 1033 ff.

768 Das Strategische Konzept des Bündnisses vom 24. April 1999, S. 107, 113.

769 In Bosnien war die NATO sowohl für die Überwachung als auch für die Durchsetzung des mit Resolution 781 (1992) vom UN-Sicherheitsrat verfügten Flugverbots zuständig. Als dann am 28. Februar 1994 sechs serbische Jagdflugzeuge durch zwei amerikanische Kampfflugzeuge über Bosnien abgeschossen wurden, war dies der erste Kampfeinsatz der NATO überhaupt.

Verteidigung nach Art. 5, 6 NATO-Vertrag, sondern auf die Friedenssicherungspflicht der Art. 1, 2 und 7 des NATO-Vertrages im Zusammenhang mit den Friedenssicherungsbestimmungen der UN-Satzung. Diese Einsätze beziehen sich nicht auf einen bewaffneten Angriff auf einen Mitgliedstaat, sondern beruhen vielmehr auf einem Mandat des Sicherheitsrates der Vereinten Nationen[770].

Um diesen Aufgaben auch gerecht werden zu können, war es erforderlich, dass die Bündnismitglieder ausreichend starke, dem Bedarf entsprechend zusammengesetzte Streitkräfte unterhalten konnten, die zur kollektiven Verteidigung ebenso befähigt sein sollten wie zur effektiven Führung von Krisenreaktionseinsätzen. Dafür wurden so genannte Krisenreaktionskräfte geschaffen, die aufgrund ihrer hohen Mobilität und Flexibilität sowie hohen Einsatzbereitschaft zur Krisen- und Konfliktbewältigung des Bündnisses bereitstehen[771]. Bei den Soforteinsatzkräften handelt es sich um präsente hochmobile multinational zusammengesetzte Truppen. Sie stehen anders als die NATO-Assigned-Forces und die NATO-Earmarked-Forces bereits im Frieden unter dem Operational Command der NATO[772]. Man spricht daher auch von NATO-Command-Forces.

Auch die Besatzungen der AWACS-Aufklärungsflugzeuge gehören zu den ständig dem Operational Command der NATO-Stellen unterstellten Streitkräften[773]. Diese Einbindung geschah bereits vor der Wiedervereinigung Deutschlands. Dies führte in Verbindung mit Art. 5 Abs. 1 des Zwei-Plus-Vier-Vertrages[774] dazu, dass durch den Fortbestand des Operational Command für die Luftverteidigung der NATO-Staaten entlang der früheren Blockgrenze Deutschland das einzige Land war, dessen Luftverteidigung komplett zweigeteilt war: im Westen mit der Einsatzunterstellung unter die NATO-Strukturen, im Osten rein national[775]. Erst seit dem 1. Januar 1995 sind die Verbände der Bundeswehr in den östlichen Bundesländern der NATO assigniert.

Neben den Beschlüssen zur Erweiterung der NATO beschlossen die Mitgliedstaaten am 21. November 2002 auf dem Prager Gipfel ein Verstärkungsprogramm der NATO. Ein Kernpunkt dieser militärischen Verstärkungsmaßnahmen war die Verständigung auf die Aufstellung einer 21.000 Soldaten umfassenden NATO Response Force, die für Kampfeinsätze jenseits der Bündnisgrenzen befähigt sein sollte. Diese rasch.mobilisierbare Eingreiftruppe hat im Oktober 2004

770 Krüger-Sprengel, Statusformen, S. 3, 4.

771 Varwick/Woyke, NATO 2000, S. 87.

772 Schröder, Die internationale Integration, S. 55.

773 Walz, NZWehrr 1986, S. 89, 95.

774 Art. 5 Abs. 1 untersagte die Assignierung der Streitkräfte der östlichen Bundesländer für die Zeit bis zum Abzug der ehemals sowjetischen Streitkräfte auf diesem Gebiet, BGBl. 1990 II, S. 1317.

775 Schröder, Die internationale Integration, S. 55, 56.

ihre vorläufige Einsatzfähigkeit erreicht und soll bis Oktober 2006 eine vollständige Einsatzbereitschaft erlangen[776]. Die NATO Response Force besteht dabei aus einem "Pool" von NATO-Streitkräften, die von den Mitgliedsländern in einem rollierenden System für sechs Monate zur Verfügung gestellt werden. Damit ist der NATO die Möglichkeit gegeben, über große Distanzen hinweg in einer Bandbreite von Konflikten militärisch schnell handeln zu können. Die Truppen operieren dabei unter Führung eines gemeinsamen Hauptquartiers als eigenständige Streitmacht der NATO[777].

Der genannte Bereich der NATO-Command-Forces stellt eine wesentlich stärkere Eingliederung der nationalen Einheiten und Verbände in das Organisationsgefüge der NATO dar, als dies bei den assignierten Streitkräften der Fall war. Wenn und soweit diese Einheiten einschließlich des AWACS-Verbandes integriert eingesetzt werden, handeln sie in Ausübung öffentlicher Gewalt der NATO, mithin als deren Organe. Denn anders als dies bei den Hauptverteidigungskräften der Fall ist, die zwar in die Kommandostruktur der NATO eingebunden sind, aber dennoch in Friedenszeiten unter nationalem Befehl verbleiben, beruht die ständige Integration dieser Streitkräfte auf dem spezifischen Verteidigungscharakter dieses Bündnisses[778]. Allerdings ist auch hier wiederum zu beachten, dass an keiner Stelle Full Command über die Truppenteile an die NATO übertragen wird. Es ist jedoch zu bedenken, dass mit dem Operational Command eine Struktur geschaffen worden ist, die in ihrer faktischen Wirkung eine Übertragung von Full Command nahezu erreichen kann. Die verbleibende nationale Unterstellung tritt in ihrem Gewicht entscheidend zurück[779]. *Ipsen* spricht insoweit auch von einer "bedingten Integration"[780]. Die Gesamtheit der Soldaten, die bereits im Frieden den jeweiligen NATO-Befehlshabern für den Einsatz unterstellt sind, bildet also nahezu einen selbständigen Hoheitsverband.

cc) Konsequenzen für die Grundrechtsbindung

Die NATO unterscheidet sich von den Vereinten Nationen wesentlich dadurch, dass der Gründungsvertrag ihr keinen oder nur einen sehr geringen Raum zur Entfaltung einer Tätigkeit gewährt, die man als eigene Tätigkeit der Organisation

776 Kamp, Die NATO nach dem Prager Gipfel, S. 7.

777 So auch Eitelhuber, SWP-Aktuell, Nr. 52, 2002, S. 1.

778 Vgl. dazu die Ausführungen des Bundesverfassungsgerichts zum Antrag auf Erlass einer einstweiligen Anordnung gegen die Teilnahme deutscher Soldaten an Aufklärungsflügen des AWACS-Einsatzverbandes, EuGRZ 1993, S. 168, 171.

779 So auch Schröder, Die internationale Integration, S. 56.

780 Ipsen, JöR 21 (1972), S. 1, 52, 53.

bezeichnen könnte[781]. Die NATO tritt demnach selber rechtlich kaum in Erscheinung, sondern leistet für die beteiligten Staaten lediglich den instrumentalen Rahmen für die Durchführung der militärischen Operationen. Ob und in welchem Umfang sich die Mitgliedstaaten zum Beistand gem. Art. 5 NATO-Vertrag verpflichtet sehen, liegt dabei im Ermessen der einzelnen Mitgliedstaaten. Der NATO-Rat ist zwar mit großer politischer Entscheidungsbefugnis ausgestattet worden, kann aber anders als der Sicherheitsrat der Vereinten Nationen keine verbindlichen Feststellungen treffen[782].

Ein wesentlicher Vorteil der NATO gegenüber den Vereinten Nationen besteht allerdings in ihren personellen und sachlichen Mitteln, auf Grund derer die NATO ohne wesentliche zeitliche Verzögerung unmittelbar auf Krisen reagieren kann. Die Vereinten Nationen müssen sich im Gegensatz dazu die erforderlichen Soldaten erst weltweit "zusammensuchen"[783], auch wenn dies durch das "standby arrangement" deutlich verbessert wurde[784]. Die Hauptstärke der NATO liegt vor diesem Hintergrund daher in der Fähigkeit, militärische Operationen mit den ihr zur Verfügung stehenden Streitkräften durchzuführen. Bei den "NATO-Streitkräften" handelt es sich allerdings nicht um NATO-eigene, sondern um nationale Streitkräfte der Mitgliedstaaten, die sie in dessen Rahmen lediglich bereitstellen, um effizienter handeln zu können. Hierzu besitzt die NATO sowohl die notwendige Infrastruktur und logistischen Kapazitäten als auch einen einheitlich ausgebildeten Kommandostab, der mit der Durchführung eines koordinierten Streitkräfteeinsatzes betraut werden kann. Grundsätzlich ist demnach eine Unterstellung der nationalen Streitkräfte der NATO-Mitgliedstaaten unter NATO-Befehl vorgesehen. Eine Eingliederung in das Organisationsgefüge der NATO ist infolgedessen zwar faktisch existent, aber rechtlich sehr schwach ausgebildet. Die Befugnisse der alliierten Kommandobehörden sind gegenständlich beschränkt und von der Zustimmung der einzelnen Mitgliedstaaten abhängig. Im Frieden besitzt der SACEUR lediglich das Recht der "operativen Planung", d.h., er ist nur dafür zuständig, welche Streitkräfte zu welcher Zeit an welchem Ort verfügbar sein müssen, um eine effektive Verteidigung des vom Bündnis erfassten Gebietes zu sichern. Ein unmittelbares Zugriffsrecht der NATO-Militärbehörden auf die nationalen Streitkräfte ist dagegen nicht gegeben. Vielmehr unterscheidet man je nach Grad der Unterstellung zwischen NATO-Assigend-Forces, NATO-Command-Forces und NATO-Earmarked-Forces.

Die "NATO-Assigned-Forces" sind der NATO lediglich für Zwecke der Planung zur Verfügung gestellt. Erst im Spannungs- und Verteidigungsfall geht die

781 Bothe, Streitkräfte internationaler Organisationen, S. 84.
782 Bundesregierung, Die neue NATO, S. 11.
783 So Schultz, Die Auslandsentsendung, S. 45, 46.
784 Dazu unten, B II 1 d.

operative Führung (Operational Command) auf den SACEUR über. Doch auch in diesem Fall bleibt die Möglichkeit, die operative Führung wieder in den nationalen Bereich zurückzuholen, da dem nationalen Kompetenzinhaber selbst im Kriegsfall die Personalhoheit und die Verfügung über die Logistik bleibt. Die Bundesrepublik Deutschland hat die Befehlsgewalt also nicht vollends auf die NATO übertragen, sondern ihr lediglich das Recht eingeräumt, den ihr zugewiesenen Truppen Befehle zu erteilen. Damit bleiben die eingesetzten Soldaten Organe ihrer Entsendestaaten und handeln in Ausübung staatlicher Hoheitsgewalt. Die Auslandseinsätze erfolgen lediglich unter Führung der NATO. Dadurch gilt für die deutschen Soldaten die Anwendung des Grundgesetzes weiter. Sie haben, obwohl sie im Rahmen eines NATO-Einsatzes tätig werden, die Grundrechte des Grundgesetzes zu beachten. Dem völkerrechtlichen Bündnischarakter der NATO entsprechend sind die Streitkräfte der Mitgliedstaaten nicht, wie es die geplante Europäische Verteidigungsgemeinschaft vorgesehen hatte, integriert und zu militärischen Einheiten gemischter Nationalität verschmolzen, sondern als nationale Kontingente zu einer Koalitionsarmee zusammengefasst worden[785]. Dasselbe gilt auch für die Gruppe der NATO-Earmarked-Forces, die lediglich für eine Unterstellung vorgesehen sind.

Für die NATO-Command-Forces stellt sich dagegen die Situation ähnlich dar wie bei den Blauhelm-Truppen. Aufgrund ihrer wesentlich stärkeren "Verzahnung" mit der NATO stellt sie ein Mittel dar, eine kollektive Verteidigung mit einer Wahrscheinlichkeit auszulösen, die an Automatik grenzt[786]. Die nationale Unterstellung verliert dagegen wesentlich an Bedeutung, die NATO-Command-Forces sind der Leitungsgewalt der Bundesrepublik so gut wie entzogen, da lediglich eine nicht-deutsche Instanz, der SACEUR, das Verhalten der deutschen Truppen steuern kann. Dennoch ist zu bedenken, dass die Bundesrepublik Deutschland die Befehlsgewalt nicht völlig auf die NATO übertragen hat. Die Weisungsbefugnisse, die bei der NATO liegen, sind zwar in jeder Hinsicht stärker ausgestaltet als dies bei den NATO-Assigned-Forces der Fall ist, sie sind aber dennoch nicht im Ganzen übertragen worden.

Seitens der Bundesrepublik wurde lediglich die Operational Control unter dem Vorbehalt der jederzeitigen Korrektur durch die vorrangige nationale Befehls- und Kommandogewalt auf die NATO übertragen[787]. Damit ist die Bundesrepublik weiterhin das Zuordnungssubjekt. Im Ergebnis sind daher die Grundrechte weiterhin von den deutschen Soldaten zu beachten.

---

785 So auch Busch, Der Oberbefehl, S. 164.

786 Hahnenfeld, Wehrverfassungsrecht, S. 152.

787 Vgl. Hermann, HuV-I 2, 2004, S. 79, 85; Ipsen, HuV-I 7, 1994, S. 117.

c) Organqualität der eingesetzten Streitkräfte im Rahmen der WEU

Auch unter Ägide der WEU fanden bereits Einsätze deutscher Streitkräfte zur Friedenssicherung statt, obwohl sie lange Jahre vollständig im Schatten der NATO stand. Dies änderte sich erst mit Abschluss des Maastrichter EU-Vertrages[788], in dem die WEU gemäß Art. J.4 Abs. 2 EUV a.F. ausdrücklich als "integraler Bestandteil der Entwicklung der Union" bezeichnet wurde[789]. Dieser Erklärung folgten bald tatsächliche Schritte: Mit dem sich verschärfenden Balkan-Konflikt sahen sich die EU- bzw. WEU-Mitglieder nach der im EU-Vertrag bekundeten Absicht zu gemeinsamem Handeln aufgefordert[790].

aa) Einsatz im Rahmen der Petersberg-Aufgaben am Beispiel des Eurokorps

Ein Schritt zu einem gemeinsamen Handeln war die Petersberg-Erklärung der Außen- und Verteidigungsminister der WEU vom 19. Juni 1992[791]. Die WEU erklärte sich bereit, im Einklang mit den Bestimmungen der Charta der Vereinten Nationen "militärische Einheiten des gesamten Spektrums ihrer konventionellen Streitkräfte auch für humanitäre Aufgaben und Rettungseinsätze, friedenserhaltende Aufgaben, Kampfeinsätze bei der Krisenbewältigung, einschließlich Maßnahmen zur Herbeiführung des Friedens einzusetzen"[792]. Die Erfüllung dieser vertraglichen Vereinbarungen verlangte allerdings eine Zuordnung von militärischen Einheiten zur WEU, da sie zum Zeitpunkt der Petersberg-Erklärung nicht über eigene permanente Truppeneinheiten verfügte. Eine Aufstellung von direkt der WEU unterstellten Streitkräften sahen die Beschlüsse nicht vor[793]. Stattdessen einigten sich die Mitgliedstaaten darauf, "militärische Einheiten für unter Befehlsgewalt der WEU" durchgeführte militärische Aufgaben im Bedarfsfall zur Verfügung zu stellen. Der WEU wurden daraufhin verschiedene multinationale Streitkräfte, so genannte "Forces answerable to WEU" (FAWEU), zugeordnet[794].

---

788 BGBl. 1992 II, S. 1251.

789 Vertrag von Maastricht, Art. J.4 (2): "Die Union ersucht die Westeuropäische Union (WEU), die integraler Bestandteil der Entwicklung der Europäischen Union ist, die Entscheidungen und Aktionen der Union, die verteidigungspolitische Bezüge haben, auszuarbeiten und durchzuführen. Der Rat trifft im Einvernehmen mit den Organen der WEU die erforderlichen praktischen Regelungen."

790 Schröder, Die internationale Integration, S. 65.

791 Bulletin der Bundesregierung vom 23. Juni 1992, S. 649 ff.

792 Petersberg-Erklärung vom 19. Juni 1992, Abschnitt II, Ziffer 4.

793 Schürr, Der Aufbau einer europäischen Sicherheits- und Verteidigungsidentität, S. 191, 192.

794 Bulletin der Bundesregierung vom 23. Juni 1992, S. 649, 651.

Kernstück dieser Einheiten[795] ist das 1992 auf dem deutsch-französischen Gipfel in La Rochelle errichtete Eurokorps, das aus der deutsch-französischen Brigade von 1988[796] entstanden ist. In dem Bericht von La Rochelle wurde u.a. formuliert: "Das Europäische Korps soll Europa erlauben, über Möglichkeiten des eigenen militärischen Handelns zu verfügen"; "Die Aufträge des Eurokorps stehen in der Perspektive der Europäischen Union"[797]. Neben Einsätzen im Rahmen der WEU wurde das Eurokorps mit dem SACEUR-Abkommen von 1993 ebenfalls der NATO zur Krisenreaktion zur Verfügung gestellt[798].

Das Aufgabenspektrum des Eurokorps ist breit gefächert. Im Rahmen der NATO steht das Eurokorps für die gemeinsame Verteidigung des Bündnisses mit dem Schwerpunkt Zentraleuropa sowie für Krisenreaktionsaufgaben zur Verfügung[799]. Darüber hinaus kann es im Auftrag der WEU für die Petersberg-Aufgaben eingesetzt werden[800].

Das Krisenmanagement wurde damit auch formell zum eigentlichen Schwerpunkt der WEU-Aktivitäten, innerhalb derer sich die WEU im Rahmen der Sicherheits- und Verteidigungspolitik zu einer politisch-militärischen Organisation mit eigenen operativen Fähigkeiten entwickelte[801].

Voraussetzung für einen Einsatz des Eurokorps ist, dass die jeweiligen Regierungen einen Einsatzauftrag auf der Grundlage einer gemeinsamen Entscheidung gegeben haben. Solange ein solcher nicht vorliegt, bleiben die Verbände vollständig in ihren nationalen Unterstellungsverhältnissen[802]. Damit verbleibt den

---

795 Dazu gehören das Eurokorps, der anglo-amerikanische amphibische Verband, die multinationale Division des ACE Rapid Reaction Corps, die Landstreitmacht EUROFOR, die Seestreitmacht EUROMAR, das I. deutsch-niederländische Korps sowie der spanisch-italienische amphibische Verband, vgl. Brandstetter, Die Westeuropäische Union, S. 54.

796 Protokoll zum Elysée-Vertrag vom 22. Januar 1963 zwischen der Bundesrepublik Deutschland und der Französischen Republik über die deutsch-französische Zusammenarbeit, BGBl. 1988 II, S.1150.

797 Wassenberg, Das Eurokorps, S. 150, 151; Rovan, in: ders., Eurokorps und Europäische Einigung, S. 31, 574.

798 SACEUR-Abkommen vom 21. Januar 1993; vgl. Marauhn, in: Bernhardt, EPIL III (1997), S. 646, 655.

799 Auf dieser Grundlage hat ein Eurokorps-Führungsstab im August das Kommando über die ISAF-Truppen übernommen, vgl. FAZ vom 7. August 2004, S. 6.

800 Vgl. Bartelt, Der rechtliche Rahmen für die neue operative Kapazität der EU, S. 106.

801 So beschlossen im Juli 1992 die Außenminister der WEU-Staaten, Schiffe und Flugzeuge vor die jugoslawische Küste zur Überwachung der internationalen Gewässer zu entsenden, um zur Durchsetzung der UN-Beschlüsse mit beizutragen. Der Beschluss des Ministerrats wurde ergänzt durch den Beschluss des NATO-Ministerrats, der die Ausführungen des WEU-Beschlusses dem der NATO in Form des Operational Command für den Einsatz ständig unterstellten Marineverband Mittelmehr (STANAVFORMED) zuwies.

802 Wieland, in: Grawert/Schlink/Wahl/Wieland, Offene Staatlichkeit, Festschrift für Böckenförde, S. 219, 221.

Mitgliedstaaten auch noch nach einer Zuordnung ihrer militärischen Einheiten zur WEU die Entscheidungsgewalt über den konkreten Einsatz ihrer Truppen[803]. Kommt es zu einem Einsatz, so übertragen die beteiligten Staaten die taktisch-operative Führung (Operational Command) über ihre Streitkräfte, die jeweils durch einen NATO- oder WEU-Befehlshaber ausgeübt wird[804]. Eine Inanspruchnahme der Streitkräfte im Wege der Organleihe liegt damit nicht vor. Die multinationalen Verbände sind vielmehr rechtlich selbständige Teile der jeweiligen nationalen Exekutiven[805]. Die Übertragung von Operational Command auf die WEU bzw. NATO steht folglich unter dem Vorbehalt der jederzeitigen Korrektur durch die vorrangige Befehls- und Kommandogewalt[806]. Die Mitgliedstaaten bleiben daher weiterhin für ihre Streitkräfte verantwortlich.

bb) Einsatz im Rahmen der kollektiven Verteidigung nach Art. V WEU-Vertrag

Nach dem Inkrafttreten des Amsterdamer-Vertrages sind mit der Übernahme der Petersberg-Aufgaben die in der WEU vorhandenen militärischen Instrumente für das Krisenmanagement allerdings auf die EU übergegangen, so dass eine weitgehende Integration stattgefunden hat, die beim EU-Gipfel in Nizza im Dezember 2000 beschlossen wurde. Diese profunden Veränderungen an der Sicherheitsarchitektur Europas haben die bisher wichtige Rolle der WEU in operativen Angelegenheiten weitgehend obsolet werden lassen. Nach Abgabe der Zuständigkeit an die EU hat die WEU wieder den ruhenden Status erhalten, den sie bis Ende der achtziger Jahre hatte. Das bedeutet, dass sie auf eine "Restfunktion" zurückgeführt wird, die sich aus dem WEU-Vertrag von 1954 ergibt und nicht von der EU übernommen wurde: Die Aufgabe der militärischen Beistandspflicht nach Art. V des WEU-Vertrages stellt sich gegenwärtig als Schwerpunkt der intergouvernementalen Arbeit der WEU dar. Nach dieser Bestimmung ist jeder Vertragspartner im Falle eines Angriffs auf einen anderen Vertragspartner dazu verpflichtet, im Einklang mit den Bestimmungen des Art. 51 der Charta der Vereinten Nationen alle ihm zur Verfügung stehenden militärischen und sonstigen Hilfen zu gewähren[807]. Obwohl die operativen Funktionen des WEU-Krisenmanagements

---

803 Wassenberg, Das Eurokorps, S. 96.

804 Bartelt, Der rechtliche Rahmen für die operative Kapazität der EU, S. 107, unter Bezugnahme auf Douglas-Scott, The Common Foreign and Security Policy of the EU: Reinforcing the European indentity?, in: Fitzpatrick/Bergeron, Europe's other: European law between modernity and postmodernity, 1998, S. 131, 146.

805 Fleck, in: Geiger, Völkerrechtlicher Vertrag und staatliches Recht vor dem Hintergrund zunehmender Verdichtung der internationalen Beziehungen, S. 163, 167.

806 Ipsen, in: ders.,Völkerrecht, § 40, Rn. 21; ders., HuV-I 7, 1994, S. 117.

807 Art. V lautet: "Sollte einer der Hohen Vertragsschließenden Teile das Ziel eines bewaffneten Angriffs in Europa werden, so werden ihm die anderen Hohen Vertragsschließenden Teile im

an die EU übertragen wurden, übt die WEU noch diese "Restfunktion" auf militärischem Gebiet aus, so dass mit der Bestimmung des Art. V im Rahmen der europäischen Sicherheitsarchitektur ein Verteidigungsbündnis definiert wird, das weiter reichende Verpflichtungen enthält als der Nordatlantikvertrag oder jeder andere derzeit gültige Vertrag, da vom Wortlaut her eine automatische Beistandsverpflichtung festgeschrieben wird[808]. Die WEU könnte somit noch als "Ergänzung" zur NATO gesehen werden. Zu berücksichtigen ist aber, dass alle Vollmitglieder der WEU zugleich auch NATO-Mitglieder sind. Daher besteht kein Bedarf, für die Umsetzung der Beistandsgarantie eigene operationelle Handlungsfähigkeiten innerhalb der WEU zu entwickeln[809]. Dies entspricht auch den Vorgaben des Art. IV des WEU-Vertrages[810]. Danach ist die konkrete Wahrnehmung der Aufgaben der kollektiven Verteidigung gänzlich an die NATO delegiert. Die WEU verzichtet danach nicht nur auf eine eigene militärische Integration, sondern vor allem auf den Aufbau eigenständiger militärischer Fähigkeiten. Sie erkennt vielmehr die Zuständigkeit der NATO zur Wahrnehmung der europäischen Verteidigung an.

Vor diesem Hintergrund ist der WEU, die auch über keine militärischen Strukturen und nur sehr begrenzte eigene Planungskapazitäten verfügt, keine eigenständige Rolle zugekommen, erst recht nicht als Ergänzung zur NATO. Dem Rat der WEU obliegt im Rahmen eines Einsatzes von Streitkräften unter Ägide der WEU lediglich die Ausübung der politischen Kontrolle[811], nicht aber die operationelle Wahrnehmung der Kommandogewalt. Vielmehr wird im Einzelfall ein NATO-Kommandeur bestimmt, der diese Aufgabe der operativen Führung wahrnimmt.

cc) Konsequenzen für die Grundrechtsbindung

Die WEU verfügte seit der Petersberg-Erklärung von 1992 über ihr zugeordnete multinationale Streitkräfte, indessen sind sowohl ihre Infrastruktur als auch die Logistik nicht ausreichend, um die ihr zugewiesenen Aufgaben durchführen zu

---

Einklang mit den Bestimmungen des Artikels 51 der Satzung der Vereinten Nationen alle in ihrer Macht stehende militärische und sonstige Hilfe leisten".

808 Schürr, Der Aufbau einer europäischen Sicherheits- und Verteidigungsidentität, S. 65.

809 Vgl. Burghardt/Tebbe, EuR 1995, S. 1, 17.

810 Art. IV WEU-Vertrag lautet: "Bei der Durchführung des Vertrages arbeiten die Hohen Vertragsschließenden Teile und alle von ihnen im Rahmen des Vertrages geschaffenen Organe eng mit der Organisation des Nordatlantikvertrages zusammen. Da der Aufbau einer Parallelorganisation zu den militärischen NATO-Stäben unerwünscht ist, sind der Rat und sein Amt in militärischen Angelegenheiten hinsichtlich Auskunftserteilung und Beratung auf die zuständigen militärischen NATO-Stellen angewiesen."

811 Saalfeld, Entwicklungen und Perspektiven der WEU, S. 50.

können. Dementsprechend ist ihr eine komplementäre Rolle zur NATO zugewiesen, so dass auf die Bildung eines eigenen militärischen Führungsapparates verzichtet wurde. Die operative Rolle der WEU stützt sich demnach maßgeblich auf die Bereitschaft der NATO, kollektive Ressourcen der Allianz für Operationen unter politischer Kontrolle und strategischer Führung der WEU zur Verfügung zu stellen. Für die Frage der Grundrechtsbindung waren bis zum Jahre 2000 zwei Einsatzmöglichkeiten zu unterscheiden, die hinsichtlich ihrer Einordnung zu qualifizieren waren.

Die Bundesrepublik hat die Befehlsgewalt über ihre Truppen, die im Rahmen der Petersberg-Aufgaben eingesetzt werden sollen, nicht vollständig an die WEU bzw. die NATO übertragen, sondern ihr lediglich das Recht einer Weisungsbefugnis eingeräumt, den ihr zugewiesenen Truppen Befehle zu erteilen. Zurechungssubjekt der Streitkräfte ist damit weiterhin die Bundesrepublik. Eine Organleihe, die einen derartigen Wechsel hätte begründen können, findet nicht statt. Die Mitgliedstaaten sollten lediglich den institutionellen Rahmen der WEU nutzen, um einen effektiveren Einsatz aufgrund der kollektiven Stärke erzielen zu können[812].

Auch in Bezug auf den Einsatz im Rahmen der kollektiven Verteidigung ergibt sich kein anderes Bild. Die deutschen Kontingente verbleiben auch für diesen Fall weiterhin in der NATO-Assignierung. Dieses Ergebnis wurde auch durch die Praxis unterstrichen. Der Ministerrat der WEU beschloss im Jahre 1990, sich an der Überwachung und Durchsetzung der Resolutionen der Vereinten Nationen gegen den Irak während der Golfkrise zu beteiligen[813]. Die WEU-Staaten, darunter auch Deutschland, stellten zunächst Marineeinheiten zur Embargoüberwachung in der Adria zur Verfügung. Im weiteren Verlauf kamen auch Bodentruppen und Kampfflugzeuge hinzu. Im Rahmen der politischen Kontrolle und Koordinierung trat zwar der WEU-Rat in Aktion, eine Unterstellung der eingesetzten Streitkräfte fand jedoch nur in Form der Operational Control unter die Strukturen der NATO, nicht aber der WEU statt[814]. Im Rahmen der militärischen Operationen trat die WEU demnach nicht als Handlungssubjekt auf. Die Grundrechtsbindung verlagert sich damit wieder auf die Ebene der NATO, so dass auf die dortigen Ausführungen verwiesen werden kann. Einer Grundrechtsbindung gemäß Art. 1 Abs. 3 GG steht damit nicht entgegen, dass die Bundeswehr sich in die internationale Organisation der WEU bzw. der NATO eingegliedert hat. Die Bun-

---

812 So Bartelt, Der rechtliche Rahmen für die neue operative Kapazität der EU, S. 107.

813 Beschluss des WEU-Ministerrates vom 21. August 1990, abgedruckt in: EA 8/1991, S. 195, 196.

814 Schröder, Die internationale Integration, S. 122, 123; Schürr, Der Aufbau einer europäischen Sicherheits- und Verteidigungsidentität, S. 95.

desrepublik tritt weiter rechtlich selber in Erscheinung, so dass eine Grundrechtsbindung gem. Art. 1 Abs. 3 GG anzunehmen ist.

Diese Rolle der WEU wurde jedoch im Zuge der Verwirklichung der Europäischen Sicherheits- und Verteidigungspolitik (ESVP) wieder aufgegeben. Sie soll es der Gemeinschaft ermöglichen, ihre zivilen und militärischen Kapazitäten beim Krisenmanagement und bei der Konfliktvermeidung auf internationaler Ebene aufzubauen und somit zum Erhalt des Friedens und der internationalen Sicherheit gemäß der Charta der Vereinten Nationen beizutragen. Die ESVP, die auf die Tagung des Europäischen Rates von Köln im Jahre 1999 zurückgeht, implizierte dabei nicht die Schaffung einer europäischen Armee, sondern sie wurde vielmehr in Abstimmung mit der NATO entwickelt. Als eigenständige internationale Organisation wurde die WEU zwar nicht überflüssig, da die militärische Beistandspflicht weiterhin ein wichtiger Anwendungsfall der WEU bleibt. Im Bereich der Petersberg-Aufgaben nimmt indessen die EU die ehemals der WEU übertragenen Aufgaben und Funktionen wahr. Eine eigenständige Funktion in dieser Hinsicht kommt ihr damit nicht mehr zu. So wurden auch im Vertrag von Nizza aus Art. 17 EUV alle Bezugnahmen auf die WEU als integraler Bestandteil der Entwicklung der Europäischen Union entfernt.

d) Organqualität der eingesetzten Streitkräfte im Rahmen der EU

Während mit dem Maastrichter Vertrag zum ersten Mal seit dem Scheitern der Europäischen Verteidigungsgemeinschaft die Perspektive auf eine gemeinsame Verteidigungspolitik eröffnet wurde, ist erstmals durch den Amsterdamer-Vertrag[815] und die Einbeziehung der Petersberg-Aufgaben ein wesentlicher Schritt in Richtung einer tatsächlichen militärischen Krisenbewältigungsfähigkeit getan worden[816]. Bereits die französisch-britische Erklärung von St. Malo[817] im Dezember 1998 leitete ein neues Kapitel der europäischen Sicherheitspolitik ein. Denn in dieser Erklärung gaben die Briten ihre bis dahin ablehnende Haltung in Bezug auf eine eigene europäische Sicherheits- und Verteidigungsidentität auf. Der Europäische Rat begrüßte auf seiner Tagung in Wien die französisch-britische Erklärung und stellte fest, dass "sich die GASP auf ein glaubwürdiges operatives Potential stützen können muss, wenn die EU in der Lage sein soll, auf der internationalen Bühne uneingeschränkt mitzuwirken"[818]. Zum ersten Mal in

815 Vertag von Amsterdam vom 2. Oktober 1997, BGBl. II 1998, S. 386.

816 Bartelt, Der rechtliche Rahmen für die neue operative Kapazität der EU, S. 25.

817 "Franco-British Summit Joint Declaration on European Defence", Saint Malo, 4. Dezember 1998.

818 Dargestellt bei von Heinegg, in: Hobe, Kooperation oder Konkurrenz internationaler Organisationen, S. 89, 90, 91.

ihrer Geschichte konnte die EU die Rolle einer militärischen Macht übernehmen. Ausgehend von den 1999 in Köln[819] und Helsinki[820] getroffenen Ratsentscheidungen begann die EU mit der Aufstellung eigener Fähigkeiten zur Krisenbewältigung. Nachdem innerhalb der gemeinsamen Außen- und Sicherheitspolitik die notwendigen Entscheidungsgremien geschaffen worden waren[821], erklärte sich die EU im Dezember 2001 eingeschränkt für Kriseneinsätze einsatzbereit.

Heute ist die EU in der Lage, Operationen im gesamten Spektrum der "Petersberg-Aufgaben", die seit dem Vertrag von Nizza Bestandteil des EU-Vertrages sind, durchzuführen[822]. Fraglich ist allerdings, ob die EU rechtlich überhaupt in der Lage ist, militärische Operationen durchzuführen, da der Unionsvertrag ihr keine Völkerrechtssubjektivität zuspricht. Sie besitzt keine unabgeleitete unmittelbare Herrschaftsgewalt[823], die "ihre" Truppen im Außenverhältnis ausüben könnten. Da die Vorschriften der GASP jedoch eine eigenständige Handlung der "Union" auf völkerrechtlicher Ebene verlangen, könnte die EU-Einbindung der Streitkräfte dazu führen, dass die EU als eine internationale Organisation anzusehen ist[824], die dementsprechend als Zurechnungsobjekt der Streitkräfte in Betracht kommen könnte. Daher sind die verschiedenen Einsatzmöglichkeiten im Bereich der EU einer näheren Betrachtung zu unterziehen.

---

819 In seiner Erklärung "Zur Stärkung der Gemeinsamen Europäischen Sicherheits- und Verteidigungspolitik" betonte der Rat die Notwendigkeit für die Union, auf internationale Krisensituationen reagieren zu können; Ziff. 1, Anhang III zu den Schlussfolgerungen des Vorsitzes Europäischer Rat in Köln vom 3./4. Juni 1999. Zur Verfolgung dieser Ziele sollte der Rat die Möglichkeit haben, Beschlüsse über die gesamte Palette der im EUV definierten Aufgaben der Konfliktverhütung und Krisenbewältigung zu fassen; Ziff. 2 zu den Schlussfolgerungen. Diesbezüglich müsse die Union die Fähigkeit zu autonomen Handeln, gestützt auf glaubwürdige militärische Fähigkeiten, sowie die Mittel und die Bereitschaft besitzen, deren Einsatz zu beschließen, um auf internationale Krisensituationen zu reagieren, Ziff. 2, Abs. 1 zu den Schlussfolgerungen.

820 In Helsinki beschloss der Europäische Rat, "die Union in die Lage zu versetzen, autonom Beschlüsse zu fassen und in den Fällen, in denen die NATO als Ganzes nicht einbezogen ist, als Reaktion auf internationale Krisen EU-gemeinsame militärische Operationen einzuleiten und durchzuführen." Schlussfolgerungen des Europäischen Rates in Helsinki, Ziff. 27. Um das Ziel einer autonomen Krisenbewältigungsfähigkeit zu fördern, sollte bis 2003 eine schnelle Eingreiftruppe aufgestellt werden, Schlussfolgerungen, Abs. 9.

821 Als Folge der von den Staats- und Regierungschefs der EU im Dezember 2000 in Nizza getroffenen Vereinbarungen wurden der Ausschuss für Politik und Sicherheit, der militärischer Ausschuss sowie ein Militärstab geschaffen. Die Regierungschefs verpflichteten sich weiterhin zur Aufstellung europäischer Krisenreaktionskräfte in einer Stärke von 50-60.000 Mann ("Headline-Goal") und zur Beschaffung zusätzlicher militärischer Fähigkeiten.

822 In diesem Sinne wird auch die Stabilisierung auf dem Balkan mehr und mehr zu einer Aufgabe der EU, FAZ vom 6. Februar 2004, S. 1.

823 Martenczuk, EuR 2000, S. 351, 355.

824 Vgl. dazu Wessel, International legal status of the European Union, EFA Rev. 2 (1997), S. 109, 127.

aa) Einsatz im Rahmen der kollektiven Selbstverteidigung nach Art. 17 EUV

Art. 17 Abs. 1 EUV enthält die vertragliche Definition der schrittweisen Festlegung einer gemeinsamen Verteidigungspolitik, die zu einer gemeinsamen Verteidigung führen könnte, wenn der Europäische Rat dies beschließt[825]. Eine gemeinsame Verteidigung im Sinne einer militärischen Beistandsverpflichtung wie sie sowohl der NATO-Vertrag als auch der WEU-Vertrag enthält, ist dagegen im Vertrag der Europäischen Union nicht angelegt. Sie wird lediglich als bloße Möglichkeit angegeben[826]. Ein Einsatz im Rahmen einer kollektiven Selbstverteidigung gehört demnach nicht in den Aufgabenbereich der GASP[827]. Die Einfügung einer solchen militärischen Beistandsverpflichtung wäre zudem mit der Neutralität einzelner Mitgliedstaaten nicht vereinbar[828]. Diese haben sich lediglich zur Unterstützung der Petersberg-Aufgaben bereit erklärt und damit nicht über ein darüber hinausgehendes Tätigwerden. In Bezug auf die obigen Ausführungen wird daher die NATO weiterhin die für die kollektive Verteidigung maßgebliche Organisation bleiben[829].

bb) Einsatz im Rahmen einer EU-Operation unter Rückgriff auf NATO-Mittel/Fähigkeiten

Als Reaktion auf die Stärkung der operativen Kapazität im Rahmen der EU erklärte sich die NATO auf ihrem Gipfeltreffen in Washington 1999 bereit, ihre Ressourcen für bisher von der WEU geführte Operationen zugänglich zu machen[830].

Durch den Abschluss der gemeinhin unter dem Schlagwort "Berlin Plus" firmierenden Dauervereinbarungen zwischen den beiden Organisationen ist der EU ein gesicherter Zugang zu NATO-Planungskapazitäten ermöglicht und der Rückgriff auf vorab identifizierte NATO-Mittel und -Fähigkeiten für Operationen unter Führung der EU gesichert. Damit konstituieren die Vereinbarungen eine we-

---

825 Art. 17 Abs. 1 EUV lautet: "Die Gemeinsame Außen- und Sicherheitspolitik umfasst sämtliche Fragen, welche die Sicherheit der Union betreffen, wozu auch die schrittweise Festlegung einer gemeinsamen Außen- und Sicherheitspolitik im Sinne des Unterabsatzes 2 gehört, die zu einer gemeinsamen Verteidigung führen könnte, falls der Europäische Rat dies beschließt."

826 Vgl. Art. 17 Abs. 1 EUV: "....die zu einer gemeinsamen Verteidigung führen könnte...."

827 So Bartelt, Der rechtliche Rahmen für die neue operative Kapazität der EU, S. 28 unter Bezugnahme auf von Münch, ZÖR 52 (1997), S. 407.

828 Zu den neutralen Mitgliedsländern zählen Finnland, Irland, Österreich und Schweden; vgl. Schmalz, Aufbruch zu neuer Handlungsfähigkeit, S. 191, 196.

829 Vgl. oben unter b) aa sowie c) aa.

830 Erklärung der Staats- und Regierungschefs der NATO vom 23./24. April 1999 in Washington, Bulletin der Bundesregierung 24/1999, Pkt. 18.

sentliche Grundlage der strategischen Partnerschaft zwischen NATO und EU, deren Abschluss fast zwei Jahre lang durch einen Dissens zwischen Griechenland und der Türkei blockiert war[831].

Dieses Konzept beruht letztlich auf der Erkenntnis, dass die Mitgliedstaaten der EU derzeit ohne die Unterstützung der NATO militärisch nicht in der Lage sind, größere Operationen durchzuführen. Bei der Vorbereitung und Durchführung von eigenständigen Kriseneinsätzen im Ausland ist die EU deshalb auf Planungsfähigkeiten und andere militärische Mittel der NATO angewiesen.

Mit der Operation "Concordia" begann dann auch im April 2003 der erste selbständige militärische EU-Einsatz im Rahmen der Europäischen Sicherheits- und Verteidigungspolitik. Die EU-geführte Operation, die die Nachfolge der militärischen Operation der NATO "Allied Harmony" übernahm, gewährleistete die Sicherheit der in der Region Mazedonien eingesetzten internationalen Beobachter[832]. Die im Dezember 2003 erfolgreich abgeschlossene Operation ist vor allem ein Ausdruck der strategischen Partnerschaft von EU und NATO. Die EU nahm für die Operation Planungskapazitäten der NATO in Anspruch, der Oberbefehlshaber war der stellvertretende NATO-Oberbefehlshaber in Europa. Rechtlich stellt sich ein solcher Einsatz, der unter Rückgriff auf Mittel und Planungskapazitäten der NATO durchgeführt wird, nicht anders dar als ein Einsatz im Rahmen der WEU. Aus der bestehenden NATO-Struktur heraus werden die Streitkräfte lediglich zeitweise für Krisenaufgaben der EU bereitgestellt. An keiner Stelle ist jedoch ausdrücklich erwähnt, dass die EU einen direkten Zugriff auf die Mittel der NATO haben soll, sie sind also von der Entscheidung der NATO abhängig. Daraus ergibt sich, dass die Notwendigkeit einer engeren Zusammenarbeit beider Bündnisse von Seiten der NATO akzeptiert wurde, diese aber gleichzeitig eine effektive Kontrolle über die Einsätze der EU behält[833]. Die konkrete Art der Ausführung bleibt mithin Sache der NATO, was dadurch sichergestellt wird, dass Oberbefehlshaber der Operation derjenige der NATO ist, wie dies auch im Fall der Operation "Concordia" der Fall war.

Daher lässt sich in Bezug auf die fehlende Völkerrechtssubjektivität feststellen, dass diese der EU im Rahmen eines Einsatzes unter Rückgriff auf NATO-Mittel ebenso nicht zukommt. Die Mitgliedstaaten leihen ihre Streitkräfte nicht der EU, sondern nutzen lediglich die im Rahmen der GASP zur Verfügung stehenden Handlungsmöglichkeiten. Die EU tritt zwar als Akteur in Erscheinung,

---

831 Dabei ging es um angemessene Regelungen zur Beteiligung und Berücksichtigung der Sicherheitsinteressen von europäischen Nicht-EU-NATO-Staaten, wie z.B. die Türkei, bei autonomen EU-Operationen, d.h., Operationen ohne Rückgriff auf NATO-Ressourcen.

832 Vgl. BT-Drs. 15/696 vom 19. März 2003.

833 Ähnlich Bartelt, Der rechtliche Rahmen der neuen operativen Kapazität der EU, S. 135.

rechtlich aber handeln die Mitgliedstaaten selbst, unter Rückgriff auf NATO-Kapazitäten.

cc) Einsatz im Rahmen einer autonomen EU-Operation

Auf dem Gipfel von Helsinki hatten sich die EU-Mitgliedstaaten im Dezember 1999 das Ziel gesetzt, europäische Fähigkeiten aufzubauen und bis zum Jahr 2003 europäische Streitkräfte für Krisenmanagement-Aufgaben im gesamten Petersberg-Spektrum bereitzustellen. Dieses Planziel, auch "European Headline Goal" genannt, sah Landstreitkräften bis Korpsstärke (50-60.000) vor, die die Fähigkeiten haben sollten, innerhalb von 60 Tagen in einem Krisengebiet einsatzbereit zu sein und diese Operation mindestens ein Jahr aufrecht zu erhalten[834]. Ein Kontingent wird für einen Einsatz unter der politischen und strategischen Verantwortung der EU unterstellt. Ziel der "schnellen Eingreiftruppe" war die Verwirklichung einer autonomen Handlungsfähigkeit der EU. Fraglich ist, inwieweit hier von einem "eigenen" Handeln der Union gesprochen werden kann.

Bei der schnellen Eingreiftruppe handelt es sich um eine Konkretisierung der Petersberg-Aufgaben[835]. Diese fallen grundsätzlich in die Zuständigkeit des UN-Sicherheitsrates[836]. Die EU kann daher als eine Regionalorganisation unter Kapitel VIII der UN-Charta eingeordnet werden[837]. Von einer selbständigen Wahrnehmung dieser Kompetenzen durch die EU kann indes nicht die Rede sein, denn die Mitgliedstaaten arbeiten auf dem Gebiet der GASP lediglich zusammen[838]. Dass die EU aufgrund der fehlenden Völkerrechtssubjektivität über keine eigenen Organe verfügt, steht ihrer Inanspruchnahme als regionale Abmachung allerdings nicht entgegen. Damit steht jedoch zugleich fest, dass sie auch als solche nach außen keine Hoheitsgewalt ausübt. Akte im Rahmen der GASP sind damit nicht der Union, sondern den Mitgliedstaaten zuzurechnen.

Andererseits kann die EU von ihren Mitgliedstaaten auch gem. Art. 48 Abs. 2 UN-Charta als internationale Einrichtung genutzt werden. Aus der Vorschrift ergibt sich, dass eine Pflicht der Mitgliedstaaten besteht, im Rahmen der geeigne-

834 Erklärung des Europäischen Rates von Helsinki 1999, Doc. SN 300/99, Schlussfolgerungen des Vorsitzes Abs. 9.

835 Bartelt, Der rechtliche Rahmen für die neue operative Kapazität der EU, S. 37.

836 Frowein, in: Tomuschat, Rechtsprobleme einer europäischen Sicherheits- und Verteidigungspolitik, S. 11, 16, 17.

837 Vgl. Nachweis bei: Wolfrum, in: Neuhold/Simma, Neues europäisches Völkerrecht nach dem Ende des Ost-West-Konfliktes?, S. 147, 149; Bartelt, Der rechtliche Rahmen für die neue operative Kapazität der EU, S. 140 ff.

838 Epping, in: Hobe, Kooperation oder Konkurrenz internationaler Organisationen, S. 12, 18.

ten internationalen Organisationen tätig zu werden[839]. Liegen die Voraussetzungen der Art. 39 und 42 der UN-Charta vor, kann der Sicherheitsrat demnach den Mitgliedsstaaten eine Ermächtigung zur Durchführung militärischer Zwangsmaßnahmen geben, sofern diese Streitkräfte zur Verfügung stellen. Koordinieren die Mitgliedstaaten ihre Operationen im Rahmen der EU bzw. der WEU verbleibt das Full Command bei ihnen selber[840]. Die Vertragsparteien gliedern ihre Truppen demnach nicht aus ihrer Hoheitsgewalt aus[841]. Auf der Grundlage von Resolution 1484 des VN-Sicherheitsrates führte die EU ab Juni 2003 im Kongo eine militärische Operation auf Grundlage von Kapitel VII der UN-Charta durch. Bei der im September 2003 beendeten Operation "Artemis" handelte es sich um die erste EU-geführte militärische Operation ohne Rückgriff auf NATO-Mittel und -Fähigkeiten.

Ende April 2003 beschlossen die Regierungschefs Deutschlands, Frankreichs, Belgiens und Luxemburgs sieben konkrete Projekte für eine engere militärische Kooperation. Die Partnerschaft zur NATO soll nach der gemeinsamen Erklärung[842] zwar bestehen bleiben, aber nach Punkt 6[843] der Beschlüsse soll ein "Nukleus einer kollektiven Fähigkeit zur Planung und Führung von Einsätzen für die EU geschaffen werden, der anstelle nationaler Mittel EU-geführten Operationen ohne Rückgriff auf Mittel der NATO zur Verfügung gestellt werden soll"[844]. Dieser Punkt markierte wohl den offiziellen Einstieg in die Verselbständigung der militarisierten EU[845].

---

839 So auch Bartelt, Der rechtliche Rahmen der neuen operativen Kapazität der EU, S. 148; Frowein, in: Kloepfer/Pernice, Entwicklungsperspektiven der europäischen Verfassung, S. 117, 120.

840 Siehe dazu bereits unter III 2 c, aa.

841 Frowein/Krisch, in: Simma, The Charter of the United Nations, Vol. I, Art. 42, Rn. 22.

842 Wortlaut der gemeinsamen Erklärung: "Die transatlantische Partnerschaft bleibt für Europa eine grundlegende strategische Priorität."

843 Wortlaut Punkt 6: "Schaffung eines Nukleus einer kollektiven Fähigkeit zur Planung und Führung von Einsätzen für die EU. Sie soll die EU anstelle nationaler Mittel für EU-geführte Operationen ohne Rückgriff auf Mittel und Fähigkeiten der NATO zur Verfügung gestellt werden können. Ihre Verbindung zum NATO-Hauptquartier und zu nationalen Stellen soll eng bleiben."

844 FAZ vom 30. April 2003.

845 Die Verselbständigung der militarisierten EU geschieht unter deutscher Führung: So wird Deutschland ab 2005 als einziger EU-Staat über ein weltumspannendes hochauflösendes Aufklärungssatellitensystem (SAR-Lupe) verfügen. Ab 2008 ist das globale EU-Navigationssystem funktionstüchtig, an dessen Kosten Deutschland mit 21 % den größten nationalen Anteil trägt und dementsprechend den höchsten Anteil an den Investitionen zugesprochen erhält. Der Hauptsitz des Industriekonsortiums ist daher in Deutschland, NZZ vom 26. Mai 2003.

dd) Konsequenzen für die Grundrechtsbindung

Die Mitgliedsländer haben sich im Wege einer völkervertraglichen Verpflichtung bereit erklärt, ihr Handeln an den Zielen der Union auszurichten[846]. Eine Völkerrechtssubjektivität der EU ist damit nicht gegeben, so dass sie nicht die Möglichkeit hat, über eigene Organe zu verfügen. Einsätze, die im Rahmen der EU stattfinden, sind daher nicht als ihre eigenen anzusehen, sondern als solche der Mitgliedstaaten. Die Streitkräfte gehen nicht in einer gemeinsamen europäischen Streitkraft auf oder werden ihn ihr zusammengefasst, sondern im gesamten Rahmen der GASP bleiben die einzelnen Teilnehmerstaaten sowohl Rechtsträger als auch Zuordnungssubjekt[847]. Obwohl also die Union als eigenständiger Akteur auf internationaler Ebene auftritt, sind ihr die im Rahmen der Gemeinsamen Außen- und Sicherheitspolitik gesetzten Aktivitäten nicht zuzurechnen. Rechtlich sind dafür nach wie vor die Mitgliedstaaten verantwortlich[848].

Die im Rahmen von Operationen der EU eingesetzten Soldaten sind daher der Grundrechtsbindung aus Art. 1 Abs. 3 GG unterworfen. Sie handeln in Ausübung ihrer Funktion als Teil der deutschen vollziehenden Gewalt.

e) Organqualität der eingesetzten Streitkräfte im Rahmen der OSZE

Im Verlauf der 90er Jahre waren die Vereinten Nationen in ihrem Zuständigkeitsbereich aufgrund der durchschnittlich negativen Bilanzen der Friedenssicherung in eine Krise geraten[849]. Die Mandate waren oft unrealistisch und die Aufträge konnten von der eingesetzten Truppe nicht erfüllt werden[850]. Insbesondere die Industriestaaten, die über eine eigene funktionsfähige Sicherheitsorganisation

---

846 Lecheler, AVR 32 (1994), S. 1, 19, 20.

847 So auch Kugelmann, EuR 1998, Beiheft 2, S. 99, 100.

848 Kuschnick, Integration in Staatenverbindungen, S. 122.

849 So bewirkten die weltweit verbreiteten Bilder von getöteten US-Soldaten in Somalia, die Geiselnahme von VN-Friedenstruppen in Bosnien-Herzegowina und die Einnahme der UN-Schutzzone Srebrenica durch bosnische Serben, bei der 7.000 Bosnier getötet wurden, einen Rückgang in der Bereitschaft vieler Staaten, ihre Soldaten einzusetzen. Dies bestätigt auch der im Sommer 2000 vorgelegte Bericht der Expertenkommission unter dem Vorsitz des ehem. Algerischen Aussenministers Brahimi (Brahimi-Report). So wird in der ersten Ziffer festgestellt: "Die Vereinten Nationen wurden gegründet, um [...] künftige Geschlechter von der Geißel des Krieges zu bewahren. Diese Herausforderung anzunehmen ist die wichtigste Aufgabe der Organisation, und an ihr werden auch die Völker, denen die Vereinten Nationen dienen, die Leistungen der Organisation in erheblicher Weise messen. Während des vergangenen Jahrzehnts sind die Vereinten Nationen wiederholt an dieser Herausforderung gescheitert, und auch heute sieht die Lage nicht besser aus"; Report of the Panel on United Nations Peace Operations vom 23. August 2000, A/55/305-S/2000/809.

850 Gareis/Varwick, Die Vereinten Nationen, S. 131, 278.

verfügen, verloren ihr Vertrauen in die Fähigkeiten der Vereinten Nationen zur politischen und militärischen Führung komplexer Friedensmissionen. Die Verweigerung der personellen, materiellen und finanziellen Unterstützung von VN-Friedensmissionen führte auf Grund dessen zu einer Kompetenzverlagerung von den Vereinten Nationen hin zu regionalen Bündnissen wie der OSZE. Neben die traditionelle Funktion als politischer Verhandlungs- und Konsultationsrahmen sind in den letzten zehn Jahren, bedingt durch zahlreiche innerstaatliche und interethnische Konflikte, neue Aufgaben im Bereich der Frühwarnung, Konfliktverhütung und Konfliktnachsorge getreten. Bedeutung hat die OSZE dabei vor allem bei der Prävention von Krisen und Konflikten, der Förderung von Abrüstung und Rüstungskontrolle, Schutz von Menschen- und Minderheitsrechten sowie der Entsendung von Friedenstruppen. Auch die Durchführung friedenserhaltender Maßnahmen sieht sie als ihre Aufgabe an[851]. In diesem Sinne ist auch in der Petersberg-Erklärung der WEU betont worden, dass es für die Sicherheit Europas von wesentlichem Interesse ist, die Rolle und Institutionen der OSZE zu stärken[852].

Verschiedenartige Typen von Missionen sind seither durch die OSZE im gesamten Spektrum ihres umfassenden Sicherheitskonzeptes eingesetzt worden, wie beispielsweise Beobachter-, Erkundungs-, Experten-, Berichterstatter- und Überwachungsmissionen. Gegenwärtig unterhält sie 19 Missionen, wobei ein Schwerpunkt die OSZE-Mission im Kosovo darstellt.

aa) Einsatz im Rahmen von friedenserzwingenden Maßnahmen

Anders als bei der NATO, die vor allem durch die Ergreifung und Durchführung militärischer Zwangsmaßnahmen zur Friedensschaffung beitragen kann, besteht das Potential der OSZE auf dem Gebiet der Friedenssicherung hauptsächlich in der Möglichkeit der Anwendung diplomatischer und damit friedlicher Mittel zur Beilegung von Streitigkeiten[853]. Solche bestanden beispielsweise in der Entsendung von Vermittlern in das Gebiet des ehemaligen Jugoslawien zur Herbeiführung einer politischen Lösung des Konflikts, der Unterstützung der Ombudsleute für Bosnien-Herzegowina, durch die Arbeit in Sarajewo und in der Errichtung der Minsker Friedenskonferenz zur Beilegung des Konflikts um Berg-Karabach. Die Anwendung militärischer Zwangsmaßnahmen hingegen sehen weder die Instrumente der OSZE noch deren Krisenmechanismen vor. Insbesondere die Durchführung militärischer Zwangsmaßnahmen im Falle einer etwaigen Auffor-

851 Bundesministerium der Verteidigung, Einsätze der Bundeswehr im Ausland, S. 13; Oppermann, Europarecht, § 3, Rn. 147.

852 Petersberg-Erklärung, Teil I, Ziff. 1.

853 Holstein, Das Verhältnis des Sicherheitsrates der Vereinten Nationen, S. 245, 246.

derung des Sicherheitsrates ist mangels eines Bestehens eigener Streitkräften der OSZE nicht möglich. Im Rahmen der friedenserzwingenden Maßnahmen ist sie daher derzeit lediglich ein Forum für Konsultation und Kooperation. Eine Zuständigkeit für eigene militärische Aktivitäten und eine verbindliche Beistandsleistung kennt sie dagegen nicht[854].

bb) Einsatz im Rahmen der friedenserhaltenden Operationen

Eine militärische, wenn auch beschränkte Rolle kommt der OSZE aber dennoch zu. 1992 beschlossen die Teilnehmerstaaten der KSZE in Helsinki die Voraussetzungen für friedenserhaltende Operationen im Falle eines Konfliktes innerhalb eines Teilnehmerstaates oder zwischen Teilnehmerstaaten[855]. Mit diesem Dokument hat sie sich die Grundlage zur Durchführung von friedenserhaltenden Maßnahmen geschaffen, die sowohl vorbeugende Missionen umfassen als auch politische Krisenvermittlung und Beobachtermissionen[856]. Damit besteht für die OSZE die Möglichkeit Truppen zur Friedenserhaltung zu entsenden, indem sie entweder eigene Streitkräfte aufstellt oder aber sich der ihr von ihren Teilnehmerstaaten oder anderen internationalen Organisationen zur Verfügung gestellten Streitkräfte bedienen kann[857]. Neben der Zustimmung der Konfliktparteien ist Voraussetzung für eine tatsächliche Entsendung einer Peacekeepingtruppe die Verabschiedung einer Resolution des UN-Sicherheitsrates, mit der die OSZE zur Durchführung der Operation autorisiert wird sowie die Vereinbarung einer Waffenruhe zwischen den Konfliktparteien[858]. Friedenserhaltende Maßnahmen der OSZE umfassen also grundsätzlich keine militärischen Zwangsmaßnahmen, sondern erfordern die Zustimmung der betroffenen Parteien und sind strikt unparteiisch durchzuführen[859]. Doch wie bereits dargelegt, kann im Verlauf einer "klassischen" friedenserhaltenden Operation der Einsatz militärischer Zwangsmaßnahmen durchaus möglich sein[860]. Angesichts des Mangels an eigenen Streitkräften ist ein OSZE-eigener Einsatz im Rahmen friedenserhaltender Maßnahmen derzeit nicht möglich.

Obgleich unter Leitung der OSZE militärische Zwangsmaßnahmen noch nicht ergriffen wurden, ist die Möglichkeit gegeben, dass die OSZE bei ihren vielfälti-

---

854 Krüger-Sprengel, Statusformen, S. 15.
855 Helsinki-Dokument vom 10. Juli 1992, EA 1992, D 533, Kap. III, §§ 17-56.
856 Beschlüsse von Helsinki III., Ziff. 17.
857 Vgl. Handbuch für Auslandseinsätze im Frieden, Teil B, Nr. 5901; Beschlüsse von Helsinki III., Ziff. 29.
858 Beschlüsse von Helsinki III., Ziff. 30, 32.
859 Beschlüsse von Helsinki III., Ziff. 22-24.
860 Vgl. dazu unter III 2 a dd.

gen Missionen in Zukunft auch militärische Verbände zwecks Krisenmanagements in Zusammenarbeit mit der NATO oder der WEU/EU einsetzen wird. Das von den OSZE-Teilnehmerstaaten im Juli 1992 in Helsinki geschaffene Verfahren sieht dazu vor, dass die OSZE, nach vorherigen Konsultationen mit den Mitgliedern der entsprechenden Organisation, beschließen kann, regionale beziehungsweise transatlantische Organisationen wie die NATO und die WEU zu ersuchen, zur Unterstützung der OSZE bei der Durchführung friedenserhaltender Aktivitäten ihre Ressourcen zur Verfügung zu stellen[861]. Sowohl die NATO als auch die WEU[862] haben diesbezüglich ihre Bereitschaft bekundet, ihre Mittel und Fähigkeiten für OSZE-Einsätze zur Verfügung zu stellen. So erklärten die NATO-Außenminister auf ihrer Tagung in Oslo im Juni 1992: "Das Bündnis besitzt die Fähigkeit, zu wirksamen Aktionen der KSZE entsprechend ihrer neuen und größeren Verantwortung für Krisenmanagement und die friedliche Beilegung von Streitigkeiten beizutragen. In diesem Zusammenhang sind wir bereit, von Fall zu Fall, in Übereinstimmung mit unseren eigenen Verfahren, friedenserhaltende Aktivitäten unter der Verantwortung der KSZE einschließlich der Bereitstellung von Ressourcen und Fachwissen des Bündnisses zu unterstützen."[863] Eine derartige Zusammenarbeit wird indessen nicht dazu führen, dass die OSZE die unmittelbare militärische Leitung des Streitkräfteeinsatzes übernimmt[864]. Die OSZE ersucht vielmehr die NATO oder die WEU/EU, für den jeweiligen Einsatz militärische Ressourcen zur Verfügung zu stellen[865].

Von einer Eingliederung der nationalen Streitkräfte in das Organisationsgefüge der OSZE kann also keine Rede sein. Darüber hinaus spricht sowohl das Fehlen eigener Streitkräfte als auch die fehlende Verpflichtung, Streitkräfte zur Verfügung zu stellen, dagegen, im Falle eines möglichen Einsatzes die Truppen als Organ der OSZE zuzurechnen.

Denkbar wäre eine solche Zurechnung allerdings dann, wenn die NATO-Mitgliedstaaten oder andere OSZE-Teilnehmerstaaten der OSZE ihre Streitkräfte

861 Wolfrum, in: Neuhold/ Simma: Neues europäisches Völkerrecht nach dem Ende des Ost-West-Konfliktes?, S. 147, 157.

862 Petersberg-Erklärung der WEU, Teil I, Ziff. 2: "In dem Maße, wie die WEU ihre operationellen Fähigkeiten im Einklang mit der Maastrichter Erklärung weiterentwickelt, sind wir bereit, je nach den Umständen des betreffenden Falles und nach Maßgabe unserer eigenen Verfahren die wirksame Durchführung von Konfliktverhütungs- und Krisenbewältigungsmaßnahmen einschließlich friedenserhaltender Aktivitäten der KSZE oder des Sicherheitsrates der Vereinten Nationen zu unterstützen..."

863 Kommuniqué der Ministertagung des Nordatlantikrates vom 4. Juni 1992 in Oslo, Bulletin der Bundesregierung vom 12. Juni 1992, S. 613.

864 Die Frage der Unterstellung unter den Oberbefehl der OSZE ist in den Organisationen heftig umstritten, vgl. Theuermann, in: Kühne, Blauhelme in einer turbulenten Zeit, S. 231, 263.

865 Geiger, Die rechtlichen Rahmenbedingungen der Multinationalität, S. 51, m. w. Nachw.

im Wege einer Organleihe für friedenserhaltende Operationen zur Verfügung stellen würden. Trotz dieses grundsätzlichen Einvernehmens beschränken sich die Kontakte zwischen der NATO und der OSZE bislang lediglich auf die Teilnahme des NATO-Generalsekretärs an den Treffen des OSZE-Ministerrates, die Anwesenheit des jeweils amtierenden OSZE-Vorsitzenden bei den Sitzungen der NAKR-Ad-Hoc-Gruppe für die Kooperation bei friedenserhaltenden Maßnahmen sowie zeitweise informelle Treffen zwischen Vertretern der Sekretariate beider Organisationen[866]. Anhaltspunkte für eine Bereitstellung von Truppen für friedenserhaltende Operationen der OSZE bestehen derzeit also nicht. Den Beschlüssen von Oslo liegt vielmehr der Gedanke zugrunde, dass die NATO im Auftrag der OSZE militärische Operationen durchführen soll. Die militärischen Verbände bleiben dann allerdings Organe derselben.

cc) Konsequenzen für die Grundrechtsbindung

Die OSZE besitzt zwar eine Kompetenz zur Durchführung friedenserhaltender Operationen, sie verfügt allerdings nicht über ein eigenes militärisches Potential in Form von Streitkräften, die für friedenserhaltende Maßnahmen fähig oder geeignet wären. Operationen unter ihrer Ägide könnten demnach nur dann durchgeführt werden, wenn die Teilnehmerstaaten oder die NATO ihr Streitkräfte im Wege einer Organleihe zur Verfügung stellen würden. Auf Grund der abgegebenen Erklärungen ist die NATO zwar dazu verpflichtet, der OSZE eine entsprechende Unterstützung zu gewähren, eine Rechtspflicht zur Bereitstellung von Streitkräften besteht dagegen nicht.

Da die NATO-Mitgliedstaaten bisher noch nicht bereit waren, ihre Streitkräfte unter den Befehl der OSZE zu stellen, können friedenserhaltende Maßnahmen daher allenfalls in Kooperation mit der NATO oder der EU ergriffen werden. Eine weitere differenzierte Betrachtung der OSZE kann in diesem Rahmen daher unterbleiben, da zudem in ihren Strukturen bisher nur eine Verwendung von einzelnen Angehörigen der Bundeswehr im Rahmen von eng begrenzten Beobachter- und Inspektionsaufgaben stattgefunden hat[867]. Von einer Zurechnung des Organhandelns im Sinne der zu untersuchenden Frage kann in Bezug auf die OSZE noch nicht gesprochen werden.

---

866 Holstein, Das Verhältnis des Sicherheitsrates der Vereinten Nationen, S. 250.

867 So werden Offiziere der Bundeswehr für Aufgaben im Bereich der Verifikation von Abrüstungsvereinbarungen als Inspekteure eingesetzt.

C. Konsequenzen für die Grundrechtsbindung im Hinblick auf ihre Funktion als Beschränkung der staatlichen Gewalt

I. Fehlender normativer Anknüpfungspunkt für eine Grundrechtsbindung

Die Überlegungen für eine Anwendbarkeit der Grundrechte des Grundgesetzes auch außerhalb des Territoriums der Bundesrepublik Deutschland charakterisieren sich durchweg dadurch, dass unmittelbarer Grundrechtsverpflichteter die deutsche Staatsgewalt ist. Einer Bindung an die Grundrechte steht demnach auch nicht entgegen, dass sich die Bundeswehr im Auslandseinsatz befindet, da für eine Außenwirkung der Grundrechtsgeltung ausreichend ist, dass jemand von der Ausübung deutscher Hoheitsgewalt betroffen ist.

Eine genauere Betrachtung der Auslandseinsätze der Bundeswehr im Rahmen der internationalen Organisationen hat jedoch gezeigt, dass diese sich mit den wahrgenommenen militärischen Aufgaben nicht immer innerhalb des Wortlauts der Vorschrift des Art. 1 Abs. 3 GG bewegt. Dies gilt insbesondere für die Einsätze im Rahmen der Friedenstruppen der Vereinten Nationen, die sich der deutschen Streitkräfte im Wege einer Organleihe bedienen. Mit dem Akt der Unterstellung werden sie Teil eines Hilfsorgans der Vereinten Nationen unter deren vollständigen operativen Kontrolle. Im Außenverhältnis üben die eingesetzten Soldaten demnach nicht mehr die Staatsgewalt der Bundesrepublik Deutschland aus, sondern sie handeln in Ausübung von öffentlicher Gewalt der Vereinten Nationen auf der Grundlage der UN-Charta. Nach außen übernehmen die Vereinten Nationen haftungsrechtlich die Verantwortung, so dass die im Innenverhältnis national verbleibenden Zuständigkeiten für die Frage der Grundrechtsgeltung unerheblich sind.

Eine Grundrechtsbindung der in diesem Rahmen tätigen Bundeswehr müsste daher abgelehnt werden, da es an der Ausübung deutscher Gewalt fehlt, die aber gerade nach der Vorschrift des Art. 1 Abs. 3 GG Voraussetzung für eine Anwendbarkeit der Grundrechte ist. Dieser ausdrücklich in der Vorschrift ablesbare Befund stünde zu einer weitergehenden Grundrechtsgeltung grundsätzlich in Widerspruch. Hätten die Vertragsstaaten die Organisation an die Grundrechtsnormen ihrer nationalen Verfassungen binden wollen, so hätte es einer ausdrücklichen Verweisung bedurft, so wie es im Vertrag zur Gründung der Europäischen Verteidigungsgemeinschaft vom 27. Mai 1952[868] geschehen war, der in Art. 3 § 1 Satz 2 eine Bindung der EVG an die nationalen Grundrechte der Mitgliedstaaten

868 BGBl. 1954 II, S. 342.

vorsah[869]. Zu berücksichtigen ist jedoch, dass mit der EVG eine überstaatliche Gemeinschaft vorgesehen war, die mit eigenen Organen und eigenen Streitkräften ausgestattet sein sollte. Die Streitkräfte verstanden sich also nicht mehr als national sondern als europäisch. Diese Situation stellt sich ähnlich dar wie bei den Streitkräften, die gemäß Art. 43 UN-Charta durch Sonderabkommen den Vereinten Nationen zur Verfügung gestellt werden. Auch diese würden eine eigene Streitmacht bilden, in der jeglicher Bezug zu den Entsendestaaten aufgehoben wäre. Auf die Friedenstruppen ist dies jedoch nicht übertragbar.

Für die in den übrigen Organisationen wie NATO, EU und WEU eingesetzten Soldaten stellt sich die Rechtslage in Bezug auf die Grundrechtsbindung demgegenüber anders dar. Da die Bundesrepublik Deutschland lediglich Operational Control über ihre Streitkräfte auf die internationale Ebene übertragen hat, sind die Truppen weiterhin als nationale Organe anzusehen. In internationalen Organisationen handelt es sich zwar um einen Bereich, in dem die Bundeswehr unterstützend für andere Rechtsträger tätig wird und diesen funktionell auch eingegliedert ist. Demnach stützt sie sich auch auf die Befugnisse der jeweils entleihenden Organisation und handelt nicht aus eigenem, sondern aus fremdem Recht. Diese Konstruktion darf jedoch nicht darüber hinwegtäuschen, dass die Bundeswehr bei jeglichem Tätigwerden an die verfassungsmäßige Ordnung gebunden ist. Der gegenteilige Schluss wäre vorschnell. Denn allein die Exterritorialität des Tätigwerdens entbindet die Bundeswehr nicht von der Pflicht, die Grundrechte zu beachten. Sie handelt vielmehr auch weiterhin in Ausübung deutscher Staatsgewalt. So bestimmt es auch das Handbuch für Auslandseinsätze im Frieden: "Angehörige der Bundeswehr handeln, wenn sie im Rahmen internationaler Organisationen dienstlichen Aufgaben nachgehen, im Auftrag dieser Organisation, subsidiär im Auftrag der Bundesrepublik."[870] Entscheidend ist demnach nicht eine formale Zuordnung, sondern vielmehr die Frage, ob es sich funktional um die Ausübung deutscher Hoheitsgewalt handelt.

Selbst die NATO-Command-Forces, die in diesem Zusammenhang noch die stärkste Einbindung in eine internationale Organisation darstellen, werden dem Verständnis als entliehenes Organ der NATO nicht gerecht, da zu keinem Zeitpunkt eine vollständige Verschmelzung zu einer Einheit unter einheitlichem

869 Die Vorschrift lautete: "Sie (die Gemeinschaft) greift nur ein, soweit dies zur Erfüllung ihrer Aufgaben erforderlich ist. Sie wahrt dabei die staatsbürgerlichen Rechte und die Grundrechte des Einzelnen." Diese Regelung bringt zwar nicht klar zum Ausdruck, dass mit den Grundrechten des Einzelnen alle jeweiligen nationalen Grundrechte gemeint sein sollten. Jedoch ist dieser Passus dahingehend verstanden worden, vgl. Bundesregierung Wehrbeitrag II S. 35. Zweifelnd hingegen Maunz, Gutachten, in: Wehrbeitrag II, S. 600.

870 Handbuch für Auslandseinsätze im Frieden, Teil A, Rn. 2408.

Kommando stattgefunden hat[871]. Die letztendliche Entscheidungskompetenz innerhalb der NATO-Strukturen verbleibt stets in der Hand der Regierungen der einzelnen Bündnispartner, da sich die Bündnispartner einen erkennbar nationalen Handlungsspielraum bewahren wollten[872]. Einer Bindung der Bundeswehr an die deutschen Grundrechte steht demnach die Eingliederung in internationale Organisationen wie die NATO oder die WEU/EU nicht entgegen. Dem entspricht auch die Praxis. Würden die eingesetzten Truppen nicht mehr zu der Institution der Bundeswehr gerechnet, müssten sie aus dem nationalen Dienst entlassen werden. Dies trifft jedoch bei Auslandseinsätzen gerade nicht zu. Die Soldaten bleiben weiterhin Angehörige der Bundeswehr und als solche im Dienst der Bundesrepublik Deutschland. Nicht zuletzt aus diesem Grunde hält das deutsche Verteidigungsministerium an der Konzeption des "Nationalen Befehlshabers im Einsatzgebiet" fest, der auch nach Übertragung der taktisch-operativen Führung an einen internationalen Befehlshaber im Einsatz ausschließlich befugt bleibt, als Vorgesetzter Befehle an deutsche Soldaten mit dem Anspruch auf Gehorsam zu erteilen[873]. Er hat dabei zu prüfen, ob eine Weisung eines Bündnisbefehlshabers mit deutschen Rechtsvorschriften vereinbar ist[874].

II. Aktualisierung der historisch bedingten Funktion des Art. 1 Abs. 3 GG

Die rein am Wortlaut der Vorschrift orientierte Ablehnung einer Grundrechtsbindung im Bereich der Friedenstruppen der Vereinten Nationen steht indessen in Widerspruch zu der bereits festgestellten Funktion des Art. 1 Abs. 3 GG. Mit Einfügung des Begriffs der "vollziehenden Gewalt" in Art. 1 Abs. 3 GG wollte man jeden Zweifel bezüglich einer Zugehörigkeit der Streitkräfte vermeiden. Es sollte gerade die Problematik vermieden werden, dass die bewaffnete Macht quasi als eigenständige vierte Gewalt im Staat den Grundrechten nicht unterworfen ist. Die besondere Stellung, die die Streitkräfte im Grundgesetz demnach heute einnehmen, geriete bei einer vollständigen und ausschließlichen Eingliederung in die Strukturen internationaler Organisationen allerdings aus dem Lot. Werden die Truppen nämlich zu einem Organ der Vereinten Nationen, so haben sie bei der

871 So auch Schröder, Die internationale Integration, S. 42 ff.

872 Vgl. Ipsen, JöR N.F. 21 (1972), S. 1, 52.

873 Führungsweisung des Bundesministers der Verteidigung über "Verantwortlichkeiten für Einsätze der Bundeswehr im Frieden außerhalb des Hoheitsgebietes der Bundesrepublik Deutschland sowie für Hilfeleistungen in Not- und Katastrophenfällen im In- und Ausland im Frieden".

874 Vgl. Stein, Rechtsfragen des Eurokorps und der deutsch-französischen Brigade, in: BerDGVR 36 (1997), S. 53, 66, 67.

Art und Weise des Einsatzes nur die völkerrechtlichen Regeln zu beachten, an die die Vereinten Nationen selbst gebunden sind. Damit bildet sich lediglich ein durchschnittlicher Standard heraus, bei dem die strengen grundrechtlichen Anforderungen des Grundgesetzes grundsätzlich nicht respektiert werden. Die Mitwirkung der Bundeswehr in internationalen Organisationen führt dann für die betroffenen Bürger, die unmittelbar mit Rechtsakten der Organisation konfrontiert werden, materiell zu einer Einbuße des ihnen zustehenden Grundrechtsschutzes. Verfassungsrechtlich kann es damit nicht als zulässig angesehen werden, dass die Bundesrepublik ihre Truppen Völkerrechtssubjekten wie den Vereinten Nationen zur Verfügung stellt, ohne dass diese auf die grundsätzlich geltenden Grundrechte des Grundgesetzes verpflichtet sind.

Als Ergebnis lässt sich demnach festhalten, dass einer Grundrechtsbindung der Bundeswehr im Auslandseinsatz gemäß Art. 1 Abs. 3 GG auch die Eingliederung in Friedenstruppen der Vereinten Nationen nicht entgegensteht. Obwohl diese Truppen als deren Organe anzusehen sind, müssen sie gleichzeitig auch weiterhin dem nationalem Recht unterworfen bleiben[875]. Eine Beteiligung der Bundeswehr an Einsätzen internationaler Organisationen darf insoweit die Errungenschaft der Grundrechtsgeltung nicht gefährden, denn die Bindung der Exekutive an die Grundrechte des Grundgesetzes ist ein Kernelement des deutschen Rechtsstaates. Wer dies missachtet, stellt die Fundamente des Rechtsstaates in Frage. Es darf keine "Flucht in das Völkerrecht" geben, da dies geradezu einen Anreiz für die deutsche Gewalt darstellen könnte, an sich ihr obliegende Aufgaben den Organen fremder Hoheitsgewalt zu übertragen und sich damit den grundrechtlichen Bindungen zu entziehen. Ein derartiges Vorgehen käme einem treuwidrigen Verhalten der Bundesrepublik gleich.

Die Lösung des diskutierten Problems kann deshalb letzten Endes nur darin bestehen, die Bundeswehr bei einem Einsatz im Rahmen der Vereinten Nationen nicht aus der Bindung an die Grundrechte zu entlassen. Soll der Vorwurf eines Rechtsmissbrauches nicht im Raum stehen, darf eine isolierte grundrechtstheoretische Betrachtung die Ablehnung der Grundrechtsbindung nicht begründen. Die Aktualität der Grundrechte – als überragende Wertentscheidung der Verfassung errichtet – bildet demnach eine unübersteigbare Schranke für alle aus der Wehrhoheit entspringenden Einzelbefugnisse und gewährleistet in Verbindung mit Art. 20 Abs. 3 GG die Rechtsstaatlichkeit aller hoheitlichen Maßnahmen, die von der Bundeswehr ausgehen[876]. Die Anwendung der Grundrechte des Grundgesetzes stellt sich letztlich auch als eine notwendige Konsequenz der Tatsache dar,

---

875 Auch Talmon, NZWehrr 1997, S. 221, 227, kommt zu dem Ergebnis, dass die "Streitkräfte auch bei militärischen Aktionen im Ausland an die Grundrechte gebunden sind".

876 Zu diesem Ergebnis kommt auch Martens, Grundgesetz und Wehrverfassung, S. 108.

dass die internationalen Organisationen eben keine "Weltstaaten" mit einer einheitlichen Rechtsordnung sind, sondern von einer Vielzahl von Staaten mit je eigenen Verfassungsordnungen gebildet werden.

8. Kapitel: Die Grundrechtsbindung der Bundeswehr bei sonstigen militärischen Auslandseinsätzen

Galt das Augenmerk im vorangegangenen Kapitel ausschließlich den Einsatzformen im Rahmen internationaler Organisationen, die zweifelsohne den größten Anteil ausmachen, darf man nicht darüber hinwegsehen, dass die Bundeswehr auch eine Fülle sonstiger Aufgaben wahrnimmt. Diese sollen im Folgenden ebenso auf eine mögliche Grundrechtsbindung hin untersucht werden.

A. Militärische Evakuierungsoperationen unter nationaler Führung

Als Folge des sicherheitspolitischen Wandels in den letzten Jahren und der damit verknüpften Anpassung des Aufgabenspektrums der Bundeswehr erfuhren nicht nur Einsätze im Rahmen internationaler Organisationen im Allgemeinen eine besondere Aufwertung, sondern zudem auch Fähigkeiten zu Rettungs- und Evakuierungsoperationen.

Die Rechtmäßigkeit eines Auslandseinsatzes mit militärischer Gewalt zum Schutz bzw. zur Rettung eigener Staatsangehöriger wird allerdings ungeachtet dessen sowohl im Völkerrecht als auch im deutschen Verfassungsrecht überaus kontrovers diskutiert[877]. Denn bei dieser Art von Auslandseinsatz offenbart sich neuerlich das Problem sowohl der fehlenden verfassungsrechtlichen Regelungen als auch der vom Verfassungsgericht mit dem "Out-of area-Urteil" angemahnten Konkretisierungen[878].

In der Praxis wird indes häufig der Anspruch erhoben, Staatsangehörige im Ausland mit Waffengewalt ohne ausdrückliche Zustimmung des Territorialstaates aus lebensbedrohenden Situationen zu befreien. In der Vielzahl aller Rettungsak-

877 Vgl. hierzu: Hans-Georg Franzke, Schutzaktionen zugunsten der Staatsangehörigen im Ausland als Ausfluss des Rechts auf Selbstverteidigung der Staaten, Bonn, 1965; Werner Ader, Gewaltsame Rettungsaktionen zum Schutz eigener Staatsangehöriger im Ausland, München 1988; Claudia Westerdiek, Humanitäre Intervention und die Maßnahmen zum Schutz eigener Staatsangehöriger im Ausland, AVR 21 (1983), S. 383 ff; Günther, in: Thiel, Wehrhafte Demokratie, S. 329, 347, 348.

878 Kontrovers diskutiert wurde dies auch insbesondere, da die Evakuierung von Staatsangehörigen durch einen bewaffneten Einsatz der Bundeswehr weder unter den verfassungsrechtlichen Begriff der "Verteidigung" noch unter die Maßnahmen kollektiver Sicherheit nach Art. 24 GG subsumiert werden kann.

tionen der Vergangenheit[879] kommt demnach auch die Rechtsüberzeugung eines Großteils der Staaten zum Ausdruck, dass die lebensbedrohliche Lage einer nicht unbedeutenden Zahl an Staatsangehörigen im Ausland zum militärischen Eingreifen berechtigt[880]. Zur dogmatischen Einordnung dieser Rechtsüberzeugung (Art. 51 UN-Charta oder bereits keine Gewaltanwendung i.S.d. Art. 2 Ziff. 4 UN-Charta) wurden viele Modelle entworfen, die aber hier nicht im Einzelnen erörtert werden sollen. Voraussetzung ist jedenfalls, dass objektiv eine schwerwiegende Bedrohung vorliegt und der Aufenthaltsstaat entweder nicht in der Lage oder nicht willens ist, den ihm obliegenden völkerrechtlichen Schutzpflichten gegenüber den Fremden auf seinem Staatsgebiet nachzukommen[881].

Mit der Aufstellung der Züge für "Retten und Evakuieren" beim Kommando Spezialkräfte (KSK) scheint auch die Bundesregierung von der Vereinbarkeit militärischen Schutzes für Bundesbürger im Ausland mit Grundgesetz und Völkerrecht ausgegangen zu sein. In einer an sie gerichteten parlamentarischen Anfrage[882] erklärte sie allerdings: "Eine generelle Antwort auf denkbare hypothetische Sachverhalte ist nicht möglich. Vielmehr prüft die Bundesregierung in jedem Einzelfall, ob der Streitkräfteeinsatz mit den Vorgaben des Verfassungsrechts und des Völkerrechts in Einklang steht."[883]

Am 14. März 1997 führte die Bundeswehr erstmalig in ihrer Geschichte einen unilateralen militärischen Einsatz außerhalb der Bundesrepublik Deutschland durch. Hintergrund des Einsatzes waren die in Albanien herrschenden Unruhen[884]. Für die dort befindlichen Ausländer war eine lebensbedrohliche Lage entstanden. Aufgrund der Bitte des albanischen Staatspräsidenten, "law and order" wiederherzustellen, entschloss sich die Bundesregierung zu dem luftgestützten militärischen Auslandseinsatz. Da die Möglichkeit eines solchen Einsatzes demnach generell besteht und mit der Operation "Libelle" auch tatsächlich schon ein Mal stattgefunden hat, soll auch in diesem Fall eines Auslandseinsatzes der Bun-

---

879 Die bekanntesten Fälle sind dabei die Rettung belgischer und amerikanischer Staatsangehöriger aus dem Kongo 1964; die Intervention der USA in der Dominikanischen Republik 1965, die Befreiung israelischer Geiseln in Entebbe 1976 sowie die misslungene Rettungsaktion der USA in der Teheraner Geiselaffäre 1980.

880 Isensee, JZ 1995, S. 421, 426; Schmalenbach, NZWehrr 2000, S. 177, 184.

881 Schmalenbach, NZWehrr 2000, S. 177, 185.

882 BT-Drs. 13/6639, vom 20. Dezember 1996, S. 3, 17.

883 Antwort des Parlamentarischen Staatssekretärs beim Bundesminister der Verteidigung, vom 4. Februar 1997, S. 6, AZ: 13 80024-V19. So mittlerweile auch im Handbuch für Friedenseinsätze im Ausland, Teil B, Nr. 7102.

884 Die Unruhen hatten sich auf das gesamte Land ausgebreitet. Die Regierung hatte die Kontrolle verloren, Waffenlager wurden geplündert, die Sicherheitskräfte waren in Auflösung begriffen, der Flughafen konnte nicht mehr angeflogen werden; siehe hierzu ausführlich, Kreß, ZaöRV 57 (1998), S. 329 ff.

deswehr festgestellt werden, ob sie in dessen Rahmen an die Grundrechte gebunden ist.

Zunächst mutet es etwas verwunderlich an, dass bei einer solchen Operation überhaupt Grundrechte als Schutzmechanismen gegen hoheitliches Handeln in Frage kommen. Schließlich dienen die Einsätze gerade dem Schutz der Bürger. Zudem müssen Rettungsaktionen typischerweise sehr schnell durchgeführt werden, so dass sich die Soldaten nur für sehr kurze Zeit, mitunter sogar nur für Minuten, im Ausland aufhalten[885]. Doch betrachtet man die genaueren Umstände, so zeigt sich, dass Grundrechtspositionen sehr wohl von Seiten der im Einsatz befindlichen Soldaten tangiert werden können. So mussten die deutschen Soldaten beispielsweise im Rahmen der Operation "Libelle" Gewehrschüsse abfeuern, um die Sicherheit der evakuierten Personen gewährleisten zu können. Dadurch übten sie zweifellos Gewalt aus.

Der Unterschied zwischen militärischen Evakuierungsoperationen und den dargestellten Einsätzen im Rahmen internationaler Organisationen besteht darin, dass bei ersterer die eingesetzten Soldaten als Repräsentanten der Staatsmacht und damit als der Bundesrepublik zurechenbare Personen auftreten. Ebenso wie die Entsendung erfolgt auch der gesamte Einsatz unter nationalem Kommando und in nationaler Verantwortung. Eine Ausgliederung aus dem Staatsgefüge der Bundesrepublik Deutschland kommt nicht in Betracht.

Gemäß Art. 1 Abs. 3 GG besteht eine verfassungsrechtliche Bindung für die Tätigkeit der deutschen Staatsgewalt. Greifen demnach deutsche Soldaten bei militärischen Evakuierungsoperationen in die Rechtsverhältnisse Einzelner ein, so haben sie auch im Ausland ohne Zweifel diese Bindung zu beachten. Wie bereits ausgeführt, entbindet allein die Exterritorialität des Tätigwerdens die Bundeswehr nämlich nicht von der Pflicht, die Grundrechte zu beachten. Ausschlaggebend ist allein, dass ihre Handlungen als deutsche Hoheitsakte zu qualifizieren sind. Die Gewährleistungen des Grundgesetzes sind also im Rahmen militärischer Evakuierungsoperation zur Rettung eigener Staatsangehöriger keineswegs in Frage zu stellen.

B. Humanitäre Einsätze

Das Tätigkeitsspektrum der Bundeswehr umfasst des Weiteren den Bereich der humanitären Hilfe, die in der Vergangenheit aufgrund der Entstehung neuartiger

885 Zur Durchführung der Evakuierung landeten die Hubschrauber in Tirana lediglich für 24 Minuten; vgl. von Lersner, HuV-I 3, 1999, S. 156; Franzke, Schutzaktionen zugunsten der Staatsangehörigen, S. 118, 119.

und überwiegend innerstaatlicher Konfliktformen wie Bürgerkriege, ethnische, religiöse oder auch soziale Konflikte, zunehmend an Bedeutung gewonnen hat. Diese Einsätze beinhalten dabei die Gesamtheit der Hilfeleistungen und Unterstützungsmaßnahmen der Streitkräfte im Ausland[886]. Sie werden auf Grund von Naturkatastrophen, technischen Katastrophen oder als Folge von Kriegen und Bürgerkriegen durchgeführt, um menschliches Leid abzuwenden oder zu lindern. Die humanitäre Hilfe der Bundeswehr summiert sich seit 1960 auf über 140 Einsätze in über 50 Staaten, zuletzt bei der Flutkatastrophe in Südasien im Dezember 2004. Im Wesentlichen nimmt die Bundeswehr dabei Aufgaben wahr, die typisch für das Technische Hilfswerk oder das Internationale Rote Kreuz sind, wie Verteilung und Transport von Nahrungsmitteln, Räumungsarbeiten, Flüchtlingsbetreuung etc.

Zu beachten ist hier jedoch, dass die Hilfeleistungen der Bundeswehr die Ausübung nichthoheitlicher Tätigkeiten auf dem Gebiet eines fremden Staates darstellen. Sie umfassen Räum- und Bergungsarbeiten, medizinische Versorgung sowie die Herstellung und Erhaltung von Kommunikationsmöglichkeiten und stellen mithin keine, den Einzelnen unmittelbar beschwerenden Hoheitsakte dar[887]. Eine Bindung an die eigenen, extraterritoriale Geltung beanspruchenden Grundrechte kann indessen nur durch den hoheitlich tätig werdenden Staat erreicht werden. Einsätze dieser Art fallen demnach aus der zu untersuchenden Problematik heraus. Es fehlt gerade an einer instrumentalen Inanspruchnahme von Streitkräften als Inkorporation von Macht und Gewalt. Hier wird vielmehr militärisches Personal und know-how für Aufgaben ohne Hoheitsbezug verwendet.

886 So Handbuch für Auslandseinsätze im Frieden, Teil B, Nr. 7301.

887 Jacobsen/Rautenberg, Bundeswehr und europäische Sicherheitsordnung, S. 31.

9. Kapitel: Umfang der Grundrechtsbindung

Die Teilnahme der Bundeswehr an Auslandseinsätzen im Rahmen des neuen Aufgabenspektrums verlangt eine grundsätzliche Bindung an die Grundrechte des Grundgesetzes. Dieses Ergebnis sagt indessen nichts über ihre konkreten Verhaltenspflichten bei der Ausübung von Hoheitsgewalt aus. Diese Pflichten hängen davon ab, in welchem Umfang die eingesetzten Truppen gehalten sind, den Grundrechtsstandard auch gegenüber Ausländern zu sichern. Je strenger die Anforderungen sind, desto enger ist ihr Verhaltensspielraum. Sind die Bundeswehrsoldaten einer strikten Grundrechtsrechtsbindung unterworfen, dürfen sie keinen Rechtsakt vornehmen, der nicht in vollem Umfang den Grundrechten des Grundgesetzes entspricht. Sind sie dagegen nur verpflichtet, den Kern der Grundrechtsordnung zu beachten, werden ihre Pflichten gegenüber einer strikten Grundrechtsbindung stark reduziert.

Bevor im Einzelnen der Umfang der Grundrechtsbindung im Bereich der Auslandseinsätze der Bundeswehr untersucht werden soll, ist es notwendig, zunächst den personellen Geltungsbereich der Grundrechte festzustellen.

A. Personeller Geltungsbereich der Grundrechte

Die Bundeswehr als ein Organ der vollziehenden Gewalt ist grundsätzlich zur Respektierung der Grundrechte des Grundgesetzes auch im Auslandseinsatz verpflichtet. Dieser Grundsatz gilt jedenfalls dann, wenn die Hoheitsakte im Ausland, an denen die Bundeswehr zumindest mitwirkt, deutsche Staatsangehörige betreffen. Fraglich ist jedoch, ob auch Ausländer sich den Hoheitsakten der Bundeswehr gegenüber auf die deutschen Grundrechte berufen können. Die Verpflichtung der Staatsgewalt auf die Grundrechte korrespondiert demzufolge mit der Berechtigung der Grundrechtsträger. Aber auch hier ist zu beachten, dass ein möglicher Grundrechtsschutz der Ausländer erst dann einsetzt, wenn er von der Ausübung deutscher Staatsgewalt betroffen ist.

I. Maßnahmen gegen ausländische Individuen

Die Grundrechtsberechtigung des Menschen ist entsprechend der positivrechtlichen Ausgestaltung der Grundrechte nicht ohne Beschränkung. Die Aufnahme der ungeschriebenen Rechte des Menschen in geschriebene Staatsverfassungen hat dazu geführt, Grundrechte nicht mehr ausnahmslos allen Menschen zuzuordnen. Bestimmte Grundrechtsnormen sind nur solchen natürlichen Personen zugeordnet, die in einer besonderen Verbindung zur staatlichen Gemeinschaft stehen. Die von der deutschen Staatsrechtslehre vorgenommene Einteilung der Grundrechte in Menschen- und Bürgerrechte bzw. Jedermann- und Deutschenrechte orientiert sich allein an der positivrechtlichen Charakterisierung des Grundrechtsberechtigten. Wenn die Norm "alle" oder "alle Menschen", "jeden" oder "jedermann" als Berechtigten nennt, oder auch dann, wenn sie den Kreis der Rechtsträger nicht ausdrücklich anspricht, handelt es sich um ein "Jedermann-Grundrecht", das jedem Individuum ohne Rücksicht auf seine Staatsangehörigkeit kraft seines Menschseins gewährt wird. Soll ein verfassungsrechtlichtes Individualrecht hingegen nur Deutschen im Sinne des Art. 116 GG zustehen, so wird es als "Deutschen-Grundrecht" bezeichnet.

Dadurch, dass die Staatsgewalt von Verfassungs wegen an die Grundrechte als unmittelbar geltendes Recht gebunden ist, werden sie demnach für "jedermann" wirksam, der mit ihr in Berührung kommt und in den Schutzbereich des einzelnen Grundrechts fällt. Die deutsche Verfassung definiert die deutsche Staatsgewalt der Bundesrepublik Deutschland als Grundrechtsadressaten mit der Konsequenz, dass für jeden, der zu ihr in Beziehung tritt, die Grundrechte gelten. Der Kontakt mit dem deutschen Staat indiziert demzufolge die Grundrechtsberechtigung. Demnach gelten die Grundrechte des Grundgesetzes auch zugunsten ausländischer Staatsangehöriger, die außerhalb des Territoriums der Bundesrepublik Deutschland von deutschen Soldaten in ihrem Schutzbereich betroffen sind.

Heintzen macht dabei jedoch die Einschränkung, dass die Grundrechte nur akzessorisch zum Völkerrecht gelten können. Sie dürfen mit den Normen des Völkerrechts nicht im Widerspruch stehen. Art. 1 Abs. 3 GG meine nämlich nur nach innen gerichtete Staatsgewalt[888]. Der These Heintzens kann so jedoch nicht gefolgt werden. Aus Art. 1 Abs. 3 GG kann nämlich nicht der Schluss gezogen werden, dass die Vorschrift nur von der nach innen wirkenden öffentlichen Gewalt handele[889]. Die Grundrechte sind von Organen der deutschen Staatsgewalt

888 Heintzen, Auswärtige Beziehungen, S. 108, 109, 117, 130.

889 Diese Ansicht vertritt auch Elbing, Zur Anwendbarkeit der Grundrechte bei Sachverhalten mit Auslandsbezug, S. 205.

vielmehr auch dann zu beachten, wenn sie außerhalb des deutschen Staatsgebietes handeln. Ob solches staatliches Handeln völkerrechtlich zulässig ist oder nicht, ist dabei ohne Bedeutung[890]. Der Grund liegt darin, dass sich der Staat sonst mittels einer Völkerrechtsverletzung bewusst der Grundrechtsbindung entziehen könnte. Dies käme einem Rechtsmissbrauch gleich. Die Vorschrift des Art. 1 Abs. 3 GG kann jedoch nicht zur Folge haben, dass bei einem völkerrechtswidrigen Handeln keine Ausübung deutscher Hoheitsgewalt vorliegt[891]. Ein derartiges Vorgehen in Bezug auf die Streitkräfte würde dazu führen, dass die Grundrechte eines wesentlichen Teils ihres sachlichen Anwendungsbereichs beraubt wären und zwar nur aus diesem Grunde, weil die Streitkräfte völkerrechtswidrig handeln. Unter diesem Gesichtspunkt darf der Grundrechtsbindung nicht die Wirksamkeit genommen werden.

II. Maßnahmen gegen ausländische Soldaten

Handelt der Soldat im Einsatz unmittelbar kampfbezogen, so greift er nicht nur in die Rechtsgüter der Zivilbevölkerung ein, sondern auch typischerweise in die ausländischer Soldaten. Sowohl die unmittelbaren kampfbezogenen Handlungen als auch die Wahrnehmung hoheitlicher Polizeiaufgaben sind ein wesentlicher Anwendungsfall der Grundrechte. Die finalen Maßnahmen gegen Individuen unterscheiden sich jedoch von solchen Maßnahmen, die gegenüber ausländischen Soldaten vorgenommen werden, wesentlich dadurch, dass es sich bei letzteren um Maßnahmen gegen einen ausländischen Staat handelt[892].

Kämpft eine Konfliktpartei gegen die andere, beurteilen sich die Handlungen als solche nicht nach dem Verfassungsrecht, sondern nach dem Kriegsführungsrecht. Im Gegensatz zu einem Handeln gegenüber zivilen Personen, stoßen in diesem Falle zwei Staatsgewalten aufeinander. Es geht also um das Rechtsverhältnis zwischen Staaten und nicht zwischen einem Staat und einem Individuum. Der gegnerische Soldat kann als solcher gegenüber der deutschen Staatsgewalt nicht eine Verletzung seiner Grundrechte geltend machen, da er im Rahmen der eigentlichen Kampfhandlungen nicht in seiner Stellung als Individuum geschädigt wird. Er handelt vielmehr selber als ein Organ seines Staates und übt in diesem Sinne staatliche Gewalt aus. Das Rechtsverhältnis zwischen dem deutschen

890 So auch Sachs, Verfassungsrecht II, A 3, Rn. 6.

891 Ähnlich auch Bleckmann, Staatsrecht II, § 7 Rn. 3; er stellt darauf ab, dass es sich auch bei völkerrechtswidrigem Handeln um das Handeln deutscher Gewalt handelt, und als solche ist sie nach Art. 1 Abs. 3 GG, der für völkerrechtswidriges Handeln keine Ausnahme der Grundrechtsbindung vorsieht, an die Grundrechte gebunden.

892 So auch Isensee, in: Isensee/Kirchhof, HStR, Bd. V, § 115, Rn. 90, Fn. 201.

Staat und dem Soldaten des Aufnahmestaates ist daher ausschließlich dem Völkerrecht zuzuordnen[893].

So ist beispielsweise die vorläufige Festnahme eines feindlichen Soldaten durch Bundeswehrsoldaten zweifelsohne eine Wahrnehmung deutscher hoheitlicher Befugnisse. Als solche verletzt sie indessen nur die Souveränität des Aufnahmestaates und nicht die Grundrechte des festgenommen Soldaten[894]. Die Souveränität lässt sich hierbei als ein Grundrecht der Staaten begreifen, da sie im Völkerrecht genau dieselben Funktionen besitzt wie die Grundrechte im nationalen Recht[895]. Ein anderes Ergebnis erscheint auch untragbar, sonst müsste man "jede militärische Aktion, jeden Pulverschuss, als Grundrechtseingriff gegen einen betroffenen feindlichen Soldaten qualifizieren, mit den Konsequenzen der grundrechtlichen Güterabwägung, der Verfahrenssicherung und Rechtschutzgarantien"[896]. Es fehlt vielmehr am individuellen status passivus als Anknüpfungspunkt für eine Grundrechtsbindung. Der militärische Einsatz bewegt sich in dieser Hinsicht mithin auf der "Ebene der zwischenstaatlichen Gleichordnung im Rahmen des Völkerrechts und nicht des Verfassungsrechts"[897]. Die in der Verfassung enthaltenen Grundrechte können demnach lediglich die Eingriffsbefugnisse gegenüber der Zivilbevölkerung beschränken.

B. Einwände gegen die Annahme einer strikten Grundrechtsbindung

Damit schließt sich nun die Frage an, ob die Grundrechte im Auslandseinsatz mit der gleichen aus der Abwehrdimension vertrauten Unbedingtheit gelten.

Zunächst ist es möglich, aus Art. 1 Abs. 3 GG eine strikte Grundrechtsbindung der Bundeswehr im Rahmen ihrer Auslandseinsätze abzuleiten. In diesem Falle dürfte sie keine Hoheitsgewalt ausüben, die in irgendeiner Weise nicht mit den Grundrechten des Grundgesetzes vereinbar ist. Die Annahme einer strikten Grundrechtsbindung käme jedoch einem "Grundrechtsimperialismus" gleich, der dem Grundgesetz insoweit fremd ist[898]. Zu beachten ist, dass die Grundrechtsbestimmungen "für die Bundesrepublik Deutschland" gegeben wurden, um deren "staatliches Leben" neu zu ordnen[899]. Auf die Bundeswehr im Auslandseinsatz

---

893 Bleckmann, Allgemeine Staats- und Völkerrechtslehre, S. 202.
894 Dieses Beispiel bringt Schopohl, Der Außeneinsatz der Streitkräfte, S. 144.
895 Bleckmann, Allgemeine Staats- und Völkerrechtslehre, S. 238.
896 So Isensee, in: Isensee/Kirchhof, HStR, Bd. V, § 115, Rn. 90, Fn. 201.
897 Isensee, in: Isensee/Kirchhof, HStR, Bd. V, § 115, Rn. 90, Fn. 201.
898 In diesem Sinne BVerfGE 18, 112, 117.
899 So Merten, in: Dörr, Die Macht des Geistes, Festschrift für Schiedermair, S. 331, 339 unter Hinweis auf die Präambel des Grundgesetzes in ihrer ursprünglichen Fassung.

bezogen bedeutet dies an dieser Stelle zunächst nur, dass eine umfassende Grundrechtsbindung, wie sie für ein innerstaatliches Handeln deutscher Organe besteht, im Ansatz fragwürdig ist. Dies ergibt sich wesentlich daraus, dass in Krisengebieten die Soldaten mit Situationen konfrontiert werden, die nicht mit den Maßstäben eines funktionierenden Staatswesens messbar sind. Die Truppe vor Ort kann immer wieder mit Situationen konfrontiert werden, in denen allein der auch im Völkerrecht verankerte Rechtsgrundsatz der Verhältnismäßigkeit eine Richtschnur für das Handeln der Soldaten geben kann[900]. Das wird auch in folgendem Beispiel deutlich: Am 24. Juni 1999 ordnete das Bundesministerium der Verteidigung [901] eine Hilfestellung für die deutschen Truppen der KFOR an, die für die Ergreifung mutmaßlicher Täter und ihre Einlieferung in das Gefängnis von Prisren zuständig war. Ergriffene Schwerstkriminelle konnten nach der Weisung Nr. 8 auch ohne richterlichen Haftbefehl in Abhängigkeit von der Schwere des strafrechtlichen Vorwurfs und der Schlüssigkeit des vorhandenen und prüfbaren Beweismaterials durch den Befehlshaber vor Ort und nach Beratung durch den Rechtsberater auf unbestimmte Zeit in Haft gehalten werden[902]. Die Weisung enthält danach nicht die volle Gewährleistungen der Grundrechte des Grundgesetzes, sondern lediglich Mindeststandards für die Behandlung Festgenommener, die Durchsuchung solcher Personen nach Waffen sowie die Zulässigkeit der Anwendung militärischen Zwangs zur Durchsetzung einer Festnahme. Auch wenn es erkennbar nicht darauf ankommt, was die genannte Weisung als solche enthält, so liefert sie dennoch einen Anhaltspunkt dafür, dass eine strikte Grundrechtsbindung im Ergebnis nicht begründet werden kann. Sie verdeutlicht vielmehr, dass dem militärischen Handeln nicht Tür und Tor geöffnet ist, sondern dass die Soldaten sich möglichst eng an die rechtsstaatlichen Voraussetzungen halten sollen. Aus der Perspektive des militärischen Handelns im Auslandseinsatz bedarf es daher einer näheren Betrachtung, aufgrund welcher Kriterien eine Einschränkung der Grundrechtsbindung erfolgen kann.

C. Einschränkung der Grundrechtsbindung

Da eine strikte Grundrechtsbindung nicht vorliegt, ist logische Konsequenz, dass die Anwendbarkeit der Grundrechte eingeschränkt sein muss. Die Vorstellungen darüber, was als grundrechtskonform zu gelten habe, gehen in den juristischen und militärischen Auffassungen jedoch grundsätzlich auseinander. Auch seitens

---

900 So Dreist, NZWehrr 2002, S. 45, 57.

901 Bundesminister der Verteidigung, "Weisung Nr. 8 für die Behandlung mutmaßlicher Straftäter die durch die Bundeswehr im Kosovo in Gewahrsam genommen werden (sollen)".

902 Vgl. dazu Dreist, NZWehrr 2002, S. 45, 47.

der Öffentlichkeit bestand bisher wenig Interesse, sich mit dieser Problematik auseinanderzusetzen, was sich insbesondere daran zeigt, dass es Reaktionen auf Geschehnisse von Seiten der Bundeswehr, die möglicherweise als nicht grundrechtskonform gelten könnten, nicht gibt. Dies ist vielleicht unter dem Gesichtspunkt verständlich, dass der militärische Auftrag durchweg im Vordergrund der Einsätze steht. Daher stellt sich die Frage, inwieweit dem militärischen Auftrag tatsächlich eine grundrechtsbegrenzende Wirkung zukommen könnte.

I. Einschränkung aufgrund des militärischen Auftrags

Wesentliches Kriterium für das Handeln der Soldaten im Einsatz ist die Sicherstellung der optimalen Auftragserfüllung. Bei der Wahrnehmung dieser Aufgaben können im Rahmen des militärischen Auftrags Entscheidungen notwendig sein, die im Falle eines innerstaatlichen Vorkommnisses rechtswidrig wären, im Einsatzgebiet aber nicht anders getroffen werden dürften, um das Operationsziel im Rahmen der jeweiligen Maßnahme nicht zu gefährden[903].

Entscheidend ist zudem, dass die Verteidigungsaufgaben der Streitkräfte grundsätzlich vom Gegner bestimmt werden. Deshalb ist eine Bindung an die Grundrechte, wie sie für das eigentliche Verwaltungshandeln im innerstaatlichen Bereich konstitutiv ist, im militärischen Auslandseinsatz nicht in dem Maße möglich[904]. Zweckmäßigkeitserwägungen nehmen im militärischen Leben daher einen größeren Spielraum ein als bei sonstiger hoheitlicher Tätigkeit.

Während etwa die Ausübung unmittelbaren Zwanges seitens der Staatsgewalt gegen den Bürger an die Rechtsschranken der Erforderlichkeit und Verhältnismäßigkeit gebunden ist, richtet sich der Waffeneinsatz der Streitkräfte – innerhalb der Regeln des Kriegsvölkerrechts – ausschließlich nach der taktischen Lage und somit nach Zweckmäßigkeitsgesichtspunkten[905]. Es erweist sich somit im Hinblick auf den militärischen Auftrag als erforderlich, nicht auf einer strikten Grundrechtsbindung zu beharren, sondern den Soldaten in Ausübung ihrer exekutiven Befugnisse größere Spielräume zuzugestehen, ohne sie im Gegenzug aber ganz von einer Grundrechtsbindung freizustellen. Dieser Auffassung ist im Grun-

903 Dreist, NZWehrr 2002, S. 45, 57.

904 Vgl. bereits von Stein, S. 13: "Das, was das Heer wirklich tut, beruht nicht auf dem Wesen des Staates, sondern auf dem Willen des Feindes-, das Heer muss mit der von außen gegebenen Gefahr kämpfen, die wechselnd und zufällig ist; es hat keine Aufgabe in sich, sondern seine Gegner außer sich."

905 Busch, Der Oberbefehl, S. 109.

de auch *Rehnquist,* wenn er zu der Feststellung gelangt: "The laws will thus not be silent in time of war, but they speak with a somewhat different voice."[906]

Eine strikte Bindung der Bundeswehr an die Grundrechte könnte demnach sowohl die notwendige Parität der Kampfmittel als auch die Durchsetzung des Auftrags gefährden. Eine gewisse Auflockerung des grundrechtlichen Standards ist damit erforderlich[907].

II. Einschränkung aufgrund internationaler Kooperation

Ein weiterer Aspekt spricht ebenso für eine geminderte Grundrechtsbindung. Die Auslandseinsätze werden vielfach nicht alleine von der Bundeswehr durchgeführt, sondern meist in Kooperation mit anderen Streitkräften innerhalb verschiedener Bündnissysteme. Die dadurch bedingten faktischen internationalen Verflechtungen bewirken eine vielschichtige Gemengelage, in der verschiedene Rechtsordnungen einen Sachverhalt zu regeln beanspruchen. Als solche Rechtsordnungen kommen das nationale Recht der Bundesrepublik in Betracht, das nationale Recht der mitwirkenden Streitkräfte und des Aufenthaltstaates, das Völkerrecht sowie sonstiges supranationales Recht. Zwar hat das Grundgesetz die "internationalen Bezüge" wie bereits erwähnt nicht unberücksichtigt gelassen, doch die grundrechtlichen Regelungen sind vorwiegend für den innerstaatlichen Bereich konzipiert und treffen keine Aussagen darüber, nach welchen inhaltlichen Kriterien sich die internationale Kooperation bestimmen soll. Fest steht jedenfalls, dass die Truppen nach außen hin als Gesamtheit aller Staatsgewalten auftreten, die als gemeinsames Sicherheitsbündnis tätig werden. Angesichts des unterschiedlichen Grundrechtsniveaus der einzelnen Mitgliedsländer muss die nationale Grundrechtsbindung im Kontext der internationalen Kooperation harmonisiert werden.

Ein identischer Grundrechtsschutz kann mit Rücksicht auf die Zusammenarbeit mit anderen Staaten daher nicht gefordert werden. Dementsprechend kann die Bundeswehr auch bei ihrem Handeln im Rahmen von Einsätzen internationaler Organisationen nicht dem vollen Standard der Grundrechte des Grundgesetzes entsprechen.

Das bedeutet indes keine vorschnelle Einschränkung der nationalen Grundrechtsdogmatik auf Einsätze im Rahmen internationaler Organisationen. Denn es zeichnet sich eine solche auch in den vertraglichen Rechtsgrundlagen, die für multinationale Einsätze gelten, ab. Dies muss daher genauer untersucht werden.

---

906 Rehnquist, All the laws but one, S. 225.

907 Bleckmann, DÖV 1979, S. 309, 311.

III. Einschränkung aufgrund der Geltung internationaler Rechtsgrundlagen

In Übereinstimmung mit der oben dargestellten Rechtslage kann die Geltung deutscher Grundrechte für die Tätigkeit deutscher Truppen im Ausland auch vertraglich eingeschränkt sein. Dies könnte sich daraus ergeben, dass die Ausübung der hoheitlichen Befugnisse der Soldaten vom Vorliegen völkerrechtlicher Vereinbarungen bzw. eines Mandats des VN-Sicherheitsrates abhängig gemacht wird. Als völkerrechtliche Vereinbarungen kommen die zwischen dem Aufenthaltsstaat und dem Entsendestaat oder einer internationalen Organisation geschlossenen "Status of Forces Agreements" (SOFAs) in Betracht. Eine Grundrechtsbeeinträchtigung, die nach innerstaatlichem Maßstab ein Verstoß wäre, könnte danach im internationalen Rechtsraum gerechtfertigt sein, wenn nicht nur deutsches Recht seinerseits Geltung beanspruchen würde.

1. Völkerrechtliches Mandat

Jeder militärische Auslandseinsatz braucht eine Rechtsgrundlage in Form eines völkerrechtlichen Mandates. Dieses kann entweder aus dem Beschluss einer internationalen Organisation, aus einem völkerrechtlichen Vertrag oder auch aus dem Völkergewohnheitsrecht abgeleitet werden. Ohne ein solches völkerrechtliches Mandat gibt es grundsätzlich keine Legitimation zum Tätigwerden von Soldaten auf dem Gebiet eines fremden Staates[908].

Die völkerrechtlichen Vereinbarungen oder Mandate des VN-Sicherheitsrates bestimmen dabei Auftrag und Aufgaben der internationalen Truppe und damit zugleich die völkerrechtliche Zweckbegrenzung der Mission. Das Einsatzrecht wird demnach zwar festgelegt, doch ist diese Zweckbegrenzung für den einzelnen Soldaten (noch) nicht unmittelbar verbindlich.

2. Die internationale Einsatzweisung

Im Rahmen jedes internationalen Einsatzes gibt es für die betreffenden Soldaten neben dem Mandat einen Katalog internationaler Einsatzweisungen, die in Form so genannter Operationspläne oder "Standing Operating Procedures" die operativen und verwaltungstechnischen Grundlagen für die Durchführung des Einsatzes festlegen. Für die Herstellung der rechtlichen Verbindlichkeit bedarf es einer Unterstellung der am Einsatz teilnehmenden nationalen Kontingente bzw. Soldaten unter das einsatzführende Kommando. Das geschieht typischerweise durch Truppenbeistellungsabkommen. Internationale Einsatzweisungen bilden einen rechtli-

908 Desch/Marek, in: Truppendienst 2/2002, S. 128.

chen Rahmen, der von den nationalen Kontingenten nicht überschritten werden darf[909]. Die Operationspläne enthalten unter anderem als Annex die "Rules of Engagement" (ROE)[910]. Diese werden grundsätzlich als "Verhaltensregeln für militärische Kräfte (einschließlich Einzelpersonen)" bezeichnet, "die die Umstände, Bedingungen, den Grad und die Art und Weise festlegen, unter denen Gewalt angewendet werden darf"[911]. Als solche regeln sie also das zulässige Verhalten im Einsatz, insbesondere den Gebrauch militärischer (Waffen-)Gewalt.

Inhaltlich lassen sich drei Kategorien von ROE unterscheiden: Die erste Kategorie beschreibt den Teil der zulässigen Gewaltanwendung, der typischerweise von den nationalen Rechtfertigungsgründen der Notwehr oder Nothilfe abgedeckt wird. Hinzu kommen die so genannten "permissive ROE". Sie dienen dazu, Soldaten die Möglichkeit zu geben, über die Grenzen der für sie national geltenden Rechtfertigungsgründe hinaus erweiterte Selbstverteidigungshandlungen zu setzen. Als dritte Kategorie sind die ROE "for mission accomplishment" zu nennen. Sie regeln die Anwendung von (Waffen-)Gewalt zur Auftragserfüllung bzw. zur Durchsetzung des Mandates und konkretisieren die aus dem völkerrechtlichen Mandat abzuleitenden und üblicherweise aus dem nationalen Recht nicht ableitbaren Befugnisse der eingesetzten Soldaten[912]. Die ROE setzen damit das völkerrechtliche Mandat so um, dass es für den einzelnen Soldaten unmittelbar anwendbar wird. Dadurch, dass die ROE die Eingriffsvoraussetzungen ihrerseits bestimmen, könnte man daher davon ausgehen, dass sie die nationalen Grundrechtsschranken, die das Grundgesetz vorsieht, weitestgehend überlagern. Die deutschen Grundrechtsgewährleistungen kämen danach nur noch sehr eingeschränkt zur Anwendung.

Es ist jedoch zu beachten, dass diese Verhaltensregeln den Zweck haben, ein einheitliches Betriebsverfahren zu ermöglichen. Das für den Soldaten weiterhin geltende nationale Recht bleibt davon aber unberührt. Diesen Aspekt greift auch das amerikanische "Operational Law Handbook" auf: "ROE sind das Hilfsmittel, mit dem der Inhaber der (...) Kommandogewalt und die operative Führung den Einsatz bewaffneter Kräfte in Übereinstimmung mit der aktuellen politischen und militärischen Zielsetzung, dem nationalen und dem internationalen Recht steuern"[913]. Nach den ROE kann demnach jede Nation souverän politisch darüber entscheiden, welche militärischen Mittel sie einsetzt, d.h., dass die deutschen Soldaten auch weiterhin nur in dem Unfang operieren dürfen, den die Grundrech-

909 Desch/Marek, in: Truppendienst 2/2002, S. 128, 129; Weber, HuV-I 2, 2001, S. 76, 77.

910 Weber, HuV-I 2, 2001, S. 76, 77; Krieger, ZaöRV 2002, S. 669, 682.

911 North Atlantic Military Committee, MC 362, NATO Rules of Engagement vom 9. November 1999.

912 Vgl. zu dieser Unterscheidung, Desch/Marek, in: Truppendienst 2/2002, S. 128, 129.

913 The Judge Advocate General's School, Operational Law Handbook 1997, S. 8-1.

te gewähren. Dies verdeutlich folgendes Einsatzbeispiel: Zu dem Auftrag des multinationalen Einsatzverbandes (Task Force 150) am Horn von Afrika, der im Rahmen der Operation "Enduring Freedom" die Gewässer zwischen Rotem Meer und Indischem Ozean überwacht, gehört die Überprüfung von Mannschaft, Ladung und Papieren von Handelsschiffen. Nach den für die deutschen Soldaten geltenden ROE, die nationalem Recht entsprechen, hat die deutsche Marine nicht die Möglichkeit, gegen den Willen der Schiffsführer Kontrollen durchzuführen. Dies ist, im Gegensatz zu anderen Nationen, die auch ohne Zustimmung Kontrollen durchführen dürfen, nur nach Absprache möglich[914]. An diesem Beispiel[915] zeigt sich, dass die deutschen Soldaten einem engeren Rahmen für ihr Tätigwerden unterliegen, der durch das deutsche Recht, und damit auch durch die Grundrechte festgelegt wird.

Eine gewisse Einschränkung der Grundrechte erscheint jedoch dann vertretbar, wenn die deutsche Staatsgewalt ein Mitwirkungsrecht in den Entscheidungsgremien der betreffenden internationalen Organisation hat. Denn durch eine solche Mitwirkung würde es der deutschen Staatsgewalt ermöglicht, sich fördernd für die Verwirklichung des Grundrechtschutzes einzusetzen[916]. Im Hinblick auf die Entstehung der ROE ist der Bundesrepublik, insbesondere dem Bundesministerium der Verteidigung, ein solches Mitwirkungsrecht gegeben. Im Rahmen der Verhandlungen zu den Operationsplänen und ihrer Annexe in den jeweiligen politischen Gremien der Organisation haben die Mitgliedstaaten üblicherweise die Möglichkeit einer nationalen Prüfung sowohl unter militärpolitischen als auch unter rechtlichen Aspekten. Dabei können sie die ROE mitgestalten, indem sie abweichende nationale Positionen als Fußnoten in die Operationspläne und ihre Annexe einbringen oder die Planung durch ihren Einspruch stoppen[917]. Die nationale Mitwirkung stellt infolgedessen zwar sicher, dass die nationalen rechtlichen Vorgaben Berücksichtigung finden, aber gleichzeitig auch nur mit Abweichungen zur Anwendung kommen können. Die ROE werden von den einzelnen Staaten in so genannten Soldaten- oder Taschenkarten umgesetzt[918]. Sie beinhalten dann die wichtigsten Grundregeln, die jeder Soldat anwenden darf, wie beispielsweise die Regeln zu Selbstschutz, Notwehr, Nothilfe, Anwendung militärischer Gewalt ohne Schusswaffengebrauch, Anwendung und Regeln des Schusswaffen- und

914 Dazu Admiral Manfred Nielson, in: FAZ vom 29. September 2003, S. 5.

915 In dieser Hinsicht können auch die für die KFOR-Soldaten geltenden Einsatzbestimmungen angeführt werden. Da diese, unter Berücksichtigung des deutschen Rechts, zu viele Einschränkungen ("Caveats") enthielten, konnten die deutschen Einheiten nicht erfolgreich gegen die Progrome im März 2004 einschreiten; vgl. FAZ vom 11. September 2004, S. 2.

916 Tomuschat, in: VVDStRL 36 (1978), S. 7, 41.

917 Vgl. dazu Weber, HuV-I 2, 2001, S. 76, 77.

918 Desch/Marek, Rechtsgrundlagen des KFOR-Einsatzes, in: Truppendienst 2/2002, S. 128, 129.

Kampfmitteleinsatzes mit und ohne Anrufverfahren, Regeln für die Auftragsdurchsetzung und letztlich den Grundsatz der Verhältnismäßigkeit[919].

Auch wenn sich für die Bundeswehr damit in operativer Hinsicht ein deutlicher Nachteil gegenüber anderen Kontingenten ergibt, muss dieser wegen der Bindung der Bundeswehr als Teil der Exekutive an die Grundrechte in Kauf genommen werden.

Die internationalen ROE ersetzen folglich nicht die Beachtung der durch die Verfassung gewährleisteten grundrechtlichen Voraussetzungen. Dies ist auch notwendig, da der deutsche Grundrechtsschutz in seiner Ausgestaltung durch das Bundesverfassungsgericht in weiten Teilen über den Schutz der vom Völkerrecht garantierten Grundrechte hinausgeht[920]. Völkerrechtlich setzt ein Eingriff der öffentlichen Gewalt in die Privatsphäre wie die Durchsuchung einer Wohnung lediglich voraus, dass dieser Eingriff gesetzlich vorgesehen ist und geschieht, um die öffentliche Ordnung aufrechtzuerhalten oder wiederherzustellen oder um weitere strafbare Handlungen zu verhindern[921].

3. Status of Forces Agreements

Fraglich ist, ob sich aus den Truppenstationierungsabkommen (SOFAs) konkrete Antworten auf die Frage ergeben könnten, inwieweit deutsche Streitkräfte im Auslandseinsatz den Grundrechten des Grundgesetzes unterworfen sind. Ausnahmslos sehen diese Regelungen zunächst eine volle Befreiung von der Hoheitsgewalt der Stationierungsstaaten vor, wenn auch teilweise die Truppen verpflichtet werden, das nationale Recht grundsätzlich zu beachten. Bei genauerer Betrachtung der SOFAs ergibt sich aber, dass diese in der Regel keine Bestimmungen über die Geltung des Rechts der Entsendestaaten im Aufenthaltstaat enthalten. Diese Vereinbarungen regeln vielmehr nur die Befugnisse und Befreiungen der fremden Truppen im Aufenthaltsstaat sowie die Ausübung der Straf- und Disziplinargerichtsbarkeit[922]. Sie betreffen also lediglich das Innenverhältnis der Truppen.

---

919 Dazu Weber, HuV-I 2, 2001, S. 76, 78.

920 Fiedler, in: Geiger, Völkerrechtlicher Vertrag und staatliches Recht vor dem Hintergrund zunehmender Verdichtung der internationalen Beziehungen, S. 11, 15.

921 So Art. 8 Abs. 2 EMRK.

922 Talmon, NZWehrr 1997, S. 221, 225.

IV. Einschränkung aufgrund von Rechtfertigungsgründen

Alle diese Ausführungen zeigen also, dass die Bundeswehr an die Grundrechte des Grundgesetzes gebunden ist. Verstoßen Handlungen der Bundeswehr gegen Grundrechte der ihrer Gewalt unterworfenen Individuen, sind diese Handlungen vom Grundgesetz nicht mehr gedeckt und damit prima facie unrechtmäßig.

Nach dieser Feststellung bleibt jedoch die Frage zu prüfen, ob ein Rechtfertigungsgrund die Widerrechtlichkeit der Handlung im konkreten Einzelfall ausschließen kann. Als solche Gründe können beispielsweise die Einwilligung des Verletzten, Notstand, Notwehr und die militärische Notwendigkeit in Frage kommen. Bereits im Rahmen der Nürnberger Prozesse wurde ausgeführt: "Es gibt gewisse an sich unrechtmäßige Handlungen, die beim Vorliegen militärischer Notwendigkeit zulässig sind[923]. Maßnahmen zum Schutz der Sicherheit der Streitkräfte können beispielsweise eine militärische Notwendigkeit sein. Ohne auf die Rechtfertigungsgründe im Einzelnen einzugehen, zeigt sich, dass auch unter diesem Gesichtspunkt eine Einschränkung der Grundrechtsbindung durchaus gerechtfertigt erscheint.

V. Ergebnis

Der Bundesrepublik Deutschland wurde durch das Grundgesetz die Möglichkeit eröffnet, sich an Systemen kollektiver Sicherheit zu beteiligen, woraus das Bundesverfassungsgericht im Jahr 1994 die Befugnis zum weltweiten Einsatz deutscher Soldaten im Rahmen solcher internationaler Organisationen ableitete. Diese Offenheit, bedingt durch die aktive Mitwirkung an der Ausübung fremder Hoheitsbefugnisse, bedeutet gleichzeitig einen Verzicht auf eine umfassende Geltung der deutschen Grundrechte. Das nationale Recht wird stellenweise von internationalen Rechtsgrundlagen überlagert. Diese Kompetenzverteilung zwischen internationalen Organisationen einerseits und nationalen Organen andererseits besagt, dass die Grundrechte nicht mit der gleichen Unbedingtheit gelten können, wie dies im innerstaatlichen Raum der Fall ist. Dennoch müssen die Grundrechte auch im Einsatz im Rahmen internationaler Organisationen Berücksichtigung finden. Auf die Bundeswehr bezogen bedeutet dies, dass sie den Grundrechten gegenüber verpflichtet ist, ihr Handeln aber nicht im vollem Umfang den grundgesetzlichen Anforderungen genügen muss.

---

923 VII, 10370 der Anklageschrift "gegen Hermann Wilhelm Göring und andere" im Rahmen des Nürnberger Prozesses, gekürzt dargestellt bei Heydecker/Leeb, Der Nürnberger Prozess, S. 532 ff.

Dies folgt nicht zuletzt aus dem Gebot der internationalen Zusammenarbeit, das dem deutschen Grundgesetz wesentlich zugrunde liegt. Die Pflicht zu einer umfassenden Beachtung der Grundrechte wird gerade dadurch modifiziert, so dass der Grundrechtsstandard nicht vollumfänglich gewahrt werden kann und muss, sondern auf verfassungsrechtlich garantierte Mindestanforderungen zurückgenommen werden kann[924]. Ihre Legitimation findet diese Tatsache zudem dadurch, dass der innerstaatliche Grundrechtsschutz des Individuums auf völkerrechtlicher Ebene ein zweites Standbein erfährt.

924 BVerfGE 63, 343, 376 ff; Geiger, Grundgesetz und Völkerrecht, S. 183; Maunz, BayVBl. 1990, S. 545 ff; Pernice, NJW 1990, S. 2409.

10. Kapitel: Zusammenfassung und Ausblick

Die Bundeswehr ist im Rahmen ihrer "aktuellen" Auslandseinsätze an die Grundrechte des Grundgesetzes gebunden. Halten sich aber deutsche Truppen im Rahmen einer kriegerischen oder friedlichen Besetzung im feindlichen Ausland auf, so richtet sich die Frage, welchem Recht sie unterworfen sind, grundsätzlich nur nach dem Völkerrecht. Die Besatzungstruppen unterfallen weder dem Recht des besetzen Staates, noch besteht eine Bindung an die Grundrechte des Grundgesetzes. Dieses Konzept der "Exterritorialität" gilt jedoch nicht für Truppen, die sich mit Zustimmung des Aufenthaltstaates auf dessen Territorium befinden. Dies ist regelmäßig dann der Fall, wenn im Rahmen von Friedensmissionen der Vereinten Nationen oder im Rahmen von Verteidigungsbündnissen Truppen im Gebiet eines anderen Staates stationiert werden.

Es hat sich gezeigt, dass die Bundeswehr heute überwiegend an Auslandseinsätzen beteiligt ist, die von internationalen Organisationen durchgeführt werden. In diesem Rahmen ist die Bundeswehr bei der Wahrnehmung hoheitlicher Befugnisse an die Grundrechte des Grundgesetzes gebunden. Diese Bindung ergibt sich dabei aus ihrer Stellung als Teil der vollziehenden Gewalt, die der Bindung aus Art. 1 Abs. 3 GG unterworfen ist. Auch wenn die deutschen Truppen für Einsätze der NATO, der EU oder der WEU zur Verfügung gestellt werden, bedeutet dieser Vorgang nicht, dass sie aus dem staatlichen Organisationsgefüge in der Weise ausgegliedert werden, dass sie ihre deutsche Organeigenschaft verlieren. Die Bundesrepublik überträgt lediglich das Operational Command an die jeweiligen Befehlshaber der Organisationen.

Einer Bindung deutscher Streitkräfte im Ausland steht auch die Eingliederung in Friedenstruppen der Vereinten Nationen nicht entgegen. Obwohl die Vereinten Nationen sich der Streitkräfte im Wege einer Organleihe bedienen, so dass sie als Organ der Vereinten Nationen Hoheitsgewalt wahrnehmen, bleiben die deutschen Truppen der Bindung aus Art. 1 Abs. 3 GG unterworfen. Der Umstand, dass die eingesetzten Streitkräfte dann nicht mehr deutsche Hoheitsgewalt ausüben, sondern solche der Vereinten Nationen, führt nicht zu einer Freistellung von dieser Bindung. Die Sicherung der Grundrechte kann nicht allein auf die Ausübung nationaler Staatsgewalt reduziert werden, sondern muss dem Staat als solchem überantwortet werden. Sonst könnte die Bundesrepublik Deutschland ihre Grundrechtsbindung dergestalt umgehen, dass sie in internationalen Organisationen tätig wird, um sich durch eine "Flucht in die Internationalität" ihrer Grundrechtsbindung entledigen zu können.

Die Grundrechtsbindung der Bundeswehr ist Teil der umfassenden Grundrechtsbindung der deutschen Staatsgewalt, die auch in Sachverhalten, die sich im Ausland ereignen, Geltung entfaltet. Die Annahme einer Freistellung von der Grundrechtsbindung in diesem Bereich würde der in Art. 1 Abs. 3 GG angeordneten umfassenden Grundrechtsverpflichtung der deutschen Staatsgewalt zuwiderlaufen, die insbesondere die militärische Gewalt an das Grundgesetz binden wollte. Erfasst werden damit insbesondere auch die Auslandseinsätze unter nationaler Führung, die sich direkt aus der Stellung der Bundeswehr als Teil der vollziehenden Gewalt ergibt. Es gibt demnach keine Auslandseinsätze der Bundeswehr im grundrechtsfreien Raum.

Die Bundeswehr ist allerdings im Rahmen der Auslandseinsätze keiner strikten Grundrechtsbindung unterworfen, so dass sie nicht verpflichtet ist, in jedem Einzelfall sicherzustellen, dass der betreffende Hoheitsakt in vollem Umfang den grundgesetzlichen Anforderungen entspricht. Mit der Unterstellung deutscher Einheiten in integrierte Verbände wird zunächst der aus der deutschen Souveränität fließende Anspruch, Hoheitsgewalt in nationaler Autonomie auszuüben, zurückgenommen. Daneben tritt die Ausübung von Hoheitsgewalt auch durch andere staatliche Organe oder solche einer internationalen Organisation. Der Geltungsanspruch der Grundrechte wird damit verkleinert. Bei der Bestimmung des Umfangs der Grundrechtsbindung muss zudem die erfolgreiche Durchsetzung des militärischen Auftrags beachtet werden. Ist dieser gerade das Ziel eines Einsatzes der Streitkräfte, darf er nicht durch die engen Voraussetzungen der Grundrechte gefährdet werden. Die konkreten Aufgaben der Streitkräfte werden weiterhin durch internationale Rechtsgrundlagen festgelegt, die auf die Besonderheiten des jeweiligen Einsatzes Rücksicht nehmen. Im Rahmen ihrer Entstehung ist die deutsche Staatsgewalt verpflichtet, ihre Möglichkeiten zu nutzen, um umgekehrt ihre Grundrechtsgewährleistungen möglichst in Einklang mit diesen zu bringen. Bei ihren Auslandseinsätzen sind die Angehörigen der Bundeswehr demnach in Ausübung ihrer Dienstpflicht an die Grundrechte des Grundgesetzes gebunden. Dies gilt sowohl in ihrer Funktion als teilnehmende Streitkräfte bei Einsätzen im Rahmen internationaler Organisationen als auch bei Einsätzen zur Rettung deutscher Staatsangehöriger, die in nationaler Regie durchgeführt werden. Aufgrund dessen ist die Bundeswehr gehalten, ihre Eingriffsbefugnisse an den Wertungen und Grundentscheidungen der Verfassung so auszurichten, dass die Grundrechte möglichst beachtet werden. Dabei ist zum einen eine Einschränkung der Grundrechtsgeltung aufgrund der internationalen Kooperation grundsätzlich gefordert, zum anderen darf aber auch der militärische Auftrag nicht gefährdet werden. Der geringere Grundrechtsschutz wird dabei durch den des Völkerrechts weitgehend kompensiert. Ob der Auslandseinsatz insgesamt dem Völkerrecht entspricht oder nicht, ist für die Grundrechtsbindung ohne Bedeutung.

Die neuen Einsatzaufgaben der Streitkräfte bedeuten nach der letzten Bestandsaufnahme[925] einen "unerlässlichen Teil eines mehrdimensionalen Ansatzes aus politischen, wirtschaftlichen, entwicklungspolitischen und sicherheitspolitischen Instrumenten, um im multilateralen Zusammenwirken mit Verbündeten und Partnern die globale Sicherheit zu stärken". Die Bundswehr gewinnt durch diese Übernahme neuer Rollen nicht nur in politischer Hinsicht an Bedeutung, sondern auch auf militärischem Gebiet, so dass eine Betrachtung der Bindung an die Grundrechte sich durchaus als notwendig erwiesen hat, auch wenn diese in der Besonderheit der Auslandseinsätze nicht voll zur Geltung kommen können.

925 Bundesministerium der Verteidigung, Bestandsaufnahme, Die Bundeswehr an der Schwelle zum 21. Jahrhundert.

Literaturverzeichnis

Ago: L'occupazione bellica e trattato lateranese, Mailand 1946.

Allen, Henry T.: Zehn Jahre Fremdherrschaft am deutschen Rhein, Berlin 1927.

Anschütz, Gerhard: Die Verfassung des Deutschen Reiches vom 11. August 1919 Kommentar, unveränderter Nachdruck der 14. Aufl., Berlin 1933, Darmstadt 1960.

Antretter, Robert: Die WEU – mehr als ein Symbol, in: Antretter, Sicherheit in Europa: Die Westeuropäische Union, Bonn 1997, S. 56 ff.

Apel, Hans: Bundeswehr nach Afrika? Interview des Hessischen Rundfunks, in: Information für die Truppe 9/1978, S. 80 ff.

Arndt, Michael: Völkerrechtliche und staatsrechtliche Bedeutung der Berliner Erklärung vom 5. Juli 1945, Göttingen 1970.

Arnold, Hans: Keine Angst vor der UNO, in: Blätter für die deutsche und internationale Politik 36 (1991), S. 561 ff.

–: Die Politik der EU in der UNO als Möglichkeit und Maßstab für ihre Gemeinsame Außen- und Sicherheitspolitik (GASP) und ihre Europäische Sicherheits- und Verteidigungspolitik (ESVP), in: von Schorlemer: Praxishandbuch UNO, Die Vereinten Nationen im Lichte globaler Herausforderungen, Berlin u.a. 2003, S. 157 ff.

Asmus, Ronald/Kugler, Richard/Larrabee, Stephen: Building a New NATO, in: Foreign Affairs, 72 (1993) 4, S. 28 ff.

Bähr, Biner Kurt Wenkholm: Verfassungsmäßigkeit des Einsatzes der Bundeswehr im Rahmen der Vereinten Nationen, Frankfurt am Main 1994.

Bandilla-Dany, Constanze: Die Gemeinsame Außen- und Sicherheitspolitik der Europäischen Union nach dem Amsterdamer Vertrag und ihre Perspektiven, Aachen 2002.

Baring, Arnulf: Außenpolitik in Adenauers Kanzlerdemokratie, München 1969.

Bartelt, Sandra: Der rechtliche Rahmen für die neue operative Kapazität der Europäischen Union, Münster, Hamburg, London 2003.

Barth, Eberhard: Der Soldat im Rechtsstaat, Hamburg 1967.

Beck, Thomas/Mathes, Guido/Schuh, Horst: Strausberger Gespräche – Ein Tagungsbericht –Sicherheitspolitik im Wandel: NATO und Bundeswehr vor neuen Herausforderungen, Brühl/Rheinland 2003.

Becker, Friedrich: Zur Geltung der Grundrechte im Internationalen Privatrecht, NJW 1971, S. 1491 ff.

Becker, Kurt: Westeuropäische Union – Europa als zweiter Pfeiler, in: Hoffmann, Friedensverantwortung und Sicherheitsarchitektur in Europa, KSZE-NATO-WEU-EG/EU, Niedersächsische Landeszentrale für politische Bildung, Hannover 1992, S. 18.

Berber, Friedrich: Lehrbuch des Völkerrechts, I. Band, Allgemeines Friedensvölkerrecht, 2. Aufl., München 1975.

–: Lehrbuch des Völkerrechts, II. Band, Kriegsrecht, 2. Aufl., München 1969.

Bernhardt, Rudolf: Verfassungsrecht und internationale Lagen, DÖV 1977, S. 457 ff.

Bernstein, Herbert: Ein Kollisionsrecht für die Verfassung, NJW 1965, S. 2273 ff.

Bethge, Herbert: Aktuelle Probleme der Grundrechtsdogmatik, in: Der Staat 24 (1985), S. 351 ff.

van Beveren, René: Military Cooperation: what structure for the future? Chaillot Paper 6, Paris 1993.

Beyerlin, Ulrich: Humanitarian Intervention, in: Bernhardt, Encyclopedia of Public International Law (EPIL) Vol. II, Oxford 1995, S. 926 ff.

Bland, Douglas: The Military Committee of the North Atlantic Alliance: a study of structure and strategy, New York 1991.

Bleckmann, Albert: Die Völkerrechtsfreundlichkeit der deutschen Rechtsordnung, DÖV 1979, S. 309 ff.

–: Der Grundsatz der Völkerrechtsfreundlichkeit der deutschen Rechtsordnung, DÖV 1996, S. 137 ff.

–: Allgemeine Grundrechtslehren, Staatsrecht II, 2. Aufl., Köln u.a. 1985.

–: Allgemeine Staats- und Völkerrechtslehre, Vom Kompetenz- zum Kooperationsvölkerrecht, Köln, Berlin, Bonn, München 1995.

–: Staatsrecht II – Die Grundrechte, 4. Aufl., Köln, Berlin, Bonn, München 1997.

Bleckmann, Albert/Busse, Bartold: Die Ausreisefreiheit der Deutschen, DVBl. 1977, S. 794 ff.

Blumenwitz, Dieter: Deutsche Souveränität im Wandel (1949-1999), in: Ipsen/Raap/Steinkamm, Wehrrecht und Friedenssicherung, Festschrift für Klaus Dau zum 65. Geburtstag, Neuwied, Kriftel 1999, S. 1 ff.

–: Staat Nation Europa, Frankfurt am Main 1999.

Bothe, Michael: Streitkräfte internationaler Organisationen, Köln, Berlin 1968.

–: Friedenssicherung und Kriegsrecht in: Graf Vitzthum, Völkerrecht, 2. Aufl., Berlin, New York 2001, 8. Abschnitt

–: Kosovo – Anlässe zu völkerrechtlichen Nachdenken, in: Ipsen/Raap/Steinkamm, Wehrrecht und Friedenssicherung, Festschrift für Klaus Dau zum 65. Geburtstag, Neuwied, Kriftel 1999, S. 13 ff.

–: Diskussionsbeitrag, in: Frowein/Stein, Rechtliche Aspekte einer Beteiligung der Bundesrepublik Deutschland an Friedenstruppen der Vereinten Nationen, Berlin, Heidelberg 1989, S. 33 ff.

–: Land Warfare, in: Bernhardt, Encyclopedia of Public International Law (EPIL), Vol. III (1997), S. 129.

–: Militärische Gewalt als Instrument von Konfliktregelung: Versuch einer rechtlichen und politischen Ordnung zehn Jahre nach dem Ende des Ost-West-Konfliktes, in: von Schorlemer: Praxishandbuch UNO, Die Vereinten Nationen im Lichte globaler Herausforderungen, Berlin u.a. 2003, S. 13 ff.

Brandstetter, Gerfried: Die westeuropäische Union, Wien 1999.

von Bredow, Wilfried/Kümmel, Gerhard: Das Militär und die Herausforderung globaler Sicherheit: der Spagat zwischen traditionalen und nichttraditionalen Rollen, Sozialwissenschaftliches Institut der Bundeswehr: SOWI-Arbeitspapier Nr. 119, Strausberg 1999.

von Bredow, Wielfried/Jäger, Thomas: Neue deutsche Außenpolitik, Nationale Interessen in internationalen Beziehungen, Opladen 1993.

Breitenmoser, Stephan/Richter, Dagmar: Die Verwirklichung der KSZE-Grundsätze zum Schutz nationaler Minderheiten durch Organleihe bei der EMRK, EuGRZ 1991, S. 141 ff.

Bringmann, Oliver: Ist der Kosovo-Einsatz völkerrechtswidrig?, in: Sicherung des Friedens, 11/99, S. 1 ff.

Brunner, Stefan: Deutsche Soldaten im Ausland. Fortsetzung der Politik mit anderen Mitteln?, München 1993.

Bundesministerium der Finanzen: Entschädigungsrecht der Truppenschäden (Art. VIII des NATO-Truppenstatuts), Bonn 1964.

Bundesministerium der Verteidigung: Einsätze der Bundeswehr im Ausland, Berlin 2002.

–: Bestandsaufnahme: Die Bundeswehr an der Schwelle zum 21. Jahrhundert, Bonn 1999.

–: Verteidigungspolitische Richtlinien für den Geschäftsbereich des Bundesministers der Verteidigung, Berlin 2003.

–: Handbuch für Einsätze und Verwendungen der Bundeswehr im Frieden außerhalb des Hoheitsgebietes der Bundesrepublik Deutschland, 2000 (zit.: Handbuch für Auslandseinsätze im Frieden).

–: Weißbuch 1994, Weißbuch zur Sicherheit der Bundesrepublik Deutschland und zur Lage und Zukunft der Bundeswehr, Bonn 1994.

–: Rechtliche Bewertung der Einsatzmöglichkeiten der Streitkräfte. Nichtöffentliches Papier aus dem Bundesverteidigungsministerium Herbst 1987, in: Thomas u.a., Bundeswehr und Grundgesetz. Zur neuen Rolle der militärischen Intervention in der Außenpolitik, Frankfurt am Main 1991.

Bundesregierung: Deutschland und die Europäische Union, Gemeinsame Außen- und Sicherheitspolitik, Berlin 2001.

–: Organisation für Sicherheit und Zusammenarbeit in Europa, Berlin 1999.

–: Die neue NATO, Sicherheit und Stabilität, Berlin 1999.

–: Deutschland und die Vereinten Nationen, Berlin 2000.

–: Verantwortung für Frieden und Freiheit 4.0, Eine Textsammlung zur Sicherheitspolitik der Bundesrepublik Deutschland von 1949 bis 2002 (CD-ROM), Berlin 2002.

Burghardt, Günter/Tebbe, Gerd: Die Gemeinsame Außen- und Sicherheitspolitik der Europäischen Union – Rechtliche Struktur und politischer Prozess, in: Europarecht 1995, S. 1 ff.

Busch, Eckart: Der Oberbefehl, Seine rechtliche Struktur in Preußen und Deutschland seit 1848, Boppard 1967.

–: Zur sicherheitspolitischen Orientierung der Verfassung, in: Aus Politik und Zeitgeschichte, B 52-53/1993, S. 27 ff.

Butz: Die Rechtsgrundlagen für die Besatzungsleistungen, in: Jahrbuch für internationales ausländisches öffentliches Recht 1 (1948) S. 129 ff.

Cede, Franz/Sucharipa-Behrmann, Lilly: Die Vereinten Nationen, Recht und Praxis, Wien, München 1999.

von Clausewitz, Carl: Vom Kriege, Berlin 1832.

Coester-Waltjen, Dagmar: Die Wirkungskraft der Grundrechte bei Fällen mit Auslandsberührung, in: Berichte der Deutschen Gesellschaft für Völkerrecht 38 (1997), S. 9 ff.

Coridaß, Alexander: Der Auslandseinsatz von Bundeswehr und Nationaler Volksarmee, Frankfurt am Main, Bern, New York 1985.

Cuntz, Eckart: Verfassungstreue der Soldaten: zur politischen Treuepflicht im Soldatenverhältnis aus historischer, dogmatischer und rechtsvergleichender Sicht, 1. Aufl., Berlin 1985.

Cutilero, José: Ein Instrument der europäischen Sicherheit, in: Antretter, Sicherheit in Europa: Die Westeuropäische Union, Bonn 1997, S. 34 ff.

Czempiel, Ernst-Otto: Weltpolitik im Umbruch, Das internationale System nach dem Ende des Ost-West-Konfliktes, 2. Aufl., München 1993.

Dahm, Georg/Delbrück, Jost/Wolfrum, Rüdiger: Völkerrecht Band I/3, Die Formen des völkerrechtlichen Handelns; Die inhaltliche Ordnung der internationalen Gemeinschaft, 2. Aufl., Berlin 2002.

–: Völkerrecht Band I/1, 2. Aufl., Berlin, New York 1989.

Dau, Klaus: Strukturen in Bewegung, Rechtliche Aspekte der Führung in der Multinationalität, in: Truppenpraxis/Wehrausbildung 3/1999, S. 219 ff.

–: Parlamentsheer unter dem Mandat der Vereinten Nationen, NZWehrr 1994, S. 177 ff.

Däubler, Wolfgang: Stationierung und Grundgesetz, 2. Aufl., Hamburg 1983.

Denninger, Erhard/Hoffmann-Riem, Wolfgang/Schneider, Hans-Peter/Stein, Ekkehart: Alternativkommentar zum Grundgesetz für die Bundesrepublik Deutschland, Band 1, 3. Aufl., Neuwied, Kriftel 2001.

Desch, Thomas/Marek, Reinhard: Rechtsgrundlagen des KFOR-Einsatzes, in: Truppendienst 2002, S. 128-131.

Dicke, Detlef/Rengeling, Hans-Werner: Die Sicherung des Weltfriedens durch die Vereinten Nationen: ein Überblick über die Befugnisse der wichtigsten Organe, Baden-Baden 1975.

Diefenbach, Karl: Grundzüge der deutschen Militärgeschichte, Band 1, Freiburg 1993.

Doehring, Karl: Die allgemeinen Regeln des völkerrechtlichen Fremdenrechts und das deutsche Verfassungsrecht, Köln, Berlin 1963.

–: Völkerrecht, 2. Aufl., Heidelberg 2004.

von Doemming, Klaus-Berto/Füßlein, Rudolf W./Matz, Werner: Entstehungsgeschichte der Artikel des Grundgesetzes, JöR Bd. 1, 1951, S. 1 ff.

Dreist, Peter: Streitkräftefremde Aufgaben im Kosovo, NZWehrr 2002, S. 45 ff.

Eberhardt, Manfred: Die Befehls- und Kommandogewalt, Berlin 1969.

Eisele, Manfred: Blauhelme als Krisenmanager, in: von Schorlemer: Praxishandbuch UNO, Die Vereinten Nationen im Lichte globaler Herausforderungen, Berlin 2003, S. 27 ff.

Eitelhuber, Norbert: Die NATO Response Force, in: SWP-Aktuell, Nr. 52, November 2002.

Elbing, Gunther: Zur Anwendbarkeit der Grundrechte bei Sachverhalten mit Auslandsbezug, Berlin 1992.

Emde, Raimond: Voraussetzungen für die Zulässigkeit eines Bundeswehreinsatzes innerhalb und außerhalb der NATO, NZWehrr 1992, S. 133 ff.

Epping, Volker: Das Recht der internationalen Organisationen, in: Hobe, Kooperation oder Konkurrenz internationaler Organisationen: eine Arbeitstagung zum Verhältnis von Vereinten Nationen und Europäischer Union am Beginn des 21. Jahrhunderts, Baden-Baden 2001, S. 12 ff.

Erichsen, Hans-Uwe/Ehlers, Dirk: Allgemeines Verwaltungsrecht, 12. Aufl., Berlin 2002.

*Fastenrath, Ulrich:*Die "Internationalisierung" des deutschen Grundgesetzes – wie weit trägt die Entgrenzung des Verfassungsstaats?, in: Pitschas/Kisa, Internationalisierung von Staat und Verfassung im Spiegel des deutschen und japanischen Staats- und Verwaltungsrechts, Berlin 2002, S. 37 ff.

Fiedler, Wilfried: Quantitative und qualitative Aspekte der Einordnung der Bundesrepublik Deutschland in völkerrechtliche Verträge, in: Geiger, Völkerrechtlicher Vertrag und staatliches Recht vor dem Hintergrund zunehmender Verdichtung der internationalen Beziehungen, Baden-Baden 2000, S. 11 ff.

Fleck, Dieter: Befehls- und Kommandogewalt über deutsche Streitkräfte in multinationalen Verbänden, in: Geiger, Völkerrechtlicher Vertrag und staatliches Recht vor dem Hintergrund zunehmender Verdichtung der internationalen Beziehungen, Baden-Baden 2000, S. 163 ff.

Foreign Relations of the United States, Diplomatic Papers: Western Europe 1950, Vol. III, Washington 1977, S. 540 ff.

Frank, Karl: Freiheitsbegriff und Pflichtgedanke, Beiträge über die verfassungsmäßige Sicherung staatsbürgerlicher Freiheiten in Vergangenheit und Gegenwart, in: Schriftenreihe der Überparteilichen Demokratischen Arbeitsgemeinschaft, Heft 2, S. 93 ff.

Frank, R.: Öffentlich-rechtliche Ansprüche fremder Staaten vor inländischen Gerichten, in: RabelsZ 34 (1970), S. 56 ff.

Franzke, Hans-Georg: Schutzaktionen zugunsten der Staatsangehörigen im Ausland als Ausfluss des Rechts auf Selbstverteidigung der Staaten, Bonn 1965.

Friauf, Karl Heinrich/Scholz, Rupert: Europarecht und Grundgesetz, Berlin 1990.

Frowein, Jochen: Die Völkerrechtsordnung an der Schwelle zum 21. Jahrhundert, in: Verhandlungen des 63. Deutschen Juristentages, Band II/1, Teil S, München 2000.

–: Auf dem Weg zu einer gemeinsamen Sicherheits- und Verteidigungspolitik, in: Tomuschat, Rechtsprobleme einer europäischen Sicherheits- und Verteidigungspolitik, Heidelberg 1997, S. 11 ff.

–: Die Europäische Union im Zeichen der Globalisierung: Einbindung und Status der Europäischen Union im Verfassungssystem der Staatengemeinschaft, in: Kloepfer/Pernice, Entwicklungsperspektiven der Europäischen Verfassung im Lichte des Vertrags von Amsterdam, Baden-Baden 1999, S. 117 ff.

Frowein, Jochen/Stein, Torsten: Rechtliche Aspekte einer Beteiligung der Bundesrepublik Deutschland an Friedenstruppen der Vereinten Nationen, Berlin, Heidelberg 1990.

*Fuchs, Hans-Werner:*Bundeswehr und Grundgesetz, Die Bedeutung des Grundgesetzes für die politische Bildung, in: Politische Bildung, Jahrgang 28/ 1995 Heft 2, S. 82 ff.

Gareis, Sven Bernhard/Varwick, Johannes: Die Vereinten Nationen, Aufgaben, Instrumente, Reformen, 2. Aufl., Opladen 2002.

Geiger, Gunnar: Die rechtlichen Rahmenbedingungen der Multinationalität unter besonderer Berücksichtigung der Befehls- und Kommandogewalt, Aachen 2002.

Geiger, Rudolf: Grundgesetz und Völkerrecht – Die Bezüge des Staatsrechts zum Völkerrecht und Europarecht –, 3. Aufl., München 2002.

von Gersorff, Gero: Adenauers Außenpolitik gegenüber den Siegermächten 1954, München 1994.

Giese, Friedrich: Konzernentflechtung als Problem des internationalen Verwaltungsrechts, MDR 1950, S. 132 ff.

Goebel, Peter: Von Kambodscha bis Kosovo, Auslandseinsätze der Bundeswehr, Frankfurt am Main, Bonn 2000.

Gornig, Gilbert: Die Verfassungsmäßigkeit der Entsendung von Bundeswehrsoldaten zu "Blauhelm"-Einsätzen, JZ 1993, S. 123ff.

Greiner, Christian: Die Entwicklung der Bündnisstrategie 1949 bis 1958, in: Greiner/Maier/Rebhan, Die NATO als Militärallianz. Strategie, Organisation und nukleare Kontrolle im Bündnis 1949 bis 1959, München 2003, S. 19 ff.

Grewe, Wilhelm: Ein Besatzungsstatut für Deutschland, Stuttgart 1948.

Grewe, Wilhelm/Küster, Otto: Nürnberg als Rechtsfrage, Stuttgart 1947.

Günther, Thomas: Zum Einsatz der Bundeswehr im Ausland, in: Thiel: Wehrhafte Demokratie, Tübingen 2003, S. 329 ff.

Habermas, Jürgen: Die postnationale Konstellation und die Zukunft der Demokratie, in: ders.: Die postnationale Konstellation. Politische Essays 1998, S. 91 ff.

Hagedorn, Manfred: Die auswärtige Gewalt des Okkupanten für ein kriegerisch besetztes Gebiet, Bonn 1958.

–: Wehrverfassungsrecht, Band 2/1, Hamburg, Berlin 1965.

Hamann, Andreas/Lenz, Helmut: Das Grundgesetz für die Bundesrepublik Deutschland vom 23. Mai 1949: Ein Kommentar für Wissenschaft und Praxis, 3. Aufl., Neuwied u.a. 1970.

Hamann, Rudolf: Bundeswehr und Gesellschaft – ein Problem kognitiver Dissonanz, in: Die Bundeswehr im demokratischen Staat, Politische Bildung, 7/1974, Heft 1, S. 3 ff.

Happach, Erich: Führung und Führungsunterstützung bei multinationalen Verbänden, in: Flume/Helex, Multinationale Streitkräfte in der NATO, Sankt Augustin 1994, S. 105 ff.

Hartung, Fritz: Die Entwicklung der Menschen- und Bürgerrechte, 2. Aufl., Göttingen, Berlin 1954.

Heckel, Johannes: Wehrverfassung und Wehrrecht des Großdeutschen Reiches, Hamburg 1939.

Heffter, August Wilhelm: Das Europäische Völkerrecht der Gegenwart auf den bisherigen Grundlagen, 8. Ausg., Berlin 1888.

Heintzen, Markus: Auswärtige Beziehungen privater Verbände: eine staatsrechtliche, insbesondere grundrechtskollisionsrechtliche Untersuchung, Berlin 1988.

Herbst, Joachim: Gerichtlicher Rechtsschutz gegen Hoheitsakte der Alliierten in Berlin (West), Frankfurt am Main, Bern, New York, Paris 1991.

Hermann, Philipp: Aktueller Fall: Recht auf Leben nicht einklagbar? Das Varvarin-Urteil des Landgerichts Bonn vom 10. Dezember 2003, in: Humanitäres Völkerrecht-Informationsschriften, Heft 2, 2004, S. 79 ff.

Heydecker, Joe/Leeb, Johannes: Der Nürnberger Prozeß, 6. Aufl., Köln 1962.

Heyland, Karl: Die Rechtsstellung der besetzten Rheinlande, in: Stier-Somlo, Handbuch des Völkerrechts, 3. Bd., 4. Abt., Stuttgart 1923 (zit.: Heyland, Die Rechtsstellung der besetzten Rheinlande).

Hobe, Stephan: Der offene Verfassungsstaat zwischen Souveränität und Interdependenz, Berlin 1998.

–: Kooperation oder Konkurrenz internationaler Organisationen: eine Arbeitstagung zum Verhältnis von Vereinten Nationen und Europäischer Union am Beginn des 21. Jahrhunderts, 1. Aufl., Baden-Baden 2001.

Hobe, Stephan/Kimminich, Otto: Einführung in das Völkerrecht, 8. Aufl., Tübingen, Basel 2004.

Hoffmann, Oskar: Bundeswehr und UN-Friedenssicherung. Die friedenssichernden Maßnahmen der Vereinten Nationen und die Frage einer Beteiligung deutscher Streitkräfte – völkerrechtliche, verfassungsrechtliche und politische Probleme, Frankfurt am Main, Bern, New York, Paris 1991 (zit.: Bundeswehr und UN-Friedenssicherung).

Höfling, Wolfram: Die Grundrechtsbindung der Staatsgewalt, JA 1995, S. 431 ff.

Hofmann, Rainer: Grundrechte und grenzüberschreitende Sachverhalte, Berlin u.a. 1994.

–: Die Bindung staatlicher Macht, in:Hofmann/Marko/Merli/Wiederin, Rechtsstaatlichkeit in Europa, Heidelberg 1996, S. 3 ff.

Holmes, Kim: New World Disorder: A Critique of the United Nations, in: Journal of International Affairs, Heft 46, S. 323 ff.

Holstein, Alexia: Das Verhältnis des Sicherheitsrates der Vereinten Nationen zu NATO und OSZE, Stuttgart, München, Hannover, Berlin, Weimar, Dresden 1996.

Hornung, Klaus: Staat und Armee, Mainz 1975.

Huber, Ernst-Rudolf: Verfassungsrecht des Großdeutschen Reiches, 2. Aufl. der "Verfassung"; Hamburg 1939.

IAP-Publizistische Gesellschaft für Politik und Zeitgeschehen: Sicherheitspolitik, Auslandseinsätze der Bundeswehr, IAP-Sonderheft 10/2002.

Ipsen, Knut: Völkerrecht, 5. Aufl., München 2004.

–: Neue Entwicklung im humanitären Völkerrecht, in: Humanitäres Völkerrecht-Informationsschriften 7 (1994), S. 117 ff.

–: Die rechtliche Institutionalisierung der Verteidigung im atlantisch-europäischen Raum, in: JöR N.F. 21 (1972), S. 1 ff.

–: Die Bündnisklausel der Notstandsverfassung, in: AöR 94 (1969), S. 554 ff.

–: Rechtsgrundlagen und Institutionalisierung der Verteidigung im atlantisch-westeuropäischen Raum, Hamburg 1967.

Isensee, Josef: Weltpolizei für Menschenrechte, JZ 1995, S. 421 ff.

–: Die staatsrechtliche Stellung der Ausländer in der BRD, in: Veröffentlichungen der Vereinigung der Deutschen Staatsrechtslehrer, Berlin, New York 1974, S. 49 ff.

Isensee, Josef/Kirchhof, Paul: Handbuch des Staatsrechts der Bundesrepublik Deutschland, Bd. III: Das Handeln des Staates, Heidelberg 1988 (zit.: HStR, Bd. III).

–: Handbuch des Staatsrechts der Bundesrepublik Deutschland, Bd. V: Allgemeine Grundrechtslehren, Heidelberg 2000 (zit.: HStR, Bd. V).

–: Handbuch des Staatsrechts der Bundesrepublik Deutschland, Bd. VII: Normativität und Schutz der Verfassung – Internationale Beziehungen, Heidelberg 1993 (zit.: HStR, Bd. VII).

Jacobsen, Hans-Adolf/Rautenberg, Hans-Jürgen: Bundeswehr und europäische Sicherheitsordnung, Abschlussbericht der Unabhängigen Kommission für die künftigen Aufgaben der Bundeswehr, Bonn, Berlin 1991.

Jarass, Hans Dieter/Pieroth, Bodo: Grundgesetz für die Bundesrepublik Deutschland – Kommentar, 7. Aufl., München 2004.

Jellinek, Walter: Verwaltungsrecht, 3. Aufl., Berlin, Göttingen, Heidelberg 1931.

Jorasch, Reinhard: Individuelle und kollektive Selbstverteidigung, NZWehrr 1981, S. 201 ff.

Kadelbach, Stefan: Zwingendes Völkerrecht, Berlin 1992.

–: Internationale Verflechtung, in: Pieroth, Verfassungsrecht und soziale Wirklichkeit in Wechselwirkung, Berlin 2000, S. 161 ff.

Kamp, Karl-Heinz: Die NATO nach dem Prager Gipfel, Eine globale und "präventive" Allianz? Arbeitspapier Konrad-Adenauer-Stiftung Nr. 97/2003.

Katz, Alfred: Staatsrecht, Grundkurs im öffentlichen Recht, 14. Aufl., Heidelberg 1999.

Kaufmann, Erich: Deutschlands Rechtslage unter der Besatzung, Stuttgart 1948.

Kelsen, Hans: Die reine Rechtslehre, 2. Aufl., Wien 1960.

–: Allgemeine Staatslehre, Berlin 1925.

Kersting, Klaus: Kollektive Sicherheit durch peace keeping operations, insbesondere: Zur Beteiligung der Bundeswehr an UN-Aktionen, NZWehrr 1983, S. 64 ff.

Kirchhof, Paul: Der Verteidigungsauftrag der deutschen Streitkräfte, in: Beyerlin/Bothe/Hofmann/Petersmann, Recht zwischen Umbruch und Bewahrung, Feststchrift für Rudolf Bernhardt, Berlin u.a. 1995, S. 797 ff.

Klein, Eckart: Rechtsprobleme einer deutschen Beteiligung an der Aufstellung von Streitkräften der Vereinten Nationen, in: ZaöRV 34 (1974), S. 429 ff.

Koch, Ernst: Die Blauhelme. Im Einsatz für den Frieden, Frankfurt am Main 1991.

Koellreutter, Otto: Staatslehre im Umriß, Göttingen 1955.

König, K. : Zum Völker- und Kriegsrecht im Altertum, in: Zeitschrift für Völkerrecht, Bd. XI, S. 155 ff.

Kreß, Claus: Staat und Individuum in Krieg und Bürgerkrieg, NJW 1999, S. 3077 ff.

–: Die Rettungsoperation der Bundeswehr in Albanien am 14. März 1997 aus völker- und verfassungsrechtlicher Sicht, in: ZaöRV 57 (1998), S. 329 ff.

Krieger, Heike: Die Verantwortlichkeit Deutschlands nach der EMRK, in: ZaöRV 2002, S. 669 ff.

Krüger, Herbert: Grundgesetz und Kartellgesetzgebung, Göttingen 1950.

–: Die Einschränkung von Grundrechten nach dem Grundgesetz, DVBl. 1950, S. 625 ff.

Krüger-Sprengel, Friedhelm: Statusformen in NATO, WEU und EU, Arbeitspapier der Konrad-Adenauer-Stiftung, Sankt Augustin 1997.

Kruse, Hans: Besatzungsmacht und Freiheitsrechte, Rechtsgutachten nebst Anhang, Göttingen 1953.

Kübler, Klaus: Über Wesen und Begriff der Grundrechte, Stuttgart 1965.

Kugelmann, Dieter: Die Gemeinsame Außen- und Sicherheitspolitik, in: Euoparecht 1998, Beiheft 2, S. 99 ff.

Kühne, Winrich: Blauhelme in einer turbulenten Welt. Beiträge internationaler Experten zur Fortentwicklung des Völkerrechts und der Vereinten Nationen, Baden-Baden, 1993, S. 17 ff.

–: UN-Friedenseinsätze verbessern – Die Empfehlungen der Brahimi-Kommission, in: von Schorlemer: Praxishandbuch UNO, Die Vereinten Nationen im Lichte globaler Herausforderungen, Berlin u.a. 2003, S. 715 ff.

Kümmel, Gerhard: Die Teilbarkeit der Menschenrechte, Menschenrechte und nationalstaatliche Souveränität, SOWI-Arbeitspapier Nr. 116, Strausberg 1999.

Kuschnick, Michael: Integration in Staatenverbindungen. Vom 19. Jahrhundert bis zur EU nach dem Vertrag von Amsterdam, Berlin, New York 1999.

Laband, Paul: Die Staatsgewalt im besetzten Feindgebiet, in: Deutsche Juristenzeitung, 1917, S. 262 ff.

Lang, Stefan: Internationale Einsätze der Bundeswehr außerhalb von Systemen kollektiver Sicherheit, München 2000.

Lange, Christian: Zu Fragen der Rechtmäßigkeit des NATO-Einsatzes im Kosovo, in: EuGRZ 1999, S. 313 ff.

Laun, Rudolf: Die Haager Landkriegsordnung (Das Übereinkommen über die Gesetze und Gebräuche des Landkrieges), 5. Aufl., Hannover 1950.

Lecheler, Helmut: Auswärtige Beziehungen in der Europäischen Union, in: Archiv des Völkerrechts 32 (1194), S. 1 ff.

Lehnguth, Gerold: Die Verwaltungsakte der Streitkräfte gegenüber dem Bürger, Göttingen 1973.

Leibholz, Gerhard/Rinck, Hans-Justus/Hesselberger, Dieter: Grundgesetz Kommentar an Hand der Rechtsprechung des Bundesverfassungsgerichts, Loseblattsammlung, 7.Aufl., Karlsruhe 1995, Band I, Art. 1-20, 41. Lieferung, Stand August 2003.

von Lepel, Oskar-Matthias: Recht und Gehorsam im Auslandseinsatz als Legitimationsproblem, in: Truppenpraxis/Wehrausbildung 12/1996, S. 840 ff.

Lepper, Manfred: Die verfassungsrechtliche Stellung der militärischen Streitkräfte im gewaltenteilenden Rechtsstaat, Bielefeld 1962.

von Lersner, York Freiherr: Der Einsatz von Bundeswehrsoldaten in Albanien zur Rettung deutscher Staatsangehöriger, in: Humanitäres Völkerrecht – Informationsschriften 1999 Heft 3, S. 156 ff.

Limpert, Martin: Auslandseinsatz der Bundeswehr, Berlin 2002.

Lübkemeier, Eckhard/Thränert, Oliver: NATO, OSZE und Europäische Sicherheit, Eurokolleg 35 (1995), Friedrich-Ebert-Stiftung.

Lüder, Sascha Rolf: Die völkerrechtliche Verantwortlichkeit der Nordatlantikvertrags-Organisation bei der militärischen Absicherung der Friedensvereinbarung von Dayton, NZWehrr 2001, S. 107 ff.

Lutz, Dieter S.: Krieg als ultima ratio? Zum Einsatz der Bundeswehr außerhalb des Territoriums der Bundesrepublik Deutschland, in: Hamburger Beiträge zur Friedensforschung und Sicherheitspolitik, Heft 72, Januar 1993.

März, Wolfgang: Bundeswehr in Somalia: Verfassungsrechtliche und verfassungspolitische Überlegungen zur Verwendung deutscher Streitkräfte in VN-Operationen, Berlin 1997.

von Mangoldt, Hermann: Schriftlicher Bericht I. Die Grundrechte, in: Parlamentarischer Rat Anlage zum stenographischen Bericht der 9. Sitzung.

von Mangoldt, Hermann/Klein, Friedrich/Starck, Christian: Das Bonner Grundgesetz – Kommentar, Band 1, Art. 1-19, 4. Aufl., München 1999.

–: Das Bonner Grundgesetz – Kommentar, Band 1, 2. Aufl., München 1957.

–: Das Bonner Grundgesetz – Kommentar, Band 3, Art. 79-146, 4. Aufl., München 2001.

von Mangoldt, Hermann: Die Grundrechte, DÖV 1949, S. 261 ff.

Marhaun, Thilo: North Atlantic Treaty Organisation, in: Rudolf Bernhardt, EPIL III (1997) Amsterdam, London, New York 1986, S. 646 ff.

Martenczuk, Bernd: Die differenzierte Integration und die föderale Struktur der Europäischen Union, in: Europarecht 2000, S. 351 ff.

Martens, Wolfgang: Grundgesetz und Wehrverfassung, Hamburg 1961.

Martenson, Sten: "Out of area" als großes Reizthema, in: Das Parlament Nr. 2 vom 14.01.1994, S. 12.

Maunz, Theodor: Verfassungsrechtliche Grundlagen der deutsch-alliierten Verträge, Gutachten, Oktober 1952, in: Wehrbeitrag II, S. 591-619.

–: Der Verfassungsstaat als Glied einer Europäischen Gemeinschaft, BayVBl. 1990, S. 545 ff.

Maunz, Theodor/Dürig, Günter: Grundgesetz-Kommentar, 44. Lieferung, München Februar 2005.

Maurer, Hartmut: Allgemeines Verwaltungsrecht, 14. Aufl., München 2002.

Mayer, Otto: Deutsches Verwaltungsrecht, Bd. 1, 3. Aufl., München, Leipzig 1924.

McNair, Arnolf/Watts, A.D.: The legal effects of war, Cambridge 1966.

Mehler, Thomas: Die Grundrechtsbindung der deutschen Staatsgewalt bei der EG-Rechtsetzung, Frankfurt am Main u.a. 1999.

Merten, Detlef: Räumlicher Geltungsbereich von Grundrechtsbestimmungen, in: Dörr, Die Macht des Geistes, Festschrift für Hartmut Schiedermair, Heidelberg 2001, S. 331 ff

Merten, Detlef/Papier, Hans-Jürgen: Handbuch der Grundrechte, Bd. I, Heidelberg 2004.

Meurer, Christian: Die völkerrechtliche Stellung der vom Feind besetzten Gebiete, in: Archiv für öffentliches Recht, Bd. 33 (1915), S. 353 ff.

Mey, Holger H.: Deutsche Sicherheitspolitik 2030, Frankfurt am Main 2001.

Meyer, Georg: Lehrbuch des Deutschen Verwaltungsrechtes, 3. Aufl., Leipzig 1910 (Bearb. Dochow).

Mosler, Hermann: Die Erweiterung des Kreises der Völkerrechtssubjekte, in: ZaöRV 22 (1962) S. 1 ff.

Mühleisen, Hans-Otto: Zur Geschichte der Grundrechte, in: Informationen zur politischen Bildung Heft 239.

von Münch, Ingo: Dokumente des geteilten Deutschland: Quellentexte zur Rechtslage des Deutschen Reiches, der Bundesrepublik Deutschland und der Deutschen Demokratischen Republik, 2. Aufl., Stuttgart 1976.

von Münch, Ingo/Kunig, Philip: Grundgesetz-Kommentar, Bd. 1, Art. 1-19, 5. Aufl., München 2000.

–: Grundgesetz-Kommentar, Bd. 2, Art. 20-69, 5. Aufl., München 2001.

–: Grundgesetz-Kommentar Bd. 3, Art. 70-146, 5. Aufl., München 2003.

Neumeyer, Karl: Internationales Verwaltungsrecht IV, Zürich, Leipzig 1936.

Niewerth, Johannes/Rehr-Zimmermann, Thilo: Der Einsatz der NATO zur Streitbeilegung nach der UN-Charta, Humanitäres Völkerrecht IV 1994, S. 186 ff.

Nipperdey, Hans Carl: Die Grundrechte und Grundpflichten der Reichsverfassung. Kommentar zum Zweiten Teil der Reichsverfassung Bd. 1, Berlin 1929.

Nölle, Bernd: Die Verwendung des deutschen Soldaten im Ausland, Bonn 1973.

Nolte, Georg: Bundeswehreinsätze in kollektiven Sicherheitssystemen. Zum Urteil des Bundesverfassungsgerichts vom 12. Juli 1994, in: ZaöRV 54 (1994), S. 652 ff.

von Olshausen, Henning: Grundrechte und Anwendung ausländischen Rechts, DVBl. 1974, S. 652 ff.

van Ooyen, Robert Christian: Die neue Welt des Krieges und das Recht: Out-of-area-Einsätze der Bundeswehr im verfassungsfreien Raum, in: Internationale Politik und Gesellschaft 2002, S. 90 ff.

Oppenheim, Lassa/Lauterpacht, Hersch: International Law, 2. Bd., London, New York 1948.

Oppermann, Thomas: Transnationale Ausstrahlungen deutscher Grundrechte?, in: Kronek/Oppermann, Im Dienste Deutschlands und des Rechts, Festschrift für Wilhelm G. Grewe zum 70. Geburtstag, Baden-Baden 1981.

–: Europarecht, Ein Studienbuch, 2. Aufl., München 1999.

OSZE-Jahrbuch 2000: Jahrbuch zur Organisation für Sicherheit und Zusammenarbeit in Europa, Herausgegeben vom IFSH, Band 6-2000, Baden-Baden 2000.

Ottmer, Hans-Martin: Die Entwicklung Deutscher Sicherheitspolitik und die Geschichte der Bundeswehr 1945-1992, Berlin, Bonn, Herford 1993.

Der Parlamentarische Rat 1948-1949, Akten und Protokolle: Bearb.: Bucher, Band 2, Der Verfassungskonvent auf Herrenchiemsee, 1981.

Pernice, Ingolf: Europäisches und nationales Verfassungsrecht, in: Veröffentlichungen der Vereinigung der deutschen Staatsrechtslehrer 60 (2000), S. 148 ff.

–: Gemeinschaftsverfassung und Grundrechtsschutz – Grundlagen, Bestand und Perspektiven, NJW 1990, S. 2409.

Pernthaler, Peter: Die Globalisierung als Herausforderung an eine moderne Staatslehre, in:Schäffer/Berka/Stolzlechner/Werndl, Staat,Verfassung, Verwaltung, Festschrift für Friedrich Koja zum 65. Geburtstag, Wien, New York 1998, S. 69 ff.

Peter, Franz K.: Die völkerrechtliche Stellung Deutschlands unter dem Besatzungsregime, in: Schweizer Monatshefte 26 (1946), S. 8.

Pfeiffer, Karl: Zur Rechtsnatur der alliierten Vorbehaltsrechte, DVBl. 1973, S. 57 ff.

Philippi, Nina: Bundeswehr-Auslandseinsätze als außen- und sicherheitspolitisches Problem des geeinten Deutschland, Frankfurt am Main, Berlin, Bern, New York, Paris, Wien 1997.

Pieroth, Bodo: Geschichte der Grundrechte, Jura 1984, S. 568 ff.

Pieroth, Bodo/Schlink, Bernhard: Grundrechte – Staatsrecht II, 20. Aufl., Heidelberg 2004.

Poscher, Ralf: Grundrechte als Abwehrrechte, Tübingen 2003.

–: Die Grundrechte der Weimarer Reichsverfassung, in: Die Grundrechte im Spiegel des Plakats von 1919-1999, Katalog zur Ausstellung im Deutschen Historischen Museum Berlin, Berlin 2000, S. 23 ff.

Puttfarken, Hans-Jürgen: Grundrechte im internationalen Rechtsraum: Zur Zweitregister-Entscheidung des Bundesverfassungsgerichts, in: Recht der internationalen Wirtschaft (RIW) 1995, S. 617 ff.

Quaritsch, Helmut: Führung und Organisation der Streitkräfte im demokratisch-parlamentarischen Staat, in: Veröffentlichungen der Vereinigung der Deutschen Staatsrechtslehrer, Berlin, New York 1968, S. 207 ff.

Raap, Christian: Deutsches Wehrrecht, Die verfassungsrechtlichen und gesetzlichen Grundlagen des Wehrwesens, Heidelberg 1999.

–: Die Souveränität der Bundesrepublik Deutschland unter besonderer Berücksichtigung des militärischen Bereichs und der deutschen Einheit, Frankfurt am Main, Bern, New York, Paris 1992.

–: Sowjetische Truppen in Deutschland, NZWehrr 1991, S. 23 ff.

Rauser, Thomas: Die Übertragung von Hoheitsrechten auf ausländische Staaten, München 1991.

Rautenberg, Hans-Jürgen/Wiggershaus, Norbert: Die "Himmeroder Denkschrift" vom Oktober 1950. Militärgeschichtliches Forschungsamt, Karlsruhe 1977.

Rehnquist, William H.: All the laws but one, New York 1998.

Rensmann, Michael: Besatzungsrecht im wiedervereinten Deutschland, Baden-Baden 2002.

Riedel, Norbert Karl: Der Einsatz deutscher Streitkräfte im Ausland- verfassungs- und völkerrechtliche Schranken, Frankfurt am Main, Bern, New York 1989.

–: Bundeswehr mit "blauen Helmen"?, NJW 1989, S. 639 ff.

–: Deutsche als UNO-Soldaten?, DÖV 1989, S. 890 ff.

Risse, Horst: Der Einsatz militärischer Kräfte durch die Vereinten Nationen und das Völkerrecht, Frankfurt am Main 1988.

–: Das Verhältnis der UN-Truppen zu den Vereinten Nationen, zu den Entsende- und Aufnahmestaaten, in: Koch, Die Blauhelme, Im Einsatz für den Frieden, Frankfurt am Main, Bonn 1991, S. 52 ff.

Rossbacher, Dina: Friedenssicherung – am Beispiel der Interimsverwaltung der Vereinten Nationen im Kosovo (UNMIK), Hamburg 2004.

Rovan, Joseph: Das Eurokorps – von der Vision zur Wirklichkeit, in: Eurokorps und Europäische Einigung, S. 31 ff., Bonn 1996.

Rudolf, Walter/Habscheid, Walther J.: Territoriale Grenzen der staatlichen Rechsetzung, in: Berichte der Deutschen Gesellschaft für Völkerrecht 1973.

Rupieper, Hermann-Josef: Die NATO und die Bundesrepublik Deutschland 1949-1956, in: Wiggershaus/Heinemann, Nationale Außen- und Bündnispolitik der NATO-Mitgliedstaaten, München 2000, S. 195 ff.

Ruthig, Josef: Globalisierung und Grundgesetz – Die Grundrechte in Sachverhalten mit Auslandsbezug, in: Wolter/Riedel/Taupitz, Einwirkungen der Grundrechte auf das Zivilrecht, Öffentliche Recht und Strafrecht, Mannheimer Fakultätstagung über 50 Jahre Grundgesetz, Heidelberg 1999, S. 271.

Saalfeld, Michael: Entwicklung und Perspektiven der WEU, Völkerrechtliche und sicherheitspolitische Überlegungen zu einer künftigen Revision des WEU-Vertrages, Tübingen 1992.

–: Die Entwicklung rechtlicher Bedingungen für militärische Einsätze im VN-Rahmen, NZWehrr 1994, S. 147 ff.

Sachau, Manfred: Wehrhoheit und Auswärtige Gewalt, Berlin 1967.

Sachs, Michael: Verfassungsrecht II – Grundrechte, Berlin u.a. 2003.

–: Grundgesetz Kommentar, 3. Aufl., München 2003.

Sandrock, Otto: Das "einseitige Kollisionsrecht für die Verfassung" und das ausländische Privatrecht: viel Lärm um Nichts?, in: Flume/Hahn/Kegel/Simmonds, Internationales Recht und Wirtschaftsordnung, Festschrift für F.A. Mann zum 70. Geburtstag, München 1977, S. 267 ff.

Sauser-Hall, Georges: L'occupation des guerre et les doits privés, in: Schweizerisches Jahrbuch für internationales Recht Bd. 1 (1944) S. 67.

Schaller, Christian: Völkerrechtliche Schutzpflichten der Besatzungsmächte im Irak, in: SWP-Aktuell Nr. 31, August 2003.

Schemann, Eric: Die verfassungsrechtliche Legitimation nichtmilitärischer Auslandseinsätze der Bundeswehr, Solingen 1998.

Schenke, Wolf-Rüdiger: 40 Jahre Grundgesetz, JZ 1989, S. 653 ff.

Scheuner, Ulrich: Die rechtliche Tragweite der Grundrechte in der deutschen Verfassungsentwicklung des 19. Jahrhunderts, in: Fortsthoff/Weber/Wieacker, Festschrift für Ernst Rudolf Huber zum 70. Geburtstag, Göttingen 1973, S. 139 ff.

Schilling, Theodor: Rang und Geltung von Normen in gestuften Rechtsordnungen, Berlin 1994.

Schindler, Dietrich/Toman, Juri: The Laws of Armed Conflicts, Dordrecht, Genf 1988.

Schlochauer, Hans-Jürgen: Die extraterritoriale Wirkung von Hoheitsakten, Frankfurt am Main 1962.

Schmalenbach, Kirsten: Die Beurteilung von grenzüberschreitenden Militäreinsätzen gegen den internationalen Terrorismus aus völkerrechtlicher Sicht, NZWehrr 2000, S. 177 ff.

–: Die Haftung internationaler Organisationen, Frankfurt am Main, u.a. 2004.

Schmalz, Dieter: Grundrechte, 3. Auflage, Baden-Baden 1997.

Schmalz, Uwe: Aufbruch zu neuer Handlungsfähigkeit: Die Gemeinsame Außen-, Sicherheits- und Verteidigungspolitik unter deutscher Ratspräsidentschaft, Integration 1999, S. 191 ff.

Schmidt-Bleibtreu, Bruno/Klein, Franz: Kommentar zum Grundgesetz, 10. Aufl., Neuwied, Kriftel 2004.

von Schmoller, Gustav/Maier, Hedwig/Tobler, Achim: Handbuch des Besatzungsrechts, Tübingen 1957

Schneider, Hans-Peter: Eigenart und Funktionen der Grundrechte im demokratischen Verfassungsstaat, in: Perels, Grundrechte als Fundament der Demokratie, Frankfurt am Main, 1979, S. 11 ff.

Schöbener, Burkhard: Schutz der Menschenrechte mit militärischer Gewalt, in: Zeitschrift für Politik (ZfP) 2000, S. 293 ff.

–: Verfassungsstaatliche Verantwortung für eine internationale Friedensordnung, in: Dreier/Forkel/Laubenthal, Raum und Recht, Festschrift 600 Jahre Würzburger Juristenfakultät, Berlin 2002, S. 407 ff.

–: "Unconditional Surrender" – Entwicklung, Inhalt und Konsequenzen der sog. Casablanca-Formel, in: Der Staat 34 (1995), S. 163 ff.

Schopohl, Ulrich: Der Außeneinsatz der Streitkräfte im Frieden, Hamburg 1991.

Schröder, Dieter: Das geltende Besatzungsrecht, Baden-Baden 1990.

–: Besatzungsgewalt und Personalhoheit , in: Archiv des Völkerrechts, Bd. 21 (1983), S. 410 ff.

Schröder, Jens-Ole: Die internationale Integration deutscher Streitkräfte und ihre verfassungsrechtlichen Grenzen, Aachen 1997.

Schröder, Meinhard: Zur Wirkkraft der Grundrechte bei Sachverhalten mit grenzüberschreitenden Elementen, in: von Münch, Staatsrecht, Völkerrecht, Europarecht, Festschrift für Hans-Jürgen Schlochauer zum 75. Geburtstag, Berlin u.a. 1981, S. 137 ff.

Schultz, Marcus: Die Auslandsentsendung von Bundeswehr und Bundesgrenzschutz zum Zwecke der Friedenswahrung und Verteidigung: völker- und verfassungsrechtliche Analyse unter besonderer Berücksichtigung der Entscheidung des Bundesverfassungsgerichts zum Einsatz deutscher Streitkräfte vom 12. Juli 1994, Frankfurt am Main u.a. 1998.

Schürr, Ulrich: Der Aufbau einer europäischen Sicherheits- und Verteidigungsidentität im Beziehungsgeflecht von EU, WEU, OSZE und NATO, Frankfurt am Main 2003.

Schweisfurth, Theodor: Die juristische Mutation der KSZE – Eine internationale Organisation in statu nascendi, in: Beyerlin/Bothe/Hofmann/Petersmann, Recht zwischen Umbruch und Bewahrung, Festschrift für Rudolf Bernhardt, Berlin u.a. 1995, S. 213 ff.

Seidl-Hohenveldern, Ignaz/Loibl, Gerhard: Das Recht der Internationalen Organisationen einschließlich der Supranationalen Gemeinschaften, 7. Aufl., Köln u.a. 2000.

Seidl-Hohenveldern, Ignaz/Stein, Torsten: Völkerrecht, 10. Aufl., Köln, Berlin, Bonn, München 2000.

Seyerstedt, Finn: United Nations Forces in the law of peace and war, Leyden 1966.

Siedschlag, Alexander: Die aktive Beteiligung Deutschlands an militärischen Aktionen zur Verwirklichung Kollektiver Sicherheit, Frankfurt am Main u.a. 1995.

Siegrist, Dave: Hoheitsakte auf fremdem Staatsgebiet, Zürich 1987.

Simma, Bruno: The Charter of the United Nations, Volume I, 2. Aufl., München 2002.

–: NATO, the UN and the Use of Force: Legal Aspects, in: EJIL 10 (1999), S. 1 ff.

Smend, Rudolf: Gutachterliche Äußerungen zur Frage der Erforderlichkeit einer Änderung des Grundgesetzes für die Bundesrepublik Deutschland als Voraussetzung des deutschen Wehrbeitrages zur europäischen Verteidigungsgemeinschaft, in: Der Kampf um den Wehrbeitrag, Bd.2, München 1953.

Starck, Christian: Das Grundgesetz nach fünfzig Jahren: bewährt und herausgefordert, JZ 1999, S. 473 ff.

von Stauffenberg, Schenk: Die vertraglichen Beziehungen des Okkupanten zu den Landeseinwohnern, in: ZäöRV 2, 1931, S. 102 ff.

von Stein, Lorenz: Die Lehre vom Heerwesen, Leipzig 1872.

Stein, Torsten: Rechtsfragen des Eurokorps und der deutsch-französischen Brigade, in: Rechtsprobleme einer europäischen Sicherheits- und Verteidigungspolitik, Berichte der Deutschen Gesellschaft für Völkerrecht Bd. 36, 1997, S. 53 ff.

Stern, Klaus: Das Staatsrecht der Bundesrepublik Deutschland, Band I: Grundbegriffe und Grundlagen des Staatsrechts, Strukturprinzipien der Verfassung, 2. Aufl., München 1984 (zit.: Staatsrecht, Bd. I).

–: Das Staatsrecht der Bundesrepublik Deutschland, Band II: Staatsorgane, Staatsfunktionen, Finanz- und Haushaltsverfassung, Notstandsverfassung, München 1980 (zit.: Staatsrecht, Bd. II).

–: Das Staatsrecht der Bundesrepublik Deutschland, Band III/1: Allgemeine Lehren der Grundrechte, München 1988 (zit.: Staatsrecht, Bd. III/1).

Stödter, Rolf: Deutschlands Rechtslage, Hamburg 1948.

Struck, Peter: Deutsche Sicherheitspolitik und die Bundeswehr vor neuen Herausforderungen, in: Europäische Sicherheit, 01/2003, S. 1 ff.

Strupp, Karl/Schlochauer, Hans-Jürgen: Wörterbuch des Völkerrechts, Band 1, 2. Aufl., Berlin 1960.

–: Wörterbuch des Völkerrechts, Band 2, 2. Aufl., Berlin 1961.

Talmon, Stefan: Die Geltung deutscher Rechtsvorschriften bei Auslandseinsätzen der Bundeswehr mit Zustimmung des Aufenthaltsstaates, NZWehrr 1997, S. 221 ff.

Theuermann, Engelbert: Regionale Friedenssicherung im Lichte von Kapitel VIII der Satzung der Vereinten Nationen: Juristische und Politische Probleme, in: Kühne, Blauhelme in einer turbulenten Welt, Baden-Baden 1993, S. 323-352.

Thieme, Werner: Rezension zu Martens, Grundgesetz und Wehrverfassung, DÖV 1962, S. 79 ff.

Thoß, Bruno: Einführung, in: Greiner/Maier/Rebhan, Die NATO als Militärallianz. Strategie, Organisation und nukleare Kontrolle im Bündnis 1949 bis 1959, München 2003, S. 1 ff.

Tomuschat, Christian: Der Verfassungsstaat im Geflecht internationaler Beziehungen, in: Veröffentlichungen der Vereinigung der Deutschen Staatsrechtslehrer, Heft 36, 1978, S. 7 ff.

–: Deutscher Beitrag zu den VN-Friedenstruppen, in: Aussenpolitik 1985, S. 272 ff.

–: Die Rechtslage für Peacekeeping-Einsätze nach der UNO-Charta, in: Koch, Die Blauhelme, Frankfurt am Main, Bonn 1991, S. 45 ff.

–: Der 11. September und seine rechtlichen Konsequenzen, EuGRZ 2001, S. 535 ff.

Troost, Georg: Die Autorisierung von UN-Mitgliedstaaten zur Durchführung militärischer Zwangsmaßnahmen des Sicherheitsrates in Recht und Praxis der Vereinten Nationen, Aachen 1997.

Tudyka, Kurt: Das OSZE-Handbuch, Die Organisation für Sicherheit und Zusammenarbeit von Vancouver bis Wladiwostok, 2. Aufl., Opladen 2002.

Uhler, Oscar: Der völkerrechtliche Schutz der Bevölkerung eines besetzten Gebietes gegen Maßnahmen der Okkupationsmacht, Zürich 1951.

Umbach, Dieter/Clemens, Thomas: Grundgesetz, Mitarbeiterkommentar und Handbuch, Band I, Heidelberg 2002.

United Nations: UN in Brief, New York 2002.

–: We the peoples: The role of the United Nations in the 21 st Century, New York 2000.

Unser, Günter: Die UNO. Aufgaben und Strukturen der Vereinten Nationen, 5. Aufl., München 1992.

Varwick, Johannes: Vom Hoffnungsträger zur überforderten Weltpolizei – Die UNO zwischen neuen Aufgaben und alten Möglichkeiten, in: Politische Bildung, Heft 4/1995, Das internationale System an der Jahrtausendschwelle, S. 56 ff.

Varwick, Johannes/Woyke, Wichard: Die Zukunft der NATO. Transatlantische Sicherheit im Wandel, Opladen 2000.

–: NATO 2000, Transatlantische Sicherheit im Wandel, Opladen 1999.

Varwick, Johannes/Knelangen, Wilhelm: Die Rolle der Vereinten Nationen in der internationalen Politik, in: Aus Politik und Zeitgeschichte B 27-28, 2002.

Vattel de, E. : Les Droit des Gens ou principes de la loi naturelle. Bd. 2, lib. III, Neuchatel 1777.

Verdross, Alfred/Simma, Bruno: Universelles Völkerrecht, Berlin 1976.

Virally, Michael: Die internationale Verwaltung Deutschlands, Baden-Baden 1948.

Vitzthum, Wolfgang Graf: Völkerrecht, 2. Aufl., Berlin, New York 2001.

Vogel, Klaus: Der räumliche Anwendungsbereich der Verwaltungsrechtsnorm, Frankfurt am Main, Berlin 1965.

Voigt, Karsten D. : Das Verteidigungs- und Sicherheitssystem des Westens, in: Antretter, Sicherheit in Europa: Die Westeuropäische Union, Bonn 1997, S. 28 ff.

Volle, Hermann/Wagner, Wolfgang: KSZE. Konferenz über Sicherheit und Zusammenarbeit in Europa in Beiträgen und Dokumenten aus dem Europa-Archiv, Bonn 1976.

Wahl, Rainer: Rechtliche Wirkungen und Funktionen der Grundrechte im deutschen Konstitutionalismus, in: Der Staat 18 (1979), S. 321 ff.

Waitz von Eschen, Friedrich: Grundgesetz und internationale Zusammenarbeit - Zu verfassungsrechtlichen Fragen der Anwendung fremden Rechts im Geltungsbereich des Grundgesetzes –, BayVBl. 1991, S. 321 ff.

Walter, Christian: Vereinte Nationen und Regionalorganisationen, Eine Untersuchung zu Kapitel VIII der Satzung der Vereinten Nationen, Berlin, Heidelberg 1996.

–: Zwischen Selbstverteidigung und Völkerstrafrecht: Bausteine für ein internationales Recht der "präventiven Terrorismus-Bekämpfung", in: Fleck, Rechtsfragen der Terrorismusbekämpfung durch Streitkräfte, Baden-Baden 2004, S. 23 ff.

Walz, Dieter: Die Bundeswehr und die NATO – Rechtsfragen der Integration in das Bündnis, NZWehrr 1986, S. 89 ff.

Wassenberg, Philipp: Das Eurokorps, Sicherheitspolitisches Umfeld und völkerrechtliche Bedeutung eines multinationalen Großverbandes, Baden-Baden 1999.

Weber, Stephan: Rules of Engagement: Ein Paradigmenwechsel für Einsatz und Ausbildung?, in: Humanitäres Völkerrecht-Informationsschriften 2 (2001), S. 76 ff.

von Wechmar, Rüdiger Freiherr: Friedenserhaltende Maßnahmen – eine Herausforderung an die Bundesrepublik Deutschland, in: Vereinte Nationen 30 (1982) 1, S. 10 ff.

Wego, Helge: Reaktivierung der WEU. Der Beitrag Deutschlands und Frankreichs, in: Europäische Sicherheit 6/1995, S. 39 ff,

Wessel, Ramses: International Legal Status of the European Union, in: EFA Rev. 2 (1997), S. 109 ff.

Wieland, Joachim: Die Beteiligung der Bundeswehr an gemischtnationalen Einheiten, in: Grawert/Schlink/Wahl/Wieland, Offene Staatlichkeit, Festschrift für Ernst-Wolfgang Böckenförde zum 65. Geburtstag, Berlin 1995, S. 219 ff.

Wild, Michael: Verfassungsrechtliche Möglichkeiten und Grenzen für Auslandseinsätze der Bundeswehr nach dem Kosovo-Krieg, DÖV 2000, S. 622 ff.

Wilk, Manfred/Stauf, Wolfgang: Wehrrecht von A-Z, 2. Aufl., München 1991.

Wodarz, Katharina: Gewaltverbot, Menschenrechtsschutz und Selbstbestimmungsrecht im Kosovo-Konflikt, Frankfurt am Main, Bern 2002.

Wolfrum, Rüdiger: Handbuch Vereinte Nationen, 2. Aufl., München 1991.

–: Europäische Regionalorganisationen, in: Neuhold/Simma, Neues europäisches Völkerrecht nach dem Ende des Ost-West-Konfliktes?, Baden-Baden 1996, S. 147 ff.

Zimmer, Mark: Einsätze der Bundeswehr im Rahmen kollektiver Sicherheit. Staats- und völkerrechtliche Grundlagen unter besonderer Berücksichtigung des BVerfG-Urteils vom 12.07.1994, Frankfurt am Main 1995.

Zuck, Rüdiger: Der Krieg gegen Jugoslawien, in: ZRP 1999, S. 225 ff.

Beiträge zum nationalen und internationalen öffentlichen Recht

Herausgegeben von Burkhard Schöbener

Band 1 Solveig Haß: Die Urteile des Europäischen Gerichtshofs für Menschenrechte. Charakter, Bindungswirkung und Durchsetzung. 2006.

Band 2 Angela Werner: Die Grundrechtsbindung der Bundeswehr bei Auslandseinsätzen. 2006.

Band 3 Florian Stork: Das Anti-Diskriminierungsrecht der Europäischen Union und seine Umsetzung in das deutsche Zivilrecht. 2006.

www.peterlang.de

Enrico Brissa

Die italienischen Streitkräfte und ihr internationales Engagement

Eine rechtliche, politikwissenschaftliche und historische Untersuchung

Frankfurt am Main, Berlin, Bern, Bruxelles, New York, Oxford, Wien, 2005.
218 S.
Italien in Geschichte und Gegenwart.
Verantwortlicher Herausgeber: Hartmut Ullrich. Bd. 20
ISBN 3-631-53065-X · br. € 35.50*

Die Entwicklung einer europäischen Sicherheits- und Verteidigungsidentität setzt eine weit gehende Intensivierung der Zusammenarbeit der nationalen Verteidigungssysteme voraus. Verkürzt gesagt, erfordert eine Integration vorherige Kooperationen. Erfahrungen mit bi- und multilateralen Streitkräftestrukturen und deren interdisziplinäre Auswertung sind insofern für eine erfolgreiche europäische Sicherheitsarchitektur unverzichtbar.
Der Erfolg dieser zunehmenden Kooperation setzt seinerseits voraus, dass mit Hilfe von interdisziplinären und länderbezogenen Analysen die Gegebenheiten der nationalen Verteidigungssysteme ermittelt werden. Erst nach dieser Beschreibung der nationalen Verteidigungs- und Streitkräfteidentitäten können dann mit Hilfe eines Vergleiches Konvergenzen und Divergenzen herausgearbeitet werden. Zu den Eigenschaften und Merkmalen der nationalen Verteidigungssysteme zählt auch die von den Streitkräften bis dato praktizierte internationale Zusammenarbeit. Erstaunlicherweise gibt es zu diesem Themenkomplex so gut wie keine Untersuchungen. Vor diesem Hintergrund untersucht die interdisziplinär angelegte Arbeit die italienischen Streitkräfte und ihr internationales Engagement mittels juristischer, politikwissenschaftlicher und historischer Methoden.

Aus dem Inhalt: Die Streitkräfte Italiens · Verfassungsrechtliche Grundlagen und Verfassungswirklichkeit der italienischen Streitkräfte unter besonderer Berücksichtigung militärischer Einsätze · uvm.